Lothar Semper
Werner Gress
Klaus Franke
Bernhard Gress

Die Neue Handwerker-Fibel

Dr. Lothar Semper
Dipl.-Kfm. Werner Gress
Ass. Klaus Franke
Dipl.-Kfm. Bernhard Gress

Die Neue Handwerker-Fibel

für die praxisnahe Vorbereitung auf
die Meisterprüfung Teil IV und die Ausbildereignungsprüfung

Band 3 Berufs- und Arbeitspädagogik

mit fallbezogenen Übungs- und Prüfungsaufgaben

45., überarbeitete Auflage

Holzmann Buchverlag

Die Handwerker-Fibel enthält in der Regel Berufsbezeichnungen, Gruppenbezeichnungen usw. nur in der männlichen Form. Wir bitten diese sinngemäß als Doppelbezeichnungen wie zum Beispiel Frau/Mann, Handwerksmeisterin/Handwerksmeister, Betriebsinhaberin/Betriebsinhaber usw. zu interpretieren und anzuwenden, um auch dem Anteil der weiblichen Berufsangehörigen des Handwerks zu entsprechen.

Impressum
45., überarbeitete Auflage 2006

Band 3:	Best.-Nr. 1743.50	ISBN-10: 3-7783-0638-3; Künftig: ISBN-13: 978-3-7783-0638-3
Band 1 bis 3:	Best.-Nr. 1745.99	ISBN-10: 3-7783-0639-1; Künftig: ISBN-13: 978-3-7783-0639-0

Umschlaggestaltung: Atelier Günter Egger, Bad Wörishofen
Satz: kaltnermedia GmbH, Bobingen
Herstellung: C. H. Beck, Nördlingen

Vorwort

Die Handwerker-Fibel kommt seit vielen Jahren als Lehrbuch bei der Vorbereitung auf die Meisterprüfung im Handwerk zum Einsatz. Sie wird auch bei der Vorbereitung auf die Ausbildereignungsprüfung zugrunde gelegt. Sie ist sowohl das **wichtigste Lernmittel und Begleitmaterial für Meistervorbereitungskurse oder Meisterschulen** als auch **Grundlage für das Selbststudium.** Darüber hinaus hat sich die Handwerker-Fibel als Handbuch und Nachschlagewerk für die wirtschaftliche Betriebs- und Unternehmensführung des Handwerksmeisters nach der Meisterprüfung, sei es als selbstständiger Unternehmer oder als angestellte Führungskraft oder **Ausbilder im Handwerk,** bewährt.
Der Inhalt der Handwerker-Fibel wird jährlich überarbeitet, aktualisiert und an die neuesten Anforderungen der Praxis der Handwerkswirtschaft sowie der Betriebe und an die Entwicklungen in der Wissenschaft, in der Gesetzgebung und Rechtsprechung angepasst. **Sie vermittelt anwendungsbezogenes Wissen** und Problemlösungskompetenz für die Praxis.
Dieser Band 3 der 45. Auflage der Neuen Handwerker-Fibel **basiert inhaltlich und methodisch** auf dem am 1. April 2005 in Kraft getretenen Berufsbildungsreformgesetz, auf der Verordnung über gemeinsame Anforderungen in der Meisterprüfung im Handwerk und in den handswerksähnlichen Gewerben **(AMVO),** zuletzt geändert durch die Erste Verordnung zur Änderung der Verordnung über gemeinsame Anforderungen in der Meisterprüfung im Handwerk vom 16. August 2004, den Erläuterungen des Bundesministeriums für Wirtschaft und Technologie zu dieser Verordnung sowie auf dem **Rahmenstoffplan** für handlungsorientierte Vorbereitungslehrgänge auf Teil IV der Meisterprüfung im Handwerk des Forschungsinstituts für Berufsbildung im Handwerk an der Universität zu Köln und des Deutschen Handwerkskammertages.
Durch diese Vorgaben wird die Handlungsorientierung und die Vermittlung von beruflicher Handlungsfähigkeit als didaktisches Konzept bei der „Ausbildung der Ausbilder“ und bei der Durchführung der Meisterprüfung im Prüfungsteil IV umgesetzt. **Handlungsorientierung** bedeutet, dass berufliche Handlungssituationen oder Handlungsfälle, die an der Betriebs- und Berufspraxis und an Geschäfts- und Arbeitsprozessen orientiert sind, exemplarisch zum Gegenstand der Ausbildung gemacht werden. Der Lernende soll **selbstständig Handlungen planen, durchführen und kontrollieren.** Damit erreicht er **berufliche Handlungskompetenz,** das heißt, in beruflichen Situationen im betrieblichen Gesamtzusammenhang sach- und fachgerecht durchdacht und in wirtschaftlicher und gesellschaftlicher Verantwortung zu handeln.
Auf der Grundlage des Rahmenstoffplans und der Prüfungsvorschriften der AMVO und der AEVO (Ausbildereignungsverordnung) ist der **Inhalt von Band 3** der Neuen Handwerker-Fibel **nach Handlungsfeldern und Handlungssituationen gegliedert.** Bei jeder Handlungs- bzw. Lernsituation sind die zu erwerbenden **Kompetenzen** vorangestellt. Der Schwerpunkt der Inhalte ist nicht auf Begriffswissen, sondern in erster Linie auf **anwendungsbezogenes Handlungswissen und berufliche Handlungsfähigkeit für die Praxis** gelegt. Deshalb enthält der Textteil dieses Buches **zahlreiche Handlungsanleitungen und Ablaufschemata.** Auch im Rahmen der handlungsorientierten Ausbildung und Vorbereitung auf die Prüfung in Teil IV der Meisterprüfung und der im Wesentlichen inhaltsgleichen Ausbildereignungsprüfung ist ein **Lehrbuch,** wie es der Band 3 des Gesamtwerkes der

Neuen Handwerker-Fibel darstellt, für ein erfolgreiches Lernen, für den Erwerb der erforderlichen berufs- und arbeitspädagogischen Kenntnisse, für die Aneignung von Handlungskompetenz und für das Bestehen der Prüfung die elementare Grundlage und somit unabdingbar notwendig.
Die Übersicht, die Lesbarkeit und die Lernbarkeit der Inhalte werden erhöht durch ein tief gegliedertes **Inhaltsverzeichnis,** großzügig und zahlreich gestaltete **Überschriften, farblich hervorgehobene Texte, farbig gestaltete Abbildungen** und **farblich abgesetzte Randbemerkungen.** Ein umfangreiches **Stichwortverzeichnis** ermöglicht es dem Nutzer, das Buch auch als **Nachschlagewerk** beim Selbststudium, bei der Lösung von fallbezogenen Handlungssituationen und in der betrieblichen Ausbildungspraxis einzusetzen.
Nach den Textteilen zu jeder Handlungssituation folgen **handlungsorientierte, fallbezogene Aufgaben.** Dabei enthält dieses Buch eine Mischung aus drei im Wesentlichen in der **Prüfungspraxis** zur Anwendung kommenden **fallbezogenen** Aufgabentypen, nämlich programmierte Aufgaben mit Auswahllösungen, Situationsaufgaben mit Leitfragen bzw. Leithinweisen und offenen Lösungen sowie Situationsaufgaben mit frei formulierter Lösung. Sie dienen dem handlungsorientierten Vorgehen im Unterricht oder beim Selbststudium, ermöglichen eine den Lernprozess begleitende Kontrolle und eine rationelle Vorbereitung auf die Prüfung.
Die fallbezogenen Aufgaben mit **programmierten** Auswahllösungen sind durch Ankreuzen einer der fünf vorgegebenen Lösungen zu bearbeiten. Die richtigen Lösungen sind am Schluss des Buches zur Kontrolle abgedruckt.
Bei allen Aufgaben erfolgt am Schluss der Aufgabenstellung ein Hinweis zum Textteil als Lösungshilfe und um bei festgestellten Lücken entsprechend nachlesen bzw. nacharbeiten zu können.
Das **Zusammenwirken von Textteil und handlungsorientierten, fallbezogenen Aufgaben** ermöglicht eine selbstständige und gründliche Vorbereitung auf die praktische Berufsarbeit des Ausbilders und auf die Prüfung.
Im Rahmen der Überarbeitung und Aktualisierung der 45. Auflage wurden vor allem Vollzugs- und Umsetzungsmaßnahmen des neu gefassten Berufsbildungsgesetzes und der geänderten Handwerksordnung (in Kraft getreten am 1. April 2005) in der Praxis berücksichtigt. Ferner wurde weiteren aktuellen Veränderungen entsprochen.
Da das Lehrbuch auch den Anforderungen der Ausbildereignungsprüfung entspricht, ist es somit für die Vorbereitung auf diese Prüfung geeignet.
Ferner ist dieser Band 3 auch geeignet für die Vorbereitung auf den 4. Prüfungsteil (Berufs- und Arbeitspädagogik) der Prüfung **„Kaufmännische(r) Fachwirt/in (Hwk)“.**
Schließlich sind alle drei Bände der Neuen Handwerker-Fibel für die Vorbereitung auf Fortbildungsprüfungen im Handwerk geeignet, in denen betriebswirtschaftliche, kaufmännische und rechtliche sowie berufs- und arbeitspädagogische Kenntnisse nach Maßgabe der Verordnung über gemeinsame Anforderungen in der Meisterprüfung im Handwerk (AMVO) gefordert werden.
Wir wünschen Ihnen bei der Vorbereitung und Ablegung Ihrer Prüfungen viel Erfolg.

Juli 2006

Die Verfasser und der
Holzmann Buchverlag

Erwerben Sie zusätzliche Sicherheit für die erfolgreiche Ablegung:

- der Meisterprüfung:
  - Mit der **Übungsaufgabe für den schriftlichen Teil** der Meisterprüfung im Prüfungsteil IV (berufs- und arbeitspädagogische Kenntnisse).
  - Mit dem **MeisterTrainer zur Neuen Handwerker-Fibel auf CD-ROM** können Sie mit Hilfe zahlreicher, fallbezogener Aufgaben üben sowie die Prüfung simulieren.
  - **Die Neue Handwerker-Fibel auf CD-ROM** beinhaltet den gesamten Text und alle Grafiken der Neuen Handwerker-Fibel sowie eine Vielzahl fallbezogener Aufgaben, um Ihren Wissensstand zu testen.
- der Ausbildereignungsprüfung:
  - Mit der **Übungsaufgabe für den schriftlichen Teil** der Ausbildereignungsprüfung.

Zweckmäßigerweise geben Sie zusammen mit den Kollegen Ihrer Meisterklasse bzw. Ihres -kurses und nach Absprache mit den zuständigen Lehrkräften eine Sammelbestellung auf an den Holzmann Buchverlag, Postfach 13 42, 86816 Bad Wörishofen, Tel. 0 82 47/3 54-1 24, Fax 0 82 47/3 54-1 90, sofern Sie die Materialien nicht automatisch vom Kurs- oder Schulträger bzw. von den Lehrkräften erhalten.

Die **Zentralstelle für Weiterbildung im Handwerk (ZWH)** hat **Teilnehmerunterlagen** nach Handlungssituationen und Aufgaben für die Ausbildung der Ausbilder (Meistervorbereitung Teil IV, Ausbildereignungsprüfung) erarbeitet, **die im Verbund mit Band 3 der Neuen Handwerker-Fibel** bei der Vorbereitung auf die Prüfungen eingesetzt werden können. Diese Unterlagen können Sie beim Holzmann Buchverlag beziehen, sofern sie nicht vom Lehrgangsträger schon zur Verfügung gestellt wurden.

Bestelladresse: Holzmann Buchverlag, Postfach 13 42
86816 Bad Wörishofen
Tel. 0 82 47/3 54-1 24
Fax: 0 82 47/3 54-1 90
Bestell-Nr. 1710

1 Handlungsfeld: Allgemeine Grundlagen

1.1 Handlungssituation: Bedeutung und Stellung der Berufsbildung darstellen

Kompetenzen:

- Grundstruktur des Bildungssystems in Deutschland erfassen
- Anforderungen an das Bildungssystem kennen sowie Möglichkeiten der Einflussnahme auf die Entwicklung des Bildungssystems beurteilen
- Allgemeinbildung und Berufsbildung als Bildungsoptionen erfassen sowie die mit ihnen verbundenen Berufslaufbahnperspektiven bewerten
- Die Bedeutung beruflicher Aus- und Weiterbildung für den Einzelnen, den Betrieb und die Gesellschaft beurteilen

1.1.1 Grundstruktur des Bildungswesens in der Bundesrepublik Deutschland

Im Rahmen der föderalen Ordnung der Bundesrepublik Deutschland haben die Länder die Kulturhoheit. Das bedeutet, dass sie das Bildungswesen im schulischen Bereich weitgehend in eigener Zuständigkeit regeln können.

Kulturhoheit der Länder

Deshalb bestehen Unterschiede in den Schulsystemen einzelner Länder. Damit die Abweichungen nicht unvertretbar groß werden, bestehen Koordinierungsinstrumente und Koordinierungsgremien. Als wichtigste Gremien sind zu nennen:

Koordinierungsgremien

- die Ständige Konferenz der Kultusminister der Länder
- die Bund-Länder-Kommission für Bildungsplanung
- Staatsabkommen der Länder zur Vereinheitlichung des Schulwesens.

Überblick

Die nachfolgende Abbildung gibt einen Überblick über die Grundstruktur des Bildungswesens in der Bundesrepublik Deutschland. In den einzelnen Ländern bestehen Abweichungen. Außerdem sind einzelne Sonderschulformen weggelassen. Die allgemeine Schulpflicht ist unterschiedlich geregelt.
Die Abbildung verdeutlicht ferner die Stellung der Berufsbildung in der Gesamtstruktur des Bildungswesens.

Grundstruktur des Bildungswesens in der Bundesrepublik Deutschland

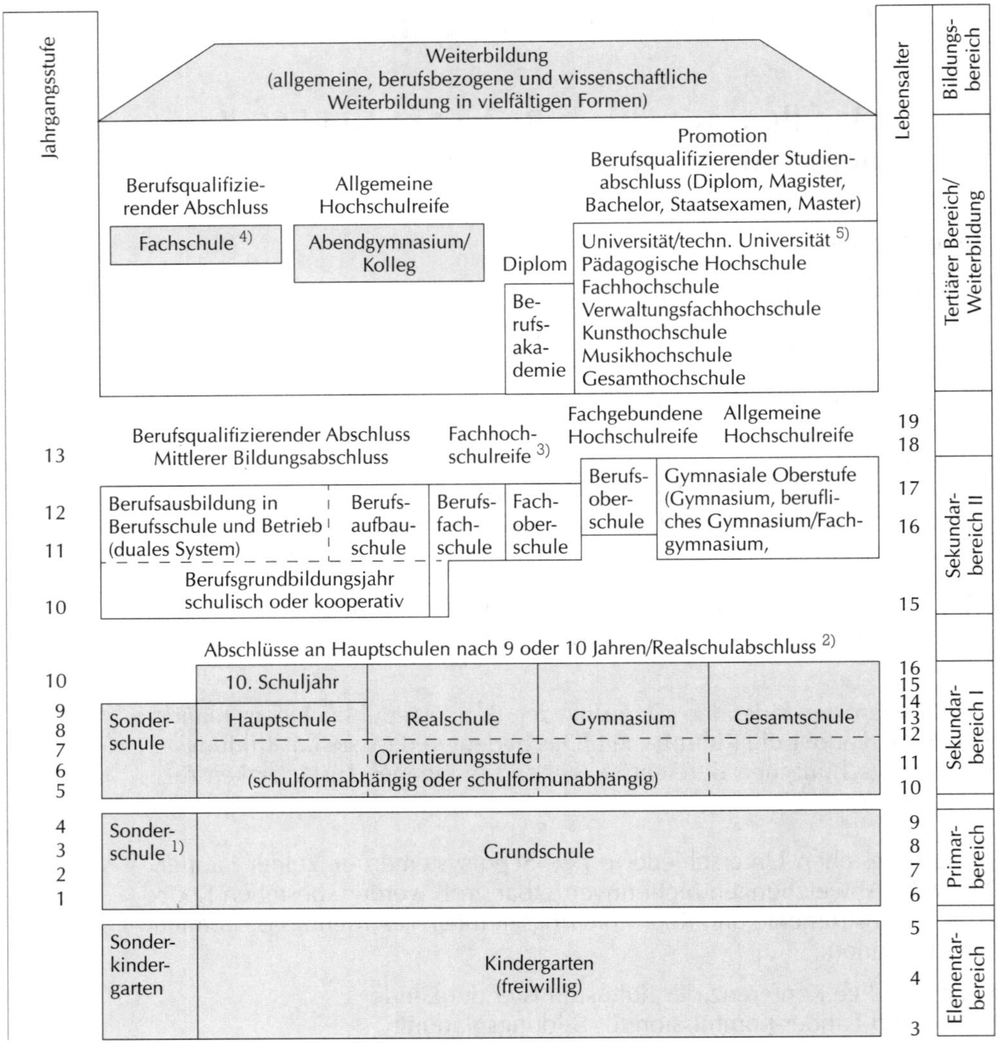

Durchlässigkeit zwischen den Schulformen ist bei Erfüllung bestimmter Voraussetzungen grundsätzlich gewährleistet. Vollzeitschulpflicht 9 Jahre (in BE und NRW 10 Jahre), Teilzeitschulpflicht 3 Jahre.

1) Sonderschulen mit verschiedenen Sparten entsprechend den Behinderungsarten im Bereich der allgemein bildenden und beruflichen Schulen.

2) Nachträglicher Erwerb dieser Abschlüsse für Erwachsene an Abendhauptschulen und Abendrealschulen möglich.

3) Die Fachhochschulreife kann auch z. B. an Berufsfachschulen und Fachschulen erworben werden. Ferner können auch Bewerber mit Meisterprüfung zum Studium an einer Fachhochschule oder Universität zugelassen werden. Die Zulassung für Meister kann je nach Länderregelung ohne weitere Voraussetzungen oder über Eignungs- oder Beratungsgespräche, Eignungs-, Einstufungs- oder Zugangsprüfungen, Vorsemester oder ein Propädeutikum oder über ein überdurchschnittlich gutes Meisterprüfungszeugnis erreicht werden.

4) Dauer 1–3 Jahre; einschließlich Schulen des Gesundheitswesens, die für Berufe des Gesundheits- und Pflegedienstes eine berufliche Erstausbildung vermitteln.

5) Einschließlich Hochschulen mit einzelnen universitären Studiengängen (z. B. Theologie, Philosophie, Medizin, Verwaltungswissenschaften, Sport).

Quelle: Grund- und Strukturdaten des Bundesministers für Bildung und Forschung

Abbildung 1

Bildungsbereiche

Erläuterung zu den in der Abbildung aufgeführten Bildungsbereichen:

- Elementarbereich: Hier sind familienergänzende Bildungs- und Erziehungsmaßnahmen nach Vollendung des 3. Lebensjahres bis zum Beginn der Schule vorgesehen.
- Primarbereich: Der in der Regel vier Jahre umfassende Primarbereich führt den Schüler zu den systematischen Formen des schulischen Arbeitens hin.
- Sekundarbereich I: Der Sekundarbereich I baut auf den Primarbereich auf und dauert bis zum 9. bzw. 10. Schuljahr.
- Sekundarbereich II: Der Sekundarbereich II umfasst sowohl Bildungsgänge, die auf einen Beruf vorbereiten, als auch studienbezogene Bildungsgänge und solche, die mit einer beruflichen Qualifikation weiterführende Bildungsgänge im tertiären Bereich eröffnen. Er umfasst zwei bis drei Jahre.
- Tertiärer Bereich: Der tertiäre Bereich umfasst die Hochschulen und andere Ausbildungsstätten mit berufsqualifizierenden Bildungsgängen.
- Weiterbildung: Die allgemeine und berufsbezogene Weiterbildung vollzieht sich in vielfältigen Formen. Weiterbildung

1.1.2 Struktur des beruflichen Bildungssystems

Die Berufsausbildung erfolgt in der Bundesrepublik Deutschland schwerpunktmäßig in Ausbildungsbetrieben und in Berufsschulen (duales System). Nähere Einzelheiten siehe Abschnitt 1.2.1 „Struktur und Aufgabenschwerpunkte der Lernorte im dualen System".
Für die berufliche Fortbildung stehen insbesondere private und öffentliche Schulen und Bildungseinrichtungen der Wirtschaft sowie Akademien und Hochschulen zur Verfügung. Nähere Einzelheiten siehe Abschnitt 7.5 „Fortbildungs- und Förderungsmöglichkeiten kennen und mitteilen".

1.1.3 Bildungs- und gesellschaftspolitische Anforderungen und Ziele an das berufliche Bildungswesen

1.1.3.1 Öffentliche Verantwortung

Staatliche Verantwortung

> Die öffentliche Verantwortung für das gesamte Bildungswesen obliegt dem Staat. Er hat dafür zu sorgen, dass das Recht auf eine den individuellen Fähigkeiten entsprechende angemessene Bildung, die freie Wahl des Berufes und das Recht auf freie Entfaltung der Persönlichkeit seiner Bürger gewährleistet ist.

Die öffentliche Hand hat ferner Sorge zu tragen, dass das Bildungssystem eine wichtige Grundlage für eine leistungsfähige Volkswirtschaft ist.
Die öffentliche Verantwortung wird vom Staat selbst unmittelbar getragen oder aber in Teilbereichen auf andere Einrichtungen (zum Beispiel Kommunen, Selbstverwaltungseinrichtungen der Wirtschaft) übertragen. Zur Wahrnehmung der Verantwortung dienen unter anderem folgende Maßnahmen:

- Bau oder finanzielle Förderung von Schulen, Hochschulen und sonstigen Bildungseinrichtungen
- Unterhaltung von Bildungseinrichtungen
- Überwachung der allgemeinen Schulpflicht
- Schulaufsicht
- Aufsicht über sonstige Bildungseinrichtungen.

Verantwortung für Berufsausbildung

Die öffentliche Verantwortung für die Berufsausbildung ist entsprechend der Zuordnung im dualen System (Ausbildungsbetrieb und Berufsschule) zweigeteilt.

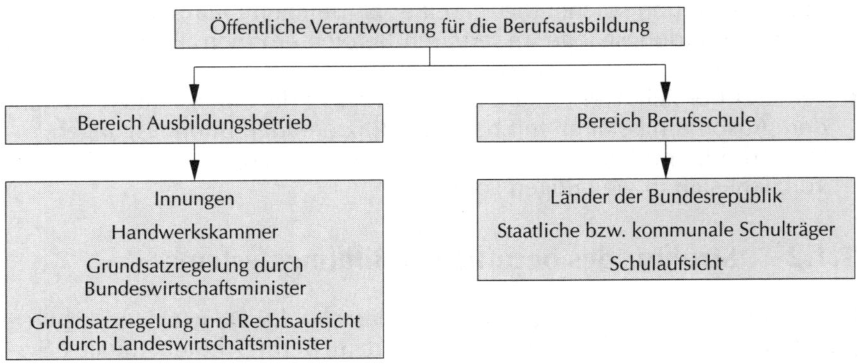

Abbildung 2

1.1.3.2 Transparenz, Chancengleichheit und Durchlässigkeit

Transparenz

Transparenz

Die Gesellschaftspolitik muss dafür sorgen, dass sowohl das allgemeine Bildungswesen als auch die Organisation der beruflichen Bildung überschaubar sind (Transparenz). Dies ermöglicht dem jungen Menschen, zum jeweils richtigen Zeitpunkt die richtige Wahl zu treffen.

Chancengleichheit

Chancengleichheit

Das allgemeine Recht des Einzelnen auf Bildung setzt für seine Verwirklichung voraus, dass jedem, gleichgültig aus welcher sozialen Schicht und beruflichen Tätigkeit er kommt und unabhängig von der Lage seines Wohnortes oder von seinen Einkommensverhältnissen, grundsätzlich die gleichen Chancen in den verschiedenen Bildungswegen eröffnet werden. Die Chancengleichheit kann durch Kostenfreiheit der Bildungseinrichtungen und/oder durch gezielte finanzielle Förderung aller Bildungsmaßnahmen erhöht werden.

Durchlässigkeit des Bildungswesens

Durchlässigkeit

Chancengleichheit setzt aber auch Durchlässigkeit der Bildungswege voraus.

Übergänge

> Die Durchlässigkeit muss beim Übergang von einer schulischen in eine berufliche bzw. betriebliche Ausbildung beginnen.
> Sie soll u. a. folgende weitere Übergänge und Verzahnungen ermöglichen:

- von der Berufsausbildungsvorbereitung in die Berufsausbildung
- von der zweijährigen in eine dreijährige Berufsausbildung
- von der normalen Berufsausbildung in Zusatzqualifikationen
- von der Berufsausbildung in die Hochschule
- von der Berufsausbildung in die Fachoberschule
- von der Berufsausbildung in die berufliche Fortbildung
- von einer Fortbildung (Fortbildungsabschluss) in aufbauende Fortbildungsmaßnahmen und Abschlüsse
- von der Fachoberschule in die Fachhochschule
- vom beruflichen Fortbildungsabschluss (z. B. Meisterprüfung) zur Fachhochschule oder Hochschule
- von der Berufsoberschule zur Hochschule
- von bestimmten berufsbildenden Qualifikationen zur Hochschulzugangsberechtigung.

Darüber hinaus sollten beruflich erworbene Kompetenzen auf einschlägige Hochschulstudiengänge angerechnet werden. International gesehen sind bessere Übergänge zwischen den Bildungssystemen in der Europäischen Union anzustreben.

Differenzierung und Individualisierung

Innere und äußere Differenzierung

Ein Bildungssystem ist nur dann chancengerecht, wenn durch Differenzierung und Individualisierung dem Leistungsstand, den Neigungen und den persönlichen Fähigkeiten des Einzelnen entsprochen wird (innere Differenzierung). Das bedeutet, dass innerhalb einer Lerngruppe dem Leistungsgefälle Rechnung getragen wird. Das bedeutet aber auch, dass besondere Begabungen und Leistungen in der Berufsausbildung anerkannt und öffentlich gefördert werden (äußere Differenzierung), zum Beispiel durch Begabtenförderungsprogramme. (Siehe auch 4.1.1 „Didaktische Prinzipien“ und 5.1.6.5 „Möglichkeiten der Individualisierung und Differenzierung“.)

1.1.4 Gleichwertigkeit von Berufsbildung und Allgemeinbildung

Die Bildungspolitik der zurückliegenden Jahrzehnte, die schwerpunktmäßig auf die Förderung der Allgemeinbildung (Gymnasien) und der Hochschulbildung ausgerichtet war, hat dazu geführt, dass es mehr Studenten als Lehrlinge gibt. Die Folge ist ein teilweiser Mangel an qualifizierten Facharbeitern und Meistern.

Aufwertung der beruflichen Bildung

Ein Land wie die Bundesrepublik, das nur wenige Rohstoffe besitzt, ist aber auf die Leistungsfähigkeit der arbeitenden Menschen in allen Bereichen angewiesen. Die Bewältigung des technischen Fortschritts, die Weiterentwicklung der Formgebung und die Einführung neuer Arbeitsverfahren erfordern den qualifizierten Praktiker genauso wie den Akademiker. Deshalb muss die berufliche Bildung aufgewertet und eine Gleichwertigkeit der beruflichen Bildung sichergestellt werden.

Gleichwertigkeit

Dies hat nichts mit Gleichheit der Bildungsinhalte zu tun, sondern Gleichwertigkeit bedeutet gleiche politische und gesellschaftliche Anerkennung der beruflichen Bildung.

Allgemeinbildung

Nach dem klassischen Bildungsbegriff war Allgemeinbildung von der Auffassung getragen, man solle den Menschen zunächst zweckfrei bilden und ihn so zu Selbstständigkeit und Fähigkeit der Lebensbewältigung im Privaten wie für eine berufliche Tätigkeit bringen.

Berufsbildung

Berufsbildung dagegen heißt ja zunächst und vor allem Qualifizierung für einen bestimmten Beruf. Aber auch die Berufsbildung hat über die Vermittlung berufsspezifischen Wissens eine Bildungswirkung (zum Beispiel Einsichten, Urteile, Übertragung des Erlernten auf andere Bereiche).
Wenn unter Bildung vornehmlich die Entwicklung zur Selbstständigkeit verstanden wird und wenn durch Einsichten Urteilsfähigkeit, Wertorientierung und Verantwortung vermittelt werden, dann kann es keinen Gegensatz zwischen allgemeiner und beruflicher Bildung geben.

Zweckmäßige Maßnahmen

Folgende Maßnahmen sind zur Herstellung der Gleichwertigkeit beruflicher Bildung zweckmäßig:

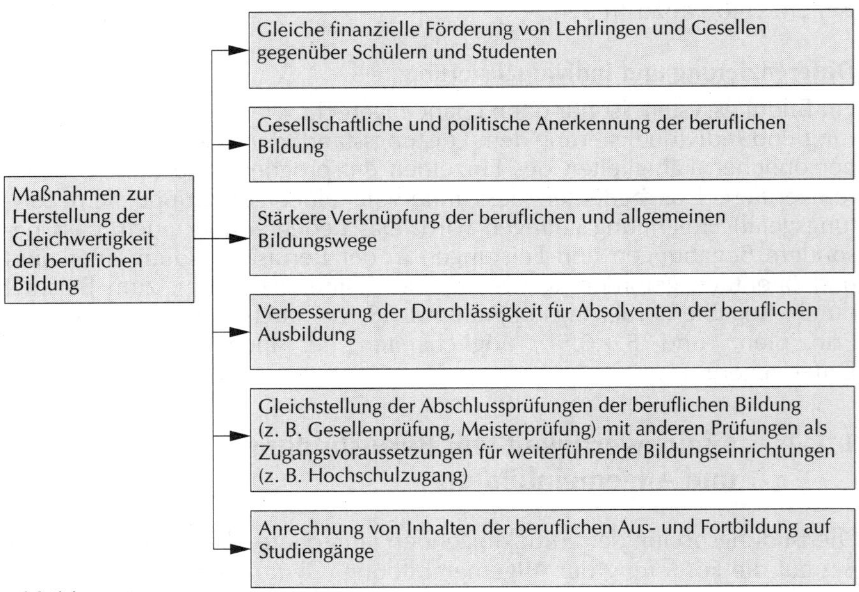

Abbildung 3

Das berufliche Bildungswesen wird auf Dauer nur dann konkurrenzfähig bleiben, wenn demjenigen, der eine praktische Berufsausbildung durchläuft, mit der Sicherheit eines erlernten Berufes grundsätzlich die gleichen oder sogar bessere Aufstiegschancen eingeräumt werden, wie demjenigen, der den gymnasialen Bildungsweg beschreitet.

1.1.5 Gründe für die Aus- und Weiterbildung

1.1.5.1 Bedeutung der Berufsbildung für den einzelnen Menschen

Die folgende Abbildung zeigt wichtige Gesichtspunkte für den Bereich der Ausbildung auf.

Die Bedeutung der Berufsausbildung für den Einzelnen

- Wichtiger Einstieg ins Berufsleben
- Sicherung eines Arbeitsplatzes
- Sicherung des Lebensunterhalts und der finanziellen Existenzgrundlage
- Stufenweise Einführung in die Berufs- und Arbeitswelt
- Erwerb von Verhaltensformen im Betrieb
- Schaffung einer Grundlage für berufliche Mobilität (örtliche und fachliche Beweglichkeit)
- Lernen von selbstständigem Arbeiten und Handeln
- Persönlichkeitsbildung
- Aneignung von Pflichtbewusstsein, Verantwortung und Zuverlässigkeit
- Voraussetzung für den Einstieg in Weiterbildungsmöglichkeiten

Abbildung 4

1.1.5.2 Bedeutung der Berufsbildung für die Gesellschaft

Berufliche Leistungsfähigkeit

Jede Gesellschaft muss alle denkbar geeigneten Maßnahmen durchführen, um die berufliche Leistungsfähigkeit zu schaffen und zu erhalten. Die Leistungsfähigkeit des Einzelnen ist auch für eine Gesellschaft aus wirtschaftlichen Gründen wichtig, weil Menschen, die ihre berufliche Leistungsfähigkeit vorzeitig verlieren, letztlich auf Kosten der übrigen arbeitenden Mitglieder der Gesellschaft mitgetragen werden müssen. Die Erhaltung der beruflichen Leistungsfähigkeit ist ferner ein wichtiges Element für die Stabilität einer Gesellschaftsordnung, weil Arbeitslosigkeit, die auf mangelnde berufliche Leistungsfähigkeit zurückzuführen ist, auf Dauer gesehen eine Gesellschaftsordnung gefährdet.

Zweckmäßige Maßnahmen

Die berufliche Leistungsfähigkeit und somit die Stabilität einer Gesellschaftsordnung wird insbesondere erreicht und erhalten durch

- eine solide berufliche Ausbildung
- eine laufende berufliche Fortbildung und
- durch geeignete berufliche Umschulungsmaßnahmen im Bedarfsfall.

Wirtschaftspolitische Bedeutung der Berufsbildung

Wirtschaftspolitische Bedeutung

Der wichtigste Produktionsfaktor „Arbeit" hängt in einer Volkswirtschaft vom Niveau der Ausbildung aller arbeitenden Menschen ab.

In einem rohstoffarmen Land wie der Bundesrepublik nimmt somit die berufliche Bildung wirtschaftspolitisch die absolute Schlüsselrolle ein.

Sie ist die wichtigste Investition in „Humankapital", die genauso bedeutsam ist wie die Investition in Sachkapital (Maschinen, Werkzeuge usw.).

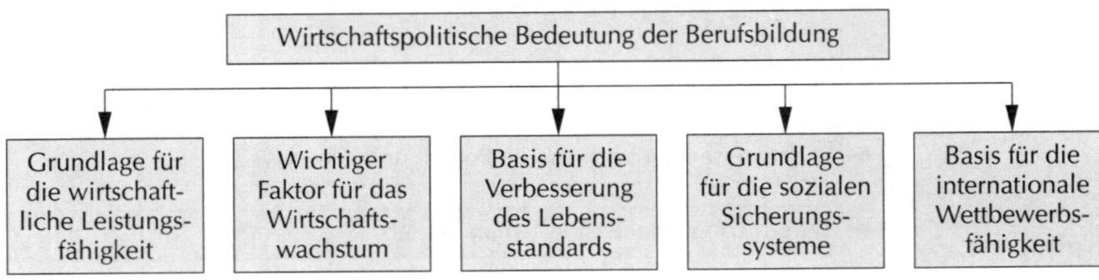

Abbildung 5

Gegenseitige Verflechtung

Die enge Verflechtung von Problemen der Bildungs-, Gesellschafts-, Arbeitsmarkt- und Sozialpolitik hat dazu geführt, dass Berufsbildungsfragen auch unter dem Gesichtspunkt sozial- und arbeitsmarktpolitischer Entscheidungen gesehen werden müssen.

Arbeitsmarktpolitische Bedeutung der Berufsbildung

Am Arbeitsmarkt treffen Angebot und Nachfrage nach Arbeitskräften zusammen. Das oberste Ziel der Arbeitsmarktpolitik muss der Ausgleich von Angebot und Nachfrage sein. Der Arbeitsmarkt wird von folgenden Faktoren beeinflusst:

- technische Entwicklungen
- konjunkturelle und strukturelle Entwicklungen
- lohnpolitische Entscheidungen
- sozialpolitische Entscheidungen
- bildungspolitische Entscheidungen
- Qualität der Berufsbildung.

Bildungspolitik

Einer der stärksten Einflussfaktoren ist die Bildungspolitik und die qualitative und quantitative Situation in der beruflichen Bildung.

Qualitativ gesehen muss das berufliche Bildungssystem dafür sorgen, dass deren Absolventen den technischen und ökonomischen Anforderungsprofilen der beruflichen Arbeit (Fertigkeiten, Kenntnisse, Verhaltensformen, Problemlösungskompetenz) in den Betrieben und somit am Arbeitsmarkt entsprechen. Dabei ist die Ausbildung auf größtmögliche Beweglichkeit (Mobilität) zwischen verschiedenen Arbeitsplätzen, Branchen und Regionen auszurichten. Quantitativ betrachtet muss in erster Linie die Bildungspolitik (zum Beispiel durch Aufwertung der beruflichen Bildung), aber auch der Bürger in seinem Berufswahlverhalten, dafür sorgen, dass genügend fachlich vorgebildete Arbeitskräfte zur Verfügung stehen und der Arbeitsmarkt so ausgeglichen wie möglich ist.

Leider ist dieser Ausgleich in der Bundesrepublik nicht gegeben. Einer hohen Arbeitslosenzahl stehen andererseits unbesetzte Stellen in beachtlicher Zahl gegenüber, weil die Qualifikationen in Angebot und Nachfrage nicht zur Deckung gebracht werden können. Es ist daher mehr als zuvor notwendig, über eine gezielte Arbeitsmarkt- und Bildungspolitik die qualitativen und quantitativen Ungleichgewichte zu reduzieren.

Sozialpolitische Bedeutung der Berufsbildung

Auch für die Sozialpolitik hat die berufliche Bildung eine wichtige Bedeutung: Ein solides Berufsbildungssystem schafft die wirtschaftlichen Grundlagen für die Sozialpolitik eines Staates, weil nach sozialen Gesichtspunkten gesehen nur das verteilt werden kann, was vorher durch gut ausgebildete Arbeitskräfte erarbeitet wurde. Eine gute Berufsbildungspolitik ist somit auch der Schlüssel für die soziale Sicherung und die soziale Stellung, insbesondere auch sozial schwacher Schichten unserer Gesellschaft.

Einkommen

Wer eine qualifizierte Ausbildung und Weiterbildung durchläuft, kann in der Regel ein höheres persönliches Einkommen erreichen (zum Beispiel im Vergleich zum Ungelernten oder Angelernten). Darüber hinaus erschließt sie auch eine höhere soziale Stellung (zum Beispiel selbstständiger Handwerksmeister).

Hoher Beschäftigungsgrad

Gesamtwirtschaftlich betrachtet führt eine qualifizierte berufliche Bildung zu hoher Wirtschaftsleistung sowie einem hohen Beschäftigungsgrad und somit zur Einsparung von sozialen Leistungen an sozial Schwache oder Arbeitslose.

Berufliche Bildung entlastet die Sozialpolitik auch durch berufliche Wiedereingliederung und Ausbildung körperlich und geistig behinderter Menschen.

Handwerkspolitische und einzelbetriebliche Bedeutung der Berufsbildung

Menschliche Arbeitskraft

Gerade im Handwerk spielt das Niveau der Berufsausbildung eine entscheidende Rolle. Zwar ist auch im Handwerk der Maschinen- und Geräteeinsatz in den letzten Jahren ständig angestiegen und dieser Prozess ist noch nicht abgeschlossen. Trotzdem bestimmt aber die menschliche Arbeitskraft im Handwerk noch weitgehend das Ergebnis der betrieblichen Leistung. Daher hat das Handwerk noch mehr als andere Wirtschaftszweige dafür zu sorgen, dass auch in der Zukunft eine ausreichende Zahl von Nachwuchsarbeitskräften vorhanden ist und das qualifizierte Niveau der Arbeitskräfte eine ausreichende Leistungsgarantie bietet.

Handlungsorientierte, fallbezogene Aufgaben

1. Sie gehören als junger Unternehmer dem Arbeitskreis Schule/Wirtschaft in Ihrer Stadt an. Dieser Kreis besteht im Wesentlichen aus Vertretern der örtlichen Wirtschaftsorganisationen, selbstständigen Gewerbetreibenden, Führungskräften aus Betrieben, Lehrern an allgemein bildenden und berufsbildenden Schulen. Der Arbeitskreis führt u. a. Informationsveranstaltungen für Schüler und Eltern durch, bei denen über die Struktur des Bildungswesens, die möglichen Berufslaufbahnen und Bildungswege informiert und kritisch diskutiert wird.
   Es ist üblich, dass einzelne Mitglieder des Arbeitskreises Schule/Wirtschaft bei solchen Veranstaltungen Vorträge halten. Sie haben es übernommen, einen Vortrag über Aufbau und Grundstruktur des Bildungswesens in Deutschland, die Anforderungen an das Bildungssystem, die Wahlmöglichkeiten im Rahmen der Allgemeinbildung und der Berufsbildung und der damit verbundenen Berufslaufbahnperspektiven zu halten. Als Handwerksunternehmer gehen Sie in Ihren Ausführungen in besonderer Weise auch auf die Stellung der Berufsbildung im Rahmen des Gesamtbildungssystem ein.

Aufgabe: Erstellen Sie für diesen Vortrag ein Konzept!

„Siehe Seiten 23 bis 28 des Textteils!"

2. Sie haben sich als junger Handwerksmeister vor kurzem selbstständig gemacht. Als aufgeschlossener junger Unternehmer verfolgen Sie die Diskussionen in den Berufsorganisationen des Handwerks, in der Politik und in den Medien über die Gründe, die für eine leistungsfähige und verstärkte berufliche Aus- und Weiterbildung sprechen sowie über deren Bedeutung aus wirtschafts-, sozial-, arbeitsmarkt- und gesellschaftspolitischer Sicht. Gleichzeitig überlegen Sie auch, welche Gründe für eine Berufsausbildung unter einzelbetrieblichen Aspekten maßgeblich sind. All dies gibt Ihnen Veranlassung zu prüfen und anschließend zu entscheiden, ob Sie in Ihrem Betrieb Lehrlinge ausbilden werden oder nicht. Bei Ihrer Entscheidungsfindung wollen Sie möglichst alle genannten Gesichtspunkte und Betroffenheiten in Ihrer gesamtgesellschaftlichen Verantwortung berücksichtigen.

Aufgabe: Erarbeiten Sie die Argumente für Ihre Entscheidung und gehen Sie dabei auf alle oben aufgeführten Gesichtspunkte ein!

„Siehe Seiten 29 bis 31 des Textteils!"

1.2 Handlungssituation: Bedeutung des dualen Systems der Berufsausbildung beurteilen

Kompetenzen:

- Handwerksbetrieb, Schule und überbetriebliche Ausbildungsstätte als Lernorte des dualen Systems kennzeichnen und bezüglich ihrer Bedeutung gewichten
- Stärken und Schwächen des dualen Systems im Vergleich mit anderen europäischen Ausbildungssystemen bewerten

1.2.1 Struktur und Aufgabenschwerpunkte der Lernorte im dualen System

Die Berufsausbildung erfolgt in der Bundesrepublik Deutschland im Handwerk weit überwiegend nach dem „dualen Ausbildungssystem".

In diesem System erfolgt die Berufsausbildung getrennt im Ausbildungsbetrieb und in der Berufsschule.
Schwerpunkt der praktischen Unterweisung ist der Betrieb. Die Berufsschule vermittelt Fachtheorie und allgemein bildende Inhalte.
Die überbetriebliche Unterweisung ist eine Ergänzung zur praktischen Ausbildung im Betrieb.

Ausbildungsbetrieb
Berufsschule

Überbetriebliche Unterweisung

1.2.1.1 Aufgabenschwerpunkte des Betriebes als Ausbildungsstätte

Die wesentliche Ausbildungspflicht für den Ausbildungsbetrieb ergibt sich aus § 14 Abs. 1 des Berufsbildungsgesetzes wie folgt:

Gesetzliche Ausbildungspflicht

Der Ausbildende hat dafür zu sorgen, dass dem Auszubildenden die berufliche Handlungsfähigkeit vermittelt wird, die zum Erreichen des Ausbildungsziels erforderlich ist, und die Berufsausbildung in einer durch ihren Zweck gebotenen Form planmäßig, zeitlich und sachlich gegliedert so durchzuführen, dass das Ausbildungsziel in der vorgesehenen Ausbildungszeit erreicht werden kann.

Der Ausbildungsbetrieb hat also die Verantwortung dafür, dass nach Ablauf der Ausbildungszeit und erfolgreich bestandener Gesellen- oder Abschlussprüfung die volle berufliche Handlungsfähigkeit für den jeweiligen Ausbildungsberuf vorhanden ist.

Berufliche Handlungsfähigkeit

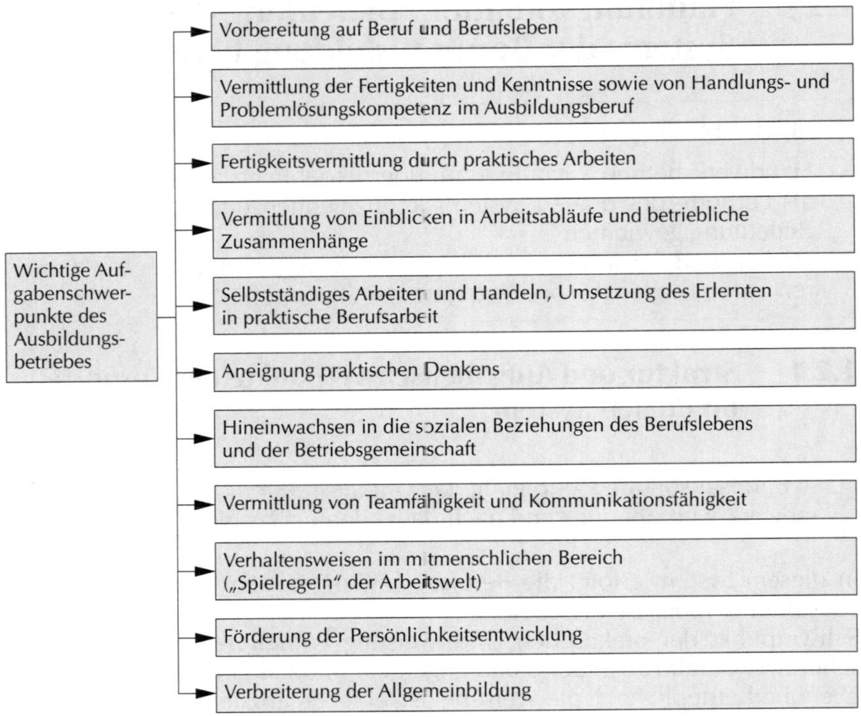

Abbildung 6

Betriebsgebundene Ausbildung

Die betriebsgebundene Ausbildung erfolgt schwerpunktmäßig durch Lernen am Arbeitsplatz. Die Mehrzahl der Auszubildenden lernt lieber am Arbeitsplatz als im Unterricht oder in der Lehrwerkstätte. 85 % der Auszubildenden bejahen nach einschlägigen Umfragen die betriebsgebundene Ausbildung.

Vorteile der betriebsgebundenen Ausbildung

- Unmittelbarer Zusammenhang mit der Arbeitswelt
- Unmittelbare Verbindung mit der technischen Entwicklung und Innovation
- Erfahrungsvermittlung aus der Praxis
- Kurzer Weg der Umsetzungsmöglichkeiten zwischen Theorie und Praxis
- Anregung des funktionellen und praktischen Denkens
- Lernen durch „praktisches Tun"
- Gewinnung von Einblicken in betriebliche Zusammenhänge und Gestaltung von Geschäfts- und Arbeitsprozessen
- Lernen von eigenständigem Arbeiten und selbstständigem Handeln
- Hineinwachsen in die sozialen Beziehungen des Berufslebens
- Umsetzung des Gelernten in praktische Berufsarbeit
- Aneignung von Verantwortungsbewusstsein
- Erlernung der Teamarbeitsfähigkeit
- Kundenorientiertes Arbeiten und Verhalten
- Erwerb von beruflicher Handlungsfähigkeit

Abbildung 7

1.2.1.2 Aufgabenschwerpunkte überbetrieblicher Ausbildungsstätten zur Ergänzung der betrieblichen Ausbildung

Die wirtschaftliche und technische Arbeitsteilung führt auch im Handwerk in manchen Berufen zu einer Spezialisierung. Das bedeutet, dass einzelne Ausbildungsbetriebe nicht mehr alle Fertigkeiten, Kenntnisse und Fähigkeiten vermitteln können, die nach der Ausbildungsordnung vorgeschrieben sind. Außerdem schreiben Ausbildungsordnungen zum Teil über die einzelberufliche Ausbildung hinausgehende berufsfeldbezogene Ausbildungsinhalte vor (zum Beispiel Berufsgrundbildung in kooperativ-dualer Form), die nur überbetrieblich vermittelt werden können.
Ferner entstehen laufend neue Technologien und durch die technische Entwicklung auch neue Berufs- und Ausbildungsinhalte (zum Beispiel Informations- und Kommunikationstechniken). Diese können nicht immer von den Ausbildungsbetrieben vermittelt werden.
Des Weiteren lassen sich bestimmte Fertigkeiten besser und rationeller in überbetrieblicher statt in betrieblicher Form vermitteln.
Schließlich können in überbetrieblicher Form auch besser Ausbildungsschwerpunkte in bestimmten Fertigkeitsbereichen gesetzt werden.

Nicht zuletzt werden auch in überbetrieblichen Spezialkursen in bestimmten Berufen Arbeitssicherheits- und Unfallverhütungskenntnisse vermittelt.

Didaktisch-methodische Vorteile

Die überbetriebliche Ausbildungsstätte hat gegenüber dem Ausbildungsbetrieb didaktisch-methodische Vorteile, weil in den überbetrieblichen Kursen systematisch und ausschließlich ausbildungsbezogen Fertigkeiten und Kenntnisse sowie Handlungskompetenz vermittelt werden können.

Die überbetriebliche Ausbildungsstätte hat die Aufgabe, den Lernort Betrieb zu unterstützen und zu ergänzen und letztlich durch handlungsorientierte Ausbildungskonzepte einen Beitrag zur Erhöhung und Sicherstellung der Qualität der Berufsausbildung zu leisten.

Teilnahmepflicht

Die Teilnahme an angeordneten überbetrieblichen Unterweisungsmaßnahmen ist für den Lehrling Pflicht. Die anfallenden Kosten sind, soweit sie nicht anderweitig gedeckt werden, vom Ausbildenden zu tragen. Die Innungen und Handwerkskammern erhalten bei der Durchführung solcher Lehrgänge Zuschüsse des Bundes und der Länder.

Beurlaubung vom Berufsschulunterricht

Während der Teilnahme an überbetrieblichen Ausbildungsmaßnahmen werden die Lehrlinge in der Regel vom Berufsschulunterricht beurlaubt. Die näheren Einzelheiten und die Dauer der Beurlaubung richten sich nach landesrechtlichen Bestimmungen (siehe auch die Empfehlung der Ständigen Konferenz der Kultusminister der Länder zur Beurlaubung von Berufsschülern).

1.2.1.3 Aufgabenschwerpunkte der Berufsschule als Ausbildungsstätte

Die Berufsschule hat die Aufgabe, die Schüler in Abstimmung mit der betrieblichen Ausbildung oder unter Berücksichtigung ihrer beruflichen Tätigkeit beruflich zu bilden und zu erziehen und die Allgemeinbildung zu fördern. Dabei hat sie insbesondere die allgemeinen berufsübergreifenden sowie die für den Ausbildungsberuf oder die berufliche Tätigkeit erforderlichen fachtheoretischen Kenntnisse zu vermitteln und die fachpraktischen Kenntnisse und Fertigkeiten zu vertiefen. Die Vermittlung der fachtheoretischen Kenntnisse hat Vorrang gegenüber den übrigen Aufgaben.

Aus diesem Bildungsauftrag ergibt sich, dass der Unterricht weitgehend berufs- oder berufsfeldbezogen und praxisnah sein muss. Betrieb und Berufsschule stellen in der grundsätzlichen Aufgabenstellung einen abgestimmten Bildungsraum dar.

Gesetzliche Bestimmungen zur Berufsschulpflicht

Für den Berufsschulbesuch gelten gesetzliche Bestimmungen. Es handelt sich dabei um landesrechtliche Regelungen (Gesetze über das Erziehungs- und Unterrichtswesen bzw. Schulpflichtgesetze der Länder).

Schulpflichtgesetz

Für diese landesrechtlichen Regelungen hat die Ständige Konferenz der Kultusminister der Länder in der Bundesrepublik Empfehlungen zu Einzelregelungen für die Berufsschulpflicht und die Berufsschulberechtigung beschlossen. Die Regelungen gelten in den Bundesländern in etwa gleich.

Berufsschulpflicht

Personen, die nicht mehr berufsschulpflichtig sind, sich aber noch in Berufsausbildung befinden, sind zum Besuch der Berufsschule berechtigt.

Berufsschulberechtigung

Der Arbeitgeber (bzw. Ausbildende) hat den Berufsschulbesuch zu gestatten, das heißt, dass der Auszubildende einen Freistellungsanspruch hat.
Die Berufsschule ist Pflichtschule. Ihr Besuch unterliegt dem staatlichen Zwang. Der Ausbildende hat den Jugendlichen zum Besuch der Berufsschule anzumelden, anzuhalten und die hierfür notwendige Zeit zu gewähren. Die Schulzeit gilt als Arbeitszeit, Verstöße gegen das Schulpflichtgesetz werden mit Geldbußen geahndet.

Pflichten des Ausbildungsbetriebes

Formen des Berufsschulunterrichts

Es gibt in der Regel zwei Grundformen, wie der Berufsschulunterricht organisiert sein kann.

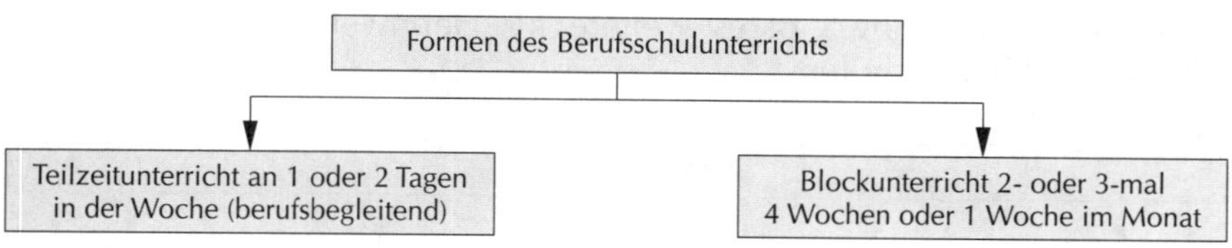

Abbildung 8

Je nach Länderregelungen, branchenspezifischen Einzellösungen usw. gibt es Mischformen der Organisation des Berufsschulunterrichts und Kombinationsmodelle, die beide Grundformen des Berufsschulunterrichts einbeziehen. Der Blockunterricht hat den Vorteil, dass der Unterrichtsstoff zusammenhängend vermittelt werden kann.
Entstehen den Berufsschülern Unterkunfts- und Verpflegungskosten beim Besuch überregionaler Fachklassen mit Blockunterricht, werden von einzelnen Ländern der Bundesrepublik Zuschüsse in unterschiedlicher Höhe gewährt. Manche Länder geben in diesen Fällen unter bestimmten Voraussetzungen auch Zuwendungen zu den Schulwegekosten.

Unterkunfts- und Verpflegungskosten

Schulwegekosten

Der Ausbildungsbetrieb selbst hat für die Lehrlinge beim Besuch der Berufsschule nach der Rechtsprechung des Bundesarbeitsgerichts weder Fahrtkosten noch Unterkunfts- und Verpflegungskosten zu bezahlen (zum Beispiel bei Blockunterricht).

Berufsgrundbildungsjahr

In verschiedenen Ländern der Bundesrepublik wurde das Berufsgrundbildungsjahr eingeführt. Es gibt zwei Formen des Berufsgrundbildungsjahres, die schulische Form und die kooperativ-duale Form.

- Die schulische Form vermittelt in einem Vollzeitschuljahr sowohl praktische Fertigkeiten als auch theoretische Kenntnisse und Fähigkeiten für ein Berufsfeld (zum Beispiel Metall, Bau usw.) oder für einen Berufsfeldschwerpunkt.

- Die kooperativ-duale Form vermittelt die praktischen Fertigkeiten und Fähigkeiten im Betrieb oder in einer überbetrieblichen Unterweisungsstätte. Die theoretischen Kenntnisse eignet sich der Lehrling in der Berufsschule an.

Das kooperativ-duale Berufsgrundbildungsjahr gilt als erstes Ausbildungsjahr. Der erfolgreiche Besuch eines schulischen Berufsgrundbildungsjahres wird in der Regel als erstes Jahr der Berufsausbildung angerechnet. Eine Ausnahme gilt bei Schwerpunktwechsel. Hier beträgt die Anrechnung auf die Ausbildungszeit mindestens ein halbes Jahr.

Anrechnung auf die Ausbildungszeit

Diese bundesrechtlichen Anrechnungsvorschriften bezüglich der Berufsgrundbildungsjahre und der Berufsfachschulen treten am 1. August 2006 außer Kraft. Die Landesregierungen können dann sich darauf beziehende neue Regelungen treffen. (Siehe auch Abschnitt 3.2.7.2 „Anrechnung auf die Ausbildungszeit".)

Weitere berufliche Schulen

Neben der Berufsschule als die die betriebliche Ausbildung begleitende schulische Einrichtung gibt es weitere für Handwerker in Frage kommende berufliche Schulen.

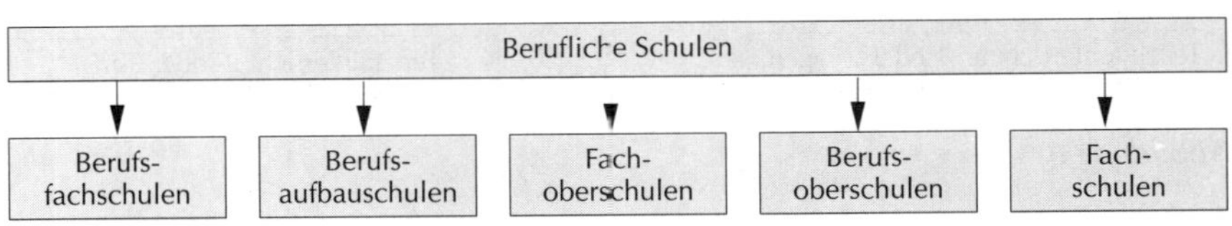

Abbildung 9

- Berufsfachschulen mit Vollzeitunterricht vermitteln je nach Dauer eine gesamte Berufsausbildung, einen Teil einer Berufsausbildung (einjährige Berufsfachschule) oder die Fachschulreife und einen Teil der Berufsausbildung. Der erfolgreiche Besuch einer einjährigen Berufsfachschule wird in der Regel als erstes Jahr der Berufsausbildung angerechnet, wenn der Lehrplan und der Unterricht den Voraussetzungen der Berufsgrundbildungsjahr-Anrechnungs-Verordnung entsprechen.
- An manchen Berufsschulen bestehen auch Berufsaufbauschulen. Diese Berufsaufbauschulen ermöglichen begabten Schülern, nach der Ausbildung einen mittleren Bildungsabschluss zu erlangen.
- Über Fachoberschulen kann die Fachhochschulreife, über Berufsoberschulen die fachgebundene Hochschulreife oder die allgemeine Hochschulreife erworben werden.
- Fachschulen dienen der vertieften beruflichen Fortbildung im Anschluss an eine Berufsausbildung und eine praktische Berufstätigkeit (z. B. Meisterschule).

1.2.1.4 Abstimmung zwischen den Lernorten

Aus den unterschiedlichen Zuständigkeiten und Aufgabenstellungen der einzelnen Lernorte im dualen System ergeben sich Abstimmungs- und Koordinierungsprobleme.

Alle Ausbildungsträger haben die Aufgabe, zum Erreichen des gemeinsamen Ausbildungszieles beizutragen. Um unnötigen Leerlauf und Überschneidungen zu vermeiden, erfordert das bestehende System eine weitgehende gegenseitige Aufgeschlossenheit, Abgrenzung, Abstimmung und Kooperation zwischen den Beteiligten.

Die Abgrenzung und Abstimmung bezieht sich auf den Ausbildungsstoff und den Zeitablauf der Ausbildung. Ausbildungsstoff und Zeitablauf

Dabei sind vorher die einzelnen Anteile und Funktionen unterschiedlicher Ausbildungsträger klar abzugrenzen.

Maßnahmen zur Abstimmung und Kooperation zwischen den Ausbildungsträgern

- Abstimmung der Ausbildungsrahmenpläne, der Ausbildungsordnungen und der Rahmenstoffpläne für die Berufsschule
- Abstimmung der Ausbildungspläne, der überbetrieblichen Ausbildungspläne mit den Ausbildungsrahmenplänen und den Rahmenstoffplänen
- Abstimmung von Lehr- und Anschauungsmaterial
- Streben nach Gleichlauf der Ausbildungsmethoden an den Lernorten
- Einsichtnahme der Berufsschule in die Ausbildungsnachweise
- Zusammenarbeit und Erfahrungsaustausch bei Zwischen- und Gesellenprüfungen
- Gegenseitige Besuche
- Erfahrungsaustausch zwischen Lehrern an Berufsschulen, Ausbildungsmeistern der überbetrieblichen Ausbildungsstätten und den Ausbildungsbetrieben
- Lehrerfortbildung in Betrieben
- Bildung von Arbeitskreisen Schule/Wirtschaft

Abbildung 10

1.2.1.5 Kosten und Finanzierung im dualen System

Die Gesamtkosten der Berufsausbildung werden sowohl im betrieblichen als auch im überbetrieblichen und schulischen Bereich in unterschiedlichen Anteilen von den Trägern der Berufsausbildung und durch Zuschüsse von Bund und Land finanziert.

Der Betrieb trägt in der Regel voll die Kosten, die in der betrieblichen Ausbildungszeit anfallen und die Kosten der betriebsergänzenden überbetrieblichen Ausbildung, soweit Letztere nicht anderweitig gedeckt werden. Die wichtigsten sind aus folgender Abbildung ersichtlich.

Abbildung 11

Nutzen und Vorteile

Trotz der relativ hohen Kosten für den Ausbildungsbetrieb sollten möglichst viele Betriebe im Handwerk ausbilden, denn letztlich bringt die Ausbildung Nutzen und wirtschaftliche Vorteile, wie z. B.:
- sofort einsetzbare qualifizierte Fachkräfte
- weniger Kosten für Neueinstellungen
- geringere oder keine Einarbeitungskosten
- weniger Fehlbesetzungen
- weniger Kosten durch Personalwechsel
- Personal mit betriebsspezifischem Wissen
- Verständnis für betriebliche Belange.

Kosten der Berufsschule

Die Kosten für die Berufsschulanteile in der Ausbildung werden – soweit es den Schulbesuch betrifft – von den Berufsschulträgern, also vom Staat oder der Kommune bzw. kommunalen Zweckverbänden oder diesen gemeinsam, getragen. Die Ausbildungsvergütung während der Berufsschulzeit zahlt der Ausbildungsbetrieb.

Für einige Handwerksberufe gibt es zwischenbetriebliche Finanzierungsregelungen. Eine Sonderregelung besteht für das Schornsteinfegerhandwerk auf der Grundlage des Schornsteinfegergesetzes und entsprechender „Ausgleichskassen-Verordnungen" der Länder. Danach muss jeder Bezirksschornsteinfegermeister eine Umlage an die Ausgleichskasse bezahlen. Jeder selbstständige Schornsteinfegermeister, der einen Lehrling ausbildet, erhält als Ausgleichszahlung einen Prozentsatz des im Tarifvertrag vereinbarten Gesellenlohns der höchsten Lohnstufe, vollen Ersatz der Fahrt- und Internatskosten für den Berufsschulbesuch und für die überbetriebliche Unterweisung.

Tarifvertragliche Finanzierungsregelungen

Im Bereich des Handwerks bestehen in folgenden Berufen tarifvertragliche Finanzierungsregelungen:
- Baugewerbe (Maurer und Betonbauer, Zimmerer, Betonstein- und Terrazzohersteller, Stuckateur, Fliesen-, Platten- und Mosaikleger, Estrichleger,

Wärme-, Kälte- und Schallschutzisolierer, Straßenbauer, Brunnenbauer, Trockenbaumonteur, Rohrleitungsbauer, Kanalbauer, Gleisbauer)
- Steinmetz- und Steinbildhauerhandwerk
- Dachdeckerhandwerk.

In allen aufgeführten Berufsbereichen müssen die Betriebe einen Beitrag auf der Basis der Brutto-Lohnsumme entrichten.

Im Regelfall werden die Mittel im Wesentlichen zur Finanzierung der überbetrieblichen Unterweisung, der teilweisen Erstattung der Ausbildungsvergütung, der Fahrtkosten und der Internatsunterbringung verwendet.
Die Abwicklung der Beitragserhebung und die Auszahlung der Zuwendungen erfolgen über Kassen, die von den Tarifvertragspartnern errichtet wurden.

Ausbildungsbeitrag der Handwerkskammer

Für Zwecke der Finanzierung der überbetrieblichen Unterweisung kann nach einhelliger Rechtsprechung die zuständige Handwerkskammer auf der Grundlage der Handwerksordnung einen **besonderen Ausbildungsbeitrag** sowohl von Ausbildungsbetrieben als auch von Nichtausbildungsbetrieben bestimmter Ausbildungsberufe, für die überbetriebliche Unterweisungsmaßnahmen durchgeführt werden, erheben.

Lehrlingsbetreuungsgebühr der Innungen

Innungen können sowohl von Innungsmitgliedern als auch von Nichtinnungsmitgliedern unter bestimmten Voraussetzungen eine Lehrlingsbetreuungsgebühr für die tatsächliche Benutzung ihrer Einrichtungen (zum Beispiel überbetriebliche Unterweisungsstätte) verlangen.
Zur Erhöhung des Ausbildungsplatzangebotes in bestimmten Regionen, vor allem in den neuen Bundesländern, zur Förderung der Ausbildung im Verbund, zur Förderung der Mobilität und zur Unterbringung von bestimmten Zielgruppen, wie zum Beispiel Sonderschüler, Schwerbehinderte, Behinderte, weibliche Jugendliche, Lehrlinge aus in Konkurs gegangenen Betrieben, zur Durchführung von Einstiegsqualifikationen nach dem Ausbildungspakt usw., haben einzelne Länder und der Bund Sonderprogramme geschaffen. Nach diesen werden Ausbildungsbetrieben und verschiedenen anderen Berufsausbildungseinrichtungen, aber auch Lehrlingen bzw. Teilnehmern an Maßnahmen, unter bestimmten Voraussetzungen staatliche Zuschüsse oder Darlehen gewährt. Für **zusätzliche** Ausbildungsplätze gewährt ferner die KfW-Mittelstandsbank zinsgünstige Darlehen.

Zuschüsse

Nähere Einzelheiten sind insbesondere über die zuständigen Handwerkskammern zu erfahren.

1.2.1.6 Zuständigkeiten, Aufsicht und Kontrolle im dualen System

Aus der unterschiedlichen Aufgabenstellung und der gegebenen Struktur des dualen Systems ergeben sich entsprechende Unterschiede in der Zuständigkeit, Aufsicht und Kontrolle für die Ausbildungsträger.

Zuständigkeit von Bund und Ländern

Der Bundesgesetzgeber ist im Wesentlichen zuständig für die Regelung der betrieblichen Ausbildung. Den Ländern obliegt die Gesetzgebung für das Berufsschulwesen.

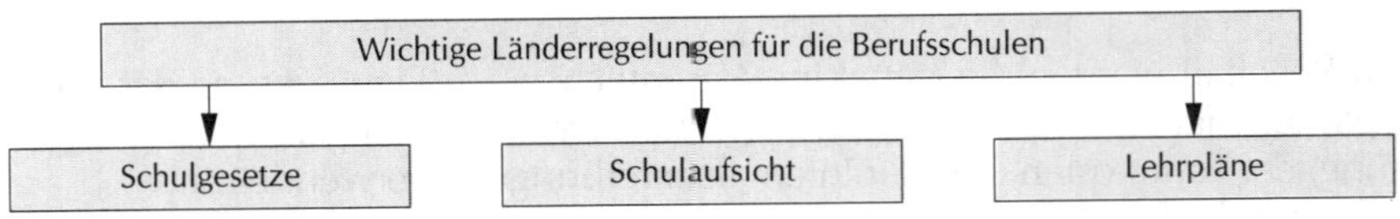

Abbildung 12

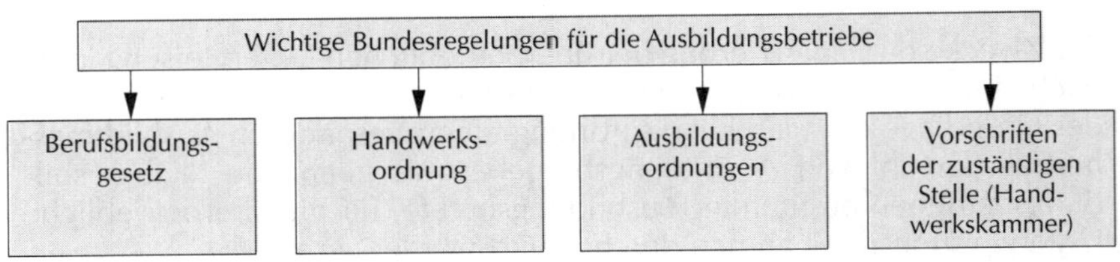

Abbildung 13

Zuständigkeit der Wirtschaft

Öffentliche Verantwortung

Hinsichtlich der öffentlichen Verantwortung für die Berufsausbildung sind für den betrieblichen Bereich vor allem die Selbstverwaltungseinrichtungen der Wirtschaft (zum Beispiel Industrie- und Handelskammern, Handwerkskammern und Innungen) zuständig. Für Aufsicht und Grundsatzregelung sind in erheblichem Umfange staatliche Behörden zuständig. Der Bereich der Berufsschule obliegt den staatlichen und kommunalen schulischen Verwaltungen.

1.2.2 Vorteile und Schwachstellen des dualen Systems

1.2.2.1 Vorteile des dualen Systems

Vorteile

Die Hauptvorteile des dualen Systems liegen in der Bewältigung von konkreten beruflichen Handlungsanforderungen, indem das Lernen direkt an betrieblichen Arbeitsplätzen stattfindet.
Das duale System ist das leistungsfähigste Ausbildungssystem, um das uns die Welt beneidet. Unsere volkswirtschaftlichen Leistungen und unsere internationale Wettbewerbsfähigkeit gründen zu einem wesentlichen Teil auf diesem Ausbildungssystem.

Abbildung 14

1.2.2.2 Schwachstellen des dualen Systems

Von extremen Kritikern wird manchmal das duale System und vor allem der Betrieb als Bildungseinrichtung in Frage gestellt.

Schwachstellen

Als Schwachstellen werden grundsätzlich genannt:

- mangelnde Systematik der Ausbildung
- nicht ausreichende Abstimmung und Kooperation zwischen den einzelnen Ausbildungsträgern
- ausbildungsfremde Arbeiten im Betrieb
- keine ausschließliche Ausrichtung der Arbeit im Betrieb auf den Ausbildungszweck.

Kritik am dualen System

Die bei diesem System in Einzelfällen zutage tretenden Mängel sind aber nicht im System als solchem begründet, sondern vielmehr im möglichen mangelhaften Vollzug in einzelnen Ausbildungsstätten.

Alles in allem lässt sich dennoch feststellen, dass das duale Ausbildungssystem, so wie es auch im Handwerk praktiziert wird, eine vernünftige Synthese (Zusammenfügung) von betriebs- und schulgebundenen Ausbildungsabschnitten ist.

1.2.2.3 Ansatzpunkte zur Sicherung und Weiterentwicklung des dualen Systems – Maßnahmen zur Sicherung der Ausbildungsqualität

Ausbildungsqualität

Die Ausbildungsqualität ist für das Handwerk in der Zukunft eine Existenzfrage. Aufgrund des hohen Anteils der menschlichen Arbeitskraft an der Produkterstellung oder der Erbringung der Dienstleistung kommt dem Niveau der Ausbildung zentrale Bedeutung auch für die Produktqualität zu.

Zur Sicherung und Weiterentwicklung des dualen Systems und der Ausbildungsqualität sind zahlreiche Maßnahmen erforderlich.

Maßnahmen zur Sicherung und Weiterentwicklung der Ausbildungsqualität im dualen System

- Bessere Abstimmung und Koordinierung der Ausbildungsarbeit zwischen den Lernorten
- Rasche Anpassung der Ausbildungsberufsbilder und Berufsordnungsmittel an die technische und wirtschaftliche Entwicklung
- Entwicklung von modulartig gestalteten Zusatzqualifikationen
- Verbesserung der betrieblichen Eignungsvoraussetzungen und Erhöhung der Planmäßigkeit der Ausbildung
- Kontrolle, Überwachung und Beratung der Ausbildungsbetriebe
- Laufende Fortbildung der betrieblichen Ausbilder
- Ausreichende Gesamtausbildungszeit im Hinblick auf steigende Anforderungen
- Verbesserung der Ausbildungsmethoden im Ausbildungsbetrieb und in der Berufsschule
- Einsatz moderner Ausbildungsmittel in Betrieb und Berufsschule
- Durchführung überbetrieblicher Unterweisungsmaßnahmen, wo diese erforderlich sind
- Absicherung der Zuwendungen von Bund und Land für die überbetriebliche Ausbildung in Berufsbildungsstätten des Handwerks
- Verbesserung der Ausbildungsqualität der Berufsschulen
- Erhaltung bzw. Schaffung leistungsfähiger Schuleinheiten im Bereich der Berufsschulen mit aufsteigenden Fachklassen
- Einführung der Blockbeschulung, wo dies zweckmäßig ist
- Verbesserung der Lehrerausbildung und Durchführung laufender Fortbildungsmaßnahmen

Abbildung 15

1.2.2.4 Vergleich des dualen Systems mit alternativen Ausbildungsformen in Deutschland bzw. Ausbildungssystemen in Europa

Alternative Ausbildungssysteme

Alternative Ausbildungseinrichtungen in Deutschland sind:

- berufsbildende Schulen (z. B. Berufsfachschule)
- überbetriebliche Ausbildungsstätten
- Werkstätten für besondere Personengruppen (z. B. behinderte Menschen)
- sonstige Berufsbildungseinrichtungen.

Die nicht auf der Grundlage des dualen Systems in Deutschland durchgeführten Berufsausbildungen sind, gemessen an der Gesamtzahl aller für einen handwerklichen Beruf Ausgebildeten, gering.

Internationaler Vergleich

Aufgrund der unterschiedlichen Entwicklungen in technologischer, wirtschaftlicher, gesellschaftlicher und politischer Hinsicht bestehen in den

Industriestaaten verschiedenartige Bildungssysteme. Gemeinsam ist bei allen diesen Ländern das Streben nach ständigen Reformen und Verbesserungen festzustellen.

Unterschiede

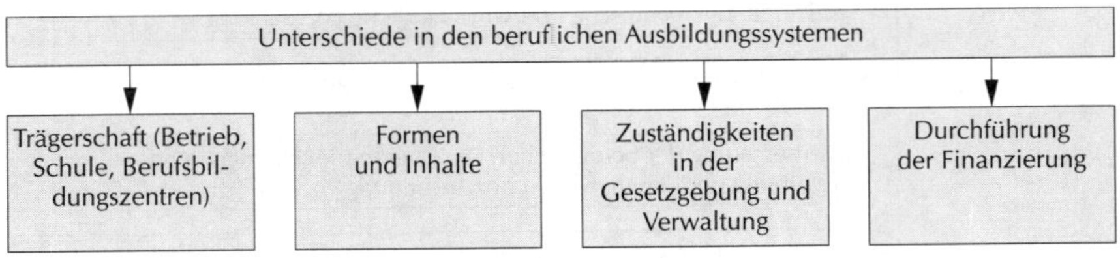

Abbildung 16

Europäische Union

Das berufliche Bildungswesen ist in den Mitgliedsstaaten der Europäischen Union recht verschieden gestaltet. Nach einer vergleichenden Studie des Europäischen Zentrums für die Förderung der Berufsbildung lassen sich vereinfacht dargestellt drei Hauptsysteme unterscheiden:

- Die Lehre, also ein Ausbildungsverhältnis. Bei einem Ausbildungsverhältnis sind praktische Ausbildung in einem Betrieb und in Ausbildungszentren mit theoretischer Ausbildung an Schulen verbunden.
- Die vollzeitschulische Berufsausbildung. Diese Ausbildung kann innerhalb des allgemeinen Bildungssystems, in Bildungsgängen des Sekundarbereichs oder in gesonderten Bildungszentren stattfinden.
- Mischformen.

Die EU weist dem dualen System Vorbildcharakter für ganz Europa zu. In Großbritannien wurde in den letzten Jahren ein modulares Qualifikationssystem entwickelt, das fünf Qualifikationsstufen (Teilqualifikationen, die sich durch Zerlegung der Berufsqualifikation ergeben) vorsieht. Das System zielt darauf ab, für bestimmte Tätigkeiten zu qualifizieren. Die Anforderungen erhöhen sich von Stufe zu Stufe. Modulare Konzepte sind auch ein Weg für die Qualifizierung von Lernschwachen.

Um einen europäischen Bildungs- und Beschäftigungsraum zu schaffen, hat die Europäische Kommission für einen auch die berufliche Bildung umfassenden „Europäischen Qualifikationsrahmen“ und ein „Europäisches Leistungspunktesystem“ den Anstoß gegeben.

1.2.2.5 Möglichkeiten von Partnerschaften in EU-Projekten

Trotz der zum Teil unterschiedlichen Ausbildungssysteme in den Staaten Europas wird eine verstärkte Kooperation und eine gemeinsame Förderung auf allen Ebenen des Bildungswesens angestrebt. Hauptziele sind die Verbesserung des Ausbildungsniveaus, die Förderung der Mobilität der jungen Menschen in Europa, die Eingliederung Jugendlicher in die Gesellschaft, die Förderung der europäischen Zusammenarbeit, die Unterstützung von Partnerschaften und Netzen, der Erfahrungsaustausch, die gegenseitige Information sowie der Ausbau von Sprachkenntnissen.

EU-Projekte

Zahlreiche Maßnahmen und Projekte werden durch Programme der EU finanziell gefördert.

Für die Berufsausbildung bieten sich insbesondere Partnerschaften an. Interessierte Ausbilder sollten sich mit der Berufsausbildungsabteilung oder einem Berater der Handwerkskammer in Verbindung setzen.

Handlungsorientierte, fallbezogene Aufgaben

1. Sie haben als Ausbildender drei Lehrlinge eingestellt. Zu Beginn der Ausbildung wollen Sie die Auszubildenden darüber informieren, wie das duale Ausbildungssystem aufgebaut ist und welche Aufgabenschwerpunkte die Lernorte in diesem System haben.

Aufgabe:

a) Erklären Sie den drei Lehrlingen, wie dieses System aufgebaut ist!
b) Erläutern Sie die diesbezüglich wichtigsten Aufgabenschwerpunkte Ihres Betriebes!
c) Beschreiben Sie Ihren Lehrlingen die Aufgaben des schulischen Bereiches!
d) Stellen Sie den Lehrlingen die Aufgabenschwerpunkte der überbetrieblichen Ausbildungsstätte dar!
e) Stellen Sie die Bedeutung des für die Ausbildung der drei Lehrlinge wichtigsten Lernortes heraus!

„Siehe Seiten 33 bis 37 des Textteils!"

2. Sie erhalten als Ausbildender von der Handwerkskammer die Aufforderung, Ihren Auszubildenden zu einer überbetrieblichen Ausbildungsmaßnahme zu entsenden, da dieser zur Teilnahme verpflichtet sei. Darüber hinaus werden Sie aufgefordert, eine Gebühr für diesen Unterweisungslehrgang zu bezahlen.

Aufgabe:

2.1 Ist Ihr Auszubildender verpflichtet, im vorliegenden Falle teilzunehmen? Was trifft zu?

☐ a) Ja, wenn Sie die Kosten übernehmen.
☐ b) Ja, wenn der Staat die gesamten Kosten übernimmt.
☐ c) Ja, wenn die Maßnahme verpflichtend angeordnet ist.
☐ d) Nein, weil er selbst beurteilen kann, ob die Maßnahme notwendig ist.
☐ e) Nein, weil Sie im Ausbildungsvertrag die Teilnahmepflicht vertraglich ausgeschlossen haben.

„Siehe Seite 36 des Textteils!"

2.2 Sind Sie als Ausbildender verpflichtet, im vorliegenden Falle die Gebühr zu entrichten?

☐ a) Nein, weil Sie von den Maßnahmen keinen betrieblichen Nutzen haben.
☐ b) Nein, weil es zur Pflicht des Auszubildenden gehört, eventuelle Gebühren zu entrichten, da er auch einen persönlichen Nutzen hat.
☐ c) Nein, weil die Kosten in jedem Fall vom Staat in voller Höhe getragen werden.
☐ d) Nein, weil die Kosten immer von der zuständigen Innung übernommen werden.
☐ e) Ja, ich muss diese Gebühr bezahlen, soweit die Kosten nicht anderweitig gedeckt sind.

„Siehe Seite 36 des Textteils!"

3. Sie haben vor kurzem einen Handwerksbetrieb gegründet und würden gerne zwei Lehrlinge ausbilden. Vor einer endgültigen Entscheidung für oder gegen eine betriebliche Ausbildung wollen Sie feststellen, welche Kosten bei der geplanten Ausbildung in den einschlägigen Kostenbereichen (Ausbildungsbetrieb, Berufsschule, überbetriebliche Unterweisungsstätte) entstehen und wer sie jeweils zu tragen hat. Der für den betrieblichen Teil anfallende Kostenanteil ist für Sie ein wichtiges Entscheidungskriterium.
Tarifvertragliche oder sonstige überbetriebliche Finanzierungsregelungen für die Berufsausbildung bestehen in dem Handwerkszweig, dem Ihr Betrieb angehört, nicht.

Aufgabe:

a) **Stellen Sie die anfallenden Kostenarten im vorliegenden Fall für Ihren Betrieb fest und ordnen Sie diese sachgerecht den einzelnen genannten Kostenbereichen zu!**
b) **Erläutern Sie anschließend, welche Kosten von Ihnen zu tragen sind und welche Kosten anderweitig finanziert werden!**

„Siehe Seiten 39 bis 41 des Textteils!"

4. Sie sind ein junger selbstständiger Handwerksmeister, der laufend Lehrlinge ausbildet. Sie verfolgen mit großem Interesse die im Zusammenhang mit der zunehmenden Verflechtung in der Europäischen Union einhergehende Diskussion über die teils unterschiedlichen Ausbildungssysteme in Europa sowie die Argumente über Vor- und Nachteile des dualen Systems. Dazu kommt, dass auch in Deutschland von Zeit zu Zeit immer wieder solche Diskussionen von verschiedenen gesellschaftlichen Gruppen in Gang gesetzt werden. Dies gibt Ihnen Veranlassung, die Vor- und Nachteile des dualen Systems generell und im Vergleich zu anderen Ausbildungssystemen in Europa zusammenzustellen, zu bewerten und darüber hinaus zu überlegen, wo Ansatzpunkte zur Sicherung und Weiterentwicklung des dualen Systems bei uns gegeben sind und wo Maßnahmen zur Sicherung der Ausbildungsqualität sinnvoll erscheinen. Der Obermeister der Innung, der Sie angehören, weiß von Ihren Überlegungen und Bemühungen und bittet Sie, darüber in der nächsten Innungsversammlung einen Vortrag zu halten.

Aufgabe: Erstellen Sie für diesen Vortrag ein Konzept!

a) **Erläutern Sie die unterschiedlichen Systeme in Europa und gehen Sie dabei auf die Unterschiede in Bezug auf Trägerschaft, Formen und Inhalte sowie Zuständigkeiten und Durchführung der Finanzierung ein!**
b) **Stellen Sie die Struktur, die Lernorte, deren Aufgabenschwerpunkte sowie die Kosten und Finanzierungsregelung des Systems in Deutschland dar!**
c) **Beschreiben Sie die Vorteile und Schwachstellen dieses Systems!**
d) **Bewerten Sie die Stärken und Schwächen des deutschen Systems im Vergleich mit anderen europäischen Systemen!**
e) **Erarbeiten Sie Ansatzpunkte für Maßnahmen zur Weiterentwicklung des dualen Systems und zur Sicherung der Ausbildungsqualität in Deutschland!**

„Siehe Seiten 33 bis 46 des Textteils!"

1.3 Handlungssituation: Rechtliche Rahmenbedingungen der Ausbildung kennen und berücksichtigen

Kompetenzen:

- Die für die Berufsausbildung relevanten Gesetze benennen sowie die in ihnen aufgeführten Bestimmungen bedarfsgerecht recherchieren
- Eignungsvoraussetzungen für die Ausbildung kennen und beachten
- Den Unterschied von Ausbildenden und Ausbildern verstehen und berücksichtigen

Stellung der Berufsbildung im Rechtssystem

Wichtige Formen des Berufsbildungsrechts sind:

Berufsbildungsrecht

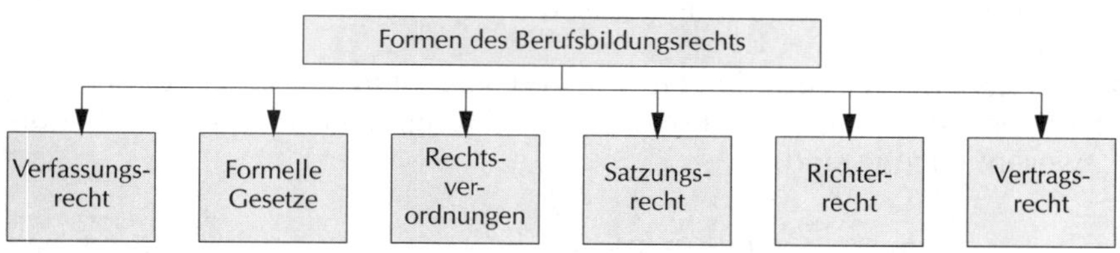

Abbildung 17

Beispiele:

- Verfassungsrecht = insbesondere Grundrechte
- Formelle Gesetze = zum Beispiel Handwerksordnung, Berufsbildungsgesetz
- Rechtsverordnungen = zum Beispiel Ausbildungsordnung
- Satzungsrecht = zum Beispiel Prüfungsordnungen der Handwerkskammer
- Richterrecht = zum Beispiel Urteile des Bundesverwaltungsgerichts, des Bundesarbeitsgerichts
- Vertragsrecht = zum Beispiel Berufsausbildungsvertrag.

Nach der Zuständigkeit (Bund oder Länder) in der Gesetzgebung unterscheidet man auch für die gesamte Regelung der beruflichen Bildung grundsätzlich zwischen Bundes- und Landesrecht.

Bundesrecht
Landesrecht

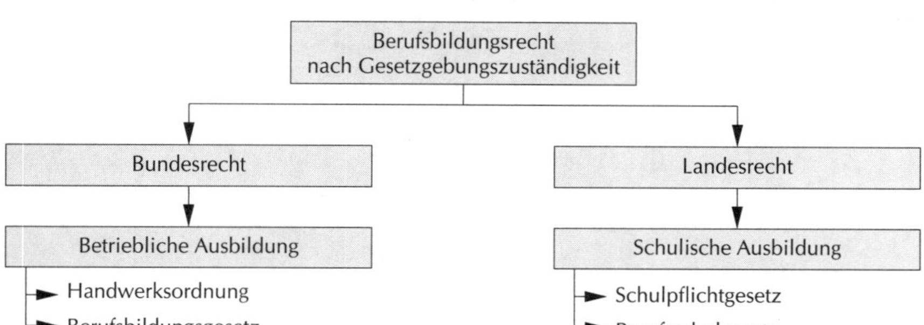

Abbildung 18

Öffentliches und privates Recht

Je nachdem, ob der Gesetzgeber die Rechtsbeziehungen zwischen Staat und Bürger oder zwischen gleichrangigen Einzelmenschen untereinander regelt, unterscheidet man zwischen öffentlichem und privatem Recht. Das Berufsbildungsrecht lässt sich in seiner Gesamtheit nicht dem öffentlichen oder dem privaten Recht ausschließlich zuordnen. Vielmehr setzen sich wesentliche Bereiche des Berufsbildungsrechts aus einer Verknüpfung von öffentlichem und privatem Recht zusammen.

1.3.1 Bedeutung des Grundgesetzes und der Landesverfassungen für die berufliche Bildung

1.3.1.1 Grundgesetz

Grundgesetz

Das Grundgesetz regelt
- das Verhältnis der Zuständigkeiten zwischen Bund und Ländern für Gesetzesregelungen im Bildungswesen
  und
- gibt dem Bürger Grundrechte, die den Staat binden und die für den einzelnen Bürger im Bereich der Berufsbildung, aber auch für das Schulwesen, wichtig sind.

Freiheit der Berufswahl

> Die für den Bürger wichtigste Regelung in Bezug auf die Berufsbildung heißt: „Alle Deutschen haben das Recht, Beruf, Arbeitsplatz und Ausbildungsstätte frei zu wählen. Die Berufsausübung kann durch Gesetz oder aufgrund eines Gesetzes geregelt werden."

Aus diesem Verfassungsgrundsatz ergibt sich, dass eine staatliche Berufslenkung zugunsten bestimmter Berufe nicht zulässig ist. Lediglich im Rahmen der Berufsaufklärung können die Berufsorganisationen und die Agenturen für Arbeit informativ und beratend tätig sein.

1.3.1.2 Landesverfassungen

Schulwesen

Nach den Verfassungen der Länder sind diese für die Gesetzgebung auf dem Gebiet des Schulwesens zuständig.

Anspruch auf Ausbildung

> Für den einzelnen Bürger gilt der Grundsatz, dass jeder Bewohner Anspruch auf eine seinen erkennbaren Fähigkeiten entsprechende Ausbildung hat.

1.3.2 Wichtige Gesetze und Verordnungen für die Berufsbildung im Überblick

Die nachstehende Abbildung zeigt die wichtigsten Vorschriften zum beruflichen Bildungswesen des Handwerks im Überblick:

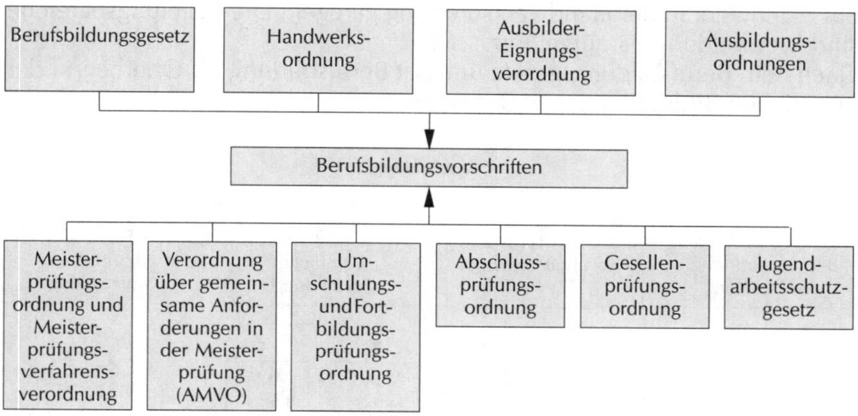

Abbildung 19

Die wichtigsten Gesetze für die Durchführung der Berufsbildung im Handwerk sind: das Berufsbildungsgesetz und die Handwerksordnung.

Weitere Vorschriften

Weitere wichtige Gesetze und Verordnungen sind:

- das Arbeitsförderungsrecht im Sozialgesetzbuch (SGB III)
- das Bundesausbildungsförderungsgesetz
- das Aufstiegsfortbildungsförderungsgesetz
- die Ausbildungsordnungen
- die fachlichen Vorschriften zur Berufsausbildung (sofern noch keine Ausbildungsordnung vorliegt).

1.3.3 Berufsbildungsgesetz, Handwerksordnung

1.3.3.1 Berufsbildungsgesetz

Ziel

Das Berufsbildungsgesetz verfolgt das Ziel, eine umfassende bundeseinheitliche Regelung für die berufliche Bildung in der deutschen Wirtschaft zu gewährleisten. Es bildet den rechtlichen Rahmen für das duale Ausbildungssystem, für die Qualität der beruflichen Aus- und Fortbildung und trägt zur Sicherung des Fachkräftebedarfs der Wirtschaft und zur Verbesserung der Ausbildungschancen der Jugend bei.

Geltungsbereich

Im Rahmen des dualen Systems – Ausbildung in Betrieb und Berufsschule – regelt es den Bereich der betrieblichen Ausbildung, und zwar grundsätzlich in allen Berufs- und Wirtschaftszweigen. Um die gesetzestechnische und inhaltliche Einheit der Handwerksordnung zu gewährleisten und im Interesse der Rechtsklarheit und Transparenz der Regelungen zur Berufsbildung in Handwerksberufen, sind aber Teile des Berufsbildungsrechts für das Handwerk in der Handwerksordnung geregelt. Die Regelungsbereiche sind in Abbildung 23 aufgeführt.
Nach dem Berufsbildungsgesetz umfasst Berufsbildung als Oberbegriff der beruflichen Bildung folgende Bereiche:

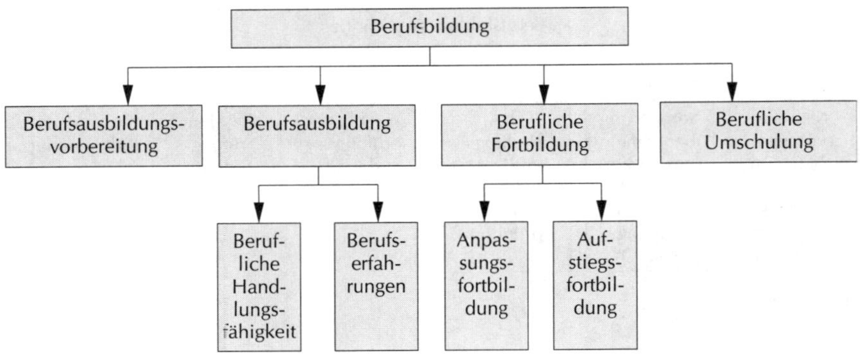

Abbildung 20

Berufsausbildungsvorbereitung

Ziel

Die Berufsausbildungsvorbereitung dient dem Ziel, durch die Vermittlung von Grundlagen für den Erwerb beruflicher Handlungsfähigkeit an eine Berufsausbildung in einem anerkannten Ausbildungsberuf heranzuführen. Sie eröffnet besonderen Personengruppen, für die aufgrund persönlicher oder sozialer Gegebenheiten (z. B. lernbeeinträchtigte oder sozial benachteiligte Personen) eine Berufsausbildung noch nicht in Betracht zu ziehen ist, die Möglichkeit, schrittweise die Voraussetzungen hierfür zu schaffen.

Berufsausbildung

Berufsausbildung ist das Kernstück des Berufsbildungsgesetzes. Sie hat die für die Ausübung einer qualifizierten beruflichen Tätigkeit in einer sich wandelnden Arbeitswelt notwendigen beruflichen Fertigkeiten, Kenntnisse und Fähigkeiten (berufliche Handlungsfähigkeit) in einem gesonderten Ausbildungsgang zu vermitteln. Mit den Begriffen „Fähigkeiten" und „berufliche Handlungsfähigkeit" entspricht das Berufsbildungsgesetz in seiner Terminologie den Anforderungen eines modernen Berufsbildungssystems.

Berufliche Handlungsfähigkeit

Berufserfahrungen

Die Berufsausbildung hat ferner den Erwerb der erforderlichen Berufserfahrungen zu ermöglichen.

Berufliche Fortbildung

Ziele

Die berufliche Fortbildung soll die Möglichkeit schaffen, die berufliche Handlungsfähigkeit zu erhalten und anzupassen oder zu erweitern und beruflich aufzusteigen. Man unterscheidet zwischen Anpassungsfortbildung und Aufstiegsfortbildung. Die Anpassungsfortbildung hat die berufliche Handlungsfähigkeit an die geänderten Erfordernisse der Arbeitswelt anzupassen. Die Aufstiegsfortbildung soll es ermöglichen, die berufliche Handlungsfähigkeit im Blick auf qualitativ höherwertige Berufstätigkeiten zu erweitern und beruflich aufzusteigen.

Anpassungs- und Aufstiegsfortbildung

Berufliche Umschulung

Die berufliche Umschulung soll zu einer anderen, bisher nicht erlernten Berufstätigkeit befähigen.

Lernorte der Berufsbildung

Nach dem Berufsbildungsgesetz wird Berufsbildung durchgeführt:

- in Betrieben der Wirtschaft und in vergleichbaren Einrichtungen außerhalb der Wirtschaft wie z. B. freien Berufen (betriebliche Berufsbildung)
- in berufsbildenden Schulen (schulische Berufsbildung) und
- in sonstigen Bildungseinrichtungen außerhalb der schulischen und betrieblichen Berufsausbildung (außerbetriebliche Berufsbildung)

Diese Lernorte wirken bei der Durchführung der Berufsbildung zusammen (Lernkooperation). Das duale System der Berufsausbildung beruht auf den Säulen der betrieblichen und der schulischen Ausbildung. Der Erfolg der Berufsausbildung hängt also entscheidend von der Wirksamkeit der Kooperation der Lernorte ab.

Lernkooperation

Teile der Berufsausbildung können auch im Ausland durchgeführt werden, wenn dies dem Ausbildungsziel dient. Der Auslandsaufenthalt dient dem Ausbildungsziel, wenn im Ausland u. a. berufliche Qualifikationen vermittelt werden, die Gegenstand der Ausbildungsordnung sind. Darüber hinaus ist zu berücksichtigen, dass das Ziel eines Auslandsaufenthalts auch darauf ausgerichtet ist, andere Lebens- und Arbeitsbedingungen kennen zu lernen und berufsbezogene Fremdsprachenkenntnisse zu erwerben.

Ausbildung im Ausland

Der Auslandsaufenthalt kann nur in Abstimmung mit dem Ausbildenden erfolgen. Ein Rechtsanspruch des Auszubildenden besteht nicht.

Die Gesamtdauer des Auslandsaufenthalts soll ein Viertel der in der Ausbildungsordnung festgelegten Ausbildungszeit nicht überschreiten. Bei der Berechnung sind Verkürzungen oder Verlängerungen der Ausbildungszeit nicht zu berücksichtigen. Bei einer Ausbildungszeit von 3 Jahren kann der Auslandsaufenthalt also bis zu 9 Monaten betragen.

Die Vereinbarung über einen Auslandsaufenthalt kann zwischen den Vertragspartnern des Ausbildungsvertrages vor Beginn der Berufsausbildung oder während der Dauer des Berufsausbildungsvertrages getroffen werden. Die Handwerkskammer muss in jedem Falle über diese Vereinbarung informiert werden.

Für die Zeit des Auslandsaufenthalts hat der Lehrling eine Beurlaubung vom Berufsschulunterricht bei der Berufsschule zu beantragen. Der versäumte Unterrichtsstoff muss aber in der Regel nachgeholt werden.

Inhalt des Berufsbildungsgesetzes

Regelungsinhalte des Berufsbildungsgesetzes

- Allgemeine Vorschriften §§ 1–3
- Ordnung der Berufsausbildung §§ 4–9
- Berufsausbildungsverhältnis §§ 10–26
- Eignung von Ausbildungsstätte und Ausbildungspersonal §§ 27–33
- Verzeichnis der Berufsausbildungsverhältnisse §§ 34–36
- Prüfungswesen §§ 37–50
- Interessenvertretung §§ 51, 52
- Berufliche Fortbildung und Umschulung §§ 53–63
- Berufsbildung für besondere Personengruppen §§ 64–70
- Zuständige Stellen, Überwachung der Berufsbildung §§ 71–76
- Berufsbildungsausschuss der zuständigen Stelle, zuständige Behörden §§ 77–81
- Landesausschüsse für Berufsbildung §§ 82, 83
- Berufsbildungsforschung, Planung und Statistik §§ 84–88
- Bundesinstitut für Berufsbildung §§ 89–101
- Bußgeldvorschriften § 102
- Übergangs- und Schlussvorschriften §§ 103–105

Abbildung 21

Ausnahmen der Handwerksordnung

Für die Berufsbildung in allen Berufen der Handwerksordnung gelten die §§ 4 bis 9, 27 bis 49, 53 bis 70, 76 bis 80 sowie 102 nicht. Insoweit gilt die Handwerksordnung.

Die Regelungsinhalte des Berufsbildungsgesetzes sind, soweit sie für das Handwerk gelten, in diesem Band 3 der Handwerker-Fibel in den jeweiligen Handlungsfeldern, Handlungssituationen und deren untergliederten Abschnitten, zu denen sie vom Sachzusammenhang her gehören, berücksichtigt und dargestellt.
Aus systematischen Gründen werden die Vorschriften über die Landesausschüsse für Berufsbildung, die Berufsbildungsforschung, Planung und Statistik und das Bundesinstitut für Berufsbildung nachfolgend dargestellt.

Landesausschüsse für Berufsbildung

Bei der Landesregierung besteht ein Landesausschuss für Berufsbildung, der sich aus einer gleichen Zahl von Beauftragten der Arbeitgeber, der Arbeitnehmer und der obersten Landesbehörden zusammensetzt.
An den Sitzungen des Landesausschusses und seiner Unterausschüsse können Vertreter der beteiligten obersten Landesbehörden, der Gemeinden und der Gemeindeverbände sowie der Agentur für Arbeit teilnehmen.

Der Landesausschuss hat folgende wesentlichen Aufgaben:

Aufgaben

- die Landesregierung in den Fragen der beruflichen Bildung zu beraten
- auf eine stetige Entwicklung der Qualität der beruflichen Bildung hinzuwirken
- bei der Neuordnung und Weiterentwicklung des Schulwesens mitzuwirken
- Empfehlungen zur Stärkung der regionalen Ausbildungs- und Beschäftigungssituation und zur inhaltlichen und organisatorischen Abstimmung und zur Verbesserung der Ausbildungsangebote abzugeben.

Berufsbildungsforschung

Die Berufsbildungsforschung hat insbesondere das Ziel:

Ziele

- Grundlagen der Berufsbildung zu klären
- Inländische und internationale Entwicklungen zu beobachten
- Anforderungen, Inhalte und Ziele der Berufsbildung zu ermitteln
- Weiterentwicklungen vorzubereiten sowie
- Instrumente und Verfahren der Vermittlung von Berufsbildung sowie den Wissens- und Technologietransfer zu fördern.

Berufsbildungsplanung

Aufgaben

Die Berufsbildungsplanung hat insbesondere dazu beizutragen, dass die Ausbildungsstätten nach Art, Zahl, Größe und Standort ein qualitativ und quantitativ ausreichendes Angebot an beruflichen Ausbildungsplätzen gewährleisten.

Berufsbildungsstatistik

Zweck

Für Zwecke der Planung und Ordnung der Berufsbildung wird eine Bundesstatistik insbesondere über Auszubildende, Ausbilder, Prüfungsteilnehmer, Ausbildungsberater und Teilnehmer an Berufsausbildungsvorbereitungsmaßnahmen durchgeführt. Die Zahl der Erhebungsmerkmale wird ab 1. April 2007 erheblich erweitert.

Berufsbildungsbericht

Das Bundesministerium für Bildung und Forschung hat bis zum 1. April jeden Jahres der Bundesregierung einen Berufsbildungsbericht vorzulegen, in dem Stand und voraussichtliche Weiterentwicklungen der Berufsbildung dargestellt sind.

Schwerpunkte

Schwerpunkt sind u. a. die Zahl der abgeschlossenen Ausbildungsverhältnisse, der nicht besetzten Ausbildungsplätze, die Ausbildungsplatz suchenden Personen und das zu erwartende Angebot an Ausbildungsplätzen.

Bundesinstitut für Berufsbildung

Zur Durchführung von bestimmten Aufgaben der Berufsbildung im Rahmen der Bildungspolitik der Bundesregierung besteht ein Bundesinstitut für Berufsbildung.

Aufgaben

Das Institut hat u. a. folgende wichtige Aufgaben:

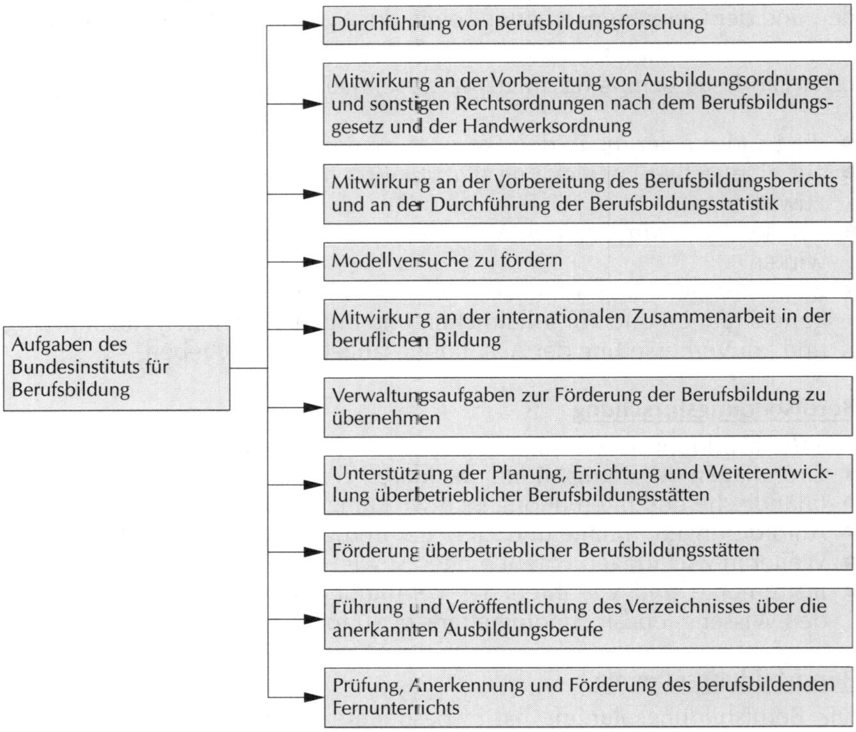

Abbildung 22

Auskunftspflicht

Alle natürlichen und juristischen Personen sowie Behörden, die Berufsbildung durchführen, sind gegenüber dem Bundesinstitut für Berufsbildung auskunftspflichtig.

In diesem Rahmen müssen auch notwendige Unterlagen vorgelegt und Besichtigungen der Betriebsräume, der Betriebseinrichtungen und der Aus- und Weiterbildungsplätze gestattet werden. Die Auskünfte müssen grundsätzlich unentgeltlich gegeben werden.

1.3.3.2 Handwerksordnung

Die Handwerksordnung regelt als Rechtsgrundlage für den Wirtschaftsbereich Handwerk insgesamt die Ausübung eines Handwerks und eines handwerksähnlichen Gewerbes, die Berufsbildung im Handwerk, das Prüfungswesen, die Meisterprüfung und den Meistertitel, das Organisationsrecht und die Bußgeldvorschriften bei Ordnungswidrigkeiten.

Geltungsbereich

Die für die Berufsbildung und das Prüfungswesen sowie für die Ordnungswidrigkeiten im Bereich der Berufsbildung des Handwerks geltenden Regelungsinhalte der Handwerksordnung gehen aus der nachstehenden Abbildung 23 hervor. Sie gelten für die Berufsbildung in allen Berufen des Handwerks, also für zulassungspflichtige und zulassungsfreie Handwerke sowie handwerksähnliche Gewerbe.

Um gleiche rechtliche Rahmenbedingungen für die Berufsbildung im Handwerk und in den anderen Wirtschaftsbereichen zu erreichen, stimmen die einschlägigen Regelungen des Berufsbildungsgesetzes und dieser Teile der Handwerksordnung in ihrem materiellen Inhalt weitgehend überein.

Abbildung 23

Die für das Handwerk geltenden, in der obigen Abbildung 23 aufgeführten Regelungsbereiche sind in diesem Band 3 der Handwerker-Fibel in den jeweiligen Handlungsfeldern, Handlungssituationen und deren Untergliederungen, zu denen sie vom Sachzusammenhang her gesehen gehören, berücksichtigt und dargestellt.
Aus Gründen der Darstellungssystematik wird das Wichtigste der Regelungsbereiche

- Umschulung
- berufliche Bildung behinderter Menschen und
- Berufsausbildungsvorbereitung

an dieser Stelle dargestellt.

Berufliche Umschulung

Als Grundlage für eine geordnete und einheitliche berufliche Umschulung kann das Bundesministerium für Bildung und Forschung im Einvernehmen mit dem Bundesministerium für Wirtschaft und Arbeit durch Rechtsverordnung (Umschulungsordnung)

Umschulungsordnungen

- die Bezeichnung des Umschulungsabschlusses,
- das Ziel, den Inhalt, die Art und Dauer der Umschulung,
- die Anforderungen der Umschulungsprüfung und ihre Zulassungsvoraussetzungen sowie
- das Prüfungsverfahren der Umschulung

unter Berücksichtigung der besonderen Erfordernisse der beruflichen Erwachsenenbildung bestimmen.

Soweit solche Umschulungsordnungen durch das Bundesministerium nicht erlassen sind, kann die Handwerkskammer entsprechende Umschulungsprüfungsregelungen erlassen.
Sofern sich die Umschulungsordnungen auf die Umschulung für einen anerkannten Ausbildungsberuf (Gewerbe der Anlage A oder der Anlage B) richten, sind dessen Ausbildungsberufsbild, Ausbildungsrahmenplan und dessen Prüfungsanforderugen zugrunde zu legen.

Wenn die Umschulungsordnung oder eine Regelung der Handwerkskammer Zulassungsvoraussetzungen vorsehen, sind ausländische Bildungsabschlüsse und Zeiten der Berufstätigkeit im Ausland zu berücksichtigen.

Anzeigepflicht

Maßnahmen der beruflichen Umschulung müssen nach Inhalt, Art, Ziel und Dauer den besonderen Erfordernissen der beruflichen Erwachsenenbildung entsprechen.
Der Umschulende hat die Durchführung der beruflichen Umschulung unverzüglich vor Beginn der Maßnahme der Handwerkskammer schriftlich anzuzeigen. Die Anzeigepflicht erstreckt sich auf den wesentlichen Inhalt des Umschulungsverhältnisses. Bei Abschluss eines Umschulungsvertrages ist eine Ausfertigung der Vertragsniederschrift beizufügen.

Prüfung Handwerkskammer

Für die Durchführung von Prüfungen im Bereich der beruflichen Umschulung errichtet die Handwerkskammer Prüfungsausschüsse.
Der Prüfling ist auf Antrag von der Ablegung einzelner Prüfungsbestandteile durch die Handwerkskammer zu befreien, wenn er eine andere vergleichbare Prüfung vor einer öffentlichen oder staatlich anerkannten Bildungseinrichtung oder vor einem staatlichen Prüfungsausschuss erfolgreich abgelegt hat und die Anmeldung zur Umschulungsprüfung innerhalb von fünf Jahren nach der Bekanntgabe des Bestehens der anderen Prüfung erfolgt.
Dem Umschulungsprüfungszeugnis ist auf Antrag des Umschülers eine englischsprachige und eine französischsprachige Übersetzung beizufügen. Dafür kann eine Gebühr berechnet werden.

Berufliche Bildung behinderter Menschen

> Die Berufsausbildung behinderter Menschen soll grundsätzlich nach der Ausbildungsordnung in einem anerkannten Ausbildungsberuf erfolgen.

Regelfall

Der Berufsausbildungsvertrag mit einem behinderten Menschen ist in die Lehrlingsrolle einzutragen. Der behinderte Mensch ist auch zur Gesellenprüfung zuzulassen, wenn nicht alle vorgeschriebenen Zulassungsvoraussetzungen gegeben sind. Regelungen der Handwerkskammer für die Berufsausbildung und das Prüfungswesen sollen die besonderen Verhältnisse behinderter Menschen berücksichtigen. Dies gilt insbesondere für die zeitliche und sachliche Gliederung der Ausbildung, die Dauer der Prüfungszeiten, die Zulassung von Hilfsmitteln und die Inanspruchnahme von Hilfeleistungen Dritter, wie Gebärdendolmetscher für hörbehinderte Menschen.

Sofern für behinderte Menschen, für die wegen Art und Schwere ihrer Behinderung die oben dargestellte Grundsatzregelung „Ausbildung nur in einem anerkannten Ausbildungsberuf" nicht in Betracht kommt, trifft die Handwerkskammer auf Antrag der behinderten Menschen oder ihrer gesetzlichen Vertreter Ausnahmeregelungen. Dabei sind die Empfehlungen des Hauptausschusses des Bundesinstituts für Berufsbildung und die Arbeitsmarktlage und -entwicklung zu berücksichtigen.

Ausnahmeregelungen

Für die berufliche Fortbildung und die berufliche Umschulung behinderter Menschen gelten diese Regelungen entsprechend, soweit Art und Schwere der Behinderung dies erfordern.

Berufsausbildungsvorbereitung

> Die Berufsausbildungsvorbereitung muss nach Inhalt, Art, Ziel und Dauer den besonderen Erfordernissen lernbeeinträchtigter und sozial benachteiligter Personen entsprechen und durch umfassende sozialpädagogische Betreuung und Unterstützung begleitet werden.

Die Vorschriften der Handwerksordnung und des Berufsbildungsgesetzes über die Berechtigung zum Einstellen und Ausbilden sowie deren Überwachung und Entzug gelten für die betriebliche Berufsausbildungsvorbereitung entsprechend.

> Die Vermittlung von Grundlagen für den Erwerb beruflicher Handlungsfähigkeit kann insbesondere durch inhaltlich und zeitlich abgegrenzte Lerneinheiten erfolgen, die aus den Inhalten anerkannter Ausbildungsberufe (Gewerbe der Anlage A oder der Anlage B) entwickelt werden (Qualifizierungsbausteine).

Qualifizierungsbausteine

Der Anbieter der Berufsausbildungsvorbereitung hat die Durchführung der Maßnahme vor deren Beginn der Handwerkskammer schriftlich anzuzeigen. Die Anzeige erstreckt sich auf den wesentlichen Inhalt des Qualifizierungsvertrages und auf statistische Daten. Über die vermittelten Grundlagen für den Erwerb beruflicher Handlungsfähigkeit wird eine Bescheinigung ausgestellt.

1.3.4 Die Bedeutung von Arbeitsvertragsrecht, Tarifvertragsrecht und Betriebsverfassungsrecht, von Arbeitsschutz- und Unfallschutzrecht sowie der Sozialversicherung für die Ausbildung

1.3.4.1 Arbeitsvertragsrecht

Das Arbeitsvertragsrecht regelt die Rechtsbeziehungen zwischen Arbeitnehmer und Arbeitgeber.

Soweit sich aus dem Wesen und Zweck des Berufsausbildungsverhältnisses und dem Berufsbildungsgesetz nichts anderes ergibt, finden die für den Arbeitsvertrag geltenden Rechtsvorschriften und Rechtsgrundsätze auch auf den Berufsausbildungsvertrag Anwendung.

Arbeitsrechtliche Rechtsvorschriften gelten, insbesondere wenn sie Auszubildende ausdrücklich einbeziehen (z. B. Bundesurlaubsgesetz) oder dem Arbeitnehmerschutz dienen (z. B. Mutterschutzgesetz). Die Ausbildungsvergütung ist sozialversicherungsrechtlich Arbeitsentgelt.

Urlaubsrecht

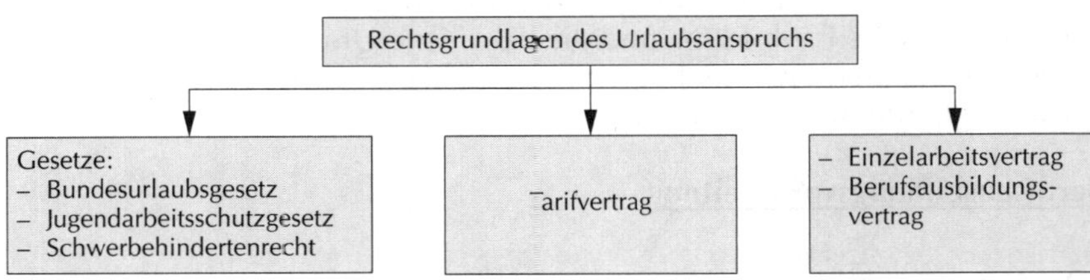

Abbildung 24

Bundesurlaubsgesetz

Das Urlaubsrecht ist bundeseinheitlich durch das Bundesurlaubsgesetz geregelt; es findet auf alle Arbeits- und Ausbildungsverhältnisse Anwendung. Für Jugendliche und Schwerbehinderte bestehen Sonderregelungen.

Das Bundesurlaubsgesetz regelt Mindestbedingungen; darüber hinaus können durch Tarifvertrag oder Einzelarbeits- bzw. Ausbildungsvertrag günstigere Regelungen bestehen.

Der gesetzliche Mindesturlaub beträgt, gestaffelt nach Alter, wenn der Arbeitnehmer bzw. Auszubildende zu Beginn des Kalenderjahres:

Jugendliche

- noch nicht 16 Jahre alt ist = 30 Werktage (alle Kalendertage mit
- noch nicht 17 Jahre alt ist = 27 Werktage Ausnahme der Sonn-
- noch nicht 18 Jahre alt ist = 25 Werktage und Feiertage)

Erwachsene

- bereits 18 Jahre alt ist = 24 Werktage.

Schwerbehinderte

Schwerbehinderte erhalten einen Zusatzurlaub von fünf Arbeitstagen im Jahr. Arbeitet der Schwerbehinderte regelmäßig an mehr oder weniger als fünf Tagen in der Woche, erhöht oder vermindert sich der Zusatzurlaub entsprechend.

Grundsätze des Urlaubsrechts

Die wichtigsten Grundsätze des Urlaubsrechts:

- Urlaubsjahr ist das Kalenderjahr (1. Januar bis 31. Dezember).
- Der volle Urlaubsanspruch wird erst nach einer Wartezeit von sechs Monaten erworben.
- Bei Ausscheiden aus dem Betrieb innerhalb der Wartezeit oder in der ersten Hälfte des Kalenderjahres besteht nur Anspruch auf Teilurlaub in Höhe von $^{1}/_{12}$ des Jahresurlaubsanspruchs für jeden vollen Beschäftigungsmonat.
- Die Urlaubsgewährung erfolgt unter Berücksichtigung der Urlaubswünsche des Arbeitnehmers bzw. Auszubildenden bei Abwägung mit den betrieblichen Belangen.
- Der Urlaub muss im laufenden Kalenderjahr gewährt und eingebracht werden.
- Eine Übertragung auf das nächste Kalenderjahr ist nur in Ausnahmefällen bis spätestens 31. März möglich.
- Eine Barabgeltung des Urlaubs ist unwirksam, es sei denn, dass die Einbringung in Freizeit wegen Beendigung des Arbeits- bzw. Ausbildungsverhältnisses nicht mehr möglich ist.

Urlaubsentgelt

Das Urlaubsentgelt errechnet sich aus dem Durchschnittsarbeitsverdienst der letzten 13 abgerechneten Wochen vor Beginn des Urlaubs (ohne Überstundenvergütungen). Bei Verdiensterhöhungen, die während des Berechnungszeitraums oder Urlaubs eintreten, ist von dem erhöhten Verdienst auszugehen.

Beispiel:

Erhöhung der Ausbildungsvergütung durch Tarifvertrag oder durch Eintritt in das nächste Ausbildungsjahr.

Zusätzliches Urlaubsentgelt

Ein Anspruch auf zusätzliches Urlaubsentgelt kann sich aufgrund tariflicher oder einzelvertraglicher Regelungen ergeben.

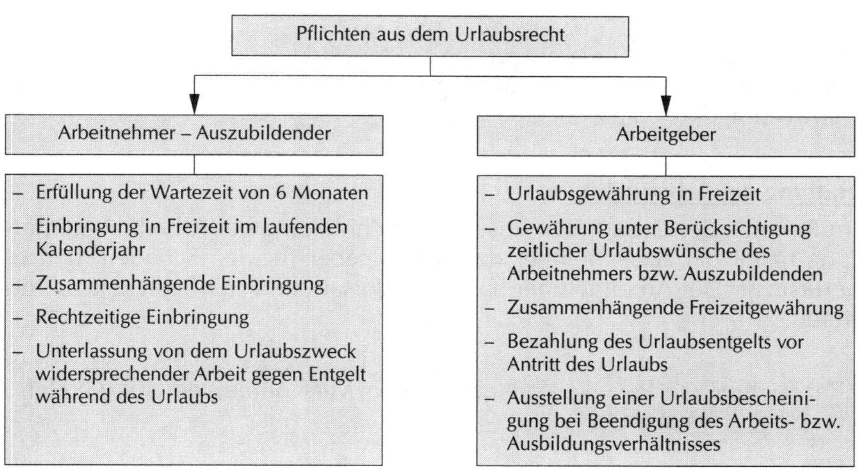

Abbildung 25

Entgeltsicherung

Das Entgelt dient der Existenzsicherung des Arbeitnehmers bzw. Auszubildenden. Es ist deshalb weitgehend dem Zugriff Dritter, des Arbeitgebers und der Vorausverfügung durch den Arbeitnehmer oder Auszubildenden selbst entzogen.

- Entgeltpfändungsschutz
Nur die Teile des Arbeitsentgelts, die die gesetzlich festgelegten Entgeltpfändungsgrenzen überschreiten, sind aufgrund vollstreckbaren Gerichtsurteils sowie Pfändungs- und Überweisungsbeschlusses pfändbar. Die Ausbildungsvergütung ist fast immer unpfändbar.

- Entgeltaufrechnungsverbot
Der Arbeitgeber kann berechtigte Ansprüche gegenüber seinem Arbeitnehmer bzw. Auszubildenden nur im Rahmen des pfändbaren Teils des Entgelts aufrechnen.
Eine Berufung auf das Entgeltaufrechnungsverbot ist jedoch nicht möglich, wenn der geschuldete Betrag auf eine vorsätzliche unerlaubte Handlung oder auf eine vorsätzliche Schadenszufügung zurückzuführen ist.

Beispiel:

Schadenersatzansprüche wegen Unterschlagung.

- Entgeltabtretungsverbot
Entgeltansprüche können nicht abgetreten werden, soweit sie der Pfändung entzogen sind.

- Insolvenzgeld
Das Arbeitsförderungsgesetz sichert dem Arbeitnehmer ebenso wie dem Auszubildenden im Falle der Insolvenz des Arbeitgebers (Konkurs) seine ihm noch zustehenden Entgeltansprüche für drei Monate.

Verjährung

Entgeltansprüche – auch Ansprüche auf Ausbildungsvergütungen – unterliegen der dreijährigen Verjährungsfrist. Abweichende Regelungen in Tarifverträgen sind möglich.

Haftung des Arbeitnehmers

Im Rahmen der Grundsätze über die Beschränkung der Arbeitnehmerhaftung haftet der Arbeitnehmer dem Arbeitgeber für den Schaden, den er verursacht. Der Arbeitnehmer hat dabei Vorsatz und Fahrlässigkeit zu vertreten.

Wegfall der Haftung

Bei leichter Fahrlässigkeit oder fehlendem Verschulden entfällt die Haftung des Arbeitnehmers.

Diese Haftungsgrundsätze gelten auch für Auszubildende, jedoch mit der Maßgabe, dass den Ausbildenden bzw. Ausbilder eine besondere Aufsichts- und Fürsorgepflicht trifft.

1.3.4.2 Kündigungsschutzrecht

Das Kündigungsrecht des Arbeitgebers ist durch gesetzliche Kündigungsschutzbestimmungen eingeschränkt.

Allgemeiner Kündigungsschutz

Personenkreis

Die Kündigung eines Arbeitnehmers,
- der bereits länger als sechs Monate
- in einem Betrieb mit mehr als zehn Arbeitnehmern

beschäftigt ist, ist rechtsunwirksam, wenn sie sozial ungerechtfertigt ist.

Betriebsgröße

Bei der Feststellung der Zahl der beschäftigten Arbeitnehmer werden Auszubildende nicht mitgerechnet. Teilzeitbeschäftigte werden anteilig berücksichtigt, und zwar:
- bei einer regelmäßigen wöchentlichen Arbeitszeit bis einschließlich 20 Stunden mit 0,5,
- bis einschließlich 30 Stunden mit 0,75.

Bestandsschutz

Bis zum 31.12.2003 lag der Schwellenwert (jetzt zehn) bei fünf Arbeitnehmern. Für Arbeitnehmer, die nach altem Recht Kündigungsschutz hatten, bleibt dieser bestehen.

Nach einem Urteil des Bundesarbeitsgerichts hat allerdings auch der Arbeitgeber im Kleinbetrieb, auf den das Kündigungsschutzgesetz keine Anwendung findet, im Fall der Kündigung, insbesondere bei langjähriger Beschäftigungsdauer des Arbeitnehmers, ein gebotenes Mindestmaß an sozialer Rücksichtnahme zu wahren.

Kündigungsschutzklage

Klagefrist

Gegen eine Kündigung kann der Arbeitnehmer nur innerhalb von drei Wochen nach Zugang der schriftlichen Kündigung Klage beim Arbeitsgericht erheben (Ausnahme: Klage allein wegen falscher Kündigungsfrist).

Auszubildende

Die Klagefrist von drei Wochen gilt auch für Auszubildende, wenn sie gegen eine Kündigung des Ausbildungsbetriebes aus wichtigem Grund Klage beim Arbeitsgericht erheben wollen.

Schlichtungsausschuss

Besteht ein Schlichtungsausschuss (z. B. Lehrlingsstreitigkeitenausschuss bei der Innung) und ist dieser zuständig, muss vor Erhebung der Klage der Schlichtungsausschuss angerufen werden.

Kündigt der Arbeitgeber aus dringenden betrieblichen Erfordernissen, so muss er bei der Auswahl der Arbeitnehmer die Dauer der Betriebszugehörigkeit, das Lebensalter, die Unterhaltspflichten und die Schwerbehinderung ausreichend berücksichtigen.

Abfindungsanspruch bei betriebsbedingter Kündigung

Klagt der Arbeitnehmer bei betriebsbedingter Kündigung nicht innerhalb von drei Wochen vor dem Arbeitsgericht auf Feststellung, dass das Arbeitsverhältnis durch die Kündigung nicht aufgelöst ist, so hat er mit Ablauf der

Kündigungsfrist Anspruch auf Abfindung; und zwar 0,5 Monatsverdienste für jedes Jahr, das das Arbeitsverhältnis bestanden hat. Voraussetzung dafür ist, dass der Arbeitgeber den Arbeitnehmer im Kündigungsschreiben auf den Anspruch hinweist.

Besonderer Kündigungsschutz

Der besondere Kündigungsschutz gilt sowohl für Arbeitnehmer als auch für Auszubildende.

Betriebsräte und Jugendvertreter

Das Arbeits- bzw. Ausbildungsverhältnis kann nur beendet werden
- fristlos aus wichtigem Grund
- mit Zustimmung des Betriebsrates oder
- mit Ersatzzustimmung durch das Arbeitsgericht.

Der Kündigungsschutz erstreckt sich insbesondere auf:
- Betriebsräte
- Jugend- und Auszubildendenvertreter
- Wahlvorstand und Wahlbewerber für den Betriebsrat.

Beabsichtigt der Arbeitgeber, einen Auszubildenden, der Mitglied des Betriebsrates oder der Jugend- und Auszubildendenvertretung ist, im Anschluss an das Berufsausbildungsverhältnis nicht in ein Arbeitsverhältnis zu übernehmen, muss er dies dem Auszubildenden drei Monate vor Ausbildungsende schriftlich mitteilen.

Beendigungsschutz

Verlangt der Auszubildende innerhalb der letzten drei Monate vor Ausbildungsende schriftlich die Weiterbeschäftigung, gilt ein Arbeitsverhältnis als abgeschlossen. Bis zum Ablauf von zwei Wochen nach Ausbildungsende kann der Arbeitgeber beim Arbeitsgericht feststellen lassen, dass die Weiterbeschäftigung nicht zumutbar ist, wenn Gründe hierfür vorliegen.

Wehrdienstleistende

Ab Zustellung des Einberufungsbescheides bis zur Beendigung des Grundwehrdienstes sowie während einer Wehrübung ist nur eine fristlose Kündigung aus wichtigem Grund zulässig. Dies gilt auch für Soldaten auf Zeit mit einer Dienstzeit bis zu zwei Jahren und Zivildienstleistende.

Kleinbetriebsregelung

Ausgenommen sind Betriebe mit bis zu fünf Beschäftigten (ausschließlich der Auszubildenden). Dort kann unter Einhaltung einer Frist von
- zwei Monaten zum Ende des Wehrdienstes
  gekündigt werden
- bei einem Grundwehrdienst von mehr als sechs Monaten, wenn der Arbeitnehmer unverheiratet ist und
- dem Arbeitgeber die Weiterbeschäftigung infolge Einstellung einer Ersatzkraft nach Ende des Wehrdienstes nicht zugemutet werden kann.

Kündigungsvoraussetzungen

Nach Beendigung eines Berufsausbildungsverhältnisses darf die Übernahme eines Auszubildenden in ein Arbeitsverhältnis nicht aus Anlass des Wehrdienstes abgelehnt werden.

Schwerbehinderte

Die Wirksamkeit der Kündigung eines schwer behinderten (oder gleichgestellten) Auszubildenden aus wichtigem Grund durch den Ausbildungsbetrieb bedarf der vorherigen Zustimmung des Integrationsamtes.

Die Zustimmung ist nicht erforderlich, wenn das Ausbildungsverhältnis noch nicht länger als sechs Monate besteht.

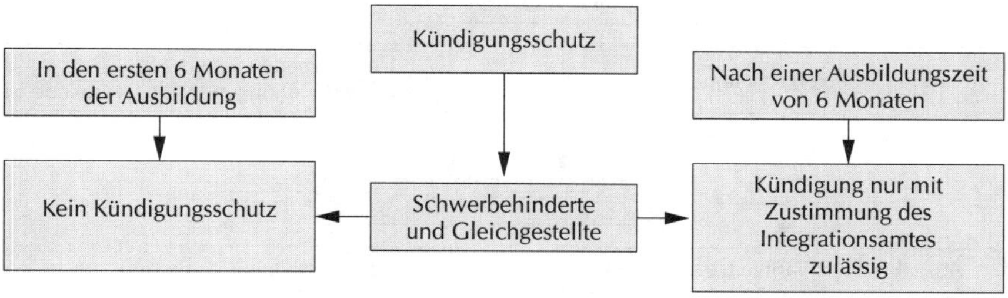

Abbildung 26

Werdende Mütter

Von Beginn der Schwangerschaft an bis zum Ablauf von vier Monaten nach der Entbindung ist die Kündigung einer Auszubildenden unzulässig, wenn dem Arbeitgeber zum Zeitpunkt der Kündigung die Schwangerschaft oder Entbindung bekannt ist oder spätestens innerhalb von zwei Wochen nach Zugang der Kündigung noch mitgeteilt wird. (Eine Überschreitung dieser Frist ist möglich, wenn die Frau die Gründe hierfür nicht zu vertreten hat.)

Absolutes Kündigungsverbot

Dieses absolute Kündigungsverbot des Ausbildungsbetriebes gilt auch während der Probezeit des Ausbildungsverhältnisses. Mit Ablauf der Ausbildungszeit endet das Ausbildungsverhältnis auch bei bestehender Schwanger- bzw. Mutterschaft.
Auf Antrag des Arbeitgebers kann die für den Arbeitsschutz zuständige oberste Landesbehörde oder die von ihr bestimmte Stelle in besonderen Fällen ausnahmsweise die Kündigung zulassen. Die Kündigung bedarf der Schriftform und muss den zulässigen Grund angeben.

Ausnahmen

Beispiel:

Bei Betriebsstilllegung.

Elternzeitberechtigte

Das Berufsausbildungsverhältnis ist ab dem Zeitpunkt, von dem an Elternzeit verlangt wird, höchstens jedoch acht Wochen vor deren Beginn und während der Elternzeit nicht kündbar.

Kündigungsverbot

In besonderen Fällen kann die zuständige Arbeitsschutzbehörde ausnahmsweise die Kündigung für zulässig erklären.

Ausnahmen

Hinsichtlich Anspruchsvoraussetzungen und Dauer der Elternzeit siehe Abschnitt 1.3.4.5 „Arbeitsschutzrecht – Mutterschutzrecht“.

1.3.4.3 Tarifvertragsrecht

Tarifvertragsparteien

Tarifvertragsparteien sind die Gewerkschaften und Arbeitgeberverbände (gelegentlich auch einzelne Arbeitgeber).

Abschluss der Tarifverträge durch die Tarifvertragsparteien

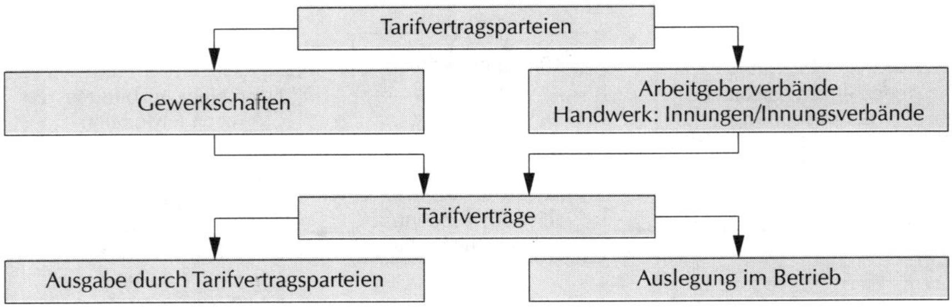

Abbildung 27

Tarifgebundenheit

Der Tarifvertrag ist verbindlich, wenn
- beide Arbeits- bzw. Ausbildungsvertragspartner Mitglied bei der für sie zuständigen Tarifvertragspartei sind
  oder
- der Tarifvertrag durch das Bundes- oder Landesarbeitsministerium für allgemein verbindlich erklärt worden ist.

Besteht Tarifbindung, sind abweichende Vereinbarungen zuungunsten des Arbeitnehmers bzw. Auszubildenden unwirksam.

Tarifbindung

Besteht keine Tarifbindung, kann die Anwendung des Tarifvertrages im Arbeits- oder Ausbildungsvertrag vereinbart werden.
Nach dem Berufsbildungsgesetz haben Auszubildende in jedem Fall Anspruch auf eine angemessene Vergütung.

Inhalt des Tarifvertrages

Die Tarifverträge regeln die beiderseitigen Rechte und Pflichten der Arbeitgeber und Arbeitnehmer bzw. Auszubildenden im Arbeits- bzw. Ausbildungsverhältnis.

Der Lohn- bzw. Gehaltstarifvertrag regelt die Entgeltbedingungen, der Rahmen- oder Manteltarifvertrag die sonstigen Vertragsbedingungen.
Auch Regelungen über die Höhe der Ausbildungsvergütungen für Auszubildende sowie die Urlaubsdauer und vermögenswirksame Leistungen können Inhalt von Tarifverträgen sein. Tarifverträge haben drei wichtige Funktionen:

Funktionen

- Schutzfunktion: Im Arbeitsvertrag dürfen die Mindestarbeitsbedingungen des Tarifvertrages nicht unterschritten werden.
- Ordnungsfunktion: Nach dem Tarifvertrag bestimmen sich die Inhalte des Arbeitsvertrages.
- Friedensfunktion: Bei Gültigkeit eines Tarifvertrages herrscht Streikverbot hinsichtlich der tariflich festgelegten Punkte.

1.3.4.4 Betriebsverfassungsrecht

Betriebsrat

In Betrieben mit mindestens fünf ständigen wahlberechtigten Arbeitnehmern einschließlich der zu ihrer Ausbildung Beschäftigten, von denen mindestens drei wählbar sein müssen, kann ein Betriebsrat gewählt werden.

Wahlberechtigung

Wahlberechtigt sind alle Arbeitnehmer und Auszubildenden, die 18 Jahre alt sind. Dazu zählen auch Leiharbeitnehmer, wenn sie länger als drei Monate im Betrieb eingesetzt werden. Wählbar sind alle Beschäftigten, die 18 Jahre alt sind und dem Betrieb bereits sechs Monate angehören. Leiharbeitnehmer können nicht gewählt werden.
Die Zahl der Betriebsratsmitglieder richtet sich nach der Zahl der wahlberechtigten Arbeitnehmer und Auszubildenden.

Jugend- und Auszubildendenvertretung

In Betrieben mit in der Regel mindestens fünf Arbeitnehmern unter 18 Jahren oder Auszubildenden unter 25 Jahren kann neben dem Betriebsrat eine Jugend- und Auszubildendenvertretung gewählt werden, die die Belange der Jugendlichen und Lehrlinge wahrnimmt.

Wahlberechtigt ist die oben beschriebene Personengruppe.

Betriebsrat	
Zahl der Wahlberechtigten	Zahl der Betriebsratsmitglieder
5 bis 20	1
21 bis 50	3
51 bis 100	5
101 bis 200	7
201 bis 400	9
usw.	usw.

Schwerbehindertenvertretung
(ab wenigstens 5 Schwerbehinderten
1 Vertrauensmann/Vertrauensfrau und
wenigstens 1 Stellvertreter)

Jugend- und Auszubildendenvertretung	
Zahl der Jugendlichen und Auszubildenden	Zahl der Jugendvertreter
5 bis 20	1
21 bis 50	3
51 bis 150	5
151 bis 300	7
usw.	usw.

Abbildung 28

Amtszeit

Die Amtszeit des Betriebsrates beträgt vier Jahre, die der Jugend- und Auszubildendenvertretung zwei Jahre.

Rechte der Arbeitnehmervertretungen

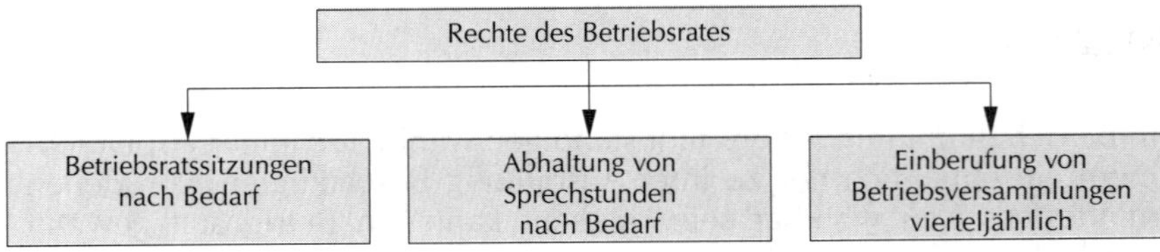

Abbildung 29

Die Jugend- und Auszubildendenvertretung ist berechtigt, an den Sitzungen des Betriebsrates teilzunehmen.

Zusammenarbeit zwischen Arbeitgeber und Betriebsrat

Friedenspflicht
Einigungsstelle

Arbeitgeber und Betriebsrat sollen unter Beachtung der geltenden Tarifverträge vertrauensvoll und im Zusammenwirken mit den im Betrieb vertretenen Gewerkschaften und Arbeitgeberverbänden zum Wohl der Arbeitnehmer und des Betriebes zusammenarbeiten. Sie unterliegen einer Friedenspflicht, können Betriebsvereinbarungen schließen und zur Beilegung von Meinungsverschiedenheiten eine Einigungsstelle bilden.

Mitwirkungs- und Mitbestimmungsrechte

Allgemeine Aufgabe des Betriebsrates ist es, darüber zu wachen, dass die Gesetze, Verordnungen, Unfallverhütungsvorschriften, Tarifverträge und Betriebsvereinbarungen eingehalten werden.

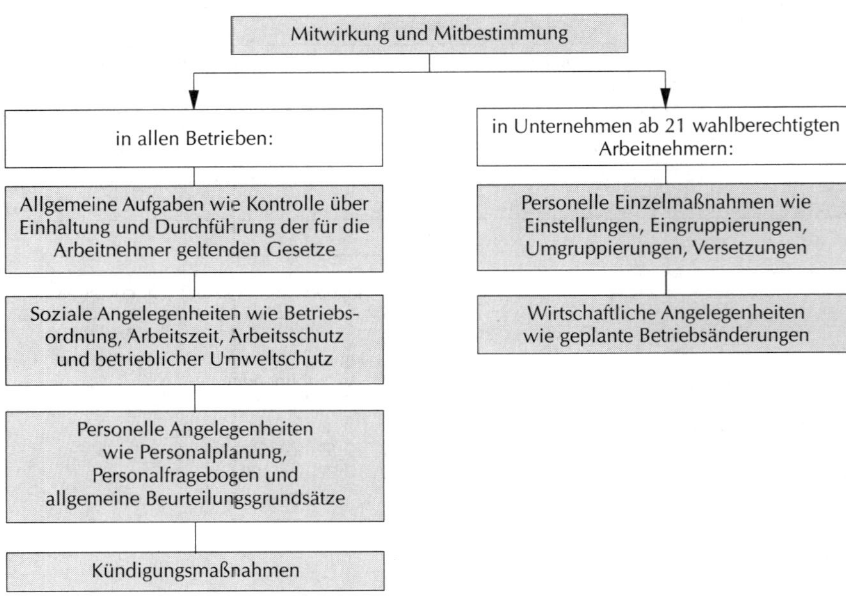

Abbildung 30

Aufgaben der Jugend- und Auszubildendenvertretung

Allgemeine Aufgaben

Zu den allgemeinen Aufgaben gehören:

- Maßnahmen, die den Jugendlichen und Auszubildenden dienen, insbesondere in Fragen der Berufsausbildung, beim Betriebsrat zu beantragen;
- darüber zu wachen, dass die zugunsten der Jugendlichen und Auszubildenden geltenden Gesetze und sonstigen Vorschriften durchgeführt werden;
- Anregungen von Jugendlichen und Auszubildenden entgegenzunehmen und, falls sie berechtigt erscheinen, beim Betriebsrat auf eine Erledigung hinzuwirken.

Rechte des einzelnen Arbeitnehmers und Auszubildenden

Jeder Arbeitnehmer und Auszubildende hat nach dem Betriebsverfassungsgesetz folgende Rechte:

Arbeitnehmerrechte

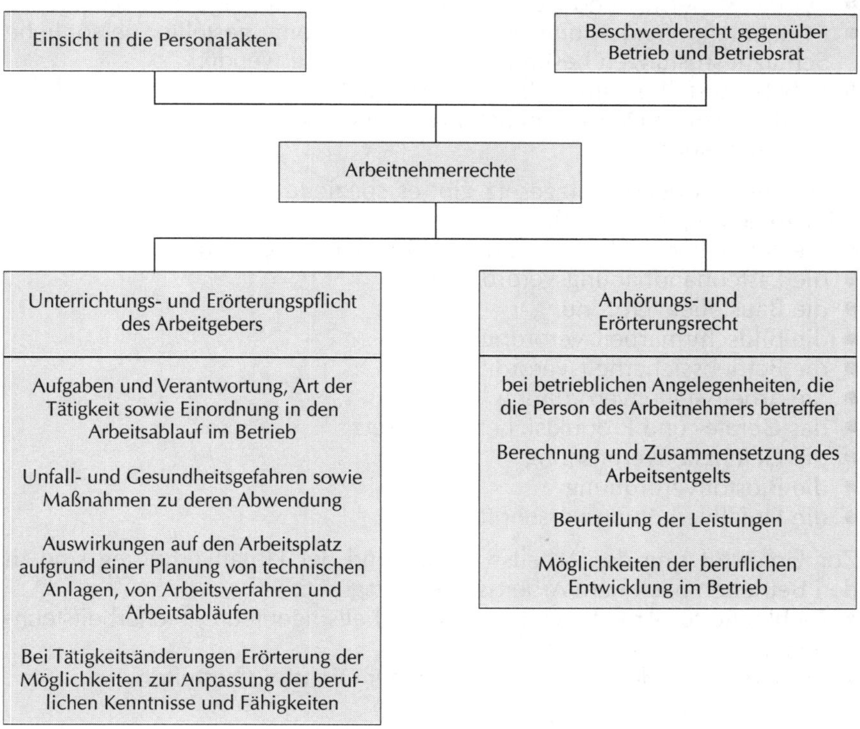

Abbildung 31

1.3.4.5 Arbeitsschutzrecht

Der Arbeitsschutz dient der Sicherheit und der Gesundheit der Beschäftigten bei der Arbeit. Die Arbeitsschutzvorschriften sind zwingend und müssen von Arbeitgebern und Beschäftigten beachtet werden.

Technischer Arbeitsschutz

Arbeitsschutzgesetz

Die Grundsätze des technischen Arbeitsschutzes regelt das Arbeitsschutzgesetz.

Grundpflichten der Arbeitgeber sind vor allem:
- Erforderliche Maßnahmen des Arbeitsschutzes zu treffen und laufend auf ihre Wirksamkeit hin zu überprüfen.
- Die Arbeit so zu gestalten, dass Gefährdungen vermieden werden.
- Die mit der Arbeit verbundenen Gefährdungen zu ermitteln und in Betrieben mit mehr als zehn Beschäftigten das Ergebnis sowie die getroffenen Maßnahmen durch Unterlagen zu dokumentieren.
- Die Beschäftigten über Sicherheit und Gesundheitsschutz am Arbeitsplatz ausreichend und angemessen zu unterweisen.

Pflichten der Beschäftigten

Pflichten der Beschäftigten sind:
- Für die Sicherheit und Gesundheit bei der Arbeit Sorge zu tragen.
- Maschinen, Geräte und ihnen zur Verfügung gestellte persönliche Schutzausrüstungen bestimmungsgemäß zu verwenden.
- Jede festgestellte unmittelbare erhebliche Gefahr für Sicherheit und Gesundheit sowie Defekte an Schutzsystemen dem Arbeitgeber unverzüglich zu melden.

Spezielle Regelungen

Neben dem Arbeitsschutzgesetz gibt es spezielle Arbeits- und Gefahrenschutzregelungen wie z. B.
- die persönliche Schutzausrüstungs-Benutzungsverordnung
- die Lastenhandhabungsverordnung
- die Baustellenverordnung
- die Bildschirmarbeitsverordnung
- die Betriebssicherheitsverordnung
- die Arbeitsstättenverordnung
- das Geräte- und Produktsicherheitsgesetz
- die Gefahrstoffverordnung
- die Biostoffverordnung
- die Unfallverhütungsvorschriften.

Sicherheitsfachkräfte

Zur Unterstützung des Arbeitsschutzes und der Unfallverhütung sind in den Betrieben nach dem Arbeitssicherheitsgesetz
- Fachkräfte für Arbeitssicherheit (Sicherheitsingenieure, Sicherheitstechniker, Sicherheitsmeister)
- Betriebsärzte oder ein betriebsärztlicher Dienst zu bestellen.

Betriebsärztlicher Dienst

Sozialer Arbeitsschutz

Den sozialen Arbeitsschutz regeln u. a. folgende Gesetze:
- Arbeitszeitgesetz
- Jugendarbeitsschutzgesetz
- Mutterschutzgesetz
- Schwerbehindertengesetz.

Die Einhaltung des Arbeitsschutzes wird durch die zuständige Arbeitsschutzbehörde in Zusammenarbeit mit den Berufsgenossenschaften überwacht.

Betriebsaushänge

Zur Unterrichtung der Beschäftigten und zur Beachtung der Arbeitsschutzvorschriften müssen verschiedene Aushänge im Betrieb an sichtbarer und zugänglicher Stelle angebracht bzw. ausgelegt werden.

Wesentliche Aushänge im Betrieb

Arbeitszeitgesetz	wenn mindestens ein Arbeitnehmer oder Auszubildender über 18 Jahre beschäftigt wird
Jugendarbeitsschutzgesetz und Anschrift der zuständigen Arbeitsschutzbehörde	wenn regelmäßig mindestens ein Jugendlicher beschäftigt wird
Aushang über Beginn und Ende der Arbeitszeit und Ruhepausen für Jugendliche	wenn regelmäßig mindestens drei Jugendliche im Betrieb beschäftigt werden
Mutterschutzgesetz	wenn mindestens vier Frauen beschäftigt werden
Ladenschlussgesetz	in Verkaufsstellen, wenn mindestens ein Arbeitnehmer (oder Auszubildender) beschäftigt wird
Gesetz zum Schutz der Beschäftigten vor sexueller Belästigung am Arbeitsplatz	wenn mindestens ein Arbeitnehmer (oder Auszubildender) beschäftigt wird
Unfallverhütungsvorschriften	wenn mindestens ein Arbeitnehmer (oder Auszubildender) beschäftigt wird
Adresse der zuständigen Berufsgenossenschaften	wenn mindestens ein Arbeitnehmer (oder Auszubildender) beschäftigt wird
Entgelt- und Rahmentarifvertrag	wenn der Betrieb tarifgebunden ist

Abbildung 32

Jugendarbeitsschutzrecht

Jugendarbeitsschutzgesetz

Das Jugendarbeitsschutzgesetz gilt für Personen, die noch nicht 18 Jahre alt sind.

- Kinder sind Personen, die noch nicht 15 Jahre alt sind
- Jugendliche sind Personen, die 15, aber noch nicht 18 Jahre alt sind.

Soweit Jugendliche noch der Vollzeitschulpflicht unterliegen, finden auf sie die für Kinder geltenden Vorschriften Anwendung.

Verbot von Kinderarbeit

Die Beschäftigung von Kindern ist verboten. Ausnahmen gelten nur in besonderen Fällen.

Beispiel:

Ausnahmen

- Im Rahmen eines Betriebspraktikums während der Vollzeitschulpflicht
- ab dem 13. Lebensjahr – bis zu zwei Stunden an bis zu fünf Tagen in der Woche – mit Einwilligung des Personensorgeberechtigten, soweit die Beschäftigung leicht und für Kinder geeignet ist (spezielle Kinderarbeitsschutzverordnung)

- eine Beschäftigung während der Schulferien für höchstens vier Wochen im Kalenderjahr, wenn das 15. Lebensjahr vollendet ist, aber noch Vollzeitschulpflicht besteht
- nicht mehr der Vollzeitschulpflicht unterliegende Kinder in einem Berufsausbildungsverhältnis.

Arbeitszeit

Als Arbeitszeit gilt die Zeit zwischen Beginn und Ende der täglichen Beschäftigung ohne die Ruhepausen.

Höchstarbeitszeit

Die zulässige Höchstarbeitszeit für Jugendliche beträgt
- bis zu 8,5 Stunden täglich,
- wöchentlich 40 Stunden.

Wird an einzelnen Werktagen die Arbeitszeit auf weniger als acht Stunden verkürzt, ist die Beschäftigung an den übrigen Tagen derselben Woche bis zu 8½ Stunden zulässig. In Tarifverträgen oder darauf beruhenden Betriebsvereinbarungen sind Abweichungen (bis zu 9 Stunden täglich, 44 Stunden wöchentlich und 5½ Tage in der Woche) möglich, jedoch nur unter Einhaltung einer durchschnittlichen Wochenarbeitszeit von 40 Stunden pro Woche in einem Ausgleichszeitraum von zwei Monaten.

5-Tage-Woche

Die Arbeitszeit von 40 Stunden verteilt sich auf
- 5 Tage in der Woche.

Die beiden wöchentlichen Ruhetage sollen nach Möglichkeit aufeinander folgen.

Schichtzeit

Schichtzeit ist die tägliche Arbeitszeit unter Hinzurechnung der Ruhepausen. Sie darf zehn Stunden, im Gaststättengewerbe, auf Bau- und Montagestellen elf Stunden nicht überschreiten.

Berufsschultag

- Die Beschäftigung vor einem vor 9 Uhr beginnenden Unterricht ist unzulässig; dies gilt auch für Personen, die über 18 Jahre alt und noch berufsschulpflichtig sind.
- An einem Berufsschultag mit mehr als fünf Unterrichtsstunden von mindestens je 45 Minuten (einmal in der Woche) dürfen Jugendliche im Betrieb nicht beschäftigt werden. Dies gilt auch in Berufsschulwochen mit einem planmäßigen Blockunterricht von mindestens 25 Stunden an mindestens fünf Tagen; zusätzliche betriebliche Ausbildungsveranstaltungen bis zu zwei Wochenstunden wöchentlich sind zulässig.
- Bei Jugendlichen wird wöchentlich ein Berufsschultag mit mehr als fünf Unterrichtsstunden mit acht Stunden auf die gesetzliche Arbeitszeit angerechnet; Berufsschulwochen mit Blockunterricht im vorgenannten Umfang werden mit 40 Stunden angerechnet. Zu beachten ist: Bei Erwachsenen gibt es keine pauschale Anrechnung, sondern eine (bezahlte) Freistellung für Zeiten, in denen sich Berufsschulzeit und Ausbildungszeit überschneiden.

Für die Teilnahme an Prüfungen und überbetrieblichen Ausbildungsmaßnahmen sowie an dem Arbeitstag, der der schriftlichen Gesellen- oder Abschlussprüfung unmittelbar vorangeht, sind Jugendliche von der Arbeit unter Fortzahlung des Arbeitsentgelts und Anrechnung auf die Arbeitszeit freizustellen. Wird die Gesellen- oder Abschlussprüfung in zwei auseinander fallenden Teilen durchgeführt, hat der Jugendliche Anspruch auf insgesamt zwei freie Tage. Freistellung

Freizeit

Nach Beendigung der täglichen Arbeitszeit muss eine ununterbrochene Freizeit von mindestens zwölf Stunden liegen.

Ruhepausen

Nach einer Arbeitszeit von $4^1/_2$ Stunden muss eine Ruhepause gewährt werden.

Sie beträgt bei einer Arbeitszeit
- bis zu 6 Stunden 30 Minuten täglich
- bei mehr als 6 Stunden 60 Minuten täglich.

Als Pausen gelten nur Arbeitsunterbrechungen von mindestens 15 Minuten.

Beschäftigungsverbote

Verboten ist die Beschäftigung
- mit Mehrarbeit, es sei denn, dass es sich um unaufschiebbare Arbeiten in Notfällen handelt und erwachsene Arbeitnehmer nicht zur Verfügung stehen Mehrarbeit
- während der Nachtzeit von 20.00 Uhr abends bis 6.00 Uhr früh Nachtruhe
  Ausnahmen:
  - in Betrieben, in denen die Beschäftigten in außergewöhnlichem Grade der Einwirkung von Hitze ausgesetzt sind, in der warmen Jahreszeit ab 5.00 Uhr

  Jugendliche über 16 Jahre
  - in Bäckereien und Konditoreien ab 5.00 Uhr
  - im Gaststättengewerbe bis 22.00 Uhr
  - in mehrschichtigen Betrieben bis 23.00 Uhr

  Jugendliche über 17 Jahre
  - in Bäckereien ab 4.00 Uhr
- an Samstagen; Ausnahmen zum Beispiel in offenen Verkaufsstellen, Bäckereien und Konditoreien, im Friseurhandwerk und Gaststättengewerbe Samstagsruhe
- an Sonn- und Feiertagen Sonn- und Feiertagsruhe
- am 24. und 31. Dezember nach 14.00 Uhr
- mit Arbeiten, die die physische oder psychische Leistungskraft eines Jugendlichen übersteigen
- mit gefährlichen Arbeiten, es sei denn, dass dies zur Erreichung des Ausbildungszieles erforderlich ist und unter Aufsicht erfolgt
- mit Akkordarbeiten.

Urlaub

Siehe hierzu Abschnitt 1.3.4.1 „Arbeitsvertragsrecht – Urlaubsrecht“.

Unfallgefahren

Belehrungen

Der Arbeitgeber ist verpflichtet, alle notwendigen Vorkehrungen zu treffen, die zum Schutz der Jugendlichen gegen Gefahren für Leben und Gesundheit erforderlich sind. Vor Beginn der Beschäftigung, bei wesentlicher Änderung der Arbeitsbedingungen und in angemessenen Zeitabständen, mindestens aber halbjährlich, müssen Jugendliche über die Unfall- und Gesundheitsgefahren im Betrieb unterwiesen werden.

Gesundheitliche Betreuung

Erst-untersuchung

Mit der erstmaligen Beschäftigung eines Jugendlichen darf nur begonnen werden, wenn er
- innerhalb der letzten 14 Monate von einem Arzt untersucht worden ist und
- eine von diesem Arzt ausgestellte Bescheinigung dem Arbeitgeber vorlegt.

Nach-untersuchung

Ein Jahr nach Aufnahme der ersten Beschäftigung hat sich der Arbeitgeber eine ärztliche Bescheinigung über die Nachuntersuchung vorlegen zu lassen. Legt der Jugendliche die Bescheinigung nicht rechtzeitig vor, hat ihn der Arbeitgeber innerhalb eines Monats unter Hinweis auf das Beschäftigungsverbot schriftlich aufzufordern, ihm die Bescheinigung vorzulegen. Eine Durchschrift hiervon erhalten der Personensorgeberechtigte und der Betriebsrat.

Nach Ablauf von 14 Monaten nach Aufnahme der Beschäftigung darf der Jugendliche nicht mehr weiterbeschäftigt werden, so lange die Bescheinigung nicht nachgereicht wird.

Gefährdungs-vermerk

Enthält die Bescheinigung des Arztes einen Vermerk über Arbeiten, durch deren Ausübung die Gesundheit des Jugendlichen gefährdet ist, darf der Jugendliche mit solchen Arbeiten nicht beschäftigt werden. Weitere Nachuntersuchungen sind möglich, aber nicht vorgeschrieben.

Die Untersuchungen sind kostenfrei; es besteht freie Arztwahl. Zur Durchführung der ärztlichen Untersuchung ist der Jugendliche unter Fortzahlung des Arbeitsentgelts von der Arbeit freizustellen. Die Bescheinigung hat der Arbeitgeber bis zur Vollendung des 18. Lebensjahres des Jugendlichen aufzubewahren.

Aufbewahrungs-pflicht

Die Kammern dürfen Ausbildungsverträge von Jugendlichen nur dann in das Verzeichnis eintragen, wenn die Bescheinigung über die Erstuntersuchung vorgelegt wird. Sie haben die Eintragung wieder zu löschen, wenn die Bescheinigung über die Nachuntersuchung nicht spätestens am Tage der Anmeldung zur Zwischenprüfung oder zum ersten Teil der Gesellen- bzw. Abschlussprüfung zur Einsicht vorgelegt wird.

Folgen bei Verstößen

Verstöße gegen das Jugendarbeitsschutzgesetz sind mit einer Geldbuße bis zu 15.000,00 EUR oder Freiheitsstrafen bis zu einem Jahr oder Geldstrafe bedroht.

Jugendschutzgesetz

Im Jahre 2003 ist eine Neuregelung in Kraft getreten, die das Gesetz zum Schutze der Jugend in der Öffentlichkeit und das Gesetz über die Verbreitung jugendgefährdender Schriften und Medieninhalte in einem einheitlichen Jugendschutzgesetz zusammenführt.

Es verbietet für Kinder und Jugendliche verschiedener Altersstufen Folgendes:

unter 6 Jahren	– Besuch von Filmen ohne Begleitung eines Erziehungsberechtigten
von 6 bis 18 Jahren	– Besuch von Filmen ohne Begleitung eines Erziehungsberechtigten – nach 20 Uhr Kindern ab dem 7. Lebensjahr – nach 22 Uhr Jugendlichen bis zum 16. Lebensjahr – nach 24 Uhr Jugendlichen bis zum 18. Lebensjahr
unter 16 Jahren	– Rauchen und Abgabe von Tabakwaren in der Öffentlichkeit – Aufenthalt in Gaststätten ohne Begleitung eines Erziehungsberechtigten (ausgenommen: Veranstaltungen eines anerkannten Trägers der Jugendhilfe) mit Ausnahme der Einnahme einer Mahlzeit oder eines Getränks zwischen 5 Uhr und 23 Uhr – Abgabe von alkoholischen Getränken in Gaststätten, Verkaufsstellen oder sonst in der Öffentlichkeit ohne Begleitung des Personensorgeberechtigten – Anwesenheit bei öffentlichen Tanzveranstaltungen ohne Begleitung eines Erziehungsberechtigten (Ausnahmen bei anerkannten Trägern der Jugendhilfe)
zwischen 16 und 18 Jahren	– Anwesenheit bei öffentlichen Tanzveranstaltungen nach 24 Uhr – Aufenthalt in Gaststätten nach 24 Uhr ohne Begleitung eines Erziehungsberechtigten
unter 18 Jahren	– Aufenthalt an Orten, an denen eine unmittelbare Gefahr für körperliches, geistiges oder seelisches Wohl droht, – Aufenthalt in Nachtbars oder Nachtclubs sowie öffentlichen Spielhallen – Abgabe von Branntwein oder branntweinhaltigen Getränken oder Lebensmitteln mit Branntwein in nicht nur geringfügiger Menge in Gaststätten und Verkaufsstellen oder sonst in der Öffentlichkeit

Abbildung 33

Arbeitszeitrecht

Das Arbeitszeitgesetz regelt den gesetzlich zulässigen Rahmen für die Beschäftigung der Arbeitnehmer und der zu ihrer Berufsbildung Beschäftigten über 18 Jahre.

Abweichungen hiervon können sich durch tarifliche Regelungen ergeben.

Arbeitszeit

Die werktägliche Arbeitszeit darf acht Stunden, die wöchentliche 48 Stunden nicht überschreiten.

Höchstarbeitszeit

Die werktägliche Arbeitszeit kann auf bis zu zehn Stunden verlängert werden, wenn innerhalb von sechs Kalendermonaten oder innerhalb von 24 Wochen im Durchschnitt acht Stunden werktäglich nicht überschritten werden (Ausgleichszeitraum).

Aufzeichnungspflicht

Der Arbeitgeber ist verpflichtet, die über die werktägliche Arbeitszeit von acht Stunden hinausgehende Arbeitszeit der Arbeitnehmer aufzuzeichnen und die Aufzeichnungen mindestens zwei Jahre aufzubewahren.
Nur in außergewöhnlichen Fällen bzw. Notfällen darf die Höchstarbeitszeit überschritten werden.

Ruhepausen

Mindest-Ruhepausen

Während der Arbeitszeit müssen Ruhepausen eingehalten werden, die nicht auf die Arbeitszeit angerechnet werden.

Ruhepausen für Arbeitnehmer und Auszubildende über 18 Jahre

Alle Arbeitnehmer und Auszubildende ab dem 18. Lebensjahr	bei täglicher Arbeitszeit von mehr als	Ruhepause in Minuten
	6 bis 9 Stunden	30
	9 Stunden	45

Abbildung 34

Die Ruhepausen können zusammenhängen oder aufgeteilt werden; sie müssen aber jeweils mindestens 15 Minuten betragen.

Ruhezeit

Nach Beendigung der täglichen Arbeitszeit muss eine ununterbrochene Ruhezeit von mindestens 11 Stunden liegen.

Nachtarbeitszeit

Nachtzeit ist die Zeit von 23.00 bis 6.00 Uhr; in Bäckereien und Konditoreien die Zeit von 22.00 bis 5.00 Uhr.

Nachtarbeit

Nachtarbeit ist jede Arbeit, die mehr als zwei Stunden der Nachtzeit umfasst. Für die Beschäftigten mit Nachtarbeit gelten besondere Regelungen hinsichtlich der Überschreitung der werktäglichen Arbeitszeit von acht Stunden, der Berechtigung zu arbeitsmedizinischen Untersuchungen innerhalb bestimmter Zeiträume und des Anspruchs auf Umsetzung auf einen geeigneten Tagesarbeitsplatz in den im Gesetz genannten Fällen.

Sonn- und Feiertagsarbeit

An Sonn- und Feiertagen dürfen Arbeitnehmer und Auszubildende nicht beschäftigt werden.

Abweichend von diesem Grundsatz ist die Beschäftigung von Arbeitnehmern in Bäckereien und Konditoreien für bis zu drei Stunden mit der Herstellung und dem Austragen oder Ausfahren von Konditorwaren und an diesem Tag zum Verkauf kommenden Bäckerwaren zulässig. In bestimmten Fällen sieht das Gesetz weitere Ausnahmen vor. Ausnahmen

Beispiele:

Im Gaststätten- und Verkehrsgewerbe, Haushalt, bei Messen und Ausstellungen sowie in bestimmten Notfällen. Weitere Ausnahmen

Gegenüberstellung der gesetzlichen Arbeitszeitvorschriften für Arbeitnehmer und Auszubildende vor und nach dem 18. Lebensjahr:

	Vor dem 18. Lebensjahr	Nach dem 18. Lebensjahr
Rechtsgrundlage	Jugendarbeitsschutzgesetz	Arbeitszeitgesetz
Arbeitszeit	Zeit zwischen Beginn und Ende der täglichen Beschäftigung ohne die Ruhepausen	Zeit zwischen Beginn und Ende der täglichen Beschäftigung ohne die Ruhepausen
Höchstarbeitszeit	Arbeitstäglich 8,5 Stunden Wöchentlich 40 Stunden Bei Verkürzung der Arbeitszeit an einzelnen Arbeitstagen auf weniger als 8 Stunden, an den übrigen Werktagen derselben Woche bis zu 8 $^1/_2$ Stunden	Werktäglich 10 Stunden Wöchentlich 60 Stunden Verlängerung der werktäglichen Arbeitszeit bis zu 10 Stunden, wenn innerhalb von 6 Kalendermonaten oder 24 Wochen im Durchschnitt 8 Stunden nicht überschritten werden
Verteilung der Arbeitszeit	Auf 5 Arbeitstage in der Woche – 5-Tage-Woche –	Auf bis zu 6 Werktage in der Woche – 6-Tage-Woche –
Schichtzeit	Tägliche Arbeitszeit darf einschließlich der Ruhepausen, in der Regel 10 Stunden nicht überschreiten	———
Ruhepausen während der Arbeitszeit	Bei einer Arbeitszeit bis zu 6 Stunden – 30 Minuten täglich; bei mehr als 6 Stunden – 60 Minuten täglich	30 Minuten täglich; bei einer Arbeitszeit über 9 Stunden – 45 Minuten
Zeitpunkt der Ruhepausen	Spätestens nach einer Arbeitszeit von 4$^1/_2$ Stunden	Ab einer Arbeitszeit von mehr als 6 Stunden
Freizeit bzw. Ruhezeit nach Beendigung der täglichen Arbeitszeit	Mindestens 12 Stunden	Mindestens 11 Stunden
Nachtarbeitsverbot	Von 20.00 bis 6.00 Uhr	———
Sonn- und Feiertagsarbeit	Verbot mit Ausnahmen	Verbot mit Ausnahmen

Abbildung 35

Mutterschutzrecht

Im Zusammenhang mit der Mutterschaft bestehen besondere Vorschriften zum Schutze der Arbeitnehmerin und des Kindes; sie gelten in gleicher Weise auch für Auszubildende.

Beschäftigungsverbote

Verboten ist insbesondere die Beschäftigung

Gesundheitsschutz

- wenn nach ärztlichem Zeugnis Leben oder Gesundheit von Mutter oder Kind gefährdet ist (individuelles Beschäftigungsverbot)
- mit schweren körperlichen Arbeiten, Akkord- und Fließbandarbeit
- mit Arbeiten, bei denen die werdende Mutter schädlichen Einwirkungen von gesundheitsgefährdenden Stoffen oder sonstigen Belastungen wie Staub, Dämpfen, Erschütterungen oder Lärm und dergleichen ausgesetzt ist
- ab dem 6. Monat der Schwangerschaft mit Arbeiten, bei denen die werdende Mutter ständig stehen muss, soweit diese vier Stunden täglich überschreiten
- mit Mehr-, Nacht-, Sonn- und Feiertagsarbeit.

Mutterschutzlohn

Eine Einbuße an Arbeitsentgelt darf durch die Beschäftigungsverbote nicht entstehen.

Höchstarbeitszeit für werdende Mütter

	Stunden	
Alter	täglich	in der Doppelwoche
unter 18 Jahre	8	80 einschließlich der Unterrichtszeiten in der Berufsschule
über 18 Jahre	8,5	90

Abbildung 36

Schutzfristen vor und nach der Entbindung

Beschäftigungsverbot

Sechs Wochen vor der Entbindung darf die werdende Mutter nicht beschäftigt werden; es sei denn, sie erklärt sich ausdrücklich dazu bereit. Acht Wochen nach der Entbindung darf die Mutter nicht beschäftigt werden.

Bei Früh- und Mehrlingsgeburten verlängert sich diese Frist auf zwölf Wochen; bei Frühgeburten zusätzlich um den Zeitraum, der vor der Entbindung (6-Wochen-Frist) nicht in Anspruch genommen werden konnte.

Mutterschaftsgeld

Während der Schutzfristen vor und nach der Entbindung erhält die Arbeitnehmerin bzw. Auszubildende von der Krankenkasse Mutterschaftsgeld, das höchstens jedoch 13,00 EUR je Kalendertag beträgt. Die Differenz zwischen dem Mutterschaftsgeld und dem durchschnittlichen Nettoarbeitsentgelt hat der Arbeitgeber aufzuzahlen.

Ausgleichsverfahren

Für alle Arbeitgeber besteht ein Ausgleichsverfahren über die Krankenkassen und die Deutsche Rentenversicherung Knappschaft-Bahn-See hinsichtlich der Arbeitgeberaufwendungen bei Schwangerschaft und Mutterschaft.

Ärztliche Betreuung

Schwangerenvorsorge

Während der Schwangerschaft, bei und nach der Entbindung besteht Anspruch auf ärztliche Betreuung einschließlich der Untersuchungen zur Feststellung der Schwangerschaft und der Schwangerenvorsorge. Der Arbeitgeber hat die dafür erforderliche Freizeit zu gewähren; ein Arbeitsentgeltausfall darf dadurch nicht eintreten.

Anzeigepflicht

Die werdende Mutter soll dem Arbeitgeber ihre Schwangerschaft und den mutmaßlichen Tag der Entbindung mitteilen, sobald ihr dieser Zustand bekannt ist.

Der Arbeitgeber muss die zuständige Arbeitsschutzbehörde davon unverzüglich benachrichtigen.

Schwangerschaftsnachweis

Auf Verlangen des Arbeitsgebers soll die werdende Mutter ein ärztliches Zeugnis vorlegen, dessen Kosten der Arbeitgeber trägt.

Kündigungsschutz

(Siehe hierzu Abschnitt 1.3.4.2 „Kündigungsschutzrecht – Werdende Mütter".)

Vorschriften zum Mutterschutzrecht

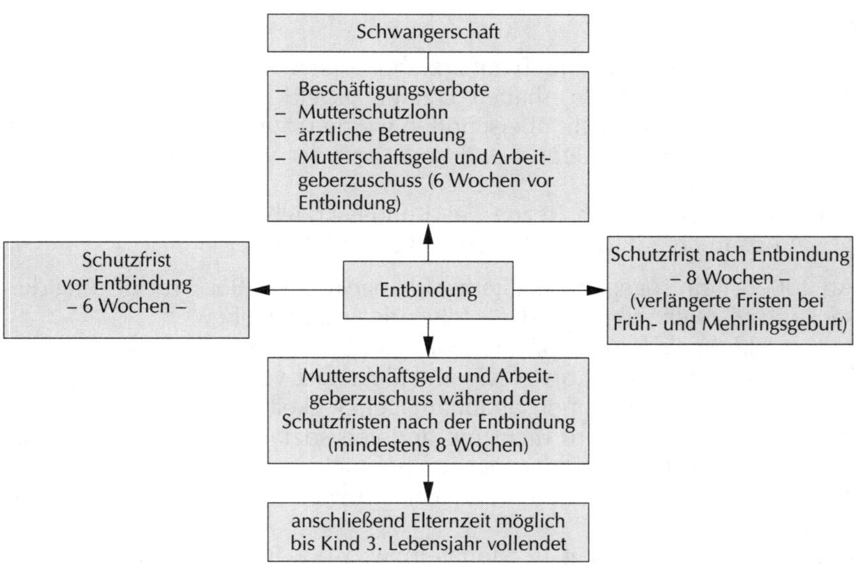

Abbildung 37

Elternzeit

Für den Anspruch auf Elternzeit gelten folgende Grundsätze:

Dauer

- Die Eltern können, sofern sie dies wollen, die Elternzeit bis zum 3. Geburtstag des Kindes gemeinsam nutzen. Dabei wird die Elternzeit für jeden Elternteil separat betrachtet.

Anspruchsverlangen

- Mit Zustimmung des Arbeitgebers ist eine Übertragung von einem Jahr Elternzeit über das 3. Lebensjahr des Kindes möglich.
- Die Anmeldefrist der Elternzeit beträgt sechs Wochen, wenn die Elternzeit unmittelbar nach der Geburt oder nach der Mutterschutzfrist beginnen soll, und in anderen Fällen acht Wochen.

Teilzeitbeschäftigung

- Während der Elternzeit ist eine Teilzeitbeschäftigung bis zu 30 Stunden, bei gemeinsamer Elternzeit von zusammen bis zu 60 Stunden, wöchentlich zulässig. In Betrieben mit mehr als 15 Beschäftigten haben Arbeitnehmer einen Rechtsanspruch auf Verringerung der arbeitsvertraglichen Arbeitszeit im Rahmen von 15 bis 30 Wochenstunden, es sei denn, dass dem dringende betriebliche Gründe entgegenstehen. Dem Arbeitgeber sind Beginn und Umfang der gewünschten Arbeitszeit zu nennen. Im Antrag soll auch die gewünschte Verteilung der Arbeitszeit enthalten sein.
- Für jeden vollen Kalendermonat der Elternzeit kann der Jahresurlaubsanspruch um $^{1}/_{12}$ gekürzt werden.

Versicherungsschutz

- Der Versicherungsschutz in der gesetzlichen Krankenversicherung und gesetzlichen Pflegeversicherung bleibt während der Elternzeit beitragsfrei aufrechterhalten; in der gesetzlichen Rentenversicherung besteht die Möglichkeit der Anrechnung von Kindererziehungszeiten. In der Arbeitslosenversicherung bleibt der Versicherungsschutz bestehen.
- Die Zeit der Elternzeit wird auf Berufsausbildungszeiten nicht angerechnet; das Berufsausbildungsverhältnis verlängert sich automatisch um diese Zeit.

<u>Erziehungsgeld</u>

Grundsätze für den Anspruch auf Erziehungsgeld:

Anspruchsberechtigte

- Anspruchsberechtigte erhalten Erziehungsgeld, sofern bestimmte Einkommensgrenzen nicht überschritten werden, auf Antrag für jedes Kind.
- Es beginnt mit der Geburt und endet mit der Vollendung des 24. Lebensmonats.
- Im Anschluss an den Bezug des Bundes-Erziehungsgeldes kann noch ein Anspruch auf Landes-Erziehungsgeld bestehen.

Elterngeld

Ab 2007 ist ein sogenanntes Elterngeld angekündigt. Bei Drucklegung dieser Auflage zeichneten sich dafür folgende Eckdaten ab:

- Das Elterngeld ersetzt 67 Prozent des bisherigen Einkommens der erziehenden Elternteils bis zu einem Höchstsatz von 1.800 Euro netto.
- Es gibt einen einkommensunabhängigen Sockelbetrag von 300 Euro.
- Der Sockelbetrag wird nicht mit anderen sozialstaatlichen Tranferleistungen verrechnet werden, wie zum Beispiel mit dem Arbeitslosengeld II.
- Wer mehr als 30 Stunden pro Woche arbeitet, hat keinen Anspruch auf Elterngeld.
- Die Bezugszeit beträgt 12 Monate bzw. 14, wenn Vater und Mutter jeweils Zeiten der Kindererziehung übernehmen.

Schwerbehindertenrecht

Schwerbehinderte und ihnen Gleichgestellte sind einem besonderen Schutz unterstellt; dies gilt auch für Auszubildende, die schwer behindert sind.

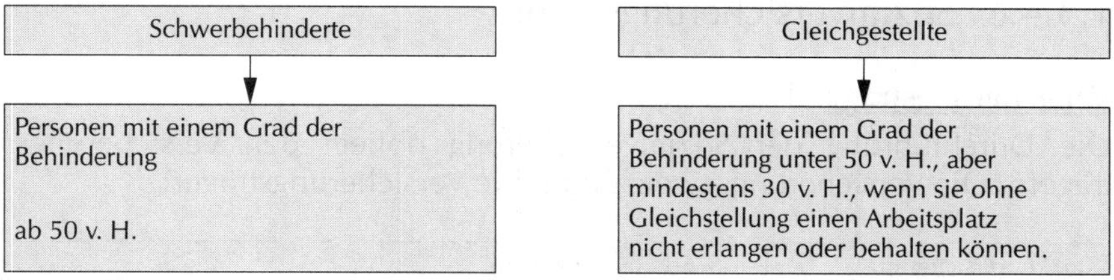

Abbildung 38

Für die Gleichstellung ist die Agentur für Arbeit zuständig. Erforderlich ist ein Antrag.

<u>Arbeitgeberpflichten</u>

Für den Arbeitgeber ergeben sich folgende Pflichten:

Pflichtquote

- Beschäftigung von Schwerbehinderten: mindestens 5 v. H. der Arbeitsplätze; wenigstens einen Schwerbehinderten bei mindestens 20 Arbeitsplätzen (Teilzeitkräfte mit weniger als 18 Wochenstunden werden nicht mitgerechnet). Bei Nichterfüllung der Quote wird je nach Beschäftigtenanzahl eine Ausgleichsabgabe fällig.

Ausbildungsplätze

- Ausbildungsplätze werden nicht als Arbeitsplätze gerechnet. Ein Schwerbehinderter, der zur Ausbildung beschäftigt wird, wird auf zwei Pflichtplätze angerechnet.

Fürsorgepflichten

- Schwerbehinderte entsprechend ihrer Fähigkeiten und Kenntnisse zu beschäftigen.
- Bei innerbetrieblichen Maßnahmen der beruflichen Bildung Schwerbehinderte bevorzugt zu berücksichtigen.
- Arbeitsräume und Arbeitsgeräte so einzurichten, dass eine dauernde Beschäftigung von Schwerbehinderten stattfinden kann.
- Wenn notwendig, erforderliche technische Arbeitshilfen bereitzustellen.
- Ein Verzeichnis der beschäftigten Schwerbehinderten und Gleichgestellten zu führen.

Anzeigepflicht

- Einmal jährlich – spätestens bis 31. März d. J. – der Agentur für Arbeit für das vorangegangene Kalenderjahr die Zahl der Arbeitsplätze und der beschäftigten Schwerbehinderten und Gleichgestellten anzuzeigen.

Insgesamt darf der Arbeitgeber schwer behinderte Beschäftigte bei Einstellungen, Fortbildungen, Kündigungen oder Beförderungen nicht wegen ihrer Behinderung benachteiligen.

<u>Kündigungsschutz – Zusatzurlaub</u>

Siehe hierzu Abschnitt 1.3.4.2 „Kündigungsschutzrecht – Schwerbehinderte“ und Abschnitt 1.3.4.1 „Arbeitsvertragsrecht – Urlaubsrecht“.

1.3.4.6 Sozialversicherungsrecht

Versicherungsträger

Die Durchführung der Sozialversicherung obliegt den Versicherungsträgern. Die Versicherungszweige und ihre Versicherungsträger:

Versicherungszweig	Versicherungsträger
Krankenversicherung	Krankenkassen – Orts-, Betriebs-, Innungs- und Ersatzkrankenkassen
Soziale Pflegeversicherung	Pflegekassen – bei allen gesetzlichen Krankenkassen
Unfallversicherung	Berufsgenossenschaften
Rentenversicherung	Bundesträger (Deutsche Rentenversicherung Bund, Deutsche Rentenversicherung Knappschaft-Bahn-See) Regionalträger
Arbeitslosenversicherung	Bundesagentur für Arbeit Dienststellen: Regionaldirektionen Agenturen für Arbeit
Grundsicherung für Arbeitsuchende	Agentur für Arbeit Kommunale Träger (meist beide zusammen in Form sog. Arbeitsgemeinschaften)

Abbildung 39

Versicherungspflicht

Mit Beginn des Ausbildungsverhältnisses unterliegen alle Auszubildenden der Versicherungspflicht in der Kranken-, Unfall-, Renten-, Arbeitslosen- und sozialen Pflegeversicherung.

Beiträge

Einzugsstelle für die Gesamtsozialversicherungsbeiträge zur Kranken-, Renten-, Arbeitslosen- und sozialen Pflegeversicherung ist die Krankenkasse, bei der der Auszubildende versichert ist.

Einzugsstelle

Beitragstragung

Die Pflichtbeiträge werden in der Regel je zur Hälfte vom Ausbildungsbetrieb und vom Auszubildenden getragen. (Besonderheiten können in der Pflegeversicherung für Kinderlose und in der gesetzlichen Krankenversicherung gelten.) Übersteigt die monatliche Ausbildungsvergütung 325,00 EUR nicht, hat der Ausbildungsbetrieb die Gesamtsozialversicherungsbeiträge allein zu tragen.

Lohnabzugsverfahren

Der auf den Auszubildenden entfallende Beitragsanteil (Arbeitnehmeranteil) wird von der Ausbildungsvergütung monatlich einbehalten und zusammen mit dem Arbeitgeberanteil an die Einzugsstelle abgeführt.

Zahlung der Gesamtsozialversicherungsbeiträge

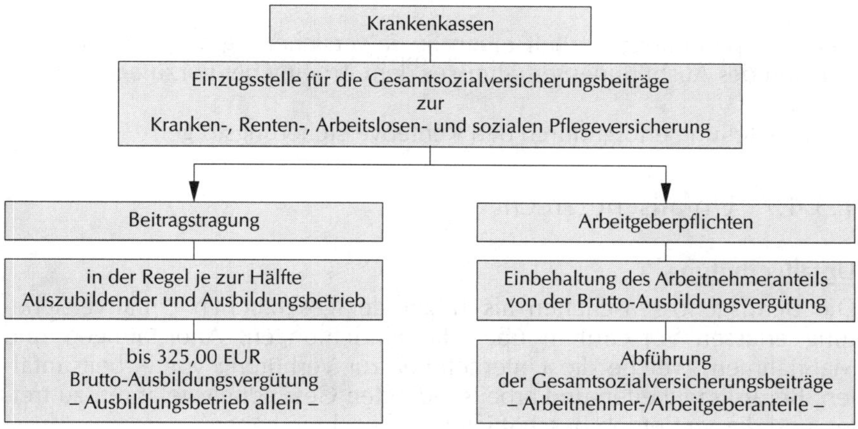

Abbildung 40

Beitragsberechnung

Maßgebend für die Berechnung des Gesamtsozialversicherungsbeitrages ist der Bruttobetrag der Ausbildungsvergütung.

Meldeverfahren

Die Meldepflichten gegenüber der zuständigen Krankenkasse für den Einzug der Beiträge zur Kranken-, Pflege-, Renten- und Arbeitslosenversicherung obliegen dem Arbeitgeber.

Systemgeprüfte Programme
Ausfüllhilfen

Das Meldeverfahren erfolgt elektronisch
- über systemgeprüfte Lohn- und Gehaltsabrechnungsprogramme
- oder mittels zugelassener Ausfüllhilfen; deren Erfassungsmasken entsprechen dem Aufbau der bisherigen Formulare.

Betriebs- und Versicherungsnummer

Der Betrieb benötigt für die Meldung eine von der Agentur für Arbeit zugeteilte Betriebsnummer; der Auszubildende eine Versicherungsnummer, die der Rentenversicherungsträger mit dem Sozialversicherungsausweis vergibt. Dem Auszubildenden und allen anderen Beschäftigten ist über die Meldungen eine maschinell erstellte Bescheinigung zu erteilen. Dies kann auch auf den üblichen Entgeltabrechnungen erfolgen. Die Bescheinigung ist mindestens einmal jährlich bis zum 30. April eines jeden Jahres für alle im Vorjahr gemeldeten Daten auszustellen. Bei Beendigung eines Ausbildungs- und Arbeitsverhältnisses ist sie unverzüglich nach der Abgabe der letzten Meldung für den Beschäftigten zu erstellen.

Meldefristen

Die Meldefristen betragen

• bei Beginn der Berufsausbildung	6 Wochen
• bei Beendigung der Berufsausbildung	6 Wochen
• für die Jahresmeldung	15. April des Folgejahres

Schließt sich an das Ausbildungsverhältnis ein Arbeitsverhältnis im selben Betrieb an, so haben eine Abmeldung (Ausbildungsverhältnis) und eine Anmeldung (Arbeitsverhältnis) zu erfolgen.

Sozialversicherungsausweis

Jeder Auszubildende erhält einen Sozialversicherungsausweis, der bei Beginn des Ausbildungsverhältnisses dem Arbeitgeber vorzulegen ist.

Die Ausstellung erfolgt durch den Rentenversicherungsträger.

1.3.4.7 Unfallschutzrecht

Unfallverhütung

Die Berufsgenossenschaften als Träger der gesetzlichen Unfallversicherung erlassen Vorschriften über die Einrichtungen, Anordnungen und Maßnahmen, welche die Unternehmer zur Verhütung von Arbeitsunfällen, Berufskrankheiten und arbeitsbedingten Gesundheitsgefahren zu treffen und die im Betrieb Beschäftigten zu beachten haben.
(Siehe hierzu auch Abschnitt 1.3.4.5 „Arbeitsschutzrecht".)

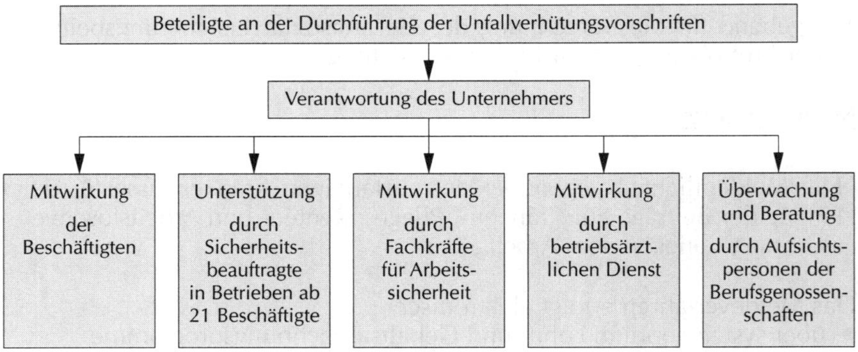

Abbildung 41

Versicherungsschutz

Berufsgenossenschaften

Mitglied der Berufsgenossenschaft ist das Unternehmen; versichert sind alle im Betrieb Beschäftigten, einschließlich der Auszubildenden; die Beiträge hierfür zahlt allein der Betrieb.

Versicherungsschutz

Im Rahmen der gesetzlichen Unfallversicherung sind die Auszubildenden versichert gegen
- Arbeitsunfälle
- Wegeunfälle zwischen Wohnung und Arbeitsstätte
- Berufskrankheiten
- Unfälle im Zusammenhang mit dem Besuch von Schulen (z. B. Berufsschule).

1.3.5 Finanzielle Förderungsmaßnahmen für Auszubildende (u. a. Arbeitsförderungs- und Ausbildungsförderungsrecht)

Zuwendungen für Lehrlinge

Bei Vorliegen bestimmter Voraussetzungen kann der Lehrling durch finanzielle Zuwendungen gefördert werden.

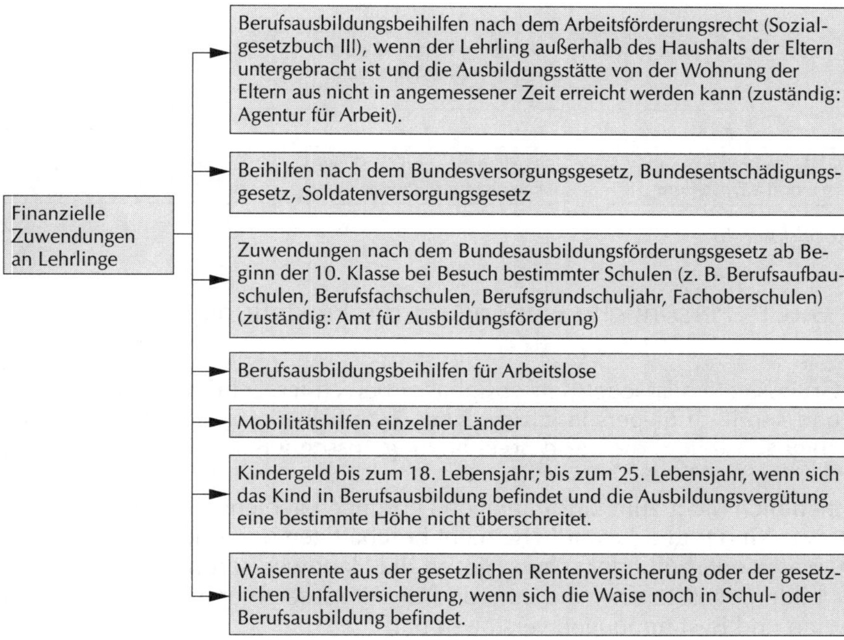

Abbildung 42

Sondergruppen

Berufsausbildungsbeihilfen und andere finanzielle Hilfen können von der Agentur für Arbeit unter bestimmten Voraussetzungen auch gewährt werden

- für die betriebliche Ausbildung behinderter Menschen sowie
- für die Berufsausbildung von lernbeeinträchtigten und sozial benachteiligten Auszubildenden.

Berufsvorbereitung

Finanzielle Zuwendungen werden seitens der Agentur für Arbeit auch für berufsvorbereitende Bildungsmaßnahmen bewilligt, sofern die vorgesehenen Voraussetzungen gegeben sind.

Ausbildungspakt

Einstiegsqualifizierung

Jugendliche, die im Rahmen des Ausbildungspaktes (Vereinbarung zwischen Bundesregierung und den Spitzenverbänden der Wirtschaft) an einer betrieblichen Einstiegsqualifikation teilnehmen, können nach dem Sonderprogramm der Bundesregierung eine monatliche Vergütung erhalten.
Die Einstiegsqualifizierung erfolgt in der Regel auf der Grundlage eines Praktikantenvertrages und auf der Basis von Qualifizierungsbausteinen, die für eine Reihe von Handwerksberufen entwickelt wurden.
Finanzielle Förderungsmaßnahmen für die Fortbildung: Siehe Abschnitt 7.5.7 „Rechtliche Bestimmungen zur finanziellen Förderung der Berufsbildung, insbesondere der Fortbildung“.

1.3.6 Berechtigung zum Einstellen und Ausbilden von Lehrlingen – persönliche, fachliche und betriebliche Eignung prüfen und feststellen

Für die Einstellung und Ausbildung von Lehrlingen müssen im Interesse einer qualifizierten Ausbildung die in der nachstehenden Abbildung aufgeführten Voraussetzungen gegeben sein:

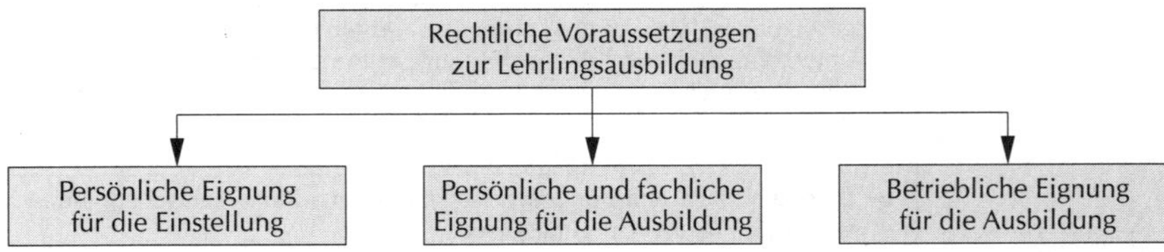

Abbildung 43

1.3.6.1 Persönliche Eignung für die Einstellung

Einstellungs-berechtigung

Grundsätzlich ist jeder Betriebsinhaber berechtigt, Lehrlinge einzustellen und somit dafür persönlich geeignet, sofern keine besonderen Gründe entgegenstehen, die diese Berechtigung ausschließen.

Fehlende persönliche Eignung

Persönlich nicht zum Einstellen von Lehrlingen geeignet ist insbesondere:
- wer Kinder und Jugendliche nicht beschäftigen darf oder
- wer wiederholt oder schwer gegen die Handwerksordnung, das Berufsbildungsgesetz oder die aufgrund dieser Gesetze erlassenen Vorschriften und Bestimmungen verstoßen hat.

Beispiele für **fehlende** persönliche Eignung:
- Verurteilung wegen sexueller Handlungen mit abhängigen Personen
- Verstoß gegen Arbeitsschutzbestimmungen
- gewissenlose Ausnutzung der Arbeitskraft Jugendlicher
- Personen, die wegen eines Verbrechens zu einer Freiheitsstrafe von mindestens zwei Jahren rechtskräftig verurteilt worden sind
- Gefährdung des Ausbildungsziels durch wiederholte Beschäftigung mit ausbildungsfremden Arbeiten
- Straftaten nach dem Betäubungsmittelgesetz
- Straftaten nach dem Gesetz über die Verbreitung jugendgefährdender Schriften.

1.3.6.2 Fachliche Eignung für die Ausbildung

Grundsatz-regelungen

Lehrlinge (Auszubildende) darf nur ausbilden, wer persönlich und fachlich geeignet ist.

Fachlich geeignet ist grundsätzlich, wer die beruflichen sowie die berufs- und arbeitspädagogischen Fertigkeiten, Kenntnisse und Fähigkeiten besitzt, die für die Vermittlung der Ausbildungsinhalte erforderlich sind. (Nähere Einzelheiten dazu für die Ausbildung in den verschiedenen Handwerken, handwerksähnlichen Gewerben und „nichthandwerklichen" Berufen auf den nachstehenden Seiten!)

Wer selbst fachlich nicht geeignet ist oder nicht selbst ausbildet, darf Lehrlinge (Auszubildende) nur dann einstellen, wenn er persönlich und fachlich geeignete Ausbilder bestellt, die die Ausbildungsinhalte unmittelbar, verantwortlich und in wesentlichem Umfang vermitteln. Die Bestellung bzw. Beschäftigung des Ausbilders ist der Handwerkskammer nachzuweisen.

Bestellung eines Ausbilders

Für die sektorale Vermittlung von Ausbildungsinhalten können auch Personen eingesetzt werden, die zwar nicht alle Erfordernisse für die fachliche Eignung der Ausbilder erfüllen, jedoch neben ihrer persönlichen Eignung die beruflichen Fertigkeiten, Kenntnisse und Fähigkeiten besitzen, die für die Vermittlung einzelner Ausbildungsinhalte erforderlich sind. Der Einsatz dieses Personenkreises bei der Berufsausbildung ist nur unter der Verantwortung des Ausbilders möglich.

Ausbildungshilfskräfte

Bei der Berufsausbildung in Betrieben, die dem Wirtschaftsbereich „Handwerk" zugeordnet sind, ist hinsichtlich des Vorliegens der fachlichen Eignung für die Ausbildung nach folgenden Gruppen zu unterscheiden:

- Gewerbe, die als zulassungspflichtige Handwerke betrieben werden können (Anlage A zur Handwerksordnung)
- Gewerbe, die als zulassungsfreie Handwerke oder handwerksähnliche Gewerbe betrieben werden können (Anlage B zur Handwerksordnung)
- nichthandwerkliche Berufe.

Drei Gruppen

Zur Information werden die Verzeichnisse der Anlagen A und B zur Handwerksordnung wie folgt abgedruckt.

Anlagen A und B zur Handwerksordnung

Anlage A zur Handwerksordnung

Verzeichnis der Gewerbe, die als zulassungspflichtige Handwerke betrieben werden können (§ 1 Abs. 2):

Zulassungspflichtige Handwerke

Nr.
1 Maurer und Betonbauer
2 Ofen- und Luftheizungsbauer
3 Zimmerer
4 Dachdecker
5 Straßenbauer
6 Wärme-, Kälte- und Schallschutzisolierer
7 Brunnenbauer
8 Steinmetzen und Steinbildhauer
9 Stuckateure
10 Maler und Lackierer
11 Gerüstbauer
12 Schornsteinfeger
13 Metallbauer
14 Chirurgiemechaniker
15 Karosserie- und Fahrzeugbauer
16 Feinwerkmechaniker
17 Zweiradmechaniker
18 Kälteanlagenbauer
19 Informationstechniker

20 Kraftfahrzeugtechniker
21 Landmaschinenmechaniker
22 Büchsenmacher
23 Klempner
24 Installateure und Heizungsbauer
25 Elektrotechniker
26 Elektromaschinenbauer
27 Tischler
28 Boots- und Schiffbauer
29 Seiler
30 Bäcker
31 Konditoren
32 Fleischer
33 Augenoptiker
34 Hörgeräteakustiker
35 Orthopädietechniker
36 Orthopädieschuhmacher
37 Zahntechniker
38 Friseure
39 Glaser
40 Glasbläser und Glasapparatebauer
41 Vulkaniseure und Reifenmechaniker

Anlage B zur Handwerksordnung

Verzeichnis der Gewerbe, die als zulassungsfreie Handwerke oder handwerksähnliche Gewerbe betrieben werden können (§ 18 Abs. 2):

Zulassungsfreie Handwerke

Abschnitt 1: Zulassungsfreie Handwerke
Nr.
1 Fliesen-, Platten- und Mosaikleger
2 Betonstein- und Terrazzohersteller
3 Estrichleger
4 Behälter- und Apparatebauer
5 Uhrmacher
6 Graveure
7 Metallbildner
8 Galvaniseure
9 Metall- und Glockengießer
10 Schneidwerkzeugmechaniker
11 Gold- und Silberschmiede
12 Parkettleger
13 Rollladen- und Jalousiebauer
14 Modellbauer
15 Drechsler (Elfenbeinschnitzer) und Holzspielzeugmacher
16 Holzbildhauer
17 Böttcher
18 Korbmacher
19 Damen- und Herrenschneider
20 Sticker
21 Modisten
22 Weber
23 Segelmacher
24 Kürschner
25 Schuhmacher
26 Sattler und Feintäschner
27 Raumausstatter
28 Müller
29 Brauer und Mälzer
30 Weinküfer
31 Textilreiniger
32 Wachszieher
33 Gebäudereiniger
34 Glasveredler
35 Feinoptiker
36 Glas- und Porzellanmaler
37 Edelsteinschleifer und -graveure
38 Fotografen
39 Buchbinder
40 Buchdrucker, Schriftsetzer, Drucker
41 Siebdrucker
42 Flexografen
43 Keramiker
44 Orgel- und Harmoniumbauer
45 Klavier- und Cembalobauer
46 Handzuginstrumentenmacher
47 Geigenbauer
48 Bogenmacher
49 Metallblasinstrumentenmacher
50 Holzblasinstrumentenmacher
51 Zupfinstrumentenmacher
52 Vergolder
53 Schilder- und Lichtreklamehersteller

Handwerksähnliche Gewerbe

Abschnitt 2: Handwerksähnliche Gewerbe

Nr.
1 Eisenflechter
2 Bautentrocknungsgewerbe
3 Bodenleger
4 Asphaltierer (ohne Straßenbau)
5 Fuger (im Hochbau)
6 Holz- und Bautenschutzgewerbe (Mauerschutz und Holzimprägnierung in Gebäuden)
7 Rammgewerbe (Einrammen von Pfählen im Wasserbau)
8 Betonbohrer und -schneider
9 Theater- und Ausstattungsmaler
10 Herstellung von Drahtgestellen für Dekorationszwecke in Sonderanfertigung
11 Metallschleifer und Metallpolierer
12 Metallsägen-Schärfer
13 Tankschutzbetriebe (Korrosionsschutz von Öltanks für Feuerungsanlagen ohne chemische Verfahren)
14 Fahrzeugverwerter
15 Rohr- und Kanalreiniger
16 Kabelverleger im Hochbau (ohne Anschlussarbeiten)
17 Holzschuhmacher
18 Holzblockmacher
19 Daubenhauer
20 Holz-Leitermacher (Sonderanfertigung)
21 Muldenhauer
22 Holzreifenmacher
23 Holzschindelmacher
24 Einbau von genormten Baufertigteilen (z. B. Fenster, Türen, Zargen, Regale)
25 Bürsten- und Pinselmacher
26 Bügelanstalten für Herren-Oberbekleidung
27 Dekorationsnäher (ohne Schaufensterdekoration)
28 Fleckteppichhersteller
29 Klöppler
30 Theaterkostümnäher
31 Plisseebrenner
32 Posamentierer
33 Stoffmaler
34 Stricker
35 Textil-Handdrucker
36 Kunststopfer
37 Änderungsschneider
38 Handschuhmacher
39 Ausführung einfacher Schuhreparaturen
40 Gerber
41 Innerei-Fleischer (Kuttler)
42 Speiseeishersteller (mit Vertrieb von Speiseeis mit üblichem Zubehör)
43 Fleischzerleger, Ausbeiner
44 Appreteure, Dekateure
45 Schnellreiniger
46 Teppichreiniger
47 Getränkeleitungsreiniger
48 Kosmetiker
49 Maskenbildner
50 Bestattungsgewerbe
51 Lampenschirmhersteller (Sonderanfertigung)
52 Klavierstimmer
53 Theaterplastiker
54 Requisiteure
55 Schirmmacher
56 Steindrucker
57 Schlagzeugmacher

„Nichthandwerkliche" Berufe

Hierunter fallen anerkannte Ausbildungsberufe, die nicht in den Anlagen A und B der Handwerksordnung enthalten sind, in denen aber in Handwerksbetrieben oder handwerksähnlichen Betrieben ausgebildet werden kann, wenn die persönlichen, fachlichen und betrieblichen Voraussetzungen gegeben sind (z. B. Bürokaufmann/Bürokauffrau, Bauzeichner/Bauzeichnerin).

Fachliche Eignung für die Ausbildung in einem zulassungspflichtigen Handwerk der Anlage A zur Handwerksordnung

Meisterprüfung

- Hier besitzt die fachliche Eignung, wer die Meisterprüfung in dem zulassungspflichtigen Handwerk, in dem ausgebildet werden soll, oder in einem mit diesem verwandten Handwerk bestanden hat.
- Die fachliche Eignung besitzt ferner, wer in dem zulassungspflichtigen Handwerk, in dem ausgebildet werden soll, oder in einem mit diesem verwandten Handwerk
  - die Voraussetzungen zur Eintragung in die Handwerksrolle nach § 7 erfüllt (u. a. z. B. aufgrund einer der Meisterprüfung gleichwertigen Prüfung oder einer Fachhochschul- oder Hochschulprüfung) oder
  - nach den §§ 7a oder 7b der Handwerksordnung eine Ausübungsberechtigung erhalten hat (z. B. Ausübungsberechtigung an Gesellen mit entsprechender sechsjähriger beruflicher Tätigkeit, davon insgesamt vier Jahre in leitender Stellung)
  - oder wer nach § 8 eine Ausnahmebewilligung zur Eintragung in die Handwerksrolle erhalten hat.

Ausübungsberechtigung

Ausnahmebewilligung

Prüfungsteil IV der Meisterprüfung

Der hierunter fallende Personenkreis (also alle ausbildenden Personen ohne Meisterprüfung) muss zusätzlich den Prüfungsteil IV der Meisterprüfung (berufs- und arbeitspädagogische Kenntnisse) oder eine gleichwertige andere Prüfung, insbesondere eine Ausbildereignungsprüfung auf der Grundlage einer nach § 30, Abs. 5 des Berufsbildungsgesetzes erlassenen Rechtsverordnung bestanden haben.

Die bereits bestehende Ausbildereignungsverordnung gilt mit der Änderung vom 28. Mai 2003 weiter.

Da die Ausübungsberechtigung nach § 7 HwO (z. B. bei Hochschulabsolventen) kraft Gesetzes besteht, sind Personen mit den entsprechenden Prüfungszeugnissen auch ausbildungsberechtigt, wenn sie nicht in die Handwerksrolle eingetragen, sondern abhängig beschäftigt, sind.

Fachliche Eignung für die Ausbildung in einem zulassungsfreien Handwerk oder einem handwerksähnlichen Gewerbe der Anlage B zur Handwerksordnung

Beurteilungskriterien sind die beruflichen Fertigkeiten, Kenntnisse und Fähigkeiten sowie die berufs- und arbeitspädagogischen Fertigkeiten, Kenntnisse und Fähigkeiten.

Berufliche Anforderungen

In einem zulassungsfreien Handwerk oder einem handwerksähnlichen Gewerbe besitzt die für die fachliche Eignung erforderlichen beruflichen Fertigkeiten, Kenntnisse und Fähigkeiten, wer
- die Meisterprüfung in dem zulassungsfreien Handwerk oder in dem handwerksähnlichen Gewerbe, in dem ausgebildet werden soll, bestanden hat,
- die Gesellen- oder Abschlussprüfung in einer dem Ausbildungsberuf entsprechenden Fachrichtung bestanden hat und eine angemessene Zeit in seinem Beruf praktisch tätig gewesen ist,
- eine anerkannte Prüfung an einer Ausbildungsstätte oder vor einer Prüfungsbehörde oder eine Abschlussprüfung an einer staatlichen oder staatlich anerkannten Schule in einer dem Ausbildungsberuf entsprechenden Fachrichtung bestanden hat und eine angemessene Zeit in seinem Beruf praktisch tätig gewesen ist oder
- eine Abschlussprüfung an einer deutschen Hochschule in einer dem Ausbildungsberuf entsprechenden Fachrichtung bestanden hat und eine angemessene Zeit in seinem Beruf praktisch tätig gewesen ist.

Pädagogische Voraussetzungen

Die berufs- und arbeitspädagogischen Eignungsvoraussetzungen sind weder in der Handwerksordnung noch im Berufsbildungsgesetz im Einzelnen festgelegt. Nach § 30 Abs. 5 des Berufsbildungsgesetzes und § 22b Abs. 3 der Handwerksordnung finden aber die für den Nachweis der berufs- und arbeitspädagogischen Fertigkeiten, Kenntnisse und Fähigkeiten erlassenen Rechtsverordnungen Anwendung. Im Übrigen kann das Bundesministerium für Wirtschaft und Arbeit auch künftig bestimmen, dass der Erwerb berufs- und arbeitspädagogischer Fertigkeiten, Kenntnisse und Fähigkeiten gesondert nachzuweisen ist.

Die schon früher erlassene Ausbilder-Eignungsverordnung vom 16. Februar 1999, die zuletzt am 28. Mai 2003 geändert wurde, hat weiterhin Bestand, aber mit der Maßgabe, dass Ausbilder für Ausbildungsverhältnisse, die in der Zeit vom 1.8.2003 bis 31.7.2008 bestehen oder begründet werden, von der Pflicht zum Nachweis von berufs- und arbeitspädagogischen Fertigkeiten, Kenntnissen und Fähigkeiten gemäß den Anforderungen der Ausbilder-Eignungsverordnung befreit sind.

Aktuelle Rechtslage

Das bedeutet, dass nach der aktuellen, voraussichtlich bis 31.7.2008 geltenden Rechtslage die berufs- und arbeitspädagogische Befähigung im Regelfall immer ohne besonderen Nachweis als gegeben angesehen werden kann, so lange nicht deutliche konkrete Hinweise dagegensprechen.

Die Handwerkskammer kann jedoch im Rahmen ihrer Überwachungsaufgabe über das Vorliegen der fachlichen Eignung für die Berufsausbildung und im Zusammenhang mit der Eintragung der Berufsausbildungsverträge in die Lehrlingsrolle verlangen, dass die berufs- und arbeitspädagogische Eignung nachvollziehbar dargelegt wird. (Siehe auch Ausführungen zu „Fachliche Eignung für die Ausbildung in ‚nichthandwerklichen' Berufen" in diesem Abschnitt und in Abschnitt 7.5.6 „Ausbilder-Eignungsprüfung".)

Meisterprüfung Teil IV

Das Bestehen von Teil IV der Meisterprüfung gilt kraft Gesetzes immer als Nachweis für das Vorliegen der berufs- und arbeitspädagogischen Fertigkeiten, Kenntnisse und Fähigkeiten.

Fachliche Eignung für die Ausbildung in nichthandwerklichen Berufen

In Unternehmen, die als zulassungspflichtige oder zulassungsfreie Handwerke oder handwerksähnliche Gewerbe betrieben werden, kann auch in nichthandwerklichen Berufen ausgebildet werden, wenn die fachliche Eignung hierfür vorliegt.

Grundlage ist das Berufsbildungsgesetz. Danach ist fachlich geeignet, wer die beruflichen sowie die berufs- und arbeitspädagogischen Fertigkeiten, Kenntnisse und Fähigkeiten besitzt, die für die Vermittlung der Ausbildungsinhalte erforderlich sind.

Berufliche Anforderungen

Die erforderlichen beruflichen Fertigkeiten, Kenntnisse und Fähigkeiten besitzt, wer

- die Abschlussprüfung in einer dem Ausbildungsberuf entsprechenden Fachrichtung bestanden hat,
- eine anerkannte Prüfung an einer Ausbildungsstätte oder vor einer Prüfungsbehörde oder eine Abschlussprüfung an einer staatlichen oder staatlich anerkannten Schule in einer dem Ausbildungsberuf entsprechenden Fachrichtung bestanden hat, oder
- eine Abschlussprüfung an einer deutschen Hochschule in einer dem Ausbildungsberuf entsprechenden Fachrichtung bestanden hat

und eine angemessene Zeit in seinem Beruf praktisch tätig gewesen ist.

Das Bundesministerium für Wirtschaft und Arbeit oder das sonst zuständige Ministerium kann durch Rechtsverordnung bestimmen, welche Prüfungen für welche Ausbildungsberufe anerkannt werden. Es kann ferner bestimmen, dass für die Ausbildung in bestimmten Berufen höhere Mindestanforderungen, als die oben dargestellten, hinsichtlich der erforderlichen beruflichen Fertigkeiten, Kenntnisse und Fähigkeiten zu stellen sind.

Pädagogische Voraussetzungen

Was die erforderlichen berufs- und arbeitspädagogischen Fertigkeiten, Kenntnisse und Fähigkeiten betrifft, gilt das unter „Fachliche Eignung für die Ausbildung in einem zulassungsfreien Handwerk oder in einem handwerksähnlichen Gewerbe der Anlage B zur Handwerksordnung" Dargestellte in gleicher Weise.

Zuerkennung der fachlichen Eignung für die Ausbildung

Die nach Landesrecht zuständige Behörde kann sowohl nach der Handwerksordnung als auch nach dem Berufsbildungsgesetz Personen, die die oben dargestellten Voraussetzungen nicht nachweisen können, die fachliche Eignung für die Berufsausbildung nach Anhören der Handwerks-

kammer widerruflich zuerkennen. Die widerrufliche Zuerkennung kann sich sowohl auf die beruflichen als auch auf die berufs- und arbeitspädagogischen Fertigkeiten, Kenntnisse und Fähigkeiten beziehen. Dies gilt sowohl für die Ausbildungsberufe der Gewerbe der Anlagen A und B der Handwerksordnung als auch für nichthandwerkliche Ausbildungsberufe.
Die Landesregierungen können die Zuständigkeit für die Zuerkennung der fachlichen Eignung auf die Handwerkskammern übertragen, was in den meisten Ländern so geregelt ist.

1.3.6.3 Betriebliche Eignung für die Ausbildung

Betriebliche Voraussetzung

Lehrlinge dürfen nur eingestellt und ausgebildet werden, wenn die Ausbildungsstätte die in der nachstehenden Übersicht enthaltenen Voraussetzungen erfüllt.

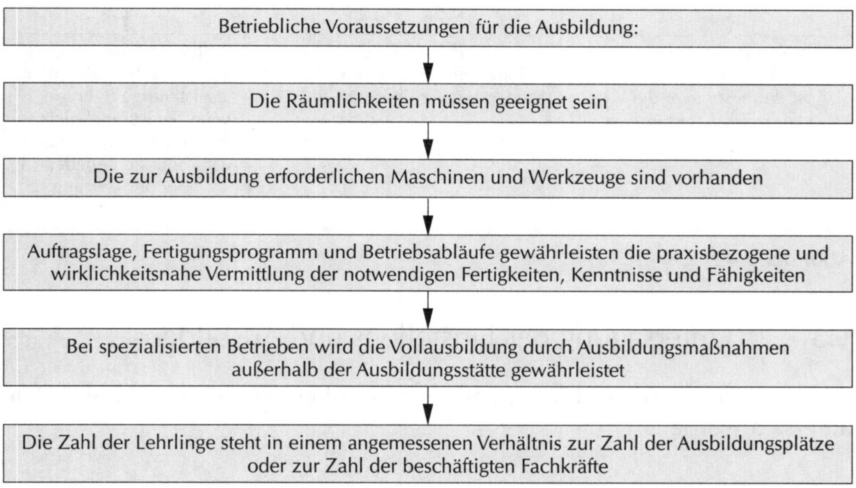

Abbildung 44

Richtlinie

Als angemessenes Verhältnis der Zahl der Auszubildenden zur Zahl der Fachkräfte gilt nach einer Empfehlung des früheren Bundesausschusses für Berufsbildung über die Eignung von Ausbildungsstätten in der Regel

- 1–2 Fachkräfte = 1 Auszubildender
- 3–5 Fachkräfte = 2 Auszubildende
- 6–8 Fachkräfte = 3 Auszubildende
- je weitere 3 Fachkräfte = 1 weiterer Auszubildender.

Das obige Verhältnis von Fachkräften zu Auszubildenden kann aber überschritten oder unterschritten werden, wenn dadurch die Ausbildung nicht gefährdet wird. Nach der Rechtsprechung sind Fälle bekannt, in denen die zuständigen Gerichte die Angemessenheit zwischen der Zahl der Auszubildenden und der Zahl der beschäftigten Fachkräfte verneint haben, wenn auf eine Fachkraft mehr als zwei Auszubildende kommen. Für die Beurteilung der Angemessenheit und der Abweichung von der Richtlinie ist letztlich die Ausbildungsleistung des einzelnen Betriebes im konkreten Fall entscheidend.

1.3.7 Überwachung der Eignungsvoraussetzungen und Untersagung des Einstellens und Ausbildens

1.3.7.1 Maßnahmen der Handwerkskammer zur Beseitigung von Mängeln der Eignung

Überwachung

Die Handwerkskammer hat die Aufgabe, darüber zu wachen, dass die persönliche und fachliche Eignung zur Einstellung und Ausbildung von Lehrlingen sowie die Eignung der Ausbildungsstätte vorliegen.

Die bei Vorliegen von Mängeln möglichen Maßnahmen ergeben sich aus nachfolgender Übersicht:

Maßnahmen

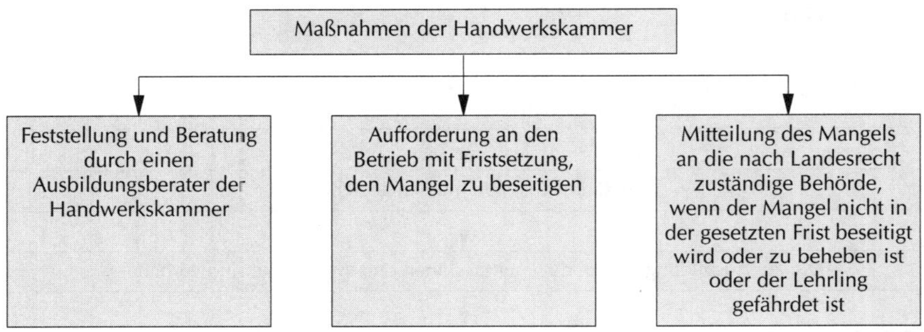

Abbildung 45

1.3.7.2 Untersagung des Einstellens und Ausbildens

Das Einstellen und Ausbilden kann für eine bestimmte Ausbildungsstätte untersagt werden.

Zuständigkeit

Für die Untersagung des Einstellens und Ausbildens ist die nach Landesrecht festgelegte Behörde (meist die Bezirksregierung) zuständig.

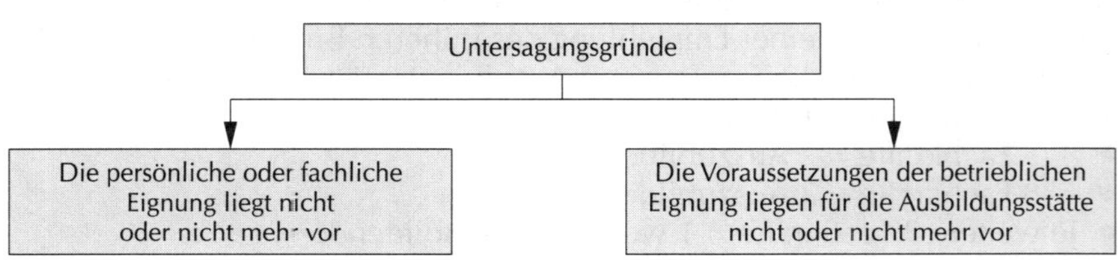

Abbildung 46

Anhörung

Vor der Untersagung durch die Behörde sind die Beteiligten und die Handwerkskammer zu hören. Dieses Anhörungsrecht gilt nicht, wenn der Betroffene eindeutig Kinder und Jugendliche nicht beschäftigen darf.
Gegen den Untersagungsbescheid ist Widerspruch möglich.
Die Landesregierungen können die Überwachung der Eignung (Abschnitt 1.3.7.1 „Maßnahmen der Handwerkskammer zur Beseitigung von Mängeln der Eignung“) und die Zuständigkeit für die Untersagung des Einstel-

lens und Ausbildens auf die Handwerkskammern übertragen. Für diesen Fall sind die Handwerkskammern für diese Verwaltungsentscheidungen im Rahmen der staatlichen Rechtsaufsicht allein verantwortlich.

1.3.8 Ordnungswidrigkeiten in der betrieblichen Berufsausbildung und deren Ahndung

Damit die Vorschriften auf dem Gebiet der Berufsausbildung eingehalten werden, kann bei Vorliegen von Ordnungswidrigkeiten gegen die Ausbildungsbetriebe vorgegangen werden. Dabei sind Geldbußen bis zu 5.000,00 EUR möglich. Geldbußen

Ordnungswidrigkeiten in der Berufsausbildung

- Verweigerung von Auskünften und Unterlagen gegenüber der Handwerkskammer oder ihrem Beauftragten
- Nichtduldung des Betretens der Grundstücke oder Geschäftsräume oder der Vornahme von Prüfungen durch die Handwerkskammer oder ihrem Beauftragten
- Einstellen eines weder fachlich noch persönlich geeigneten Ausbilders
- Einstellung und Ausbildung von Lehrlingen trotz Untersagung
- Unterlassen der rechtzeitigen Eintragung des Berufsausbildungsverhältnisses in die Lehrlingsrolle bzw. Nichtvorlage eines schriftlichen Berufsausbildungsvertrages
- Einstellen oder Ausbilden eines Lehrlings ohne persönliche oder fachliche Eignung

Abbildung 47

1.3.9 Begriffsabgrenzung: Ausbildender, Ausbilder, Ausbildungshilfskraft

Bei der Durchführung der Ausbildung im Betrieb können je nach Aufgabenstellung oder betrieblichen Verhältnissen drei Begriffe auftreten:
- Ausbildender
- Ausbilder
- Ausbildungshilfskraft

1.3.9.1 Ausbildender

Ausbildender im Sinne des Gesetzes ist, wer Lehrlinge einstellt. Ausbildender

Dies kann auch eine juristische Person (zum Beispiel GmbH) sein. Der Ausbildende ist Vertragspartner des Lehrlings. Ihm obliegen alle Pflichten zur ordnungsgemäßen Ausbildung des Lehrlings. Im kleinen Handwerksbetrieb führt er meist die Ausbildung selbst durch, das heißt, er ist auch zugleich der Ausbilder, der die Ausbildungsinhalte in der Ausbildungsstätte unmittelbar, verantwortlich und im wesentlichen Umfang selbst vermittelt. Voraussetzung ist, dass er die persönliche und fachliche Eignung für die Ausbildung besitzt.

1.3.9.2 Ausbilder als Ausbildungsbeauftragter

Mit zunehmender Betriebsgröße kann der Ausbildende nicht zugleich Ausbilder in dem Sinne sein, dass er die Ausbildung selbst im wesentlichen Umfang durchführt. Denkbar ist auch, dass der Ausbildende die fachliche Eignung zur Ausbildung nicht selbst besitzt.

Ausbilder

Will der Ausbildende dennoch Lehrlinge ausbilden, muss er einen Ausbilder bestellen und diesen mit der Ausbildung ausdrücklich beauftragen. Der beauftragte Ausbilder muss persönlich – und fachlich – für die Ausbildung geeignet sein und die Ausbildungsinhalte unmittelbar, verantwortlich und im wesentlichen Umfang vermitteln.

Der bestellte Ausbilder oder Ausbildungsleiter ist innerbetrieblich gegenüber der Betriebsleitung und nach außen gegenüber der Handwerkskammer für die Ausbildung verantwortlich.

1.3.9.3 Personen als Ausbildungshilfskräfte

„Unterweiser"

Führt aufgrund der gegebenen Betriebsgröße und der Zahl der Lehrlinge oder aus anderen betrieblichen Gründen weder der Ausbildende noch der bestellte Ausbilder die Ausbildung in vollem Umfange selbst durch, können weitere geeignete Personen in der Ausbildung im Betrieb eingesetzt werden. Diese Personen, die nicht alle Erfordernisse für die fachliche Eignung der Ausbilder erfüllen, jedoch neben ihrer persönlichen Eignung die beruflichen Fertigkeiten, Kenntnisse und Fähigkeiten besitzen, die für die Vermittlung einzelner Ausbildungsinhalte erforderlich sind, können in sektoralen Ausbildungsinhalten unterweisen (z. B. Unterweisung durch geeignete Gesellen im Handwerksbetrieb).

Handlungsorientierte, fallbezogene Aufgaben

1. Sie haben sich als Betriebsinhaber entschieden, künftig Lehrlinge auszubilden. Deshalb wollen Sie sich zunächst einen Überblick über die für die Berufsausbildung wichtigen Gesetze und Verordnungen verschaffen, nicht zuletzt auch deshalb, um die künftigen Auszubildenden darüber zu informieren.

Aufgabe:

a) **Stellen Sie fest, welche Bedeutung das Grundgesetz und die Länderverfassungen dabei haben!**
b) **Erstellen Sie eine Liste über alle in diesem Zusammenhang wichtigen Gesetze und Verordnungen!**
c) **Erläutern Sie wichtige Regelungsinhalte des Berufsbildungsgesetzes und der Handwerksordnung, die für Ihre künftige Arbeit wichtig sind!**

„Siehe Seiten 50 bis 57 des Textteils!"

2. Ein Ausbildender führt mit einem minderjährigen Lehrstellenbewerber und deren Eltern ein Gespräch über den Abschluss eines Berufsausbildungsvertrages mit einer gemäß Ausbildungsordnung auf 3 Jahre festgelegten Ausbildungszeit in einem Handwerksberuf. Der Lehrling will zwölf Monate der vorgesehenen Gesamtausbildungszeit in einem dem Ausbildungsziel dienenden Auslandsaufenthalt verbringen.

Aufgabe: Ist die gewünschte Dauer der Ausbildung im Ausland nach den Vorschriften des Berufsbildungsgesetzes möglich?

☐ a) Nein, weil die Gesamtdauer der Ausbildung im Ausland ein Zehntel der in der Ausbildungsordnung festgelegten Ausbildungsdauer nicht überschreiten soll.
☐ b) Nein, weil die Gesamtdauer der Ausbildung im Ausland ein Achtel der in der Ausbildungsordnung festgelegten Ausbildungsdauer nicht überschreiten soll.
☐ c) Nein, weil die Gesamtdauer der Ausbildung im Ausland ein Sechstel der in der Ausbildungsordnung festgelegten Ausbildungsdauer nicht überschreiten soll.
☐ d) Nein, weil die Gesamtdauer der Ausbildung im Ausland ein Fünftel der in der Ausbildungsordnung festgelegten Ausbildungsdauer nicht überschreiten soll.
☐ e) Nein, weil die Gesamtdauer der Ausbildung im Ausland ein Viertel der in der Ausbildungsordnung festgelegten Ausbildungsdauer nicht überschreiten soll.

„Siehe Seite 53 des Textteils!"

3. In Ihrem Betrieb werden zwei Jugendliche ausgebildet. Deshalb haben Sie das Jugendarbeitsschutzgesetz besonders zu beachten.

Aufgabe:

a) **Stellen Sie fest, für welche Altersgruppe die Vorschriften des genannten Gesetzes gelten!**
b) **Beschreiben Sie, welche Vorschriften Sie für Ihre beiden Lehrlinge in Bezug auf die Arbeitszeit zu beachten haben!**
c) **Erklären Sie, welche Folgen für Sie eintreten, wenn Ihre beiden Lehrlinge trotz Ihrer Aufforderung die ärztliche Bescheinigung über die Nachuntersuchung nicht rechtzeitig vorlegen!**

„Siehe Seite 71 ff. des Textteils!"

4. Sie beschäftigen zwei berufsschulpflichtige Lehrlinge, die an einem Tag in der Woche 7 Stunden die Berufsschule besuchen. Es ist zu klären, mit wie viel Stunden diese Unterrichtszeit auf die wöchentliche Arbeitszeit angerechnet wird.

Aufgabe: Welche Aussage trifft zu?

- ☐ a) Mit 8 Stunden
- ☐ b) Zur Hälfte
- ☐ c) Keine Anrechnung
- ☐ d) Mit 6 Stunden
- ☐ e) Mit der üblichen Arbeitszeit

„Siehe Seite 72 des Textteils!"

5. Sie sind als Ausbilder in einem Betrieb tätig. Zu Beginn des Ausbildungsjahres wurden neue Lehrlinge eingestellt. Diese sollen von Ihnen über Möglichkeiten von finanziellen Zuwendungen und Unterstützungsmaßnahmen, die unter bestimmten persönlichen Voraussetzungen zu erhalten sind, informiert werden.

Aufgabe: Erläutern Sie Ihren neuen Auszubildenden die dafür wichtigen Gesetze und Maßnahmen!

„Siehe Seite 85 des Textteils!"

6. Der Inhaber eines Handwerksbetriebes will im Rahmen der im Ausbildungspakt (Vereinbarung zwischen der Bundesregierung und den Spitzenverbänden der Wirtschaft) vorgesehenen Einstiegsqualifizierung einen jungen Mann einstellen.

Aufgabe: Welchen Vertrag schließt er für diese Einstiegsqualifizierung in der Regel ab?

- ☐ a) Einen unbefristeten Arbeitsvertrag
- ☐ b) Einen Berufsausbildungsvertrag
- ☐ c) Einen Praktikantenvertrag
- ☐ d) Einen Vorvertrag zu einem Berufsausbildungsvertrag
- ☐ e) Einen Leiharbeitsvertrag.

„Siehe Seite 85 des Textteils!"

7. Sie haben sich nach abgelegter Meisterprüfung in einem zulassungspflichtigen Handwerk selbstständig gemacht und wollen zwei Lehrlinge einstellen und ausbilden. Einer der beiden Lehrlinge soll in einem Ausbildungsberuf des Handwerks, der andere in einem nichthandwerklichen Beruf, nämlich als Bürokaufmann, ausgebildet werden. Deshalb haben Sie festzustellen, ob in Ihrem Betrieb die betrieblichen Eignungsvoraussetzungen vorliegen und ob Sie die Berechtigung zum Einstellen und Ausbilden haben.

Aufgabe:

a) Erläutern Sie, ob bei Ihnen die Berechtigung zum Einstellen und Ausbilden für den Handwerkslehrling vorliegt und begründen Sie Ihr Ergebnis!

b) Erklären und begründen Sie, ob Sie für die Ausbildung eines Bürokaufmanns die fachliche Eignung besitzen!

c) Stellen Sie fest, welche betrieblichen Voraussetzungen vorliegen müssen, damit die Eignung der Ausbildungsstätte für die Berufsausbildung im Ausbildungsberuf des Handwerks gegeben ist!

„Siehe Seiten 86 bis 93 des Textteils!"

1.4 Handlungssituation: Aufgaben, Stellung und Funktionen des Ausbilders einschätzen, Anforderungen an die Ausbilder

Kompetenzen:

- Anforderungsprofil eines Ausbildenden/Ausbilders bestimmen und seine Bedeutung bzw. Stellung im Betrieb bewerten

1.4.1 Qualifikationsprofil des Ausbilders

Der Ausbilder muss eine Reihe von Voraussetzungen für seine Qualifikation erfüllen.

Qualifikationsprofil des „Ausbilders"

- Persönliche und fachliche Eignung für die Ausbildung im rechtlichen Sinne
- Fachmann auf beruflichem Gebiet
- Didaktisch-methodische Kompetenz für eine handlungsorientierte Ausbildung
- Eignung als Vorgesetzter
- Führungseigenschaften
- Charakterliche Eignung für den Umgang mit jungen Menschen
- Kontaktfreudigkeit und Kooperationsfähigkeit im Betrieb und nach außen
- Organisatorische Fähigkeiten
- Vorbildfunktion
- Verantwortungsbewusstsein
- Aufgeschlossenheit für fortschrittliche Entwicklungen in Technik und Wirtschaft
- Kreativität, geistige Beweglichkeit
- Sprachliche Ausdrucksfähigkeit und Ausstrahlung auf andere
- Willensstärke, Einsatz- und Entscheidungsfreudigkeit
- Teamfähigkeit
- Bereitschaft zur ständigen Weiterbildung

Abbildung 48

1.4.2 Pädagogische Aufgaben des Ausbilders

Auf diesem Gebiet gliedern sich die Aufgaben des Ausbilders wie folgt:
- Vermittlung der Ausbildungsinhalte nach der Ausbildungsordnung
- Fertigkeits-, Kenntnis- und Fähigkeitsvermittlung gemäß betrieblichem Ausbildungsplan
- Lehren und Erziehen
- Bewerten und Beurteilen
- Überwachen und Beraten
- Innovieren.

1.4.2.1 Lehren, Lernen organisieren und Erziehen

Lehren, Lernen organisieren

„Lernen bewirken"

Lehren heißt Lernen bewirken. Das bedeutet für den Ausbilder vor allem, durch Lehren die Fertigkeiten und Kenntnisse nach der Ausbildungsordnung und die erforderlichen Handlungskompetenzen und Verhaltensformen zu vermitteln.

Erziehen

Erziehen

Das Erziehen ist auf die körperliche, geistige, seelische und charakterliche Formung der Menschen ausgerichtet.

Die wichtigsten Ziele der Erziehungsarbeit des Ausbilders sind:

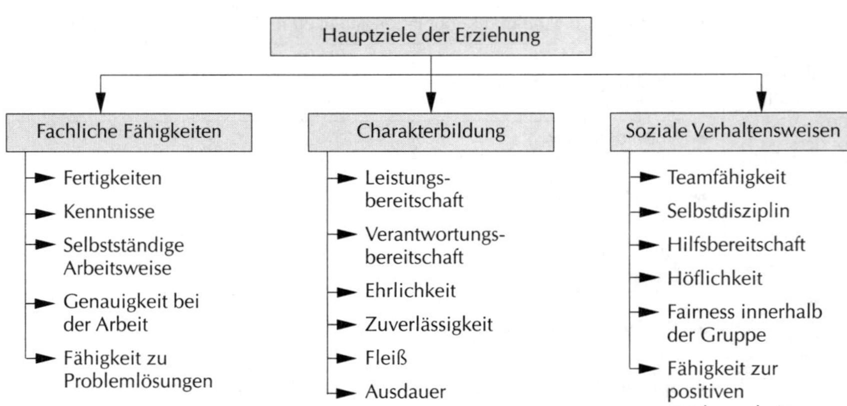

Abbildung 49

1.4.2.2 Beurteilen und Bewerten

Im Rahmen der Ausbildungserfolgskontrollen, die während des gesamten Ausbildungsprozesses notwendig sind, kommen den Bereichen Beurteilen und Bewerten wichtige Aufgaben zu. Sie beziehen sich ausbildungsbegleitend auf erworbene Fertigkeiten, Kenntnisse, Fähigkeiten und Verhaltensweisen.
Die Ergebnisse von planmäßigem Beurteilen und Bewerten ermöglichen rechtzeitig erforderliche Verbesserungen im gesamten Lernprozess.

Erfolgskontrollen

1.4.2.3 Überwachen und Beraten

Überwachen

Der Ausbilder hat den gesamten Ausbildungsprozess zu überwachen. Dabei sind die einzelnen Unterweisungsvorgänge sachlich wie zeitlich nach den im betrieblichen Ausbildungsplan festgelegten Zielen zu prüfen und bei auftretenden Abweichungen ist einzugreifen, um die Planung und Steuerung der Ausbildung neu auszurichten.

Prüfung und Steuerung

Die Überwachungsaufgabe des Ausbilders erstreckt sich unter anderem auf:

Überwachungsaufgaben

- die Einhaltung von gesetzlichen Bestimmungen (Berufsbildungsgesetz, Handwerksordnung, Jugendarbeitsschutzgesetz und andere)
- die Beachtung der Anordnungen der Handwerkskammer und der Innung
- die Anmeldung zur Zwischenprüfung und zu den Gesellenprüfungen
- die Teilnahme der Lehrlinge an überbetrieblichen Unterweisungskursen und am Berufsschulunterricht
- die Führung der Ausbildungsnachweise der Lehrlinge
- die Ausbildungsmaßnahmen, die an betriebliches Ausbildungspersonal übertragen sind.

Beraten

Beraten durch den Ausbilder bedeutet: Handlungsempfehlungen für die nachfolgend dargestellten Bereiche geben.

Handlungsempfehlungen

Beratungsbereiche des Ausbilders

- bei der Aneignung von Fertigkeiten, Kenntnissen, Fähigkeiten und Verhaltensweisen des Lehrlings
- beim Einsatz von Ausbildungsmitteln
- bei fehlender Lernmotivation
- bei mangelhaften Leistungen im Ausbildungsbetrieb und in der Berufsschule
- bei zu geringen Leistungen in Ausbildungserfolgskontrollen
- bei persönlichem Fehlverhalten des Lehrlings
- bei Problemen im Umgang mit Arbeitskollegen oder Lieferanten und Kunden
- bei der Auseinandersetzung mit neuen Techniken
- bei der finanziellen Förderung des Lehrlings
- bei entwicklungsbedingten Schwierigkeiten des Jugendalters
- bei der Lösung von Konflikten
- bei gesundheitlichen Problemen
- bei Problemen im privaten Bereich, sofern der Betreffende dies wünscht

Abbildung 50

1.4.2.4 Innovieren

Einführung von Neuem

Innovieren bedeutet, die „Einführung von Neuem" zum Ziel haben.

Durch die rasche technologische Entwicklung in fast allen Berufsbereichen des Handwerks (zum Beispiel Computertechniken, Kommunikationstechnologien, neue Werkstoffe, neue Arbeitsverfahren) ändern sich die Berufsinhalte und somit auch die Ausbildungsinhalte und Ausbildungsmethoden.

Anpassung der Ausbildungsinhalte

Die Ausbilder haben dabei die wichtige Aufgabe, diese Änderungen laufend in den Ausbildungsprozess einfließen zu lassen und die Neuerungen bei der Vermittlung von Fertigkeiten, Kenntnissen und Handlungsfähigkeiten umzusetzen. Sie haben sich selbst ununterbrochen fortzubilden (zum Beispiel durch Kurse und Fachzeitschriften). Wichtige Aufgaben des Ausbilders sind dabei im Einzelnen:

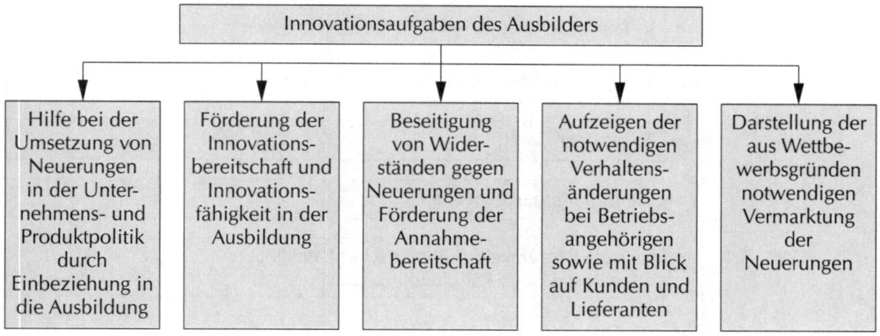

Abbildung 51

1.4.3 Besondere Bedeutung der Vorbildfunktion des Ausbilders

Jeder junge Mensch sucht Vorbilder, denen er nacheifern kann. Der Ausbilder muss daher sein gesamtes Handeln auf ein einwandfreies Verhalten im persönlichen und im beruflichen Lebensbereich ausrichten. Vorbildliches Verhalten setzt beim jungen Menschen besondere Wertmaßstäbe.

Wertmaßstäbe

Die Auswahl der richtigen Persönlichkeit als Ausbilder für einen Betrieb ist eine wesentliche Voraussetzung für den Ausbildungserfolg.

Menschliche Eigenschaften

Neben den fachlichen Voraussetzungen kommt es vor allem auf menschliche Eigenschaften an wie unter anderem:

- Menschenkenntnis, Fähigkeit zur Menschenbeurteilung
- positive Grundeinstellung zu jungen Menschen
- Mitgehen mit der Jugend und die Fähigkeit, für Ideale zu begeistern
- Vertrauenswürdigkeit.

Nur wer vorbildliche Eigenschaften hat, kann als Vorbild Maßstäbe setzen.

Abbildung 52

1.4.4 Stellung und Funktionen des Ausbilders im Handwerksbetrieb

1.4.4.1 Stellung des Ausbilders

Schlüssel-
stellung

Bei der betrieblichen Ausbildung nimmt der Ausbilder eine wichtige Schlüsselstellung ein. Von seinen Fähigkeiten und Eigenschaften hängt es ab, ob die betriebliche Ausbildung systematisch und erfolgreich durchgeführt wird.

Er hat heute mehr denn je dazu beizutragen, dass nicht nur die fachlichen Fertigkeiten, Kenntnisse und Fähigkeiten vermittelt werden, sondern darüber hinaus der junge Mensch auf die Wandlungen in der Berufswelt fachlich und geistig vorbereitet wird. Dadurch kann erreicht werden, dass die Lern- und Denkfähigkeit sowie die Umstellungsbereitschaft und die Anpassungsfähigkeit entwickelt werden.

Der Ausbilder trägt für seine Arbeit in der Berufsausbildung eine hohe Verantwortung:

- gegenüber dem Ausbildungsbetrieb
- gegenüber dem Lehrling
- gegenüber Wirtschaft und Gesellschaft.

Die Verantwortung **gegenüber dem Ausbildungsbetrieb** bezieht sich unter anderem auf:

Ausbildungsbetrieb

- die Einhaltung aller Ausbildungsvorschriften sowie der gesetzlichen Regelungen
- die gründliche und vollständige Ausbildung der Lehrlinge entsprechend der Ausbildungsordnung
- die Schaffung von qualifiziertem Berufsnachwuchs für den Betrieb
- die Erhaltung der Leistungsfähigkeit des Betriebes
- die wirtschaftliche Gestaltung der Ausbildungskosten im Betrieb.

Gegenüber dem Lehrling ist der Ausbilder insbesondere verantwortlich, dass

Lehrling

- ihm die bestmögliche Ausbildung gewährleistet wird
- er in seiner Persönlichkeitsentwicklung gefördert wird
- er weder körperlich noch sittlich gefährdet wird
- er einen guten Einstieg in die Berufs- und Arbeitswelt erhält.

Die Verantwortung **gegenüber Wirtschaft und Gesellschaft** besteht

Wirtschaft und Gesellschaft

- in der Ausbildung qualifizierten Berufsnachwuchses zur Erhaltung der Leistungsfähigkeit der gesamten Volkswirtschaft
- in der Ausbildung und Erziehung zu leistungsfähigen Bürgern
- in der Erhaltung und Steigerung des Lebensstandards der Menschen durch hohe Qualifikationen
- in der Mithilfe zur Absicherung der sozialen Sicherungssysteme
- im Beitrag zur Erhaltung unserer freiheitlichen Staats- und Gesellschaftsordnung.

1.4.4.2 Funktionen des Ausbilders im Handwerksbetrieb

Der Ausbilder hat wichtige Funktionen und vielfältige Aufgaben zu erfüllen, die im Folgenden erläutert werden.

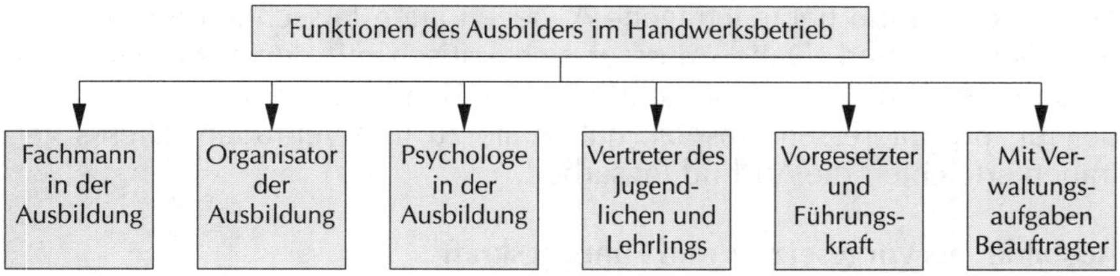

Abbildung 53

<u>Ausbilder als Fachmann</u>

Fachliche Qualifikation kann nur vermitteln, wer selbst beste fachliche Kenntnisse, Fertigkeiten und Handlungsfähigkeiten besitzt. Der Ausbilder hat daher in der Regel eine mehrjährige berufliche Praxis und Berufserfahrung. Betriebserfahrung im Ausbildungsbetrieb ist zusätzlich von Nutzen,

Fachliche Qualifikation

weil dann die betriebsspezifischen Erfordernisse bekannt sind. Die Kenntnisse der neuesten Werkstoffe und der modernsten Arbeitsverfahren müssen neben den Standardtechniken in der betrieblichen Ausbildung umgesetzt werden. Fachliche Kompetenz schafft Autorität gegenüber den Lehrlingen.

Ausbilder als Organisator der Ausbildung

Organisatorische Aufgaben

Auf organisatorischem Gebiet stellen sich dem Ausbilder unter anderem folgende Aufgaben:
- Planung der Ausbildung (Ausbildungs- und Versetzungspläne)
- Festlegung der Lernorte
- Durchführung der Ausbildung
- Vorbereitung auf Zwischen- und Abschlussprüfungen
- Zusammenarbeit mit außerbetrieblichen Einrichtungen in verschiedenen Aufgabenbereichen.

Ausbilder als Psychologe

Psychologische Aufgaben

Zu den wichtigsten psychologischen Aufgaben des Ausbilders gehören unter anderem:
- Förderung der Persönlichkeitsentwicklung des Auszubildenden
- charakterliche Förderung
- Entwicklung der Beweggründe für Leistung (Leistungsmotivation)
- Entwicklung zum selbstständigen Mitarbeiter
- Erziehung zu unternehmerischem Denken sowie schöpferischem Verhalten
- Förderung von Eigenverantwortlichkeit und partnerschaftlichem Verhalten
- Erziehung zu Arbeitstugenden.

Ausbilder als Vertreter des Auszubildenden

Interessenvertreter für Lehrlinge

Der Ausbilder hat die berechtigten Belange der Auszubildenden und vor allem der Jugendlichen innerhalb des Ausbildungsbetriebes zu vertreten, ohne dabei in die gesetzlichen Mitwirkungsrechte des Betriebsrates und der Jugendvertretung im Betrieb unberechtigt einzugreifen.

Er muss gerade den Jugendlichen gegenüber viel Verständnis aufbringen. Bei der „Interessenvertretung“ der Lehrlinge muss er aber stets kritisch prüfen, ob an ihn herangetragene Anliegen auch tatsächlich im Interesse der Lehrlinge sind. Dabei muss er sich kritisch mit den Lehrlingen auseinander setzen. Haben die Lehrlinge das Gefühl, dass sich „ihr“ Ausbilder für ihre Interessen einsetzt, haben sie zu ihm Vertrauen. Dieses Vertrauen erleichtert die Ausbildungsarbeit.

Ausbilder als Vorgesetzter und Führungskraft

Führungseigenschaften

Der Ausbilder muss Führungseigenschaften besitzen. Da er mit jungen Menschen umzugehen hat, sind Führungsaufgabe und Führungsstil teilweise anders geartet als bei der Vorgesetztenfunktion gegenüber erwachsenen Mitarbeitern und anderen Aufgabenstellungen innerhalb des Betriebes.

Zu seinen Funktionen als Vorgesetzter gehören unter anderem auch
- die Erteilung von Weisungen
- glaubhaftes und überzeugtes Handeln
- einleuchtende Begründungen
- Ausbildungserfolgskontrollen.

Ausbilder in seiner Verwaltungstätigkeit

Verwaltungstätigkeit

Die verwaltungstechnischen Aufgaben umfassen unter anderem:
- Meldung offener Lehrstellen bei der Agentur für Arbeit
- Abschluss des Berufsausbildungsvertrages
- Antrag auf Eintragung des Berufsausbildungsvertrages bei der Handwerkskammer und Innung
- Anmeldung der Lehrlinge bei der Berufsschule
- Anmeldung zur überbetrieblichen Ausbildung
- Anmeldung zu Zwischen- und Gesellenprüfungen
- Bescheinigung über Pflichtuntersuchung nach dem Jugendarbeitsschutzgesetz
- Ausfertigung von Zeugnissen.

1.4.5 Ausbilder im Spannungsfeld unterschiedlicher Ansprüche und Erwartungen

Inner- und außerbetriebliche Spannungsfelder

Spannungsfelder bestehen für das Ausbildungspersonal im Ausbildungsbetrieb und im Verhältnis zu außerbetrieblichen Kooperationsstellen (zum Beispiel Berufsschule, Handwerkskammer, Innung).

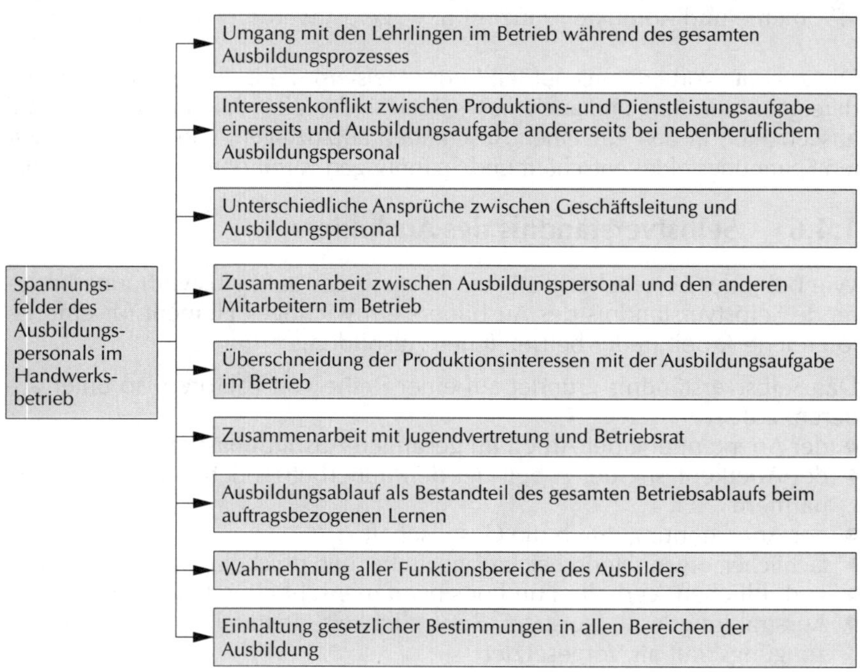

Abbildung 54

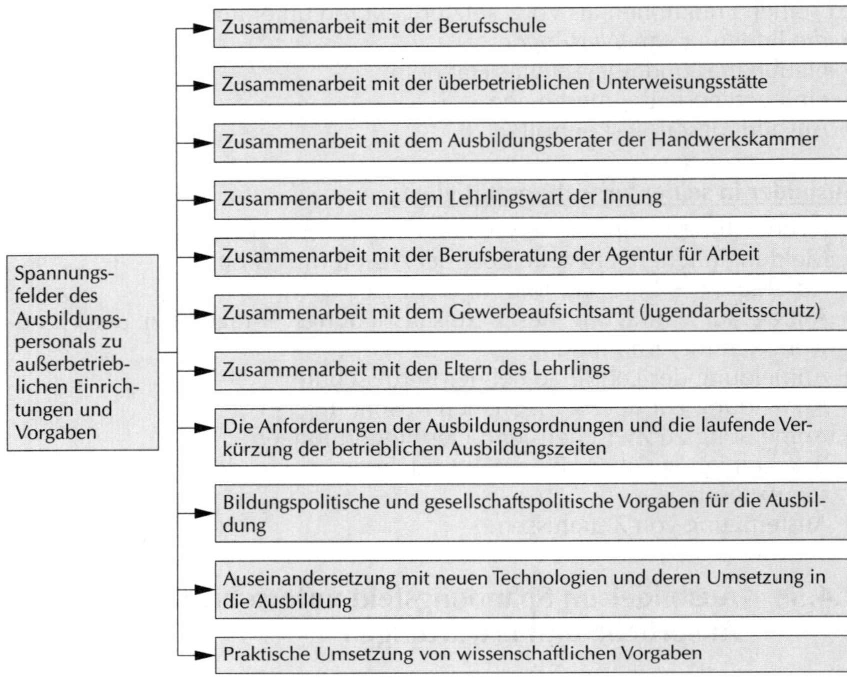

Abbildung 55

Problemlösungen

Für den Ausbilder ist es wichtig, alle Ursachen für die Spannungen zu erkennen, festzustellen und Wege zu suchen, wie die auftretenden Probleme und Konflikte reduziert bzw. gelöst werden können.

Die gesamte Vorbereitung auf Teil IV der Meisterprüfung sowie auf die Ausbildereignungsprüfung und auch dieses Buch sind in allen Abhandlungen darauf ausgerichtet, in den einzelnen Abschnitten aufzuzeigen, wie die geschilderten Spannungsfelder entschärft und Spannungen verhindert werden können.

1.4.6 Selbstverständnis des Ausbilders

Wie bei jeder beruflichen Tätigkeit ist auch das auf Selbstvertrauen basierende Selbstverständnis des Ausbilders ein wichtiges Element für eine erfolgreiche Arbeit in der betrieblichen Ausbildung.

Faktoren

Das Selbstverständnis gründet auf einer Reihe von Faktoren, so unter anderem auf:

- der Anerkennung der Arbeit im gesamten Ausbildungsbetrieb
- der Anerkennung der Arbeit bei den außerbetrieblichen Kooperationspartnern
- der Anerkennung durch die Gesellschaft
- fachlicher, organisatorischer, pädagogischer und psychologischer Kompetenz
- vorbildlichem Verhalten und positiven menschlichen Eigenschaften
- Ausstrahlungskraft, geistiger Beweglichkeit, Teamfähigkeit und Überzeugungskraft als Vorgesetzter
- Verantwortungsbewusstsein gegenüber Betrieb, Lehrling, Wirtschaft und Gesellschaft.

Handlungsorientierte, fallbezogene Aufgaben

1. Sie sind Inhaber eines Handwerksbetriebes, wollen erstmals Lehrlinge ausbilden und dabei den Anforderungen an eine gute Ausbildung bestmöglich entsprechen.

Aufgabe: Stellen Sie ein entsprechendes Anforderungsprofil für sie zusammen!

„Siehe Seite 99 des Textteils!"

2. Vorbildliches Verhalten setzt insbesondere bei jungen Menschen Maßstäbe. Deshalb wollen Sie als Ausbilder die Vorbildfunktion besonders ernst nehmen.

Aufgabe: Welche Eigenschaften sollten Sie dabei einsetzen?

„Siehe Seiten 103, 104 des Textteils!"

3. Sie sind selbstständiger Handwerker und bilden erstmals zwei Lehrlinge aus. Als Ausbilder sind Sie sich der großen Verantwortung für eine bestmögliche Ausbildung Ihrer Lehrlinge bewusst. Sie wissen, dass von Ihrer Aufgabenerfüllung im pädagogischen Bereich der Erfolg der Ausbildung zu einem wesentlichen Teil abhängt.

Aufgabe: Stellen Sie Ihre wichtigsten im Fall genannten Aufgaben dar, um sie in der künftigen Ausbildung Ihrer beiden Lehrlinge systematisch und praxisgerecht umsetzen zu können!

„Siehe Seiten 100 bis 103 des Textteils!"

4. Sie sind Inhaber eines Handwerksbetriebes, der einen hauptberuflichen Ausbilder eingestellt hat. Sie sind der Auffassung, dass der Ausbilder von Ihnen klare Vorgaben erhalten muss, wie seine Stellung und sein Verantwortungsbereich festgelegt sind.

Aufgabe: Erarbeiten Sie ein Konzept für seine Stellung und seine Verantwortungsbereiche in Ihrem Betrieb!

„Siehe Seiten 104 bis 107 des Textteils!"

5. Sie bilden erstmals in Ihrem Betrieb zwei Lehrlinge aus und gehen davon aus, dass der Erfolg Ihrer Ausbildung von der bestmöglichen Erfüllung der Funktionen und wichtigen Aufgabenerledigungen als Ausbilder abhängen wird.

Aufgabe: Erläutern Sie für diesen Fall Ihre vielfältigen Funktionen und Aufgabenstellungen!

„Siehe Seiten 105 bis 107 des Textteils!"

6. Sie sind Ausbilder in einem Handwerksbetrieb und bilden mehrere Lehrlinge aus. Dabei treten laufend Probleme, Spannungen und Konflikte in Ihrem Umfeld auf, weil Ihre Partner innerhalb und außerhalb Ihres Betriebes von den verschiedensten Ansprüchen und Erwartungen ausgehen. Sie müssen als Ausbilder alle Ursachen für Spannungen erkennen und feststellen, um nach Wegen suchen zu können, damit die Probleme und Konflikte gelöst bzw. reduziert werden.

Aufgabe: Stellen Sie dar, wo die Schwerpunkte der Spannungsfelder liegen!

„Siehe Seiten 107 bis 108 des Textteils!"

1.5 Handlungssituation: Mit Partnern im dualen System zusammenarbeiten, die Handwerksorganisationen und ihre Aufgaben in der Berufsbildung kennen sowie die Möglichkeiten der eigenen Mitwirkung in der Organisation abwägen und begründen

Kompetenzen:

- Die verschiedenen Lernorte im dualen System kennen und ihre Bedeutung für die Berufsausbildung einschätzen
- Aufgaben von berufsbildenden Schulen und überbetrieblicher Berufsausbildung als Partner im dualen System kennen und bewerten
- Möglichkeiten der Kooperation zwischen den Partnern im dualen System aufzeigen und nutzen
- Die Aufgaben von Handwerkskammern und Innungen zur Unterstützung und Qualitätssicherung in der Berufsbildung bewerten
- Möglichkeiten der ehrenamtlichen Tätigkeit in Gremien und Ausschüssen der Handwerkskammer oder Innung für eigene Mitwirkungsentscheidungen reflektieren

1.5.1 Beteiligte und Mitwirkende in der Ausbildung

Zusammenarbeit

Für eine erfolgreiche Berufsausbildung ist es wichtig, dass alle Mitwirkenden und Partner eng und vertrauensvoll zusammenarbeiten. Nachstehend werden die wichtigsten Partner aufgeführt, die wesentlichen Gebiete der Zusammenarbeit erläutert und die Aufgaben der Handwerkskammern und der Innungen ihrer Bedeutung entsprechend dargestellt.

1.5.1.1 Zusammenarbeit mit der Berufsschule

Ausbilder – Berufsschule

Der Erfolg der Berufsausbildung im dualen System ist ganz entscheidend davon abhängig, wie gut die Lernorte Ausbildungsbetrieb und Berufsschule als Partner des dualen Systems zusammenarbeiten.

Gegenseitige Vorurteile sollten im Interesse der gemeinsamen Aufgabe abgebaut werden, denn letztlich stellen Berufsschule und Ausbildungsbetrieb einen gemeinsamen Bildungsraum dar.

Aufgabenbereiche

Die wichtigsten Aufgabenbereiche der Zusammenarbeit des Ausbilders mit der Berufsschule gehen aus der folgenden Abbildung hervor.

- Aufgabenbereiche der Zusammenarbeit des Ausbilders mit der Berufsschule
  - Abstimmung der betrieblichen Ausbildungspläne mit den Lehrplänen der Berufsschule
  - Herbeiführung des inhaltlichen und zeitlichen Gleichlaufs der Vermittlung von Fertigkeiten, Kenntnissen und Fähigkeiten, soweit möglich, zwischen Ausbildungsbetrieb und Berufsschule
  - Abstimmung über Lehr- und Lernmaterial an beiden Lernorten
  - Periodisch wiederkehrende Information über den behandelten Lehrstoff in der Schule
  - Information der Berufsschullehrer über neue technische Entwicklungen im Ausbildungsbetrieb
  - Teilnahme an Ausbildersprechtagen in der Berufsschule
  - Erfahrungsaustausch zwischen Ausbilder und Berufsschullehrer
  - Teilnahme an Arbeitskreisen Berufsschule – Wirtschaft
  - Dem Berufsschullehrer Einsicht in die Ausbildungsnachweise geben
  - Kontrolle über die tatsächliche Teilnahme der Lehrlinge am Berufsschulunterricht
  - Besprechung der Ergebnisse von Zwischen- und Gesellenprüfungen und Schulzeugnissen mit den Lehrern
  - Besprechung von Schulversäumnissen und Lernschwierigkeiten einzelner Lehrlinge
  - Verhinderung von Ausbildungsabbrüchen in konkreten Einzelfällen
  - Durchführung von Praktika für Berufsschullehrer im eigenen Ausbildungsbetrieb

Abbildung 56

Zusätzliche Aufgaben

Neben den in der obigen Abbildung aufgeführten klassischen Funktionen des Ausbilders können sich zusätzliche Aufgaben bei der Zusammenarbeit mit der Berufsschule ergeben.

- Wenn der Berufsschulunterricht nicht im Teilzeitunterricht, sondern in Form der Blockschulung erfolgt, ergeben sich weitere Zuordnungsabstimmungen, die der Ausbilder mit der Berufsschule besprechen muss.
- Wird das erste Ausbildungsjahr als kooperativ-duales Berufsgrundbildungsjahr durchgeführt, ist eine besondere inhaltliche, zeitliche und methodische Abstimmung mit der Berufsschule erforderlich.
- Weiteren Abstimmungsbedarf gibt es bei Absolventen des Berufsgrundschuljahres und der einjährigen Berufsfachschule.

1.5.1.2 Zusammenarbeit mit der überbetrieblichen Unterweisungsstätte

Ergänzung der betrieblichen Ausbildung

Die überbetrieblichen Unterweisungsstätten der Innungen und Handwerkskammern dienen der Ergänzung und Unterstützung der betrieblichen Ausbildung.
Wichtige Aufgabenbereiche des Ausbilders für die Zusammenarbeit mit der überbetrieblichen Unterweisungsstätte ergeben sich aus folgender Abbildung.

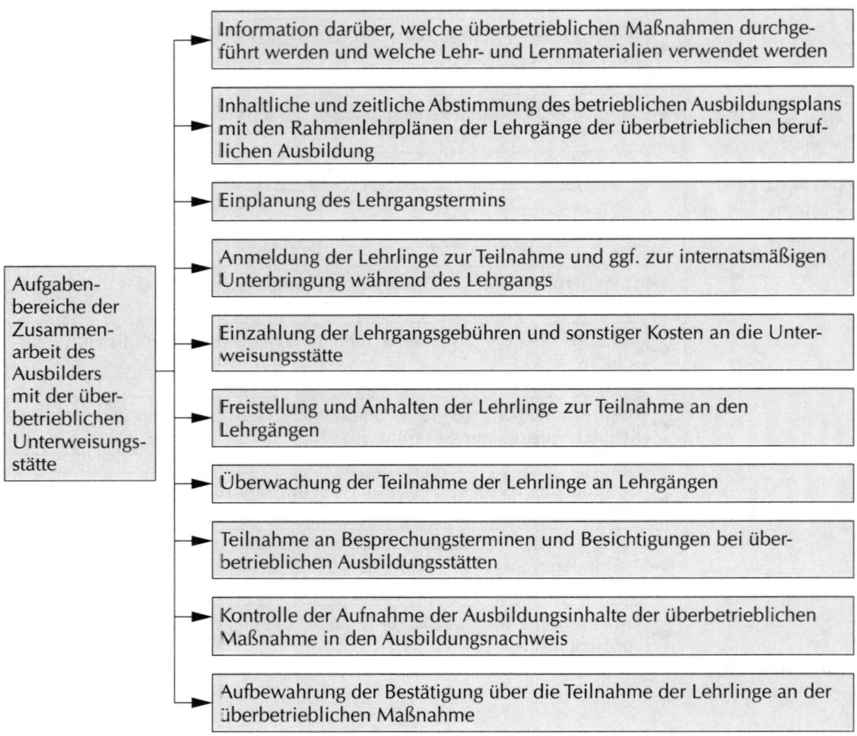

Abbildung 57

1.5.1.3 Zusammenarbeit mit der Handwerkskammer

Zuständige Stelle

Die Handwerkskammer ist für das Handwerk die für die Berufsausbildung und deren Förderung und Überwachung zuständige Stelle, mit der der Ausbilder eng zusammenarbeiten muss (siehe auch Abschnitt 1.5.2.1 „Handwerkskammer als zuständige Stelle"). Wichtige Aufgabenbereiche der Zusammenarbeit sind:

Aufgabenbereiche der Zusammenarbeit des Ausbilders mit der Handwerkskammer

- Ausbildungsvorschriften beschaffen
- Berufsausbildungsverträge mit Lehrlingen abschließen oder deren Abschluss fristgerecht veranlassen
- Eintragung des Berufsausbildungsvertrages in die Lehrlingsrolle beantragen und die Gebühr bezahlen
- Informationen über überbetriebliche Ausbildungsmaßnahmen einholen
- Bescheinigung über die Pflichtuntersuchung nach dem Jugendarbeitsschutzgesetz vorlegen lassen und weiterleiten
- Gegebenenfalls einen ausbildungsbeauftragten Ausbilder benennen
- Lehrlinge zur Zwischenprüfung und Gesellenprüfung anmelden, sofern diese Prüfungen nicht von der Innung durchgeführt werden, und Bezahlung der Gebühren
- Bei Bedarf mit dem Ausbildungsberater zusammenarbeiten
- Notwendige Auskünfte an die Handwerkskammer erteilen
- Anordnungen der Handwerkskammer durchführen
- Beratung in Fragen der Ausbildungsförderung

Abbildung 58

1.5.1.4 Zusammenarbeit mit der Innung

Die Innung erfüllt wichtige Aufgaben im Rahmen der Berufsausbildung im Handwerk (siehe auch Abschnitt 1.5.2.2 „Aufgaben der Innung in der Berufsausbildung").
In nachstehend aufgeführten Bereichen ergeben sich Aufgaben des Ausbilders zur Zusammenarbeit mit der Innung.

- Aufgabenbereiche der Zusammenarbeit des Ausbilders mit der Innung
  - Berufsausbildungsverträge melden
  - Informationen über überbetriebliche Ausbildung einholen, sofern diese Maßnahmen von der Innung durchgeführt werden
  - Gegebenenfalls einen Ausbildungsbeauftragten benennen
  - Lehrlinge zur Zwischenprüfung anmelden und Gebühr bezahlen, sofern die Handwerkskammer diese Prüfungen nicht selbst durchführt
  - Mit dem Lehrlingswart der Innung zusammenarbeiten
  - Gesellenprüfungstermine beschaffen, sofern die Innung die Gesellenprüfung durchführt
  - Die Anmeldung zur Gesellenprüfung veranlassen
  - Bei Lehrlingsstreitigkeiten den Ausschuss zur Schlichtung von Lehrlingsstreitigkeiten anrufen
  - Notwendige Auskünfte an die Innung erteilen
  - Anordnungen der Innung auf dem Gebiet der Berufsausbildung befolgen
  - Gemeinsame Nachwuchswerbungsmaßnahmen durchführen

Abbildung 59

1.5.1.5 Zusammenarbeit mit der Agentur für Arbeit

Berufsberatung

Die Agentur für Arbeit ist die zuständige Stelle für die Beratung, Auswahl und Vermittlung von Lehrlingen. Leider funktioniert die Zusammenarbeit mit den Ausbildern in den Betrieben nicht immer reibungslos, weil sich Handwerksbetriebe häufig bei der Vermittlung junger Menschen benachteiligt fühlen. Diese Kooperationsvorbehalte sollten rasch beseitigt werden. Die Zusammenarbeit mit der Berufsberatung und den Ausbildungsmarktpartnerteams der Agentur für Arbeit umfasst nachstehende Bereiche.

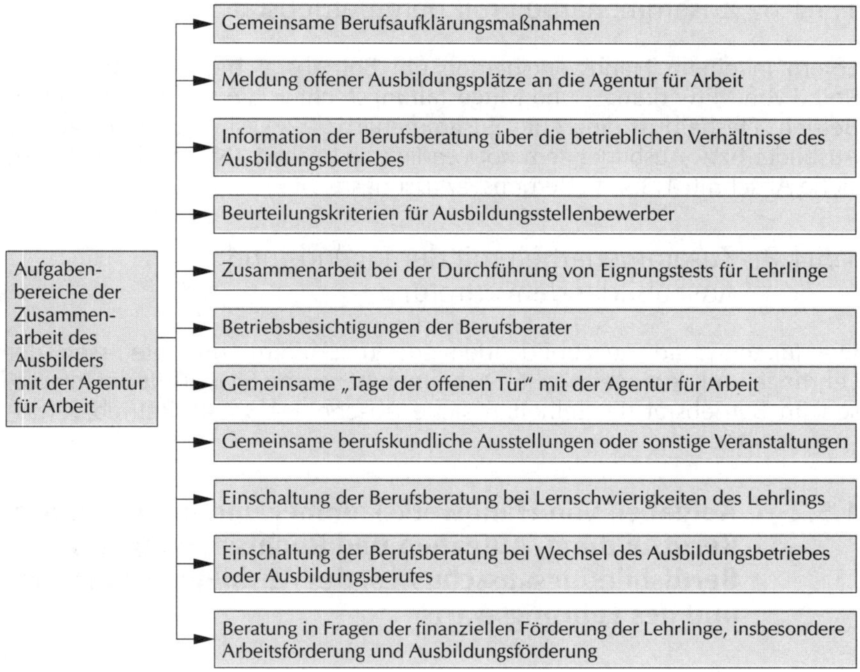

Abbildung 60

1.5.1.6 Zusammenarbeit mit dem Gewerbeaufsichtsamt

Der Ausbilder hat auch mit dem Gewerbeaufsichtsamt Kontakte zu pflegen. Dabei geht es schwerpunktmäßig um Fragen der Arbeitssicherheit und um die gesetzlichen Bestimmungen, die für die Beschäftigung von Jugendlichen maßgebend sind (z. B. Jugendarbeitsschutzgesetz).

Arbeitssicherheit

Jugendarbeitsschutz

1.5.1.7 Zusammenarbeit mit den Eltern des Lehrlings

Der Ausbildungserfolg kann wesentlich verbessert werden, wenn der Ausbilder mit dem Elternhaus des Lehrlings Kontakt hält und mit den Eltern zusammenarbeitet.

Wichtige Bereiche für Kontakte sind unter anderem:

Wichtige Kontaktbereiche

- die Teilnahme der Eltern am Vorstellungsgespräch
- Betriebsbesichtigung durch die Eltern
- regelmäßige Kontakte in zeitlichen Abständen zwischen Eltern und Ausbilder
- besondere Kontaktgespräche bei Lernschwierigkeiten und Fehlverhalten des Lehrlings im Ausbildungsbetrieb oder in der Berufsschule
- Elternmitteilungen des Ausbilders in regelmäßigen Abständen.

1.5.1.8 Zusammenarbeit mit dem Betriebsrat

Mitwirkungsrechte

Sofern in einem Handwerksbetrieb ein Betriebsrat besteht, hat er eine Reihe von Mitwirkungs- und Mitgestaltungsrechten bei der Ausbildung im Betrieb. Deshalb ist eine gute Zusammenarbeit zwischen Betriebsrat und Ausbilder bzw. Ausbildendem notwendig und wichtig. (Nähere Einzelheiten siehe Abschnitt 1.3.4.4 „Betriebsverfassungsrecht“.)

1.5.1.9 Zusammenarbeit mit der Jugend- und Auszubildendenvertretung

Interessen der Lehrlinge

Die Jugend- und Auszubildendenvertretung nimmt die Interessen der Lehrlinge und der jugendlichen Arbeitnehmer wahr. Sie vertritt die Interessen im Betriebsrat (Einzelheiten siehe Abschnitt 1.3.4.4 „Betriebsverfassungsrecht“).

1.5.2 Aufgaben von Handwerkskammer und Innung in der Berufsbildung, Aufgaben und Rechtsstellung des Berufsbildungsausschusses, des Ausbildungsberaters und des Lehrlingswarts

1.5.2.1 Handwerkskammer als zuständige Stelle

Zuständigkeit

Für die Berufsbildung (Berufsausbildungsvorbereitung, die Berufsausbildung und die berufliche Umschulung), die in Betrieben zulassungspflichtiger Handwerke, zulassungsfreier Handwerke und handwerksähnlicher Gewerbe durchgeführt wird, ist die Handwerkskammer zuständige Stelle. Dies gilt sowohl für die Berufsbildung in den Berufen der Handwerksordnung als auch in nichthandwerklichen Berufen. Abweichungen davon können sich für so genannte Mischbetriebe (z. B. Handel und Handwerk) für den Bereich nichthandwerklicher Berufe ergeben.
Soweit Vorschriften nicht bestehen, hat sie die Durchführung der Berufsbildung im Rahmen der gesetzlichen Bestimmungen zu regeln.

Überwachung

Die Handwerkskammer überwacht ferner die Durchführung der Berufsausbildungsvorbereitung, der Berufsausbildung und der beruflichen Umschulung und fördert diese durch Beratung der an der Berufsbildung beteiligten Personen. Sie hat zu diesem Zweck Berater zu bestellen. Ausbildende, Umschulende und Anbieter von Maßnahmen der Berufsausbildungsvorbereitung sind verpflichtet, der Handwerkskammer auf Verlangen Auskünfte zu erteilen, Unterlagen vorzulegen sowie die Besichtigung der Ausbildungsstätten zu gestatten.

Ausbildung im Ausland

Die Handwerkskammer hat ferner die Durchführung von Auslandsaufenthalten von Lehrlingen in geeigneter Weise zu fördern und zu überwachen. Bei Auslandaufenthalten, die länger als vier Wochen dauern, ist ein mit der Handwerkskammer abgestimmter Plan erforderlich.
Grundsätzlich bleibt der Berufsausbildungsvertrag zwischen dem deutschen Ausbildungsbetrieb und dem Lehrling bestehen. Eine Aussetzung der Vertragspflichten muss in Abstimmung mit der Handwerkskammer gesondert vereinbart werden.

Wichtige Aufgaben im Einzelnen

Die wichtigen Aufgaben der Handwerkskammer in der beruflichen Bildung gehen aus nachstehender Übersicht hervor.

Wichtige Aufgaben der Handwerkskammer in der Berufsbildung

- Regelung und Überwachung der Berufsausbildungsvorbereitung, der Berufsausbildung und der Umschulung nach dem Berufsbildungsgesetz und der Handwerksordnung
- Erlass von Vorschriften
- Entscheidung über Anträge auf Abkürzung und Verlängerung der Ausbildungszeit
- Erlass von Prüfungsordnungen
- Führung des Verzeichnisses über die Berufsausbildungsverhältnisse (Lehrlingsrolle)
- Anordnung der überbetrieblichen Unterweisungsmaßnahmen für Lehrlinge
- Abnahme der Zwischenprüfung, soweit sie die Innung nicht durchführt
- Abnahme von Gesellenprüfungen bzw. Überwachung des Gesellenprüfungswesens der Innungen
- Durchführung von Nachwuchswerbemaßnahmen
- Durchführung von Kursen zur überbetrieblichen Unterweisung von Lehrlingen
- Betrieb von Berufsbildungs- und Technologiezentren, Kompetenzzentren
- Mitwirkung bei Gesetzesinitiativen zum Ausbildungs- und Schulrecht
- Zusammenarbeit mit den Berufsschulen
- Zusammenarbeit mit der Agentur für Arbeit
- Vertretung der bildungspolitischen Interessen
- Durchführung des Leistungswettbewerbs der Handwerksjugend
- Förderung und Überwachung von Auslandsaufenthalten

Abbildung 61

Aufgaben in der Fortbildung

Neben der Wahrnehmung der obigen Aufgaben ist die Handwerkskammer im Bereich der Fortbildung unter anderem auf folgenden Gebieten tätig:

- Durchführung von Meistervorbereitungskursen und Fortbildungslehrgängen aller Art
- Betrieb von Akademien des Handwerks
- Maßnahmen zur Förderung der Unternehmensführung
- organisatorische Durchführung von Meisterprüfungen
- Durchführung von Fortbildungsprüfungen.

Berufsbildungsausschuss

Bei jeder Handwerkskammer ist ein Berufsbildungsausschuss errichtet. Die Zusammensetzung und die Wahl ergibt sich aus folgender Abbildung:

Zusammensetzung

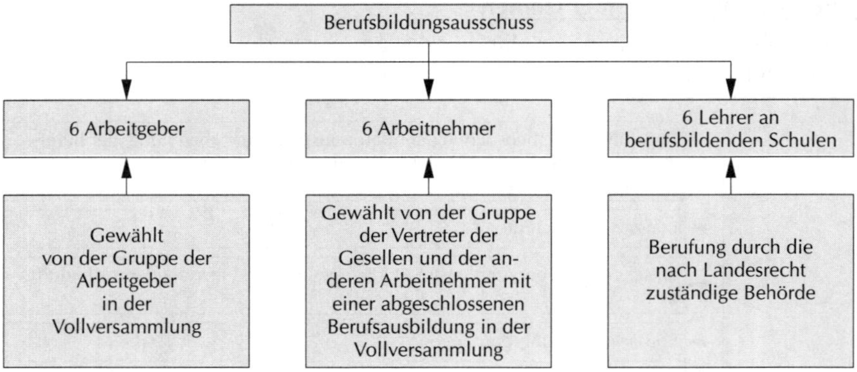

Abbildung 62

Stimmrecht

Die sechs Lehrer an berufsbildenden Schulen gehören dem Berufsbildungsausschuss mit beratender Stimme an. Sie haben jedoch Stimmrecht bei Beschlüssen zu Angelegenheiten der Berufausbildungsvorbereitung und der Berufsausbildung, soweit sich die Beschlüsse unmittelbar auf die Organisation der schulischen Berufsbildung auswirken.

Aufgaben

Der Berufsbildungsausschuss ist in wichtigen Angelegenheiten der beruflichen Bildung anzuhören und zu unterrichten. Er hat ferner vor Beschlussfassungen in der Vollversammlung der Handwerkskammer über Vorschriften zur Durchführung der Berufsbildung eine Stellungnahme abzugeben und er kann von sich aus Vorschläge unterbreiten.
Der Berufsbildungsausschuss hat im Rahmen seiner Aufgaben auf eine stetige Entwicklung der Qualität der beruflichen Bildung hinzuwirken.

Berater (Ausbildungsberater)

Die Handwerkskammer hat für die Berufsausbildungsvorbereitung, die Berufsausbildung und die Umschulung Berater zu bestellen. Der Berater läuft in der Praxis in der Regel unter der Bezeichnung „Ausbildungsberater“. Die Berater verrichten im Rahmen der Gesamtaufgaben der Handwerkskammer eine wichtige hauptberufliche Arbeit. Die Hauptaufgabengebiete ergeben sich aus der folgenden Abbildung.

Hauptaufgabengebiete

Abbildung 63

Auskunftspflicht der Betriebe

Alle Handwerksbetriebe sind verpflichtet, den Beratern und anderen Bediensteten der Handwerkskammer bei allen Maßnahmen, die im Rahmen der Vorschriften über die Berufsausbildung, die Berufsausbildungsvorbereitung und die berufliche Umschulung erfolgen, die erforderlichen Auskünfte zu erteilen und Unterlagen vorzulegen.

1.5.2.2 Aufgaben der Innung in der Berufsausbildung

Wichtige Aufgaben der Innung bei der Berufsausbildung:

↓

Regelung und Überwachung der Lehrlingsausbildung entsprechend den Vorschriften der Handwerkskammer

↓

Für die berufliche Ausbildung der Lehrlinge sorgen und ihre charakterliche Entwicklung fördern

↓

Durchführung der Zwischenprüfung entsprechend der Ausbildungsordnung, sofern sie von der Handwerkskammer dazu ermächtigt ist.

↓

Gesellenprüfungen abnehmen und hierfür Gesellenprüfungsausschüsse errichten, sofern sie von der Handwerkskammer dazu ermächtigt ist

↓

Durchführung von überbetrieblichen Unterweisungsmaßnahmen für Lehrlinge, sofern dies nicht von der Handwerkskammer erledigt wird

↓

Errichtung eines Berufsausbildungsausschusses

↓

Errichtung eines Ausschusses zur Schlichtung von Lehrlingsstreitigkeiten (Kannvorschrift)

↓

Mitwirkung bei der Verwaltung der Berufsschulen

Abbildung 64

Lehrlingswart

Schlüsselrolle

Eine wichtige Schlüsselrolle in der Berufsausbildungsarbeit der Innung nimmt der Lehrlingswart ein.

Da seine Aufgaben als Vermittler und Ansprechpartner für Ausbildungsbetriebe, Ausbilder, Lehrlinge, Eltern und Berufsschule weitgehend ähnlich sind wie die des Beraters der Handwerkskammer, ist zwischen beiden eine enge Zusammenarbeit erforderlich.

Der Ausbildungsberater ist in der Regel hauptberuflich, der Lehrlingswart ehrenamtlich tätig.

Die Hauptaufgabengebiete des Lehrlingswarts der Innung sind aus der folgenden Abbildung ersichtlich.

Hauptaufgabengebiete des Lehrlingswarts der Innung

- Anlaufstelle für alle Fragen der Berufsausbildung im Innungsbezirk
- Beratung von Lehrlingen, Ausbildenden, Ausbildern und Erziehungsberechtigten
- Überwachung der fachlichen Eignung zur Ausbildung
- Feststellung und Beseitigung von Mängeln in den Ausbildungsbetrieben, ggf. durch Betriebsbesuche
- Einsichtnahme in die Ausbildungsnachweise
- Zusammenarbeit mit dem Zwischenprüfungs- und Gesellenprüfungsausschuss
- Sprechtage für die an der Ausbildung Beteiligten
- Planung und Mitarbeit bei der Durchführung überbetrieblicher Lehrlingsunterweisungsmaßnahmen, ggf. zusammen mit der Handwerkskammer
- Berichterstattung in der Innungsversammlung
- Organisation von Lehrlingsfreisprechungsfeiern
- Stellungnahmen zu Anträgen auf Zuerkennung der fachlichen Eignung zur Berufsausbildung
- Zusammenarbeit mit der Ausbildungsberatung der Handwerkskammer, der Berufsberatung der Agenturen für Arbeit, mit Hauptschulen, Realschulen und Gymnasien und der Berufsschule
- Durchführung von Maßnahmen zur Berufsnachwuchswerbung
- Werbung für zusätzliche Ausbildungsplätze

Abbildung 65

1.5.3 Möglichkeiten der ehrenamtlichen Tätigkeiten in Gremien und Ausschüssen der Handwerkskammer und der Innung

1.5.3.1 Grundsätzliche Möglichkeiten

Die Ausbildenden bzw. Ausbilder haben zahlreiche Möglichkeiten, an der Gestaltung und Umsetzung in der Berufsausbildungsvorbereitung, Umschulung und Ausbildung, im Prüfungswesen und in Bezug auf deren Weiterentwicklung Einfluss zu nehmen und mitzuwirken:

Handwerkskammer

- bei der Handwerkskammer:
  - im Berufsbildungsausschuss
  - in Vorstand und Vollversammlung
  - in kammereigenen Gesellen- und Abschlussprüfungsausschüssen

- in Fortbildungsprüfungsausschüssen
- in Meisterprüfungsausschüssen
- als nebenberufliche Lehrkraft in überbetrieblichen Unterweisungsmaßnahmen
- als sonstige nebenberufliche Lehrkraft

Innung

- bei der Innung:
  - in Innungsversammlung und Vorstand
  - im Berufsausbildungsausschuss
  - im Ausschuss zur Beilegung von Lehrlingsstreitigkeiten
  - im Gesellenausschuss, sofern der Ausbilder Arbeitnehmer ist
  - im Gesellenprüfungsausschuss
  - als Lehrlingswart
  - als nebenberufliche Lehrkraft in überbetrieblichen Unterweisungsmaßnahmen
  - als sonstige nebenberufliche Lehrkraft.

1.5.3.2 Mitwirkung bei Gesellen- und Abschlussprüfungen, Aufgaben und Anforderungsprofil der Mitglieder von Prüfungsausschüssen

Innungen, Handwerkskammern

Die Durchführung der Gesellen- und Abschlussprüfungen sowie anderer Prüfungen wie z. B. der Fortbildungsprüfungen liegt bei den Selbstverwaltungseinrichtungen der Wirtschaft, d. h. für den Bereich des Handwerks bei den Innungen und Handwerkskammern (siehe auch Abschnitt 1.2.1.6 „Zuständigkeiten, Aufsicht und Kontrolle im dualen System“ und 1.5.2 „Aufgaben von Handwerkskammer und Innung in der Berufsbildung“).

Vorteile der Mitwirkung

Durch die Mitwirkung von Ausbildenden und Ausbildern aus der Betriebspraxis in den Prüfungsausschüssen oder als Gutachter für die Bewertung einzelner Prüfungsleistungen (§ 33, Abs. 3 und 4 der Handwerksordnung) können deren Sachkunde und Erfahrung in Inhalte und Gestaltungsmöglichkeiten sowie Abläufe von Prüfungen eingebracht werden. So findet auch eine Verzahnung und Rückkoppelung von Ausbildungspraxis in den Betrieben und externen Prüfungsausschüssen statt.

Zusammensetzung der Prüfungsausschüsse

Gesellenprüfungsausschuss

Der Gesellenprüfungsausschuss besteht aus mindestens 3 Mitgliedern.

Die Mitglieder müssen für die Prüfungsgebiete sachkundig und für die Mitwirkung im Prüfungswesen geeignet sein.

Zulassungspflichtige Handwerke

Mindestzusammensetzung des Gesellenprüfungsausschusses für zulassungspflichtige Handwerke:

- 1 Arbeitgeber oder Betriebsleiter
- 1 Arbeitnehmer
- 1 Lehrer einer berufsbildenden Schule.

Die Arbeitgeber müssen in dem zulassungspflichtigen Handwerk, für das der Prüfungsausschuss errichtet ist, die Meisterprüfung abgelegt haben oder zum Ausbilden berechtigt sein. Die Arbeitnehmer und die Beauftragten der Arbeitnehmer müssen die Gesellenprüfung in dem zulassungspflichtigen Handwerk, für das der Prüfungsausschuss errichtet ist, oder eine entsprechende Abschlussprüfung in einem anerkannten Ausbildungsberuf nach § 4 des Berufsbildungsgesetzes bestanden haben und in diesem Handwerk tätig sein.

Zulassungsfreie Handwerke

Mindestzusammensetzung des Gesellenprüfungsausschusses für zulassungsfreie Handwerke oder handwerksähnliche Gewerbe:

- 1 Beauftragter der Arbeitgeber
- 1 Beauftragter der Arbeitnehmer
- 1 Lehrer an einer berufsbildenden Schule

Die Arbeitgeber oder die Beauftragten der Arbeitgeber müssen in dem zulassungsfreien Handwerk oder in dem handwerksähnlichen Gewerbe, für das der Prüfungsausschuss errichtet ist, die Gesellenprüfung oder eine entsprechende Abschlussprüfung in einem anerkannten Ausbildungsberuf nach § 4 des Berufsbildungsgesetzes bestanden haben und in diesem Handwerk oder in diesem Gewerbe tätig sein.

Die Arbeitnehmer und die Beauftragten der Arbeitnehmer müssen in dem zulassungsfreien Handwerk oder in dem handwerksähnlichen Gewerbe, für das der Prüfungsausschuss errichtet ist, die Gesellenprüfung oder eine entsprechende Abschlussprüfung in einem anerkannten Ausbildungsberuf nach § 4 des Berufsbildungsgesetzes bestanden haben und in diesem Handwerk oder in diesem Gewerbe tätig sein.

Die Mitglieder und deren Stellvertreter werden längstens für fünf Jahre berufen oder gewählt.

Vorsitzender

Der Prüfungsausschuss wählt aus seiner Mitte einen Vorsitzenden und dessen Stellvertreter. Der Prüfungsausschuss ist beschlussfähig, wenn zwei Drittel der Mitglieder, mindestens jedoch drei, mitwirken.

Innungseigene Ausschüsse

Bei den von der Innung aufgrund einer Ermächtigung der Handwerkskammer errichteten Gesellenprüfungsausschüssen werden die Arbeitgeber und die Beauftragten der Arbeitgeber von der Innungsversammlung, die Arbeitnehmer und die Beauftragten der Arbeitnehmer von dem Gesellenausschuss gewählt. Die Lehrer von berufsbildenden Schulen werden im Einvernehmen mit der Schulaufsichtsbehörde oder der von ihr bestimmten Stelle nach Anhörung der Innung von der Handwerkskammer berufen.

Kammereigene Ausschüsse

Die Mitglieder der kammereigenen Gesellenprüfungsausschüsse werden von der Handwerkskammer berufen. Die Lehrer von berufsbildenden Schulen werden im Einvernehmen mit der Schulaufsichtsbehörde oder der von ihr bestimmten Stelle eingesetzt.

Die Tätigkeit in den Gesellenprüfungsausschüssen ist ehrenamtlich.

Abschlussprüfungsausschuss

Der Abschlussprüfungsausschuss besteht aus mindestens 3 sachkundigen und geeigneten Mitgliedern.

Abbildung 66

Die Mitglieder und deren Stellvertreter werden längstens für fünf Jahre von der Handwerkskammer berufen, wobei die Beauftragten der Arbeitnehmer von den Gewerkschaften und selbstständigen Vereinigungen von Arbeitnehmern mit sozial- und berufspolitischer Zwecksetzung vorher vorgeschlagen werden. Die Berufung der Lehrer von berufsbildenden Schulen erfolgt im Einvernehmen mit der Schulaufsichtsbehörde oder der von ihr bestimmten Stelle.
Die Tätigkeit im Abschlussprüfungsausschuss ist ehrenamtlich.

Handwerkskammer

Prüfungsausschüsse für Abschlussprüfungen werden für den Bereich des Handwerks ausschließlich von den Handwerkskammern errichtet.

Handlungsorientierte, fallbezogene Aufgaben

1. Sie bilden als Inhaber eines Handwerksbetriebes mit abgelegter Meisterprüfung erstmals Lehrlinge aus. Alle innerbetrieblichen Vorbereitungen für die Ausbildung haben Sie getroffen. Für eine erfolgreiche Berufsausbildung ist es darüber hinaus für Sie als Ausbilder wichtig, mit allen Mitwirkenden und Partnern im dualen System eng und vertrauensvoll zusammenzuarbeiten. Dieses Ziel wollen Sie bestmöglich erreichen. Als wichtigste Partner sehen Sie dabei neben der Handwerkskammer (siehe Aufgabe 2) an:

A: die Berufsschule
B: die überbetriebliche Unterweisungsstätte
C: die Innung
D: die Agentur für Arbeit
E: das Gewerbeaufsichtsamt
F: die Eltern des Auszubildenden.

Aufgabe: Stellen Sie dar, auf welchen Gebieten mit welchen Aufgabenstellungen mit den aufgeführten Partnern zusammenzuarbeiten ist!

a) Erläutern Sie die wichtigen Aufgaben bei der Zusammenarbeit mit dem Partner A!
b) Erklären Sie die Aufgabenbereiche bei der Zusammenarbeit mit dem Partner B!
c) Zeigen Sie Ihre Aufgaben auf, die bei der Zusammenarbeit mit dem Partner C zu erledigen sind!
d) Geben Sie an, auf welchen Gebieten mit dem Partner D zusammenzuarbeiten ist!
e) Nehmen Sie kurz Stellung, in welchen Bereichen Sie mit dem Partner E zusammenarbeiten!
f) Schildern Sie kurz, in welchen Bereichen Sie mit dem Partner F zusammenarbeiten!

„Siehe Seiten 110 bis 115 des Textteils!"

2. Als selbstständiger Handwerksmeister sind Sie Mitglied der Handwerkskammer und wissen, dass diese u. a. die gesetzliche Interessenvertretung des Handwerks, wichtigstes Selbstverwaltungsorgan und ein Instrument zur Handwerksförderung ist. Auf dem Gebiete der Berufsbildung ist sie die vom Gesetzgeber festgelegte zuständige Stelle. Die Handwerkskammer ist ferner ein Instrument für die Unterstützung und Qualitätssicherung der Ausbildung.

Aufgabe: Beschreiben Sie ihre Aufgaben, die für Sie als Ausbildungsbetrieb wichtig sind!

„Siehe Seiten 112 bis 113 des Textteils!"

3. Ein in einem Handwerksbetrieb beschäftigter Lehrling will im zweiten Ausbildungsjahr eine Teilausbildung im Umfang von sechs Wochen im Ausland absolvieren. Der Ausbildende ist mit diesem Auslandsaufenthalt einverstanden. Nach dem Berufsbildungsgesetz und der Handwerksordnung ist für diesen Ausbildungsabschnitt ein Plan erforderlich. Außerdem muss dieser Ausbildungsabschnitt im Ausland in geeigneter Weise überwacht werden.

Aufgabe: Welche Stelle überwacht den Auslandsaufenthalt in diesem Falle und mit wem ist der Plan für die Teilausbildung im Ausland abzustimmen.

☐ a) Auswärtiges Amt
☐ b) Agentur für Arbeit
☐ c) Gewerbeaufsichtsamt
☐ d) Innung
☐ e) Handwerkskammer

„Siehe Seite 116 des Textteils!"

4. Sie sind Ausbilder in einem Handwerksbetrieb und haben gehört, dass es bei der Handwerkskammer einen Berufsbildungsausschuss gibt. Sie wollen wissen, welche Aufgabe dieser Ausschuss hat.

Welche Aussage trifft zu?
Der Ausschuss hat

☐ a) nur die Vollversammlung der Handwerkskammer zu beraten.
☐ b) nur die Lehrlinge im Kammerbereich zu betreuen.
☐ c) in allen wichtigen Angelegenheiten der beruflichen Bildung ein Recht darauf, angehört und unterrichtet zu werden. Ferner hat er auf eine stetige Entwicklung der Qualität der beruflichen Bildung hinzuwirken.
☐ d) die alleinige Aufsichtsfunktion über die zuständige Fachabteilung der Handwerkskammer.
☐ e) nur den Vorstand der Handwerkskammer zu beraten.

„Siehe Seiten 117, 118 des Textteils!"

5. Als Ausbilder haben Sie erfahren, dass es zur Förderung der beruflichen Bildung die Einrichtung der Beratung (Ausbildungsberatung) gibt, die kostenlose Beratungsleistungen erbringt. Sie wollen klären, wer diese Beratung durchführt und was ihre Hauptaufgabe ist.

Welche der nachstehenden Aussagen treffen zu?

5.1 Diese Beratungsleistungen erbringt:
☐ a) Die Agentur für Arbeit
☐ b) Das staatliche Schulamt
☐ c) Das Jugendamt
☐ d) Das Amt für Ausbildungsförderung
☐ e) Die Handwerkskammer.

5.2 Die Hauptaufgabe ist:
☐ a) ausschließlich die Betriebe zu überwachen und zu beraten,
☐ b) ausschließlich die Lehrlinge zu beraten,
☐ c) nur die Innungen zu beraten,
☐ d) alle an der Berufsbildung beteiligten Personen zu beraten,
☐ e) nur die Berufsschulen zu beraten.

„Siehe Seiten 118 bis 119 des Textteils!"

6. Sie sind Inhaber eines Handwerksbetriebes und bilden erstmals Lehrlinge aus. Es ist Ihnen bekannt, dass Innungen als Fachorganisationen im Handwerk eine lange Tradition bei ihrem Einsatz für die Belange der Berufsausbildung haben. Auch heute noch haben sie in der Berufsausbildung wichtige Funktionen.

Aufgabe: Stellen Sie fest, welche Funktionen für Sie als Ausbildender wichtig sind!

„Siehe Seite 120 des Textteils!"

7. Sie sind seit kurzer Zeit Inhaber eines Handwerksbetriebes und Mitglied der zuständigen Innung. Bei der letzten Innungsversammlung wurde im Rahmen der Neuwahlen der Organe ein Lehrlingswart gewählt. Als künftiger Ausbildender interessiert Sie, welches die wichtigsten Aufgaben des Lehrlingswarts der Innung sind.

Aufgabe: Geben Sie seine wichtigsten Hauptaufgabengebiete an!

„Siehe Seite 120/121 des Textteils!"

8. Im Rahmen der Selbstverwaltung des Handwerks ist die Mitwirkung von Ausbildenden und Ausbildern bei der inhaltlichen Gestaltung und der Umsetzung von praktischen Erfahrungen aus der Ausbildungspraxis auf ehrenamtlicher Grundlage sowohl bei den Handwerkskammern als auch bei den Innungen vorgesehen. Sie ist Voraussetzung für das Funktionieren der Selbstverwaltungsorgane. Als Inhaber eines Ausbildungsbetriebes des Handwerks wären Sie bereit, in Gremien von Handwerksorganisationen mitzuwirken.

Aufgabe: Beschreiben Sie die wichtigsten Mitwirkungsmöglichkeiten, die Sie bei den genannten Einrichtungen haben!

„Siehe Seiten 121, 122 des Textteils!"

9. Sie sind als selbstständiger Handwerksmeister, der Lehrlinge ausbildet, Mitglied der zuständigen Innung. Der Obermeister ist an Sie herangetreten mit der Bitte, künftig im Gesellenprüfungsausschuss mitzuwirken. Bevor Sie eine Entscheidung treffen, ob Sie der Aufforderung des Obermeisters nachkommen, wollen Sie wissen, wie sich der Gesellenprüfungsausschuss zusammensetzt, wer die Ausschussmitglieder, die Arbeitgeber sind, wählt und wie lange eine Wahlperiode dauert.

Aufgabe: Welche der nachstehenden Aussagen treffen zu?

9.1 Der Ausschuss setzt sich zusammen:

☐ a) Aus mindestens 2 Mitgliedern
☐ b) Aus mindestens 3 Mitgliedern
☐ c) Aus mindestens 4 Mitgliedern
☐ d) Aus mindestens 5 Mitgliedern
☐ e) Aus mindestens 6 Mitgliedern

„Siehe Seite 122 des Textteils!"

9.2 Die Mitglieder, die Arbeitgeber oder Beauftragte der Arbeitgeber sind, werden gewählt:

☐ a) Von der Innungsversammlung.
☐ b) Vom Vorstand der Innung.
☐ c) Vom Berufsbildungsausschuss der Innung.
☐ d) Vom Gesellenausschuss der Innung.
☐ e) Vom Obermeister und seinem Stellvertreter.

„Siehe Seite 123 des Textteils!"

9.3 Die Wahl erfolgt längstens:

☐ a) auf 5 Jahre
☐ b) auf 4 Jahre
☐ c) auf 3 Jahre
☐ d) auf 2 Jahre
☐ e) auf 1 Jahr.

„Siehe Seite 123 des Textteils!"

2 Handlungsfeld: Planung der Ausbildung

2.1 Handlungssituation: Ausbildungsberufe auswählen und Ausbildungsplatzentscheidungen treffen – Berufsausbildung als Teil der Personalplanung und Personalentwicklung – Entscheidungsfindung unter Berücksichtigung der Einflussfaktoren

Kompetenzen:

– Die Möglichkeiten der Ausbildung in einem oder in mehreren Ausbildungsberufen prüfen sowie auf der Basis der eigenen gewerblichen Ausrichtung und der betrieblichen Rahmenbedingungen Ausbildungsplatzentscheidungen treffen

Im Handwerk ist der Anteil der menschlichen Arbeitskraft an der Gesamtleistung des Betriebes wesentlich höher als in anderen Bereichen der Wirtschaft. Deshalb ist eine qualitativ und quantitativ ausreichende Versorgung mit Arbeitskräften eine elementare Voraussetzung für die Existenz und die Leistungsfähigkeit eines Handwerksbetriebes.
Der kostengünstigste und verlässlichste Weg zur Sicherung des Fachkräftebedarfs ist die betriebseigene Ausbildung. Deshalb muss die betriebliche Ausbildungsplanung wesentlicher Bestandteil der Personalplanung und Personalentwicklung sein.

Betriebseigene Ausbildung

2.1.1 Aufgaben der Personalplanung

Die Personalplanung ist ein wichtiger Teil der gesamten Unternehmensplanung, wobei Letztere die Vorgaben für den Personalbedarf als Unterlage für die Personalplanung gibt.

Sicherstellung des Arbeitskräftebedarfs

Die Personalplanung hat die Aufgabe sicherzustellen, dass kurz-, mittel- und langfristig die im Handwerksbetrieb erforderlichen Arbeitskräfte zur Verfügung stehen. Sie zielt ab auf:

- die Anzahl (Quantität) der erforderlichen Arbeitskräfte
- die qualitative Struktur der Arbeitskräfte
- die zeitliche Einsatzmöglichkeit der Arbeitskräfte
- den örtlichen Einsatz der Arbeitskräfte.

Bei allen diesbezüglichen Planungsmaßnahmen ist vom aktuellen Personalbestand, den zu erwartenden Veränderungen durch Zu- und Abgänge, von Mehr- und Minderbedarf aufgrund der Unternehmensplanung und angenommenen gesamtwirtschaftlichen und branchenbezogenen Entwicklungen auszugehen.

Ausbildung

Die Deckung des Personalbedarfs kann durch Personalbeschaffung am Arbeitsmarkt und durch Ausbildung im Betrieb erfolgen. Gerade im Hand-

werk erfolgt die Sicherung des Fachkräftebedarfs überwiegend durch die betriebseigene Ausbildung.
Bei der Auswahl und Festlegung der Ausbildungsberufe und Ausbildungsmaßnahmen ist vor allem nicht nur der gegenwärtige Fachkräftebedarf, sondern der zukünftige maßgebend.

Die Ausbildung von Fachkräften ist also primär eine mittel- und langfristige Investition in das Humankapital des Betriebes.

2.1.2 Aufgaben der Personalentwicklung

Betriebliche Erstausbildung

Personalentwicklung bezieht sich sowohl auf die betriebliche Erstausbildung als auch auf die Weiterbildung. In der Erstausbildung zielt sie darauf ab, Grundlagen zu schaffen

- für die Entwicklung und Verbesserung von Leistungsfähigkeit und Leistungsbereitschaft
- für die Aufgeschlossenheit zu Innovationen aller Art
- für die Fähigkeit, sich auf technische und von Märkten verursachte Veränderungen einzustellen
- für die persönliche Entfaltung im Beruf
- für die Bereitschaft, sich ein ganzes Berufsleben lang weiterzubilden
- für Perspektiven der betrieblichen Entwicklungsmöglichkeiten.

2.1.3 Kosten-/Nutzenanalyse

Im Handwerk hat die betriebliche Ausbildung eine lange Tradition und eine über Jahrhunderte entwickelte Ausbildungskultur. Im Hinblick auf die gestiegenen Ausbildungskosten (siehe Abschnitt 1.2.1.5 „Kosten und Finanzierung im dualen System“) wird auch im Handwerk immer häufiger die Frage gestellt, ob sich Ausbildung für den Handwerksbetrieb unter betriebswirtschaftlichen Gesichtspunkten überhaupt noch lohne und somit sinnvoll sei.

Ausbildung als lohnende Investition

Wenn auch die Kosten-/Ertragsrechnung (Gegenüberstellung von Ausbildungskosten und durch die Auszubildenden erwirtschaftete Erträge) und die Kosten-/Nutzensituation der betrieblichen Ausbildung in den einzelnen Handwerkszweigen unterschiedlich ist, zeigen neuere Untersuchungen eindeutig, dass die Vorteile und der Nutzen der Ausbildung in den meisten Betrieben die Kosten überwiegen. Betriebliche Ausbildung ist also eine lohnende Investition in die Zukunft.

Vorteile der Ausbildung

Weitere grundsätzliche betriebswirtschaftliche Vorteile sind insbesondere

- sofort einsetzbare qualifizierte Fachkräfte mit betriebsspezifischer Kompetenz
- keine Kosten für Personalbeschaffung extern ausgebildeter Fachkräfte
- keine Kosten für Einarbeitung und Anpassungsqualifizierung
- Vermeidung von Fluktuation, weniger Kosten durch Personalwechsel

- weniger oder kein Fehlbesetzungsrisiko, Möglichkeit der Bestenauslese
- in der Regel geringere Lohnkosten als bei der Einstellung externer Fachkräfte
- die langfristige Sicherung des Fachkräftebedarfs für einen möglichst rationellen Personaleinsatz
- Unabhängigkeit vom Arbeitsmarkt.

2.1.4 Verzeichnis der staatlich anerkannten Ausbildungsberufe

In diesem Verzeichnis sind alle Ausbildungsberufe enthalten, die als Grundlage für eine geordnete und einheitliche Berufsausbildung durch den Bundesminister für Wirtschaft und Arbeit oder dem sonst zuständigen Fachminister im Einvernehmen mit dem Bundesminister für Bildung und Forschung staatlich anerkannt sind.

Das Bundesinstitut für Berufsbildung führt das Verzeichnis der anerkannten Ausbildungsberufe, das jährlich zu veröffentlichen ist.
Hier findet der Ausbilder die grundsätzlichen Ausbildungsmöglichkeiten als globalen rechtlichen Rahmen.

2.1.5 Ausbildung in Gewerben der Anlagen A und B zur Handwerksordnung

Handwerke, handwerksähnliche Gewerbe

Die Ausbildung in den Gewerben der Anlagen A und B (siehe Abschnitt 1.3.6.2 „Fachliche Eignung für die Ausbildung") darf nur in anerkannten Ausbildungsberufen erfolgen.

Durch Rechtsverordnung können für ein Gewerbe der Anlagen A und B auch mehrere Ausbildungsberufe staatlich anerkannt und durch Ausbildungsordnung geregelt werden, soweit dies wegen der Breite des Gewerbes erforderlich ist. Darüber hinaus bestehen Möglichkeiten, in Ausbildungsberufen Fachrichtungen zu schaffen und bei der Ausbildung Schwerpunkte zu bilden.

2.1.6 Ausbildung in nichthandwerklichen Ausbildungsberufen

Nichthandwerkliche Ausbildungsberufe

Für die Ausbildung in anerkannten nichthandwerklichen Ausbildungsberufen gelten das Verzeichnis der anerkannten Ausbildungsberufe und die jeweilige Ausbildungsordnung.

Die abschließende Entscheidung, in welchen Berufen ausgebildet werden soll, sowie die Ausbildungsplatzentscheidung kann nur im Zusammenhang mit der Eignung der Ausbildungsstätte (Abschnitt 2.3.1 „Kriterien zur Überprüfung der Eignung des Betriebes als Ausbildungsstätte") getroffen werden.

Handlungsorientierte, fallbezogene Aufgaben

1. Sie sind Inhaber eines Handwerksbetriebes. Im personellen Bereich treten immer wieder Probleme auf, weil nicht genügend Personal zur Verfügung steht, die qualitative Struktur nicht immer stimmt und die zeitlichen und örtlichen Einsatzmöglichkeiten nicht optimal gegeben sind. Um diese Probleme zu lösen und die Leistungsfähigkeit und die Entwicklungschancen des Betriebes nachhaltig zu verbessern, wollen Sie die Personalbedarfsplanung und die Maßnahmen zur Deckung des Personalbedarfs systematisieren und bestmöglich gestalten.

Aufgabe: Stellen Sie dar, wie Sie die beiden Ziele für Ihren Betrieb erreichen können!

„Siehe Seiten 129 bis 130 des Textteils!"

2. Als Inhaber eines wachsenden Handwerksbetriebes wollen Sie künftig vermehrt in Ihrem Betrieb ausbilden, um den steigenden Personalbedarf auf diesem Weg decken zu können. Davor wollen Sie aber prüfen, ob die Kosten-/Ertragsrechnung für die Ausbildung betriebswirtschaftlich gesehen vertretbar ist und welche sonstigen betriebswirtschaftlichen Gesichtspunkte in die Entscheidung für eine vermehrte Ausbildung mit einzubeziehen sind.

Aufgabe:

a) Geben Sie an, wie Sie bei der Kosten-/Ertragsrechnung für Ihren Betrieb vorgehen!
b) Beschreiben Sie weitere betriebswirtschaftliche Vorteile, die mit Ihren geplanten Maßnahmen erreicht werden können!

„Siehe Seiten 130 bis 131 des Textteils!"

3. Bisher haben Sie sich als Inhaber eines Handwerksbetriebes Ihre Arbeitskräfte am Arbeitsmarkt beschafft. Künftig wollen Sie selbst ausbilden. Dabei wollen Sie sich, bevor Sie die Ausbildungsmöglichkeiten nach rechtlichen und betrieblichen Gesichtspunkten prüfen, einen Überblick über die staatlich anerkannten Ausbildungsberufe verschaffen.

Aufgabe: Stellen Sie fest, welchem Verzeichnis Sie die hierfür notwendigen Informationen entnehmen können! Was trifft zu?

☐ a) Dem Verzeichnis staatlich anerkannter Ausbildungsberufe des Bundesinstituts für Berufsbildung.
☐ b) Dem Verzeichnis staatlich anerkannter Ausbildungsberufe der Arbeitsministerien der Länder.
☐ c) Dem Verzeichnis staatlich anerkannter Ausbildungsberufe der Kultusminister der Länder.
☐ d) Dem Verzeichnis staatlich anerkannter Ausbildungsberufe der Handwerkskammern.
☐ e) Dem Verzeichnis staatlich anerkannter Ausbildungsberufe des Bundesamtes für Berufsbildung.

„Siehe Seite 131 des Textteils!"

2.2 Handlungssituation: Ziele und Struktur der Ausbildungsordnung kennen und umsetzen

Kompetenzen:

- Die Bedeutung der Ausbildungsordnung für die Gewährleistung einer bundesweit einheitlichen und systematischen Ausbildung in einem staatlich anerkannten Ausbildungsberuf verstehen und beurteilen
- Ziele und Inhalte einer Ausbildungsordnung bei der Planung der Ausbildung berücksichtigen

2.2.1 Ordnungsrechtliches Konzept der Ausbildung in staatlich anerkannten Ausbildungsberufen

Ausbildungsordnung

Für einen anerkannten Ausbildungsberuf darf nur nach der Ausbildungsordnung ausgebildet werden (Ausschließlichkeitsgrundsatz)!

In anderen als anerkannten Ausbildungsberufen dürfen Jugendliche unter 18 Jahren nicht ausgebildet werden, soweit die Berufsausbildung nicht auf den Besuch weiterführender Bildungsgänge vorbereitet.

Ausnahmen

Von diesem Ausschließlichkeitsgrundsatz gibt es Ausnahmen.

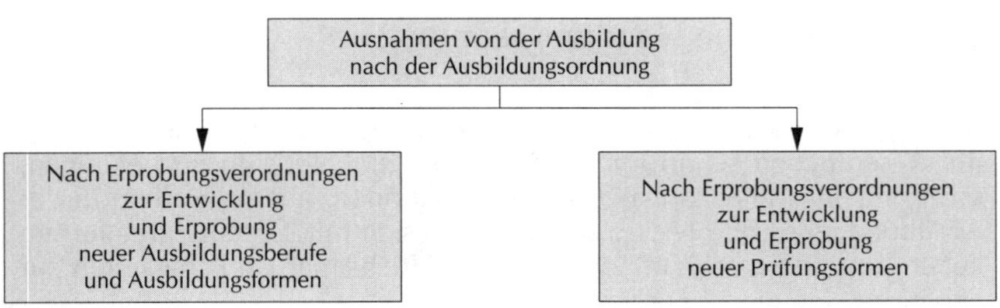

Abbildung 67

2.2.2 Rechtscharakter, Zweck, Verordnungsgeber von Ausbildungsordnungen

Rechtsverordnung

Die Ausbildungsordnung ist eine Rechtsverordnung, die für alle Beteiligten rechtsverbindlich ist.

Mit der Ausbildungsordnung soll eine Grundlage für eine geordnete und einheitliche Berufsausbildung erreicht werden.

Erlasskompetenz

Die Ausbildungsordnung wird vom Bundesministerium für Wirtschaft und Arbeit im Einvernehmen mit dem Bundesministerium für Bildung und Forschung erlassen. Wird die Ausbildungsordnung eines Ausbildungsberufes aufgehoben oder werden Gewerbe in der Anlage A oder in der Anlage B der Handwerksordnung gestrichen, zusammengefasst oder getrennt, so gelten für bestehende Berufsausbildungsverhältnisse die bisherigen Vorschriften.

2.2.3 Einblick in das Verfahren zur Erstellung von Ausbildungsordnungen

Entwicklungsverfahren

Das Entwicklungs- und Abstimmungsverfahren ist umfangreich. Unter anderem sind an dem Verfahren direkt oder indirekt beteiligt:
- die Bundesinnungsverbände
- die Handwerkskammern
- der Deutsche Handwerkskammertag
- die Gewerkschaften
- Sachverständige
- der Bund-Länder-Koordinierungsausschuss
- das Bundesinstitut für Berufsbildung
- der Bundesminister für Wirtschaft und Arbeit
- der Bundesminister für Bildung und Forschung
- die Länder.

2.2.4 Vermittlung von beruflicher Handlungsfähigkeit (Handlungskompetenz) als grundlegendes Ziel der Ausbildung

2.2.4.1 Berufliche Handlungskompetenz

Ziel der Bildung und Ausbildung

Bildung und Ausbildung des Menschen waren – einfach ausgedrückt – im Wesentlichen schon immer darauf ausgerichtet, ihn zu befähigen, sachgerecht in allen privaten Lebenssituationen, aber vor allem in der Ausübung eines Berufes, zu handeln und sich mit seinem Verhalten im Lebensumfeld zurechtzufinden, also ein Höchstmaß an Fähigkeiten zur Lebensbewältigung zu erwerben.

Handeln

Menschliches Leben erfordert Handeln in vielfältiger Art und Weise, insbesondere in Ausübung beruflicher Tätigkeiten. Zu jeder Handlung braucht der Mensch Kompetenz, die aus Fähigkeiten, Kenntnissen, Fertigkeiten, Erfahrungen und Einstellungen besteht.

Der rasche und umfangreiche technische und wirtschaftliche Wandel wird das Arbeitsleben zukünftig noch stärker beeinflussen und ständig verändern. Technisches Wissen und einmal erworbene berufliche Kenntnisse veralten heute rascher als jemals zuvor. Die Arbeitsteilung wird national und international weiter zunehmen. Damit sind zugleich erhebliche Veränderungen bezüglich der beruflichen Qualifikation während eines Arbeitslebens verbunden.

Die Berufsausbildung kann verständlicherweise nicht bereits alle möglichen Veränderungen eines Arbeitslebens vorwegnehmen und berücksichtigen. Aber sie soll den Auszubildenden befähigen, sich besser mit

Veränderungen auseinander setzen und die dadurch hervorgerufenen Anforderungen bewältigen zu können. Sie soll ihn damit auch darauf vorbereiten, sein Leben lang zu lernen.

Ein modernes Ausbildungssystem muss also im Ergebnis des Qualifizierungsprozesses auf berufliche Handlungsfähigkeit ausgerichtet sein. Deshalb ist nach dem Berufsbildungsgesetz (§ 1) im Rahmen der Berufsausbildung berufliche Handlungsfähigkeit in einem Ausbildungsberuf zu vermitteln. Der Gesetzgeber stellt hierbei den Anspruch, dass nach erfolgreich bestandener Gesellen- oder Abschlussprüfung die volle berufliche Handlungsfähigkeit für den jeweiligen Ausbildungsberuf vorhanden ist.

Handlungskompetenz

In diesem Zusammenhang spricht die Berufs- und Arbeitspädagogik von der beruflichen Handlungskompetenz. Diese berufliche Handlungskompetenz bezieht sich nicht nur auf die rein fachliche Kompetenz (vielfach auch Methodenkompetenz genannt), sondern auch auf persönliche Eigenschaften und den Umgang mit Kollegen, Kunden sowie Vorgesetzten.

Kompetenzbereiche

Die berufliche Handlungskompetenz umfasst also mehrere unterschiedliche Einzelkompetenzen. Die drei wichtigsten Teilbereiche sind:

- fachliche Kompetenz
- persönliche Kompetenz
- soziale Kompetenz.

Die einzelnen Kompetenzbereiche können wiederum mit vielfältigen Eigenschaften charakterisiert werden. Man nennt sie auch Schlüsselqualifikationen.

2.2.4.2 Schlüsselqualifikationen

Schlüsselqualifikationen sind Fertigkeiten, Kenntnisse und Fähigkeiten, die nicht nur mit dem eigentlichen Beruf, sondern auch mit anderen Berufsfeldern, Tätigkeiten und Funktionen zusammenhängen, also berufsübergreifend sind. Sie beziehen sich auch auf Fähigkeiten, die nicht nur zur Bewältigung gegenwärtiger, sondern vor allem zukünftiger Anforderungen des Berufslebens geeignet sind.

Schlüsselqualifikationen aus dem Bereich der Fachkompetenz

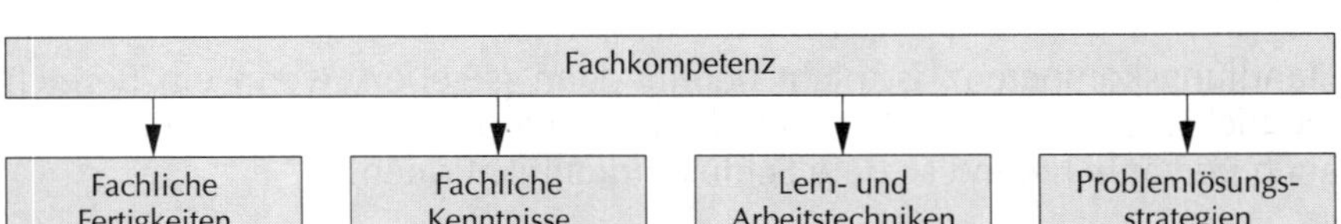

Abbildung 68

Schlüsselqualifikationen aus dem Bereich der Persönlichkeitskompetenz

Abbildung 69

Schlüsselqualifikationen aus dem Bereich der Sozialkompetenz

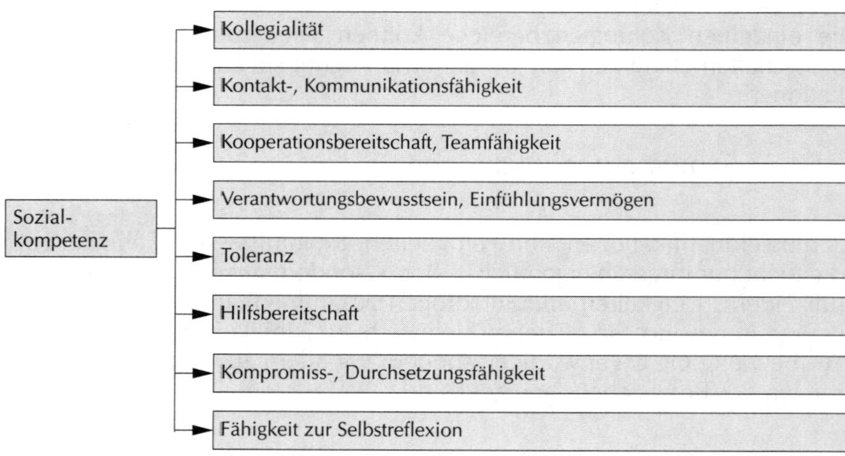

Abbildung 70

Handlungskompetenz ist nicht bereits dann gegeben, wenn ein Bereich möglichst gut ausgeprägt ist, sondern sie erfordert sowohl fachliche wie auch persönliche und soziale Schlüsselqualifikationen.

2.2.4.3 Befähigung zum selbstständigen Planen, Durchführen und Kontrollieren, prozessorientierte Ausbildung

Die handlungsorientierte Didaktik (Unterrichtslehre) ist die Grundlage für handlungsorientiertes Lehren und Lernen auch in der betrieblichen Ausbildung. Der Lehrling soll Handlungskompetenz in Handlungssituationen erwerben. Das setzt voraus, dass der Ausbilder die Ausbildungseinheiten entsprechend plant.
Für die Durchführung einer handlungsorientierten Ausbildung sehen die neuen Ausbildungsordnungen folgende Zielsetzung vor:

Handlungskompetenz

Handlungsorientierte Ausbildung

Die Fertigkeiten, Kenntnissse und Fähigkeiten sollen so vermittelt werden, dass der Auszubildende zur Ausübung einer qualifizierten beruflichen Tätigkeit befähigt wird, die insbesondere selbstständiges Planen, Durchführen und Kontrollieren an seinem Arbeitsplatz einschließt.
In der konkreten betrieblichen Praxis bedeutet dies:

- Selbstständiges Planen: Der Lehrling soll in der Lage sein, den Arbeitsvorgang bzw. Arbeitsprozess selbst zu planen.
- Selbstständiges Durchführen: Der Lehrling kann den von ihm geplanten Arbeitsablauf auch ohne fremde Hilfe ausführen.
- Selbstständiges Kontrollieren: Der Lehrling lernt, seine eigenen Leistungen selbstkritisch zu prüfen sowie Fehler und deren Ursachen und Möglichkeiten zu ihrer Beseitigung zu erkennen.

Im Zuge der praktischen Umsetzung der „Prozessorientierung" als neuem didaktischem Konzept in der Ausbildung sehen neuerdings Ausbildungsordnungen (z. B. Metall- und Elektroberufe) zusätzlich vor, dass die notwendigen Fertigkeiten, Kenntnisse und Qualifikationen auch auf Geschäfts- und Arbeitsprozesse (Abläufe) bezogen zu vermitteln sind. Die Vermittlung soll die Fähigkeit zum Handeln im betrieblichen Gesamtzusammenhang einschließen. Die Ausbildung ist somit prozessorientiert zu planen und durchzuführen.

Prozessorientierte Ausbildung

Diese „prozessbezogene" Vermittlung von Qualifikationen bedeutet eine veränderte Ausbildungsgestaltung und zusätzliche, neue Anforderungen an das Ausbildungspersonal. Die vorgegebenen Inhalte der Ausbildungsordnungen sind dabei auf betriebliche Geschäfts- und Arbeitsprozesse zu beziehen. In der Ausbildung soll „Prozesskompetenz", also die Fähigkeit zum sachverständigen Handeln im betrieblichen Gesamtzusammenhang und somit die Fähigkeit zur Prozessgestaltung und Prozessveränderung, vermittelt werden. Dabei kommt den Gesichtspunkten Qualitäts- und Effizienzoptimierung eine große Bedeutung zu. Prozesskompetenz bezieht, so gesehen, auch die Fähigkeit, an dieser Optimierung (bestmöglichen Gestaltung) mitzuwirken, ein.

Prozesskompetenz

2.2.5 Mindestinhalte einer Ausbildungsordnung (Ausbildungsberufsbezeichnung, Ausbildungsdauer, Ausbildungsberufsbild, Ausbildungsrahmenplan, Prüfungsanforderungen)

Gesetzliche Mindestinhalte

Nach der Handwerksordnung bzw. nach dem Berufsbildungsgesetz sind Mindestinhalte für die Ausbildungsordnung festgelegt.

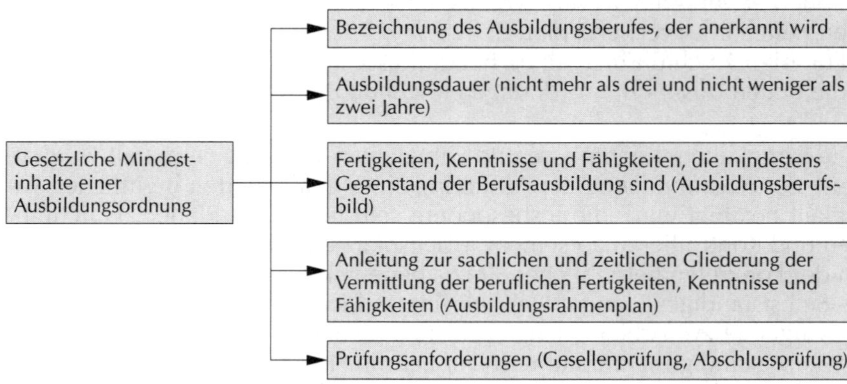

Abbildung 71

Jeder Ausbildende und Ausbilder muss sich die Ausbildungsordnung für den Ausbildungsberuf beschaffen, in dem er ausbildet.

Um den betrieblichen und beruflichen Bedürfnissen ausreichend entsprechen zu können, wurden für die Ausbildungsordnungen flexible Strukturmodelle entwickelt.
Um diesen Rechnung zu tragen, wurde der nachstehende rechtliche Rahmen geschaffen.

Mögliche Regelungen

Die Ausbildungsordnung kann folgende Regelungen enthalten:

Stufenausbildung

- Die Berufsausbildung hat in sachlich und zeitlich besonders gegliederten, aufeinander aufbauenden Stufen zu erfolgen. Nach den einzelnen Stufen ist ein Ausbildungsabschluss vorgesehen, der sowohl zu einer qualifizierten beruflichen Tätigkeit befähigt, als auch die Fortsetzung der Berufsausbildung in weiteren Stufen ermöglicht (Stufenausbildung).
- Die Gesellenprüfung oder die Abschlussprüfung kann in zwei zeitlich auseinander fallenden Teilen durchgeführt werden (gestreckte Gesellen- oder Abschlussprüfung).
- Bei Aufhebung eines Ausbildungsberufes oder bei Streichung, Zusammenfassung oder Trennung von Gewerben der Anlage A oder B der Handwerksordnung kann die weitere Berufsausbildung in dem neuen Ausbildungsberuf auf der Grundlage der neu erlassenen Ausbildungsordnung fortgesetzt werden, wenn die Vertragsparteien dies vereinbaren. In diesem Fall ist die auf der Grundlage der bisherigen Ausbildungsordnung bereits zurückgelegte Ausbildungszeit zwingend anzurechnen.

- Auf die in einer Ausbildungsordnung geregelte Ausbildung kann eine andere einschlägige Berufsausbildung angerechnet werden.
- Es können über das in der Ausbildungsordnung beschriebene Ausbildungsberufsbild hinaus zusätzliche berufliche Fertigkeiten, Kenntnisse und Fähigkeiten vermittelt werden, die die berufliche Handlungsfähigkeiten ergänzen oder erweitern. Dabei kommen sowohl zusätzliche Wahlqualifikationseinheiten der Ausbildungsordnung als auch Teile anderer Ausbildungs- und Fortbildungsordnungen in Betracht. (Siehe auch Abschnitt 7.4.1.1 „Gesellenprüfungszeugnis".)
- Teile der Berufsausbildung können in geeigneten Einrichtungen außerhalb der Ausbildungsstätte durchgeführt werden, wenn und soweit es die Berufsausbildung erfordert (überbetriebliche Ausbildung).
- Die Auszubildenden haben einen schriftlichen Ausbildungsnachweis zu führen.

Handlungsorientierte, fallbezogene Aufgaben

1. Sie haben vor kurzem einen Handwerksbetrieb eröffnet und wollen in einem bestimmten Ausbildungsberuf zwei Lehrlinge ausbilden. Die persönliche, fachliche und betriebliche Eignung liegen hierfür vor. Betriebliche Besonderheiten sind nicht gegeben. Sie beschaffen sich die einschlägige Ausbildungsordnung. Anschließend wollen Sie sich einen Überblick verschaffen über den Zweck der Ausbildungsordnung ganz allgemein und im Besonderen für die Ausbildung in Ihrem Betrieb. Sie wollen ferner klären, ob und inwieweit Sie sich bei der Ausbildung der beiden Lehrlinge in Ihrem Betrieb an die Ausbildungsordnung halten müssen und welche Bedeutung sie ggf. für die betriebliche Ausbildungsplanung hat.

Aufgabe:

a) **Geben Sie an, welche Bedeutung die Ausbildungsordnung grundsätzlich für die Berufsausbildung hat!**
b) **Stellen Sie fest, ob Sie sich bei der Ausbildung der beiden Lehrlinge in Ihrem Betrieb daran halten müssen und begründen Sie das Ergebnis!**
c) **Beschreiben Sie, welche Bedeutung diese Vorgabe für Ihre betriebliche Ausbildungsplanung hat!**

„Siehe Seite 133 des Textteils!“

2. Sie sind Ausbilder in einem Handwerksbetrieb und bilden mehrere Lehrlinge aus. Ein grundlegendes Ziel der Ausbildung ist die Vermittlung von Handlungskompetenz, d. h., dass die in der Ausbildungsordnung genannten Fertigkeiten, Kenntnisse und Fähigkeiten so zu vermitteln sind, dass die Lehrlinge im Sinne von selbstständigem Planen, Durchführen und Kontrollieren zu einer qualifizierten Berufstätigkeit befähigt werden. Ferner sollen die Lehrlinge Schlüsselqualifikationen erwerben, die sie befähigen, auch in anderen Berufsfeldern Tätigkeiten und Funktionen im sich verändernden Berufsleben zu bestehen und den Anforderungen zu entsprechen. Diese Grundsätze wollen Sie in der Ausbildung umsetzen.

Aufgabe:

a) **Erläutern Sie beispielhaft, wozu Ihre Lehrlinge nach Durchführung von Ausbildungsmaßnahmen befähigt sein sollen, wenn Sie die Ausbildung wie im Fall beschrieben handlungsorientiert durchführen!**
b) **Stellen Sie dar, welche Schlüsselqualifikationen Sie bei der Ausbildung Ihrer Lehrlinge in den Bereichen Fachkompetenz und Persönlichkeitskompetenz erreichen wollen!**

„Siehe Seiten 134 bis 137 des Textteils!“

2.3 Handlungssituation: Eignung des Ausbildungsbetriebes feststellen

Kompetenzen:

- Sachliche Kriterien zur Eignung der Ausbildungsstätte für die Lehrlingsausbildung für eigene Ausbildungsplatzentscheidungen heranziehen
- Möglichkeiten zur Behebung fehlender betrieblicher Ausbildungsvoraussetzungen prüfen

2.3.1 Kriterien zur Überprüfung der Eignung des Betriebes als Ausbildungsstätte

Lehrlinge dürfen vom Betrieb nur eingestellt und ausgebildet werden, wenn

Persönliche und fachliche Eignung

- die persönliche und die fachliche Eignung vorliegt und
- die Ausbildungsstätte nach Art und Einrichtung für die Berufsausbildung geeignet ist sowie die Zahl der Lehrlinge in einem angemessenen Verhältnis zur Zahl der beschäftigten Fachkräfte steht, es sei denn, dass andernfalls die Berufsausbildung nicht gefährdet wird.

(Siehe auch Abschnitt 1.3.6 „Berechtigung zum Einstellen und Ausbilden von Lehrlingen".)

2.3.1.1 Prüfung der überfachlichen Kriterien der Ausbildungsstätte

Betriebliche Eignung

Die Vorschriften über die betriebliche Eignung gelten fachübergreifend für alle Handwerkszweige. Der Ausbildende muss zunächst prüfen, ob die gesetzlichen Voraussetzungen in seiner Ausbildungsstätte für die Ausbildung in dem Ausbildungsberuf oder den Ausbildungsberufen gegeben sind, in denen er ausbilden will.

2.3.1.2 Prüfung der fachlichen betrieblichen Kriterien der Ausbildungsstätte

Tätigkeitsbereiche

Anschließend hat der Ausbildende oder Ausbilder das Leistungsprogramm bzw. die Tätigkeitsbereiche nach den Aufgaben des Betriebes aufzulisten und abzuleiten, welche Fertigkeits- und Kenntnisvermittlung möglich ist bzw. welche Fähigkeiten vermittelt werden können. Die Ergebnisse der Auflistung müssen mit den Ausbildungsinhalten des oder der Ausbildungsberufe verglichen werden, in denen der Betrieb ausbilden will. Grundlage für die Ausbildungsinhalte sind Ausbildungsberufsbild und Ausbildungsrahmenplan, die Bestandteile der Ausbildung sind. Ergibt der dargestellte Vergleich Übereinstimmung und ist eine auftrags- und handlungsorientierte Ausbildung möglich, ist die Ausbildungsstätte für die Ausbildung geeignet. Die entsprechende Ausbildungsplatzentscheidung kann unter grober Zuweisung an jeweils geeignete Abteilungen oder Mitarbeiter bzw. an bestimmte Auftragsdurchführungen im Betrieb getroffen werden.

2.3.2 Außer- und überbetriebliche Ausbildung, Ausbildungsverbünde

Wenn der Ausbildungsbetrieb nicht alle Inhalte des Ausbildungsberufes vollständig vermitteln kann, ist dennoch die Sicherstellung der Eignung der Ausbildungsstätte zu erreichen durch
- überbetriebliche Unterweisungsmaßnahmen und/oder
- Ausbildung im Verbund mit anderen Betrieben.

2.3.2.1 Überbetriebliche Ausbildung

Lehrpläne

Um festzustellen, ob die Ausbildungsinhalte für einen Beruf durch überbetriebliche Maßnahmen so ergänzt und vervollständigt werden können, dass die Eignung der Ausbildungsstätte erreicht wird, muss der Ausbildende die Lehrpläne der überbetrieblichen Unterweisungsstätte heranziehen. Durch Vergleich der Lehrpläne mit Ausbildungsberufsbild, Ausbildungsrahmenplan und Liste der betrieblichen Tätigkeitsbereiche und Ausbildungsmöglichkeiten wird sichtbar, ob die Kriterien für die Eignung der Ausbildungsstätte erfüllt sind. Die Lehrpläne können bei den Trägern der überbetrieblichen Unterweisungsmaßnahmen (Innungen, Handwerkskammern) beschafft werden.

Überbetriebliche Unterweisung

Grundsätzliches zu Zielen, Inhalten, Organisation, Durchführung und Finanzierung von überbetrieblichen Unterweisungsmaßnahmen ist dem Abschnitt 1.2.1.2 „Aufgabenschwerpunkte überbetrieblicher Ausbildungsstätten zur Ergänzung der betrieblichen Ausbildung“ zu entnehmen.

2.3.2.2 Ausbildung im Verbund mit anderen Betrieben

Ausbildungsverbund

Die Sicherstellung der Eignung der Ausbildungsstätte für die Ausbildung kann auch im Verbund, also durch Zusammenarbeit mit anderen Ausbildungsbetrieben, bewerkstelligt werden. Dabei ist zwischen den Partnerbetrieben abzustimmen, wer welche Inhalte der Gesamtausbildung in den einzelnen Ausbildungsabschnitten vermittelt. Entsprechende vertragliche Vereinbarungen mit Festlegung der Organisation, der Sicherstellung der gesamten Ausbildungszeit und der Rechte und Pflichten sind notwendig. Es ist zweckmäßig, zur Beratung den Lehrlingswart der Innung oder einen Berater der Handwerkskammer einzuschalten.

Als weitere Verbundpartner sind die Berufsbildungs- und Kompetenzzentren des Handwerks als Bildungsdienstleister und als Partner von Ausbildungsallianzen sowie andere Bildungseinrichtungen zu nennen.
Verbundausbildung wird teilweise mit öffentlichen Mitteln (Bund und Länder) gefördert.
Durch die Verbundausbildung können neue Ausbildungskapazitäten geschaffen bzw. vorhandene besser genutzt und die Ausbildungsqualität gesteigert werden.

Handlungsorientierte, fallbezogene Aufgaben

1. Sie sind Inhaber eines Handwerksbetriebes, der erstmals Lehrlinge in einem Ausbildungsberuf des Handwerks ausbilden will. Die persönliche und die fachliche Eignung sind gegeben. Nach der Handwerksordnung dürfen Sie Lehrlinge aber nur einstellen, wenn auch die Ausbildungsstätte für die Berufsausbildung geeignet ist.

Aufgabe:

a) Stellen Sie die überfachlichen Voraussetzungen dar, die gegeben sein müssen!
b) Wie gehen Sie zweckmäßigerweise vor, um festzustellen, ob die fachlichen betrieblichen Kriterien erfüllt sind? Schildern Sie Ihr Vorgehen im Einzelnen!

„Siehe Seite 141/142 des Textteils!"

2. Sie bilden in Ihrem Handwerksbetrieb seit Jahren Lehrlinge aus. Aufgrund der eingetretenen Spezialisierung in dem von Ihnen ausgeübten Handwerk können Sie mittlerweile einige Fertigkeiten, Kenntnisse und Fähigkeiten des Ausbildungsberufsbildes nicht mehr vollständig vermitteln. Sie wollen aber auch in der Zukunft unbedingt Ihren Fachkräftebedarf durch die betriebseigene Ausbildung decken.

Aufgabe: Was können Sie im vorliegenden Fall tun, um die Eignung Ihrer Ausbildungsstätte sicherzustellen? Beschreiben Sie mögliche Lösungswege!

„Siehe Seite 142 des Textteils!"

2.4 Handlungssituation: Betrieblichen Ausbildungsplan erstellen

Kompetenzen:

- Die pädagogische und rechtliche Notwendigkeit der Erstellung eines Ausbildungsplanes begründen
- Einen betrieblichen Ausbildungsplan auf der Grundlage des Ausbildungsrahmenplanes, unter Berücksichtigung der betrieblichen Situation (Auftragslage) und der Lernvoraussetzungen des Lehrlings, erstellen

2.4.1 Rechtliche Verpflichtung zur planmäßigen Berufsausbildung

Planmäßige Berufsausbildung

Nach § 14 Abs. 1 des Berufsbildungsgesetzes hat der Ausbildende „die Berufsausbildung in einer durch ihren Zweck gebotenen Form planmäßig, zeitlich und sachlich gegliedert so durchzuführen, dass das Ausbildungsziel in der vorgesehenen Ausbildungszeit erreicht werden kann".

Die sachliche und zeitliche Gliederung ist verbindlicher Bestandteil des Berufsausbildungsvertrages.

2.4.2 Anforderungen an die betriebliche Ausbildungsplanung

Oberstes Ziel der betrieblichen Ausbildungsplanung ist es, sicherzustellen, dass alle vorgeschriebenen beruflichen Fertigkeiten, Kenntnisse und Fähigkeiten (= berufliche Handlungsfähigkeit) auch tatsächlich in der vorgesehenen Zeit vermittelt werden.

Systematisches Vorgehen

Angesichts der Vielzahl von gesetzlichen Bestimmungen sowie des insgesamt komplexen Umfeldes der betrieblichen Ausbildung ist jedem Betriebsinhaber bzw. Ausbilder ein systematisches Vorgehen bei der Planung der betrieblichen Ausbildung zu empfehlen.

2.4.3 Rechtliche Vorgaben durch die Ausbildungsordnung

Ziele der Ausbildungsordnung

Die Ausbildungsordnung (siehe dazu auch die Ausführungen unter Abschnitt 2.2 „Handlungssituation: Ziele und Struktur der Ausbildungsordnung kennen und umsetzen") ist die Grundlage für eine

- geordnete und
- einheitliche Berufsausbildung.

Wesentliche Bestandteile der Ausbildungsordnung

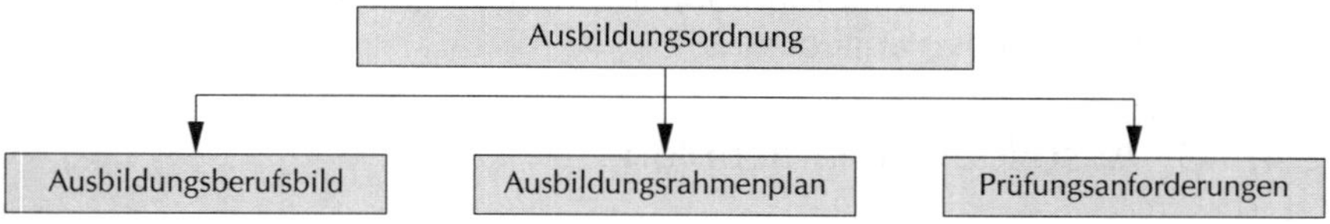

Abbildung 72

Planungsunterlagen

Ausbildungsberufsbild und Ausbildungsrahmenplan sind zugleich wichtige Unterlagen für die Planung der betrieblichen Ausbildung.

2.4.3.1 Ausbildungsberufsbild

Ausbildungsberufsbild

Das Ausbildungsberufsbild enthält die beruflichen Fertigkeiten, Kenntnisse und Fähigkeiten, die mindestens Gegenstand der Berufsausbildung sind.

Beispiel:

Das Ausbildungsberufsbild des Kraftfahrzeugmechatronikers/der Kraftfahrzeugmechatronikerin

„Gegenstand der Berufsausbildung sind mindestens folgende Fertigkeiten und Kenntnisse:

1. Berufsbildung, Arbeits- und Tarifrecht
2. Aufbau und Organisation des Ausbildungsbetriebes
3. Sicherheit und Gesundheitsschutz bei der Arbeit
4. Umweltschutz
5. Planen und Vorbereiten von Arbeitsabläufen sowie Kontrollieren und Bewerten von Arbeitsergebnissen
6. Qualitätsmanagement
7. Messen und Prüfen an Systemen
8. Betriebliche und technische Kommunikation
9. Kommunikation mit internen und externen Kunden
10. Bedienen von Fahrzeugen und Systemen
11. Warten, Prüfen und Einstellen von Fahrzeugen und Systemen sowie von Betriebseinrichtungen
12. Montieren, Demontieren und Instandsetzen von Bauteilen, Baugruppen und Systemen
13. Bedienen und Inbetriebnehmen von Kraftfahrzeugen und deren Systemen
14. Warten, Prüfen und Einstellen von Kraftfahrzeugen und Systemen
15. Diagnostizieren von Fehlern, Störungen und deren Ursachen sowie Beurteilen der Ergebnisse
16. Montieren, Demontieren und Instandsetzen von Kraftfahrzeugen, deren Systemen, Baugruppen und Bauteilen
17. Aus-, Um- und Nachrüsten
18. Untersuchen von Kraftfahrzeugen nach straßenverkehrsrechtlichen Vorschriften
19. Diagnostizieren, Instandhalten, Aus-, Um- und Nachrüsten.“

(Anmerkung: Bereits vor Inkrafttreten des geänderten Berufsbildungsgesetzes erlassene Ausbildungsordnungen sind noch nicht an die neuen Begriffe und Definitionen angepasst.)

2.4.3.2 Ausbildungsrahmenplan

Der Ausbildungsrahmenplan enthält eine Anleitung zur sachlichen und zeitlichen Gliederung der Vermittlung der beruflichen Fertigkeiten, Kenntnisse und Fähigkeiten.

Sachliche Gliederung

Die sachliche Gliederung enthält die einzelnen Fertigkeiten, Kenntnisse und Fähigkeiten, die zu vermitteln sind. Sie sind jeweils den einzelnen Positionen des Berufsbildes zugeordnet. So enthält beispielsweise der Schwerpunkt „Personenkraftwagentechnik" des Berufsbildes Kraftfahrzeugmechatroniker folgende Fertigkeiten und Kenntnisse für den Teil „Diagnostizieren, Instandhalten, Aus-, Um- und Nachrüsten":

„a) Diagnosesysteme für Antriebs-, Fahrwerks-, Komfort- und Sicherheitssysteme anwenden, Daten auslesen und interpretieren
b) Expertensysteme anwenden, insbesondere geführte Fehlersuche, Datenbank und Telediagnose, Hotline nutzen
c) Software von Steuergeräten ermitteln und aktualisieren, Rückstellungen und Grundeinstellungen an Fahrzeugsystemen durchführen, Lernwerte anpassen, Änderungen dokumentieren
d) Brems-, Fahrwerks-, Federungs-, Dämpfungs- und Niveauregelungssysteme prüfen, diagnostizieren und einstellen, Regelung und Steuerung prüfen
e) Antriebsaggregate mit Motormanagementsystem und Nebenaggregate prüfen, diagnostizieren und instand halten
f) automatisierte Schaltgetriebe und Automatikgetriebe prüfen, diagnostizieren, instand setzen und einstellen
g) Komfort- und Sicherheitssysteme prüfen, diagnostizieren, instand setzen, einstellen und nach Kundenwünschen parametrieren, Ergebnisse dokumentieren
h) Datenkommunikationsleitungen instand setzen, insbesondere elektrische und optoelektronische Leitungen
i) Karosseriesysteme, insbesondere Türschließanlagen, Verdeckanlagen und Schiebedächer, prüfen, diagnostizieren, instand setzen und einstellen, mechanische Notfunktionen anwenden
k) Lenksysteme prüfen und instand setzen
l) Allradantriebssysteme prüfen, instand setzen und einstellen, Fahrwerksvermessung durchführen"

Für die zeitliche Gliederung gibt es zwei Methoden:

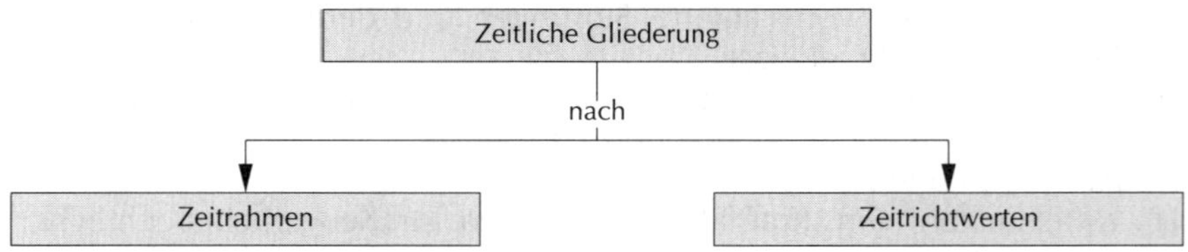

Abbildung 73

Zeitliche Gliederung nach Zeitrahmen bedeutet, dass für die Vermittlung jeder Position oder Teilposition des Berufsbildes ein Zeitrahmen vorgegeben wird, der zwischen zwei und sechs Monaten liegen soll. In diesem Zeitraum sollen die zugeordneten Fertigkeiten, Kenntnisse und Fähigkeiten schwerpunktmäßig vermittelt werden.

Zeitrahmen

In der Anleitung zur zeitlichen Gliederung sind weitere Hinweise möglich, wie zum Beispiel zur

Hinweise

- Fortführung } bereits vermittelter Inhalte
- Anwendung } bereits vermittelter Inhalte
- Vertiefung } bereits vermittelter Inhalte
- Schwerpunktsetzung
- Kombination einzelner Positionen.

Erfolgt die zeitliche Gliederung nach Zeitrichtwerten, so sollen diese nicht kürzer als eine Woche und nicht länger als 12 bis 14 Wochen sein.

Die Entscheidung darüber, ob in einer zeitlichen Gliederung Zeitrahmen oder Zeitrichtwerte vorgegeben werden, wird im Antragsgespräch getroffen. Die Festlegung der Zeitrahmen bzw. Zeitrichtwerte erfolgt im Erarbeitungs- und Abstimmungsverfahren einer Ausbildungsordnung.

Der Ausbildungsrahmenplan ist für den betrieblichen Ausbilder die wichtigste Planungsunterlage für einen lernzielorientierten didaktisch-methodischen Aufbau der Ausbildung im Betrieb.

2.4.4 Rechtlicher Handlungsspielraum bei der Umsetzung der Ausbildungsordnung

Grundsätzlich sollen die Fertigkeiten, Kenntnisse und Fähigkeiten des Ausbildungsberufsbildes entsprechend dem Ausbildungsrahmenplan vermittelt werden. Eine davon abweichende sachliche und zeitliche Gliederung der Ausbildungsinhalte ist insbesondere zulässig, soweit betriebspraktische Besonderheiten die Abweichung erfordern (Flexibilitätsklausel).

Flexibilitätsklausel

2.4.5 Planungsbedarf und Grenzen der Planbarkeit

Die Notwendigkeit einer systematischen Planung der betrieblichen Ausbildung beruht insbesondere auf folgenden Fakten und Entwicklungen:

- Verkürzungen der betrieblichen Ausbildungszeit bei gleichzeitig umfangreicherem Stoff.
- Wachsende Komplexität des Lehrstoffes, während auf der anderen Seite immer mehr Jugendliche unter Lernschwierigkeiten leiden. (Komplexität des Lehrstoffes)
- Unterschiedliche Vorbildung der Lehrlinge: Gerade im Handwerk werden oft Absolventen aller Schulzweige nebeneinander ausgebildet. (Vorbildung)
- Unterschiedliche Nationalität der Lehrlinge: Gerade im Handwerk werden besonders viele ausländische Jugendliche ausgebildet. (Nationalität)

In diesen Faktoren liegen allerdings auch Grenzen der Planbarkeit der betrieblichen Ausbildung, da sie oftmals zur Folge haben können, dass während des Ausbildungsablaufes Probleme auftreten, die Planungsänderungen notwendig machen.

2.4.6 Anforderungen und Kriterien bei der Erstellung eines betrieblichen Ausbildungsplanes

Für eine erfolgreiche Berufsausbildung hat der Ausbilder einen einzelbetrieblichen Ausbildungsplan zu erstellen, der sowohl den sachlichen Aufbau als auch die zeitliche Folge der Berufsausbildung ausweist (wann, wie lange, wo).

Dabei dient ihm der Ausbildungsrahmenplan als Grundlage. Dieser könnte nur dann, wenn er den Erfordernissen und Möglichkeiten des Einzelfalles voll entspricht, unverändert auch als einzelbetrieblicher Ausbildungsplan übernommen werden.

Insgesamt soll aber der betriebliche Ausbildungsplan dem tatsächlichen Ausbildungsablauf entsprechen und auf den einzelnen Lehrling zugeschnitten sein. Dazu sollen die Inhalte des Ausbildungsrahmenplans auf die betrieblichen Verhältnisse umgesetzt werden. Dementsprechend sollte der Aufstellung eines betrieblichen Ausbildungsplanes die Analyse der betrieblichen Aufgaben und Tätigkeiten vorausgehen. Über diese Aufgaben können die notwendigen Fertigkeiten, Kenntnisse und Fähigkeiten vermittelt werden, wenn

Vorherige Analyse

- die Aufgaben dem Ausbildungsrahmenplan entsprechen. Dies bedeutet andererseits, dass dem Lehrling keine ausbildungsfremden Aufgaben übertragen werden dürfen,
- die Aufgaben durch den entsprechenden Komplexitätsgrad die Lehrlinge nicht unter- oder überfordern,
- die Aufgaben selbstständiges Planen, Durchführen und Kontrollieren einschließen.

Regeln

Bei der Erstellung des Ausbildungsplanes sollte der Ausbilder von folgenden Regeln ausgehen:

- vom Bekannten zum Unbekannten
- vom Leichten zum Schwierigen
- vom Einfachen zum Zusammengesetzten
- vom Konkreten zum Abstrakten
- vom Speziellen zum Allgemeinen.

Wichtige Inhalte des einzelbetrieblichen Ausbildungsplanes

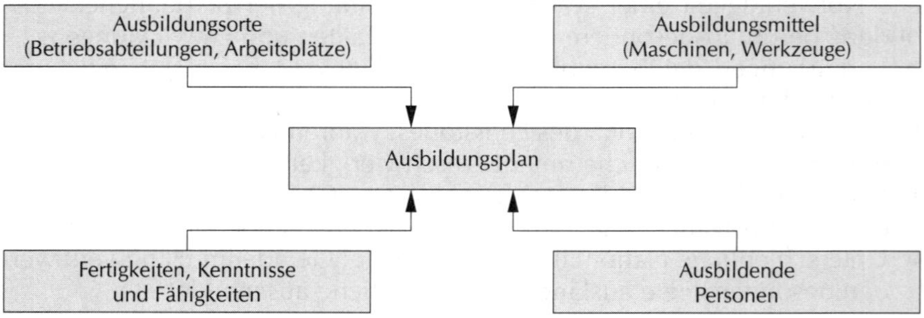

Abbildung 74

Diese Planung der Ausbildung ist in Berufen mit werkstattgebundener Fertigung leichter zu verwirklichen als in Montageberufen.

Außerdem sollte der Planungszeitraum für die einzelbetriebliche Ausbildung umso kurzfristiger sein, je schwieriger die Planung des Arbeitsablaufs branchenbedingt im Betrieb ist. Planungszeitraum

Bei der Ausbildungsplanung sollen nach einer Empfehlung des Bundesinstituts für Berufsbildung folgende Punkte beachtet werden:

Anpassung der Vermittlungszeiten bei Abkürzung oder Verlängerung der Ausbildungszeit:

Da während des Ausbildungsverlaufs bzw. schon zu Beginn der Ausbildung Veränderungen der betrieblichen Ausbildungszeit möglich sind, soll der Ausbilder den Ausbildungsplan rechtzeitig an den geänderten Ausbildungsverlauf anpassen. Besonderheiten, die eine Abweichung vom typischen Ausbildungsablauf nach dem Ausbildungsrahmenplan rechtfertigen, können unter anderem sein: Besonderheiten

- Verkürzung der betrieblichen Ausbildung durch Anrechnung von Zeiten des Besuchs eines Bildungsganges berufsbildender Schulen oder von Zeiten der Berufsausbildung in einer sonstigen Einrichtung
- in der Ausbildungsordnung nicht geregelte Ausbildungsabschnitte in überbetrieblichen Ausbildungsstätten
- Ausbildungsabschnitte, die im Ausland absolviert wurden
- Auswirkungen individueller Verkürzungen oder Verlängerungen der Ausbildungsdauer
- Umstellungen, die sich aus der Organisation des Berufsschulunterrichts ergeben (zum Beispiel Blockunterricht)
- sonstige, vor allem in der produktionsgebundenen betrieblichen Ausbildungspraxis auftretende Schwierigkeiten, die einer Ausbildung nach dem typischen Ordnungsmuster entgegenstehen.

Aufgrund dieser Besonderheiten können in den einzelbetrieblichen Ausbildungsplänen Abweichungsmöglichkeiten

- Ausbildungsinhalte im vorgegebenen Zeitrahmen verschoben und
- Zeitrichtwerte unter- oder überschritten werden.

Grundsätzlich finden Abweichungen von der zeitlichen Gliederung des Ausbildungsrahmenplanes aber immer dort ihre Grenzen, wo eine zweckentsprechende, sinnvoll geordnete und planmäßig durchgeführte Ausbildung nicht mehr gewährleistet ist und eine Beeinträchtigung des Ausbildungsziels befürchtet werden muss.

Die Ausbildungsstätte hat die Abweichung mit Begründung festzuhalten und der zuständigen Stelle anzuzeigen.

Lernziele beschreiben Mindestanforderungen:

- Einmal vermittelte Fertigkeiten, Kenntnisse und Fähigkeiten müssen auch später immer vorausgesetzt und angewendet werden können.

Zeitliche Gliederung im betrieblichen Ausbildungsplan:

- Zeitrahmen und Zeitrichtwerte geben eine Orientierung, von der je nach Lernfortschritt des Lehrlings abgewichen werden kann.

- Die Zeiten für die Vermittlung der Fertigkeiten, Kenntnisse und Fähigkeiten sind so zu bemessen, dass dabei auch Wiederholungen, Vertiefungen und Erweiterungen möglich sind.
- Urlaubs- und Ausfallzeiten sind zu berücksichtigen und anteilig auf alle Ausbildungsabschnitte zu verteilen.
- Der Lehrstoff, der Gegenstand der Zwischenprüfung oder des ersten Teils der Gesellen- bzw. Abschlussprüfung ist, ist bis zu deren Zeitpunkt zu vermitteln.
- Bis zur Gesellen-/Abschlussprüfung (auch bei geteilter Prüfung) müssen alle Ausbildungsinhalte vermittelt sein.

Berücksichtigung der Probezeit:

- Am Beginn des Ausbildungsverhältnisses steht eine Probezeit mit einer Dauer von mindestens einem und höchstens vier Monaten.
- In dieser Zeit soll geprüft werden, ob sowohl der Beruf wie auch die Ausbildungsstätte für den Lehrling geeignet sind.
- Durch Beobachtung des Lehrlings hinsichtlich Arbeitsweise und Arbeitsverhalten soll der Ausbilder/Ausbildende die Eignung des Lehrlings überprüfen.
- Schon während der Probezeit sollte der Lehrling alle für den Beruf wichtigen Arbeiten kennen lernen.

Weitere Punkte, die bei der Aufstellung des einzelbetrieblichen Ausbildungsplanes beachtet werden sollen, sind:

- rechtzeitige Aufnahme neuer technischer Entwicklungen in die betriebliche Ausbildung, auch wenn sie im Ausbildungsrahmenplan noch nicht ausdrücklich aufgeführt sind (Mindestanforderungscharakter des Ausbildungsrahmenplanes)
- Festlegung der Ausbildungsplätze und der Ausbildungsmittel
- Abstimmung mit der Berufsschule anhand der entsprechenden Rahmenlehrpläne, um sicherzustellen, dass dem Lehrling in Betrieb und Schule etwa gleichzeitig dieselben praktischen und theoretischen Stoffgebiete vermittelt werden
- Zusammenarbeit mit der Berufsberatung beim Wechsel des Ausbildungsberufes.

> Die Aufstellung des einzelbetrieblichen Ausbildungsplanes hinsichtlich der Festlegung von Lernzielen, Ausbildungsabschnitten, Auswahl der Lernorte, Ausbildungsmittel und Methoden sowie bei der Korrektur des Ausbildungsplanes sollte unter Beteiligung aller Betroffenen erfolgen.

Beratung des Ausbilders

Der Ausbilder kann sich auch durch einen Berater der Handwerkskammer unterstützen lassen. Empfehlenswert und sinnvoll sind dabei auch Kontakte mit den Erziehungsberechtigten. Dort, wo vorhanden, muss auch der Betriebsrat bei der Planung beteiligt werden. Der Ausbildungsplan ist dem Lehrling auszuhändigen.
Wie konkret ein einzelbetrieblicher Ausbildungsplan gestaltet werden kann, wird nachfolgend anhand eines Beispiels für das Kraftfahrzeugmechatronikerhandwerk gezeigt.

Beispiel für einen einzelbetrieblichen Ausbildungsplan im Kraftfahrzeugmechatronikerhandwerk mit Schwerpunkt Personenkraftwagentechnik, 1. Ausbildungsjahr (Auszug):

Zeitliche Richtwerte für einzelne Ausbildungsabschnitte	Teile des Berufsbildes	Grundlegende Fertigkeiten, Kenntnisse und Fähigkeiten
9 Wochen	Warten, Prüfen und Einstellen von Fahrzeugen und Systemen sowie von Betriebseinrichtungen	a) Arbeits- und Sicherheitsregeln sowie Herstellerrichtlinien beim Transport und beim Heben von Hand anwenden b) Fahrzeuge, Baugruppen und Systeme bewegen, abstellen, anheben, abstützen und sichern c) Wartungsarbeiten nach Vorgabe durchführen, insbesondere Betriebsflüssigkeiten kontrollieren, nachfüllen, wechseln und zur Entsorgung beitragen, Arbeitsschritte dokumentieren d) mechanische und elektrische Bauteile, Baugruppen und Systeme auf Verschleiß, Beschädigungen, Dichtheit, Lageabweichungen und Funktionsfähigkeit prüfen, Arbeiten dokumentieren e) hydraulische, pneumatische und elektrische Leitungen, Anschlüsse und mechanische Verbindungen prüfen und Prüfergebnisse dokumentieren f) Drücke an pneumatischen und hydraulischen Systemen messen und einstellen g) Werterhaltung beim Umgang mit Fahrzeugen und Betriebseinrichtungen berücksichtigen
16 Wochen	Montieren, Demontieren und Instandsetzen von Bauteilen, Baugruppen und Systemen	a) Bauteile, Baugruppen und Systeme außer Betrieb nehmen, demontieren, zerlegen, auf Wiederverwertbarkeit prüfen, kennzeichnen und systematisch ablegen b) demontierte Bauteile und Baugruppen Systemen zuordnen und auf Vollständigkeit prüfen c) Bauteile und Baugruppen reinigen, konservieren und lagern d) Fügen, insbesondere Schraubverbindungen unter Beachtung der Teilefolge und des Drehmomentes herstellen e) Bauteile, Baugruppen und Systeme montieren, in Betrieb nehmen sowie auf Funktion und Formgenauigkeit prüfen f) Oberflächen für den Korrosionsschutz vorbereiten, Korrosionsschutz ergänzen und erneuern g) Lage von Bauteilen und Baugruppen prüfen, Lageabweichungen messen h) unter Berücksichtigung der Werkstoffeigenschaften Bezugslinien, Bohrungsmitten und Umrisse anreißen und körnen, Bauteile und Halbzeuge trennen und umformen i) Maschinenwerte von handgeführten und ortsfesten Maschinen bestimmen und einstellen; Werkstücke und Bauteile bohren und senken k) Innen- und Außengewinde herstellen und instand setzen l) elektrische Verbindungen und Anschlüsse herstellen, überprüfen, instand setzen und dokumentieren

Zeitliche Richtwerte für einzelne Ausbildungsabschnitte	Teile des Berufsbildes	Grundlegende Fertigkeiten, Kenntnisse und Fähigkeiten
4 Wochen	Planen und Vorbereiten von Arbeitsabläufen sowie Kontrollieren und Bewerten von Arbeitsergebnissen	a) Arbeitsschritte und -abläufe nach funktionalen, organisatorischen, technischen und wirtschaftlichen Kriterien sowie nach Herstellervorgaben planen und festlegen b) Werkstoffe, Betriebsmittel und Hilfsstoffe ermitteln c) Teilebedarf, Material, Werkzeuge und Hilfsmittel auftragsbezogen anfordern, bereitstellen und dokumentieren d) Zeitbedarf ermitteln e) Arbeitsplatz unter Berücksichtigung des Arbeitsauftrages vorbereiten f) Arbeitsergebnisse durch Soll-Ist-Wertvergleiche kontrollieren, bewerten, dokumentieren und Maßnahmen zur Verbesserung der Arbeitsergebnisse vorschlagen
4 Wochen	Qualitätsmanagement	a) Prüfverfahren und Prüfmittel anforderungsbezogen anwenden b) Ursachen von Fehlern und Qualitätsmängeln systematisch suchen, zur Beseitigung beitragen, Arbeiten dokumentieren c) Qualitätsmanagementsystem des Betriebes anwenden
5 Wochen	Messen und Prüfen an Systemen	a) Verfahren und Messgeräte auswählen, Messfehler abschätzen b) elektrische sowie elektronische Größen und Signale an Baugruppen und Systemen messen, prüfen und beurteilen, Prüfergebnisse dokumentieren c) elektrische Verbindungen, Leitungen und Leitungsanschlüsse auf mechanische Schäden sichtprüfen d) Funktion elektrischer Bauteile, Leitungen und Sicherungen prüfen e) Messzeuge zum Messen und Prüfen von Längen, Winkeln und Flächen auswählen und anwenden f) Längen, insbesondere mit Messschiebern, Messschrauben und Messuhren messen, Einhaltung von Toleranzen und Passungen prüfen g) Werkstücke mit Winkeln, Grenzlehren und Gewindelehren prüfen h) physikalische Größen, insbesondere Drücke und Temperaturen, messen, prüfen und Prüfergebnisse dokumentieren

Zeitliche Richtwerte für einzelne Ausbildungsabschnitte	Teile des Berufsbildes	Grundlegende Fertigkeiten, Kenntnisse und Fähigkeiten
8 Wochen	Betriebliche und technische Kommunikation	a) Bedeutung der Information, Kommunikation und Dokumentation für den wirtschaftlichen Betriebsablauf beurteilen und zur Vermeidung von Störungen beitragen b) betriebliches Informationssystem zum Bearbeiten von Arbeitsaufträgen anwenden und zur Beschaffung von technischen Unterlagen und Informationen nutzen c) Gespräche mit Vorgesetzten, Mitarbeitern und in der Gruppe situationsgerecht führen, Sachverhalte darstellen sowie deutsche und englische Fachausdrücke anwenden d) Kommunikation mit vorausgehenden und nachfolgenden Funktionsbereichen sicherstellen e) Datenträger handhaben und Datenschutz beachten; digitale und analoge Mess- und Prüfdaten lesen f) Fahrzeuge, Systeme, Bauteile und Baugruppen identifizieren g) Zeichnungen lesen und anwenden, Skizzen anfertigen h) Instandsetzungs-, Montage-, Inbetriebnahme- und Betriebsanleitungen, Kataloge, Tabellen sowie Diagramme lesen und anwenden i) Schaltpläne, Stromlaufpläne, Anschlusspläne, Anordnungspläne und Funktionspläne lesen und anwenden k) Funktionspläne fahrzeugpneumatischer und hydraulischer Steuerungen und Kraftübertragungen lesen und beachten l) Vorschriften und Richtlinien für die Verkehrssicherheit sowie für das Verhalten im Straßenverkehr anwenden
3 Wochen	Kommunikation mit internen und externen Kunden	a) Kundenwünsche und Informationen entgegennehmen, im Betrieb weiterleiten und nach Vorgaben berücksichtigen b) Vorgaben für das Informieren über Instandhaltungsarbeiten beachten c) Vorgaben für das Informieren hinsichtlich der Bedienung des Zubehörs und der Zusatzeinrichtungen beachten d) auf Sicherheitsregeln und Vorschriften hinweisen
3 Wochen	Bedienen von Fahrzeugen und Systemen	a) Vorschriften und Hinweise zur Sicherheit und zur Bedienung beachten und anwenden b) Bedienungsanleitungen anwenden und erklären c) Bedienelemente von Fahrzeugen anwenden d) Bedienelemente von Systemen, insbesondere Anlagen, Maschinen oder Geräten, anwenden

Fertigkeiten, Kenntnisse und Fähigkeiten gemäß Ausbildungsberufsbild der Ausbildungsordnung Kraftfahrzeugmechatroniker/Kraftfahrzeugmechatronikerin, die während der gesamten Ausbildungszeit zu vermitteln sind:

Berufsbildung, Arbeits- und Tarifrecht

a) Bedeutung des Ausbildungsvertrages, insbesondere Abschluss, Dauer und Beendigung erklären
b) gegenseitige Rechte und Pflichten aus dem Ausbildungsvertrag nennen
c) Möglichkeiten der beruflichen Fortbildung nennen
d) wesentliche Teile des Arbeitsvertrages nennen
e) wesentliche Bestimmungen der für den ausbildenden Betrieb geltenden Tarifverträge nennen

Aufbau und Organisation des Ausbildungsbetriebes

a) Aufbau und Aufgaben des ausbildenden Betriebes erläutern
b) Grundfunktionen des ausbildenden Betriebes wie Beschaffung, Fertigung, Absatz und Verwaltung erklären
c) Beziehungen des ausbildenden Betriebes und seiner Beschäftigten zu Wirtschaftsorganisationen, Berufsvertretungen und Gewerkschaften nennen
d) Grundlagen, Aufgaben und Arbeitsweise der betriebsverfassungs- oder personalvertretungsrechtlichen Organe des ausbildenden Betriebes beschreiben

Sicherheit und Gesundheitsschutz bei der Arbeit

a) Gefährdung von Sicherheit und Gesundheit am Arbeitsplatz feststellen und Maßnahmen zu ihrer Vermeidung ergreifen
b) berufsbezogene Arbeitsschutz- und Unfallverhütungsvorschriften anwenden
c) Verhaltensweisen bei Unfällen beschreiben sowie erste Maßnahmen einleiten
d) Vorschriften des vorbeugenden Brandschutzes anwenden; Verhaltensweisen bei Bränden beschreiben und Maßnahmen der Brandbekämpfung ergreifen

Umweltschutz

Zur Vermeidung betriebsbedingter Umweltbelastungen im beruflichen Einwirkungsbereich beitragen, insbesondere
a) mögliche Umweltbelastungen durch den Ausbildungsbetrieb und seinen Beitrag zum Umweltschutz an Beispielen erklären
b) für den Ausbildungsbetrieb geltende Regelungen des Umweltschutzes anwenden
c) Möglichkeiten der wirtschaftlichen und umweltschonenden Energie- und Materialverwendung nutzen
d) Abfälle vermeiden; Stoffe und Materialien einer umweltschonenden Entsorgung zuführen

Erläuterung des Ausbildungsplanes

Die zugeordneten Zeiten stellen lediglich **Richtwerte** dar. Der Ausbildungsbetrieb behält sich Änderungen im Zeitablauf aus betriebsbedingten Gründen oder aus Gründen, die in der Person des Auszubildenden liegen, vor.
Die Zeitrichtwerte stellen **Brutto-Zeiten** dar. Sie sind um die Anteile für Berufsschule, Urlaub, Feiertage und Prüfungsvorbereitung zu verringern.
Die Vermittlung der Ausbildungsblöcke ist innerhalb der einzelnen Lehrjahre **nicht zwingend** an eine Reihenfolge gebunden.

Grundlagen und Vorgehensweise bei der Erstellung eines einzelbetrieblichen Ausbildungsplanes

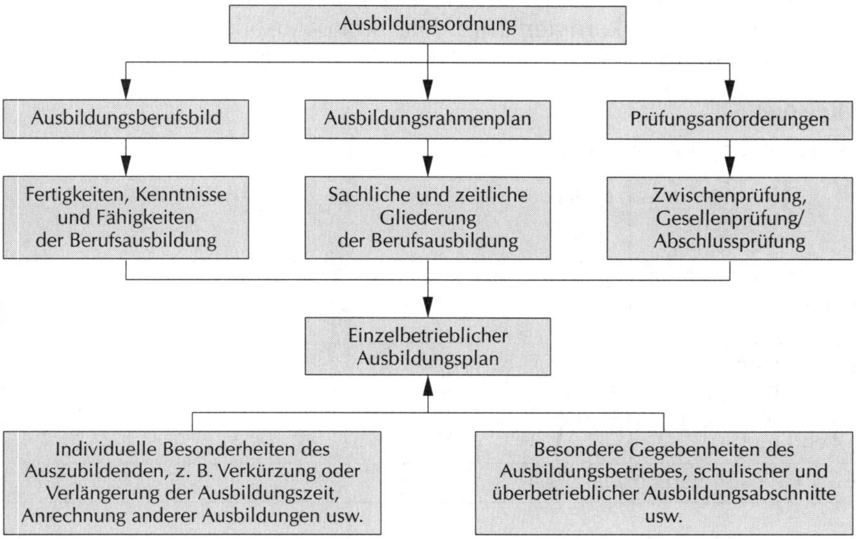

Abbildung 75

2.4.7 Versetzungsplan

Klein- und Mittelbetriebe benötigen wegen ihrer geringen Zahl an Auszubildenden oft keinen gesonderten Versetzungsplan. Hier ist der Versetzungsplan in den einzelbetrieblichen Ausbildungsplan eingebaut bzw. mit diesem identisch.
Wenn jedoch mehrere Lehrlinge im gleichen Ausbildungsjahr im Betrieb ausgebildet werden, ist es zweckmäßig, einen besonderen Versetzungsplan zu erstellen.

Der Versetzungsplan
- legt die von einem Lehrling während seiner Ausbildung zu durchlaufenden Arbeitsplätze und Betriebsabteilungen sowie die dort zu erledigenden Arbeiten fest
- bestimmt den Zeitraum, den der Lehrling an den einzelnen Orten bleiben soll
- beinhaltet die Versetzungstermine und die Reihenfolge des Arbeitsplatz- bzw. Abteilungswechsels.

Man unterscheidet
- Einzelversetzungspläne für einzelne Lehrlinge
  und
- Gesamtversetzungspläne für die Gesamtzahl der Lehrlinge eines Ausbildungsjahres.

Einzelversetzungspläne

Gesamtversetzungspläne

Vor allem für Gesamtversetzungspläne ist es zweckmäßig, sie in Form von graphisch gestalteten Übersichten anzulegen oder Planungstafeln (zum Beispiel Magnethafttafeln) dafür zu verwenden.

Fehlzeiten

Beim Vollzug der Versetzungspläne ist besonders darauf zu achten, dass bei Fehlzeiten infolge Krankheit, außerplanmäßigem Urlaub, betrieblichen Umstellungen, Sonderaufträgen im Betriebsablauf und anderem die Planung entsprechend korrigiert wird. Die Brutto-Ausbildungszeiten aus der Ausbildungsordnung werden so in Netto-Ausbildungszeiten umgerechnet.

Beispiel:

Beispiel für einen einfachen Versetzungsplan

Zeit (Kalenderwochen/Monat) / Lehrling	Januar		Februar	März / April	Mai
	1	2 3 4 5	6 7 8 9 10	11 12 13 14 15	16 17 18
Lehrling A Lehrling B Lehrling C Lehrling D	Urlaub	W 1 W 2 W 4 W 3	W 2 W 1 W 3 W 4	W 3 W 4 W 2 W 1	W 4 W 3 W 1 W 2
W = Werkstattarbeitsplatz 1–4					

In einem solchen Versetzungsplan kann der Ausbilder auch eintragen, wie die Ausbildung dann tatsächlich abgelaufen ist. Er erhält damit eine Art Soll-Ist-Kontrolle.

Handlungsorientierte, fallbezogene Aufgaben

1. In Ihrem Betrieb werden vier Lehrlinge im gleichen Ausbildungsjahr ausgebildet. Sie wollen für diese Lehrlinge einen Versetzungsplan erstellen.

__Aufgabe:__ **Erklären Sie, wie Sie bei der Erstellung des Versetzungsplanes für die vier Lehrlinge vorgehen und was Sie dabei zu beachten haben!**

„Siehe Seite 155 des Textteils!“

2.5 Handlungssituation: Die Ausbildung in das betriebliche Führungssystem integrieren

Kompetenzen:

- Die Auswirkung von Führungssystem und Führungsverhalten (Ausbildungsverhalten) auf Betriebsklima, Zufriedenheit und Arbeitsverhalten der Mitarbeiter/Lehrlinge beurteilen und bei Führungsentscheidungen beachten
- Betriebliche Führungsmittel bestimmen und anwenden

2.5.1 Zusammenhang zwischen Betriebskultur, Betriebsorganisation und betrieblichem Führungssystem

2.5.1.1 Betriebskultur

Der Begriff Betriebs- oder Unternehmenskultur kennzeichnet grundlegende Annahmen und Überzeugungen darüber, wie ein Betrieb sich selbst und seine Umwelt sieht. Diese Annahmen und Überzeugungen werden von den Betriebsangehörigen erlernt, von ihnen geteilt und im Laufe der Zeit oft zur Selbstverständlichkeit.

Gerade Handwerksbetriebe bieten in der Regel aufgrund ihrer geringen Betriebsgröße gute Voraussetzungen für die Herausbildung einer Betriebskultur. Prägende Elemente der Betriebskultur (man spricht auch vom Leitbild) können unter anderem sein:

Elemente

- Kundenorientierung
- Mitarbeiterorientierung
- Innovationsorientierung
- Qualitätsorientierung
- Leistungsorientierung.

Für den Ausbilder muss es ein besonderes Anliegen sein, auch den Lehrling möglichst rasch in diese betriebliche Identitätsfindung einzubeziehen.

2.5.1.2 Betriebsorganisation

Der Begriff Betriebsorganisation kennzeichnet die Gestaltung des betrieblichen Geschehens und Ablaufs nach bestimmten Ordnungsprinzipien, also bestimmten Regelungen.

Durch entsprechende aufbau- und ablauforganisatorische Regelungen werden die grundlegenden Bedingungen für das Verhältnis

Organisatorische Regelungen

- zwischen Ausbildendem/Ausbilder und Lehrling

sowie

- zwischen Lehrling und Kollegen

gelegt; beispielsweise durch

  - Beschreibung der zu erfüllenden Aufgaben
  - Regelung der innerbetrieblichen Kommunikation
  - Schaffung von Anreizsystemen.

2.5.1.3 Betriebliches Führungssystem

Führung bedeutet die Steuerung des Handelns von Personen oder Gruppen zur Verwirklichung der gesetzten oder vorgegebenen Ziele.

Unter Führungssystem versteht man die optimale Kombination der Mittel, die der Unterstützung der Führung dienen. Dazu zählen z. B.
- Planungs- und Kontrollsysteme
- Anreizsysteme
- Regeln zur Beeinflussung des Verhaltens.

Die bestmögliche Abstimmung zwischen Betriebskultur, Betriebsorganisation und Führungssystem sowie deren Einzelmaßnahmen ist für den betrieblichen Erfolg insgesamt wie auch für den Erfolg der Berufsausbildung eine wichtige Voraussetzung.

2.5.2 Bedeutung von Menschenbild und Autorität für das Führungsverhalten

2.5.2.1 Menschenbild

Wesensausprägungen

Als Menschenbild bezeichnet man die Vorstellungen über den Menschen, und zwar hinsichtlich seiner verschiedenen Wesensausprägungen, so z. B. als
- kulturelles
- soziales
- wirtschaftliches

Wesen.
Das Menschenbild bestimmt die Verhaltensweisen des Ausbilders gegenüber seinen Lehrlingen.

Dynamisches Menschenbild

Für Führungspersonen ist es wichtig, diese vielfältigen Ausprägungen insgesamt zu sehen. Gerade für den Erfolg einer Berufsausbildung kommt es auf ein so genanntes dynamisches Menschenbild an; d. h., der Ausbilder sollte den jungen Menschen als individuelle Persönlichkeit sehen mit unterschiedlichen Bedürfnissen in jeweiligen Lebenslagen und Lebensphasen.

Das Menschenbild prägt den Führungsstil. Ein Ausbilder, der davon überzeugt ist, dass die jungen Menschen heute der Arbeit lieber aus dem Wege gehen und Verantwortung scheuen, wird eher zu einem autoritären Führungsstil greifen. Hingegen wird der Ausbilder, der junge Menschen für verantwortungsbewusst hält und davon ausgeht, dass sie Selbstdisziplin und Selbstkontrolle besitzen, einen kooperativen Führungsstil wählen (siehe hierzu auch Abschnitt 2.5.4 „Ausbildungs- und Führungsstile“).

2.5.2.2 Begriff und Arten der Autorität

Autorität bezeichnet die herausgehobene Stellung einer Person gegenüber anderen. Sie reicht bis zur Möglichkeit, andere beeinflussen und seine Absichten durchsetzen zu können.

Person

Autorität durch die Person leitet sich nach Merkmalen ab wie
- Alter
- körperliche Verfassung
- Intelligenz
- Erfahrung
- Leistung.

Funktion

Autorität durch die Funktion beruht auf besonderen und überragenden
- Kenntnissen
- Fähigkeiten
- Fertigkeiten.

Position

Autorität durch die Position richtet sich nicht nach der Person, sondern nach Merkmalen wie
- berufliche Stellung
- Rang innerhalb der Unternehmenshierarchie.

2.5.3 Bestimmungsfaktoren der Ausbildungs- und Berufszufriedenheit

Leistungsbereitschaft und Leistungsfähigkeit der Mitarbeiter werden maßgeblich durch ihre Zufriedenheit sowie durch das Betriebsklima, also den gesamten Bereich der zwischenmenschlichen Beziehungen im Betrieb, beeinflusst.

Dabei sind sowohl gute Beziehungen der Mitarbeiter untereinander wie auch zwischen Mitarbeitern und Vorgesetzten wichtig. Diese sind in der Regel besser, wenn die Führungsperson über Autorität verfügt, die durch persönliche Eigenschaften begründet ist. Insgesamt sollten Freundlichkeit und Sachlichkeit vorherrschen.

Beobachtungen haben gezeigt, dass die Zufriedenheit eines Arbeitnehmers auch eng damit zusammenhängt, wie er in der Gruppe und von seinen Kollegen akzeptiert wird.

Betriebsklima

Zufriedenheit sowie ein gutes Betriebsklima wirken nicht nur leistungsfördernd, sondern sie beeinflussen auch
- die Höhe der Fehlzeiten
- die Neigung zum Arbeitsplatzwechsel
- die Häufigkeit von Betriebsunfällen.

Deshalb ist es eine wichtige Aufgabe, das betriebliche Sozial- und Führungsverhalten dementsprechend auszugestalten.

2.5.4 Ausbildungs- und Führungsstile

2.5.4.1 Unterscheidungsmerkmale

Der Ausbildungs- oder Führungsstil kennzeichnet die Art und Weise, wie der Ausbilder auf den Lehrling als Einzelperson oder mehrere Lehrlinge als Gruppe Einfluss nimmt.

Am weitesten verbreitet ist die Unterscheidung folgender drei Grundformen von Führungsstilen:

- autoritärer Führungsstil
- Laissez-faire-Führungsstil (Führung durch Nichteinmischen und Gewährenlassen)
- demokratischer (partnerschaftlicher) Führungsstil.

Autoritärer Führungsstil

Der autoritäre Führungsstil geht von einem fast absoluten Verhältnis des Über- und Untergeordnetseins zwischen Ausbilder und Lehrling aus. Die Ausbildungssituation ist in diesem Falle durch übermäßige Lenkung und Kontrolle gekennzeichnet.

Laissez-faire-Stil

Beim Laissez-faire-Stil (Gewährenlassen) ist der Lehrling weitgehend sich selbst überlassen. Er kann Aufträge zum großen Teil selbstständig durchführen und erhält vom Ausbilder Informationen vor allem nur auf sein eigenes Verlangen.

Demokratischer Führungsstil

Beim demokratischen Führungsstil behandelt der Ausbilder den Lehrling als gleichwertigen Partner, um den er sich optimal bemüht und mit dem er gemeinsam den bestmöglichen Ausbildungserfolg erzielen will.

2.5.4.2 Auswirkungen auf Verhalten und Leistung der Lehrlinge und Mitarbeiter

Die einzelnen Führungsstile wirken sich sehr unterschiedlich auf Verhalten und Leistung von Lehrlingen und Mitarbeitern aus.

Autoritärer Führungsstil führt zu

- mangelnder Eigeninitiative
- Unselbstständigkeit
- Interessenlosigkeit
- niedrigem Leistungsniveau
- geringer Leistungsmotivation
- aggressiven und feindseligen Verhaltensweisen.

Beim **Laissez-faire-Stil** sind oftmals bezüglich Verhalten und Leistung der Lehrlinge und Mitarbeiter die Folge:

- Lustlosigkeit
- Orientierungslosigkeit
- Unsicherheiten
- niedriges Leistungsniveau
- schlechtes Gruppen- und Betriebsklima
- Neigung zu Neurosen.

Der **demokratische (partnerschaftliche) Führungsstil** hat folgende Auswirkungen auf Verhalten und Leistung der Lehrlinge und Mitarbeiter:
- höhere Motivation
- mehr Spontanität und Kreativität
- höhere Eigeninitiative
- Verantwortungsbewusstsein
- gegenseitiges Verständnis
- Kooperationsbereitschaft
- hohes Leistungsniveau.

2.5.4.3 Frage nach dem „richtigen" Stil

Die Frage nach dem richtigen Führungsstil lässt sich nicht allgemein beantworten. Für diese Entscheidung sind mehrere Gesichtspunkte zu beachten, so insbesondere

- die jeweilige Ausbildungssituation; es ist ein Unterschied, ob schwierige Fertigkeiten an einer komplizierten Maschine oder Kenntnisse im Unterrichtsraum zu vermitteln sind. Ausbildungssituation
- der jeweilige Ausbildungsort; auf einer Baustelle ist in der Regel anders zu verfahren als in Werkstatt und Büro. Ausbildungsort
- das jeweilige Ausbildungsziel (Kenntnisse, Fertigkeiten, Fähigkeiten, soziale Verhaltensweisen). Ausbildungsziel
- die Zusammensetzung der Gruppe; hierbei sind vor allem Vorbildung, Reife und eventuelle Verhaltensauffälligkeiten zu berücksichtigen. Gruppenstruktur

Insgesamt lässt sich jedoch feststellen, dass der demokratische (partnerschaftliche) Führungsstil den Anforderungen an eine zeitgemäße Mitarbeiterführung und an eine Erfolg versprechende Ausbildungsatmosphäre im Betrieb allgemein am besten entspricht.

2.5.4.4 Notwendigkeit einer situativen Anpassung

Es ist allerdings in der Regel nicht möglich, einen einmal gewählten Führungs- und Ausbildungsstil konsequent beizubehalten. Es können beispielsweise im Rahmen der Ausbildung Gefahrensituationen (an Maschinen, auf Baustellen o. Ä.) auftreten, die es erforderlich machen, dass eine Entscheidung nicht mehr partnerschaftlich gefällt werden kann, sondern autoritär vorgegangen werden muss.
Diese Möglichkeit des situationsangepassten Wechsels des Führungs- und Ausbildungsstils muss sich jeder Ausbilder offen halten. Dabei können die einzelnen Stile zum Teil nebeneinander, aber auch in Kombination, angewendet werden. Kombination

2.5.4.5 Managementkonzepte für Berufsausbildung und Menschenführung

Managementkonzepte bzw. betriebliche Führungsmodelle verfolgen das Ziel, das Verhalten der Mitarbeiter so zu steuern, dass für den Betrieb der bestmögliche Erfolg erzielt werden kann.

Auf die Berufsausbildung übertragen heißt dies, durch Steuerung des Verhaltens und entsprechende Führung zu guten Voraussetzungen für einen erfolgreichen Abschluss der Ausbildung beizutragen.
Auch für den Handwerksbetrieb eignen sich einige der zahlreichen betrieblichen Führungsmodelle, die für die Mitarbeiterführung als zielgerichtete und pragmatische Verhaltensanweisungen im Sinne von Handlungsempfehlungen und Problemlösungen entwickelt wurden.

Verhaltensanweisung

Management by Objectives

Führung durch Zielvereinbarung (in der Fachsprache Management by Objectives (MbO) genannt): Wesentliche Bestandteile dieses Führungsmodells sind:
- Bestimmung von Zielen und Teilzielen durch Vorgesetzte und Mitarbeiter
- Festlegung und Durchführung der Maßnahmen zur Erreichung der Zielvorgaben durch die Mitarbeiter
- Kontrolle der Zielerreichung.

Durch die partnerschaftliche Einbeziehung sowohl der Vorgesetzten wie auch der Mitarbeiter ist MbO ein Führungsmodell, das eng mit dem demokratischen Führungsstil in Verbindung steht. Es erbringt die besten Ergebnisse, wenn sich persönliche und Unternehmensziele in Einklang bringen lassen.
MbO setzt allerdings Verantwortungsbewusstsein und einen hohen Kenntnisstand voraus. Deshalb ist dieses Managementkonzept zwar auch in der Ausbildung gut anwendbar; aber es erfordert wegen der hohen Anforderungen eine längere Einweisungs- und Eingewöhnungsphase.

Management by Exception

Führung nach dem Ausnahmeprinzip (Management by Exception [MbE]): In diesem System der Führung erhalten die Mitarbeiter sehr viel Freiraum. Der Vorgesetzte greift nur in besonderen Situationen oder bei mangelhafter Zielerfüllung ein.

Die Führung nach dem Ausnahmeprinzip ist allerdings nur dann Erfolg versprechend, wenn folgende Voraussetzungen erfüllt sind:
- eindeutige Vorgabewerte für die jeweiligen Zuständigkeitsbereiche
- klare Trennung von Routine- und Führungsaufgaben
- eindeutige Regeln für die Information bei Ausnahmesituationen
- Errichtung eines strengen Kontrollsystems.

Gefahren bei MbE

MbE birgt die Gefahr, dass bei den Mitarbeitern durch zu enge Beschränkung auf Routineaufgaben Eigeninitiative und Verantwortungsbewusstsein beeinträchtigt werden. Dies muss auch beim Einsatz von MbE im Rahmen der Ausbildung berücksichtigt werden.

Führung durch Aufgabendelegation (Management by Delegation [MbD]): Durch die Übertragung von Aufgaben und die damit verbundene Verantwortung erhalten die Mitarbeiter ein Tätigkeitsgebiet in eigener Handlungsverantwortung. Die Führungsverantwortung bleibt beim Vorgesetzten. Man spricht in diesem Zusammenhang vielfach auch vom „Harzburger Modell".

Übertragen von Verantwortung

Für den Erfolg dieses Managementkonzepts sind insbesondere

- eindeutige Stellenbeschreibungen und
- klare Handlungsanweisungen (im „Harzburger Modell" allgemeine Führungsanweisungen genannt)

eine wichtige Voraussetzung.
Daraus ergibt sich zugleich die Gefahr, dass dieses Führungsmodell bei allzu vielen und zu engen Vorgaben die notwendige Flexibilität beeinträchtigt. Im Rahmen der Berufsausbildung muss dies auf jeden Fall vermieden werden.

Kombination

Die einzelnen Managementtechniken lassen sich in der Regel nicht scharf voneinander abgrenzen. Vielmehr beinhaltet die Betriebsführung meist Elemente mehrerer Managementtechniken und versucht, diese in Abhängigkeit von den betrieblichen Gegebenheiten optimal zu kombinieren. Dies gilt auch im Hinblick auf das Verhältnis von Ausbildern und Lehrlingen.

2.5.5 Einsatz und Gestaltung von Führungsmitteln

Für die Durchführung der Ausbildung stehen dem Ausbilder mehrere allgemeine Führungsmittel zur Verfügung.

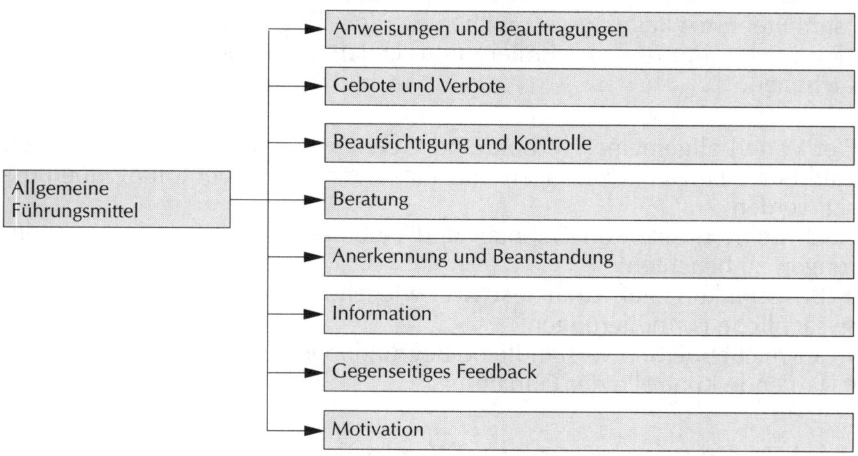

Abbildung 76

2.5.5.1 Anweisungen und Beauftragungen (Kompetenzübertragung)

Anweisungen und Beauftragungen sind jeweils wichtige Mittel der Menschenführung auch im Rahmen der Ausbildung.

Der Auszubildende wird dabei vom Ausbilder mit der Ausführung einer bestimmten Tätigkeit beauftragt. Damit werden dem Lehrling auch bestimmte Kompetenzen, das heißt Zuständigkeiten und damit verbundene Verantwortung, übertragen.

Voraussetzungen

Für den optimalen Einsatz von Anweisungen und Beauftragungen sind als besondere Voraussetzungen und Anforderungen zu beachten:

- verständliche Begründung
- klare und psychologisch richtige Dosierung
- Verwendung verständlicher und leicht im Gedächtnis zu behaltender Formulierungen
- rechtzeitige Übermittlung
- Vermeidung von Überforderungen und Überbelastungen
- Einräumung von ausreichend Kompetenzspielraum (Spielraum für eigenes Denken und Handeln)
- sichtbares Vertrauen in die Leistungsfähigkeit des Lehrlings
- Vermeidung der Befehlsform.

Anweisungen und Beauftragungen, die diese Anforderungen erfüllen und damit einem partnerschaftlichem Ausbildungsstil entsprechen, lassen im Rahmen einer zeitgemäßen Ausbildung die besten Erfolge erwarten. Allerdings darf dies nicht ausschließen, dass in manchen Situationen beispielsweise doch Befehle gegeben werden müssen, etwa in Gefahrensituationen.

Ausnahmen

2.5.5.2 Gebote und Verbote

Gebote und Verbote können und müssen manchmal zur Regelung bestimmter Einzelfälle ausgesprochen werden. Dies kann zum Beispiel in Form von Betriebsvorschriften und Unfallverhütungsvorschriften geschehen.

Der Vorteil allgemeiner Verbote und Gebote besteht darin, dass dadurch zahlreiche Einzelanweisungen und ihre ständige Wiederholung überflüssig werden.

Anforderungen

Auch beim Einsatz von Geboten und Verboten sind bestimmte Anforderungen zu beachten:

- Beschränkung auf wirklich schwer wiegende Fälle
- sachliche Formulierungen
- ausreichende und verständliche Begründungen
- laufende Kontrolle der Einhaltung.

2.5.5.3 Beaufsichtigung und Kontrolle

Die pädagogische Bedeutung von Beaufsichtigung und Kontrolle besteht im Beobachten und Überwachen sowohl des fachlichen Lernfortschritts wie auch der Persönlichkeitsentwicklung des Lehrlings und der Ableitung der daraus erforderlichen Konsequenzen.

Anforderungen an Beaufsichtigung und Kontrolle

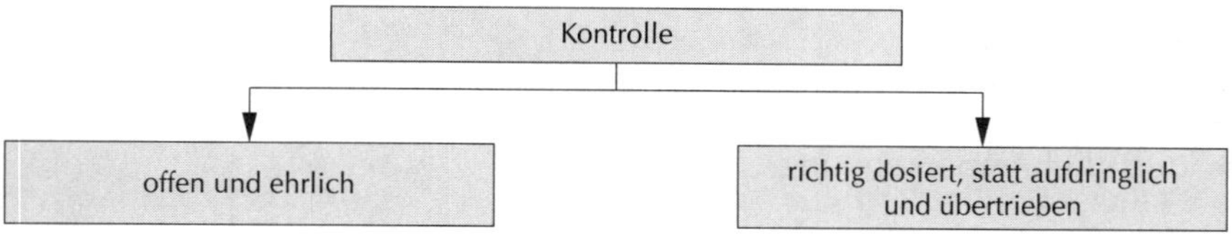

Abbildung 77

Richtige Dosierung

Auf die richtige Dosierung kommt es insbesondere an, wenn weniger die sachliche Leistung, sondern mehr persönliche und charakterliche Eigenschaften wie Ehrlichkeit und Zuverlässigkeit überprüft werden.

Hilfsmittel

Als Hilfsmittel stehen für Beaufsichtigung und Kontrolle der Lehrlingsausbildung unter anderem

- schriftliche Ausbildungsnachweise
  sowie
- Beurteilungsbogen

zur Verfügung (siehe dazu auch Abschnitt 4.4.3 „Durchführung innerbetrieblicher Ausbildungserfolgskontrollen“ und 4.4.5 „Schriftliche Ausbildungsnachweise (früher: Berichtsheft) als Hilfsmittel der Ausbildungserfolgskontrollen“).

2.5.5.4 Beratung

Der Lehrling wird in der Regel während seiner Ausbildung vor viele Probleme im persönlichen und betrieblichen Bereich gestellt. Deren Bewältigung kann ihm über eine geeignete Beratung durch den Ausbilder oftmals wesentlich erleichtert werden.

Vertrauensbasis

Für den Ausbilder bedeutet dies, dass er neben der rein fachlichen Ebene auch in der Lage sein muss, sich in die Bedürfnisse und Interessen der Lehrlinge hineinzuversetzen. Besonders wichtig für ein Beratungsgespräch ist eine gute Vertrauensbasis, damit der Lehrling seine Probleme offen darlegen kann.

2.5.5.5 Anerkennung und Beanstandung (Kritik)

Anerkennung

Die Anerkennung ist eine wichtige Voraussetzung für die Motivation und den Erfolg einer Ausbildung.

Positive Effekte

Die Anerkennung

- ist Erfolgsbestätigung
- fördert die Lernbereitschaft
- ist Ansporn für bessere Leistungen
- weckt Initiativen
- schafft Sicherheit und Selbstvertrauen
- fördert das Vertrauensverhältnis zwischen Ausbilder und Lehrling.

Dem Ausbilder stehen dabei mehrere Formen der Anerkennung zur Verfügung:
- Zustimmung
- ausdrückliches Lob
- Belohnung
- öffentliche Anerkennung.

Richtige Dosierung

Anerkennungen müssen auf jeden Fall ehrlich gemeint und richtig dosiert sein. Sie sollten nur ausgesprochen werden, wenn sie tatsächlich verdient sind. Dabei ist jeder Lehrling nach seinen individuellen Gegebenheiten zu behandeln.

Beispiel:
- Unsicheren Lehrlingen sollte schon eine Anerkennung ausgesprochen werden, wenn sichtbar ist, dass sie sich aufrichtig angestrengt und bemüht haben.
- Bei zurückhaltenden Lehrlingen ist eher eine großzügige Anerkennung zu empfehlen, während bei mehr selbstgefälligen Auszubildenden eher Zurückhaltung angebracht ist.

Regeln

Anerkennungen sollten erfolgen:
- Unmittelbar, also sehr zeitnah am Anlass der Anerkennung.
- Ausdrücklich, d. h., der Ausbilder sollte sich auch äußern und nicht davon ausgehen, dass es der Lehrling bereits als Anerkennung empfindet, so lange der Ausbilder nicht kritisiert.
- Angemessen, d. h., die Art der Anerkennung muss zur erbrachten Leistung passen.
- Konsequent, d. h., mit den Anerkennungen verbundene Zusagen müssen auch eingehalten werden.
- Sach- und leistungsorientiert, d. h., Gegenstand der Anerkennung sind Leistungen und Verhalten in der Ausbildung, aber nicht die Person des Lehrlings.

Beanstandung

Die Beanstandung ist das Gegenstück zur Anerkennung, aber für den Erfolg der Ausbildung nicht minder wichtig.
Die Beanstandung
- macht den Lehrling auf seine Fehler aufmerksam
  und
- schafft so die Voraussetzungen für deren Abstellung bzw. Korrektur.

Formen der Beanstandung sind:
- bloßer Fehlerhinweis
- sachliche Kritik
- persönlicher Tadel.

Die Beanstandung ist allerdings nur dann zweckdienlich und positiv für das Verhältnis von Ausbilder und Lehrling, wenn sie bestimmte Voraussetzungen erfüllt. Sie wird vom Lehrling auch umso eher akzeptiert, als der Ausbilder, der sie vorbringt, über persönliche und nicht bloß positionsbezogene Autorität verfügt.

Anforderungen an die Beanstandung

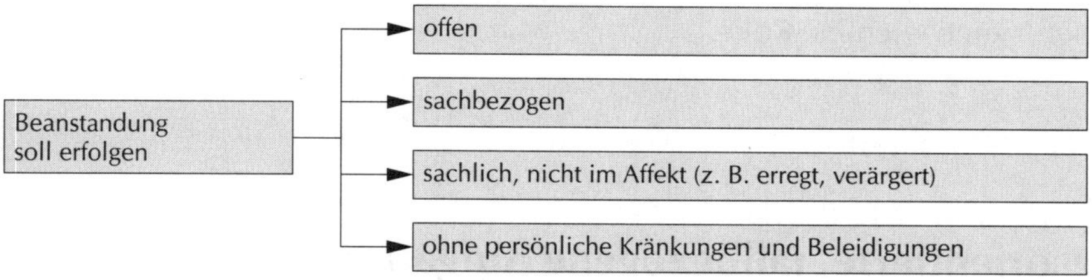

Abbildung 78

2.5.5.6 Information (Orientierung, Aufklärung)

Der Lehrling braucht im Verlaufe seiner Ausbildung viele Informationen, sei es

- zur Orientierung, um sich in neuen oder ungewohnten Situationen zurechtfinden zu können (Orientierung)
  oder
- zur Aufklärung, um neuen Lernstoff besser verstehen und nachvollziehen zu können. (Aufklärung)

Auch hierbei kommt es darauf an, dass der Ausbilder in der Lage ist, sich neben der rein fachlichen Ebene in den Auszubildenden hineinzuversetzen und dementsprechend zu reagieren.

2.5.5.7 Gegenseitiges Feedback

Ausbilder und Lehrling beeinflussen sich immer gegenseitig und üben durch ihr Handeln und Verhalten bestimmte Wirkungen aufeinander aus. Um sich dieser Wirkungen bewusst zu werden und sie dann auch steuern zu können, sind wechselseitige Rückmeldungen erforderlich. Diesen Prozess umschreibt der Begriff „Feedback". Dieses „Feedback" ist gerade in der Ausbildung sehr wichtig. Der Lehrling braucht die Rückmeldung des Ausbilders, um zu wissen, wie er die ihm gestellten Aufgaben erledigt. Fehlt diese, so kann Unsicherheit beim Lehrling die Folge sein.
In der Ausbildung lassen sich so vor allem Verhaltensweisen steuern und erlernen.

Vertrauensvolles Verhältnis

> Feedback setzt für den Erfolg allerdings voraus, dass die Beteiligten ein weitgehend harmonisches und vertrauensvolles Verhältnis zueinander haben. Der Ausbilder sollte in der Lage sein, die Rückmeldungen des Lehrlings sensibel, verständnisvoll und situationsgerecht aufzunehmen. Gegebenenfalls muss er auch bereit sein, sein eigenes Verhalten zu ändern.

2.5.5.8 Motivation

Die Motivation ist sehr eng mit der Führung von Mitarbeitern, also auch Lehrlingen, verbunden. Im Blick sind hier vor allem die Leistungen und Verhaltensweisen des Lehrlings, die nur dann optimal gegeben sind, wenn er weiß, dass diese vom Vorgesetzten wahrgenommen und bewertet werden. Die vorher genannten Führungsmittel spielen dabei – wie beschrieben – eine wichtige Rolle.

Handlungsorientierte, fallbezogene Aufgaben

1. Als Ausbilder haben Sie im Umgang mit Ihren Lehrlingen eine besondere Verantwortung. Der von Ihnen gewählte und angewandte Ausbildungs- und Führungsstil bestimmt maßgeblich den Erfolg der Ausbildung.

Aufgabe: Beschreiben Sie den Führungsstil und seine Auswirkungen auf das Verhalten und die Leistung Ihrer Lehrlinge, den Sie am geeignetsten für die Ausbildung halten!

„Siehe Seiten 160 f. des Textteils!"

2. Sie sind Inhaber eines Handwerksbetriebes und bilden zwei Lehrlinge aus. Als allgemeines Führungsmittel wenden Sie sehr häufig Anweisungen an.

Aufgabe: Was ist bei der Anweisung an die beiden Lehrlinge besonders zu beachten?

☐ a) Dass man sie in Befehlsform bringt, weil diese am besten verstanden wird.
☐ b) Dass sie rechtzeitig erfolgt und keine Überforderung mit sich bringt.
☐ c) Dass sie möglichst wenig Spielraum für eigenes Denken lässt.
☐ d) Dass sie wenig Spielraum für eigenes Handeln lässt.
☐ e) Dass sie gar keinen Spielraum für eigenes Handeln lässt.

„Siehe Seite 164 des Textteils!"

2.6 Handlungssituation: Mit Partnern im dualen System zusammenarbeiten

Die Zusammenarbeit zwischen Partnern des dualen Systems ist aus sachlogischen Gründen unter Abschnitt 1.5 „Handlungssituation: Partner in der Ausbildung" dargestellt.

3 Handlungsfeld: Einstellung von Auszubildenden

3.1 Handlungssituation: Einstellverfahren für Lehrlinge planen und durchführen sowie dabei die Einflüsse auf Berufswahlentscheidungen beachten

Kompetenzen:

- Agentur für Arbeit, allgemein bildende Schulen und Innungen als Kontaktstellen kennen und für die Lehrlingsakquisition berücksichtigen
- Determinanten (Bestimmungsgrößen) der Berufswahl Jugendlicher und junger Erwachsener kennen und für die Darstellung des Ausbildungsplatzangebotes berücksichtigen
- Geeignete Akquisitionsinstrumente zusammenstellen, auswählen und inhaltlich gestalten
- Anforderungsprofil des Lehrlings unter Zugrundelegung der betrieblichen Bedingungen und der Vorgaben der Ausbildungsordnung bestimmen
- Personalauswahlinstrumente kennen und bedarfsgerecht einsetzen

3.1.1 Informationsmöglichkeiten zur Berufswahl

3.1.1.1 Berufsberatung und Lehrstellenvermittlung der Agentur für Arbeit

Berufsberatung

Berufsfindung

Insbesondere die Berufsberatung der Arbeitsverwaltung (auch: Ausbildungsmarktpartnerteams) spielt bei der Berufswahl eine sehr wichtige Rolle. Sie unterstützt die Berufsfindung, gibt also wesentliche Hilfen, die der Berufswahl dienen. Die überwiegende Mehrzahl der jungen Menschen nimmt diese Dienste in Anspruch.

Zentrale Aufgabe der Berufsberatung ist es, dem jungen Menschen die Kenntnisse zu vermitteln, die nötig sind, um zu einer sachgerechten Entscheidung bei der Berufswahl zu kommen. Die Berufsberatung ist unentgeltlich und darf nicht berufslenkend wirken.

Arbeitslosengeld II

Nach den Regelungen von Hartz IV haben Jugendliche, die selbst oder deren Eltern Empfänger von Arbeitslosengeld II sind, bei der konkreten Suche nach Ausbildungsstellen ihre persönlichen Ansprechpartner im Jobcenter oder in kommunalen Einrichtungen (siehe auch Abschnitt 3.4.5 „Grundsicherung für Arbeitssuchende" in Band 2 der Neuen Handwerker-Fibel).

Wesentliche Leistungen der Berufsberatung sind:
- **Orientierung** der Schüler über berufliche Möglichkeiten und Fragen der Berufswahl
- **Beratung** in persönlichen Gesprächen
- **Vermittlung** von Ausbildungsstellen durch engen Kontakt mit Ausbildungsbetrieben
- **Veranstaltung** von berufskundlichen Vorträgen, Berufserkundungen, Messen
- **Informationen** mit Schriften und anderen Medien sowie ein ausführliches Internetangebot
- **Berufsinformationszentrum** (BIZ) mit Informationsveranstaltungen, Informationsmappen, Büchern, Zeitschriften und PC-Arbeitsplätzen, über die zahlreiche Informationsangebote rund um die Ausbildung abgerufen werden können
- **Förderung** berufsvorbereitender Lehrgänge
- **Finanzielle Förderung** der Berufsausbildung (wie zum Beispiel Berufsausbildungsbeihilfe, Umzugskostenhilfe, Übergangshilfe, Ausrüstungsbeihilfe, Hilfen an Menschen mit Behinderung) bei Vorliegen bestimmter Voraussetzungen.

Über das Internet (www.arbeitsagentur.de) können Ausbildungsplatzsuchende auf eine umfassende **Jobbörse** und Betriebe, die Auszubildende suchen, auf eine **Stellen- und Bewerberbörse** zugreifen.

Jobbörse

Über einen persönlichen Zugang ermöglicht die Jobbörse unter anderem
- eine einfache und schnelle Stellensuche
- die Anlegung eines individuellen Bewerberprofils
- die Verwaltung der Bewerbungsunterlagen.

Stellen- und Bewerberbörse

Die Stellen- und Bewerberbörse ermöglicht den Betrieben:
- die Veröffentlichung ihrer Lehrstellenangebote
- den Zugang zu Bewerbern
- die Darstellung des Unternehmens und der Ausbildungsplätze.

3.1.1.2 Berufsvorbereitende Aktivitäten allgemein bildender Schulen

Nach einer Rahmenvereinbarung der Ständigen Konferenz der Kultusminister und einem darauf aufbauenden Übereinkommen mit der Bundesagentur für Arbeit über die Zusammenarbeit zwischen Schule und Berufsberatung soll die Schule grundlegende Kenntnisse über die Wirtschafts- und Arbeitswelt vermitteln, während die Berufsberatung den Einzelnen bei der Berufswahl und Berufsentscheidung unterstützt und dazu insbesondere Informationen über den Arbeitsmarkt, Anforderungen und Weiterentwicklungsmöglichkeiten gibt.

Ziele der Berufsorientierung

Ziele der Berufsorientierung durch die Schulen sind insbesondere:
- Überblick über schulische Ausbildungsgänge und berufliche Ausbildungsmöglichkeiten in der Region
- Kenntnis der Einflüsse von Familie, Umwelt und Schule auf die Berufswahl
- Einschätzung der individuellen Fähigkeiten und beruflichen Erwartungen und Vergleich mit Anforderungen beruflicher Tätigkeiten

- Entwurf einer Berufswegplanung unter Berücksichtigung der individuellen Voraussetzungen sowie der Arbeitsmarktverhältnisse und Nutzung der Dienste der Berufsberatung
- Erkennen der Chancen und Gefahren beruflicher Flexibilität und räumlicher Mobilität
- Erkennen der Beschäftigungschancen und -probleme mit Blick auf soziale, technische und ökonomische Bedingungen und Auseinandersetzung mit deren individuellen und gesellschaftlichen Auswirkungen
- Kennen wichtiger Bestimmungen aus dem Jugendarbeitsschutzgesetz und einiger weiterer Bestimmungen aus dem Arbeitsrecht.

Damit soll erreicht werden, die Berufswahlkompetenz der Jugendlichen (auch Berufswahlreife genannt) zu fördern.

Berufswahlreife

> Berufswahlreife bedeutet, dass jemand in der Lage ist, anhand seiner Eignung, seiner Neigungen und Begabungen die richtige Berufsentscheidung zu treffen. Die Berufswahlreife steigt mit zunehmendem Lebensalter.

Einschlägige Statistiken zeigen, dass die Zahl der Ausbildungsabbrecher und der Berufswechsler umso geringer wird, je älter bzw. reifer die Jugendlichen bei der Berufswahl waren.

Betriebs- und Arbeitsplatzerkundung

Besonders wichtig bei der Berufsorientierung ist die Betriebs- und Arbeitsplatzerkundung. Inhalte im Unterricht sind hier unter anderem:

- Ängste und Befürchtungen der Schüler
- Berufserkundungen und Betriebspraktika, Schülerinformationstage, Projektwochen
- Berufswahlhilfen der Agentur für Arbeit
- Berufsberater in der Schule und Erkundungen im Berufsinformationszentrum
- schulische Bildungswege
- Bewerbungsschreiben
- Eignungstests
- Rechte und Pflichten des Auszubildenden.

3.1.1.3 Nachwuchswerbemaßnahmen der Betriebe

Die Sicherung des beruflichen Nachwuchses ist eines der zentralen Anliegen des Handwerks. Der zunehmende Anteil von Realschülern und Gymnasiasten sowie das teilweise veränderte Berufswahlverhalten vieler junger Menschen zugunsten kaufmännischer, verwaltender und der Berufe rund um den Computer bringen es mit sich, dass das Handwerk – allerdings mit Unterschieden nach Regionen und Berufen – Probleme bei der Nachwuchsgewinnung hat.

Um auch in Zukunft über qualifizierte Fachkräfte verfügen zu können, ist das Handwerk hinsichtlich Menge und Qualität auf ausreichenden beruflichen Nachwuchs angewiesen.

Akquisition von Lehrlingen

Für den einzelnen Ausbildungsbetrieb heißt dies, dass der Beschaffung (Akquisition) von Lehrlingen ein entsprechend hoher Stellenwert einzuräumen ist. Die Lehrlingsakquisition darf nicht als Nebensache behandelt, sondern sie muss als Nachwuchswerbung mit System betrieben werden.

Werbeveranstaltungen

Geeignete Werbeveranstaltungen aus der Sicht der Betriebe sind vor allem
- Betriebsbesichtigungen in Handwerksbetrieben
- Betriebspraktika in Handwerksbetrieben (hierzu kann auch die Praktikantenbörse der Bundesagentur für Arbeit genutzt werden)
- „Tage der offenen Tür" in Handwerksbetrieben.

Image

Jeder Betriebsinhaber muss sich ferner darüber im Klaren sein, dass das Image seines Betriebes ein besonders wichtiges Werbeinstrument auch im Hinblick auf die Nachwuchsgewinnung ist.

3.1.1.4 Beratung durch die Handwerksorganisationen

Die Handwerksorganisationen – Handwerkskammern, Kreishandwerkerschaften, Innungen und Fachverbände – informieren ebenfalls vielfältig zur Berufswahl und unterstützen die Betriebe bei ihren oben genannten Aktivitäten. Nachwuchswerbekampagnen stehen dabei im Vordergrund.

Besondere Zielgruppen für die Nachwuchssicherung sind:
- Hauptschulabgänger
- Realschüler
- Abiturienten
- Mädchen
- ausländische Jugendliche.

Die Nachwuchswerbung muss dabei ansetzen bei
- den Jugendlichen selbst
- den Eltern
- den Lehrern der allgemein bildenden Schulen
- der Berufsberatung der Agentur für Arbeit.

Wichtig ist hierbei der geeignete Einsatz von Werbematerialien und Werbeveranstaltungen.

Besondere Informations- und Werbematerialien für die Nachwuchswerbung sind:
- Sonderbeilagen in Tageszeitungen und Zeitschriften
- Anzeigen
- Broschüren
- Faltblätter
- Lehrerinformationsmappen, Unterrichtssequenzen
- Kalender
- Plakate
- Informationswände

- Videofilme
- Rundfunkspots
- Kinospots
- T-Shirts
- CD-ROMs/DVDs
- Internet.

Die Berater der Handwerkskammern und die Lehrlingswarte der Innungen stehen in Fragen zur Berufswahl als Ansprechpartner für Jugendliche, Eltern, Schulen, Betriebe und die Arbeitsverwaltung zur Verfügung.

Ausbildungsberater und Lehrlingswart

3.1.2 Ansprüche junger Erwachsener an die Berufs- und Arbeitswelt; Wertewandel

3.1.2.1 Berufswahl

Eine grundlegende Voraussetzung für die richtige Berufswahl ist die Berufseignung.

Berufseignung

Die Berufseignung liegt vor, wenn der Bewerber oder Interessent über wichtige Fähigkeiten verfügt, die zur Ausübung des jeweiligen Berufes erforderlich sind.

Der gesamte Prozess der Wahl eines Berufes verläuft in der Regel aber über einen längeren Zeitraum.
Verschiedene Stufen der Begegnung mit der Berufs- und Arbeitswelt sind unter anderem:

Berufswelt

- eigene Beobachtungen von Kindern und Jugendlichen im alltäglichen Umgang mit arbeitenden Menschen
- der berufskundliche Unterricht in den allgemein bildenden Schulen
- die Teilnahme an Betriebspraktika
- die Inanspruchnahme der Berufsberatung.

Die eigentliche Berufswahl stellt für jeden Menschen eine schwierige, aber auch sehr wichtige Entscheidung dar. Von der richtigen Wahl unter der großen Zahl möglicher Berufe hängt schließlich ein wesentlicher Teil des persönlichen Lebensglücks ab, auch wenn heute wachsende Bereitschaft zu beruflicher Mobilität gefordert wird. Auf die gesamte Berufswahl wirken daneben eine Vielzahl von Umwelteinflüssen, wie beispielsweise:

Einflüsse

- Familie
- Verwandtschaft und Nachbarschaft
- Freundeskreis
- Berichte und Sonderbeilagen in Zeitungen und Zeitschriften
- Nachwuchswerbemaßnahmen von Betrieben und Handwerksorganisationen
- Rundfunk, Fernsehen, Filme, Internet
- Jugendveranstaltungen
- Berufsberatung
- Ausbildungsmöglichkeiten am Wohnort oder in der Nähe.

3.1.2.2 Ansprüche junger Erwachsener an die Berufs- und Arbeitswelt

Einstellungen

Die jungen Menschen haben zwar sehr unterschiedliche und vielfältige, aber insgesamt doch sehr positive Einstellungen zum Beruf. Leistung und Erfolg werden als wesentlicher Bestandteil des Lebens angesehen:

- Die überwiegende Mehrheit der Jugendlichen äußert sich in ihrer Lebenseinstellung zufrieden, optimistisch und aufstiegsorientiert.
- Genauso sehen sie in einer abgeschlossenen Berufsausbildung einen hohen Stellenwert und eine notwendige Voraussetzung für einen sicheren Arbeitsplatz bzw. eine spätere Selbstständigmachung.
- Die Jugend ist offen gegenüber Technik und Leistung.

Motive

Bei der endgültigen Entscheidung für einen Beruf, bei der die Jugendlichen sich heute weniger an den Berufen der Eltern orientieren, sondern frei und selbstbestimmt vorgehen, spielen neben Eignung und Neigung insbesondere vier Motive eine wichtige Rolle.

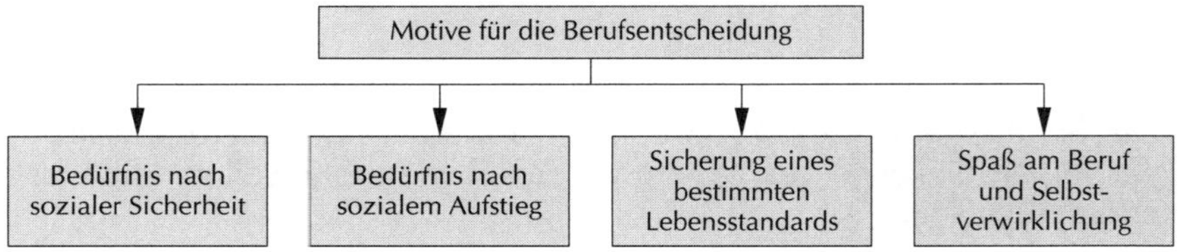

Abbildung 79

3.1.2.3 Wertewandel

Jede Gesellschaft ist dadurch geprägt, dass sich Werte (Einstellungen) ständig weiterentwickeln oder neue Werte hinzukommen. Gerade die junge Generation hat oft andere Werte als ihre Eltern. Jeder Wertewandel eröffnet auch Chancen. Deshalb muss sich der Ausbilder ebenfalls damit auseinander setzen. Er sollte darauf achten, dass sich betriebliche Ausbildungs-, Arbeits- und Organisationskonzepte und Einstellungen der Lehrlinge und Mitarbeiter nicht auseinander entwickeln.

Die Werteentwicklung ist heute unter anderem dadurch gekennzeichnet, dass Ziele wie Ordnung, Sicherheit und körperliche Unversehrtheit in ihrem Stellenwert hinter Bedürfnissen wie Zugehörigkeit, Achtung, Selbstverwirklichung und Teilhabe an Entscheidungen zurücktreten. In Ausbildung und Beschäftigung führt dies zu veränderten Formen des Arbeitskräfteeinsatzes wie Gruppen- oder Projektarbeit.

Berufsarbeit

Bemerkenswert ist, dass der Berufsarbeit nach wie vor ein hoher Stellenwert beigemessen wird, allerdings ändern sich die Erwartungen, die an sie gestellt werden. Nicht nur ein hohes Einkommen wird erwartet, sondern vermehrt gute Aufstiegschancen, sichere und gesunde Arbeitsbedingungen, eine selbstständige und interessante Tätigkeit sowie das Finden von Anerkennung. Gerade das Handwerk hat mit seinen Berufen hier viel zu bieten.

Im Handwerk spielt auch das Berufsethos nach wie vor eine Rolle, also eine bestimmte innere Einstellung und Werthaltung gegenüber dem Beruf. Denn immer noch gilt, dass gerade Handwerksberufe die beste Möglichkeit bieten, sich im Beruf selbst zu verwirklichen.

Für den Betriebsinhaber und Ausbilder ist es wichtig, für sich und den Betrieb die Schlussfolgerung zu ziehen, dass nur derjenige den Wettbewerb um die besten Arbeits- und Nachwuchskräfte gewinnen wird, der den Wertewandel ausreichend in seiner Personalpolitik berücksichtigt.

3.1.3 Akquisitionsinstrumente der Betriebe

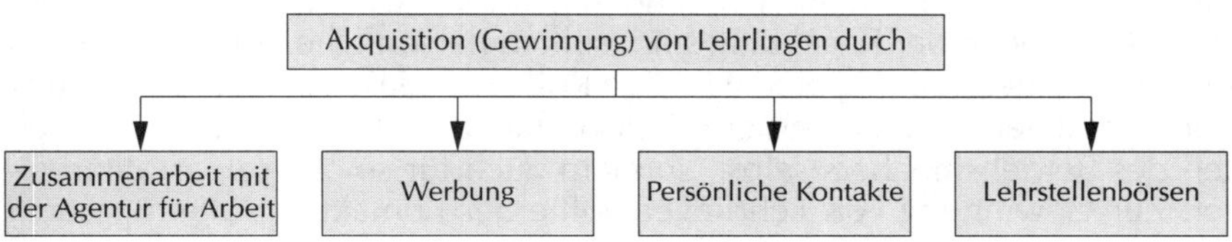

Abbildung 80

3.1.3.1 Zusammenarbeit mit der Agentur für Arbeit

Bei der Suche nach Lehrlingen wird grundsätzlich eine enge Zusammenarbeit mit der Berufsberatung der Arbeitsverwaltung empfohlen.

Berufsberatung

Nahezu jeder Jugendliche befragt nämlich im Zusammenhang mit der Berufswahl den Berufsberater der Agentur für Arbeit. Deshalb ist es wichtig, dass der Betrieb offene Lehrstellen der Agentur für Arbeit rechtzeitig meldet. Die schon in dieser Handlungssituation beschriebenen Informations- und Vermittlungssysteme sollte daher jeder Ausbilder bzw. Ausbildende, der Lehrlinge sucht, kennen und nutzen.

3.1.3.2 Werbung

Anzeigen

Gestaltungselemente

Stellenanzeigen in Tageszeitungen, Werbebeilagen und anderen Druckmedien, vermehrt aber auch im Internet, sind ein wichtiges Mittel der Personalbeschaffung. Um erfolgreich zu sein und sich doch von der Vielzahl anderer Stellenanzeigen abzuheben, sollte die Anzeige bestimmte Gestaltungselemente wie einen geeigneten Blickfang enthalten.

Die Anzeige sollte so ausführlich sein, dass der Angesprochene wesentliche Informationen über den Ausbildungsplatz, die Anforderungen und die gebotenen Leistungen sowie den suchenden Betrieb (Name, Anschrift, Telefonnummer) erhält.

Im Einzelfall können hierzu entsprechende Berater hinzugezogen werden.

Aushänge

Gleich oder ähnlich lautende Texte wie in der Zeitungsanzeige können auch an geeigneten Stellen wie Schulen (soweit diese das zulassen) und bekannten Jugendtreffpunkten ausgehängt werden.

Rundfunk und Fernsehen

Die gewachsene Vielfalt von Rundfunk- und Fernsehsendern, insbesondere die lokalen Sender, sind eine weitere und oftmals auch kostengünstige Möglichkeit, die zur Lehrstellenwerbung genutzt werden kann.

3.1.3.3 Persönliche Kontakte

Gerade in dem engen lokalen und regionalen Umfeld, in dem Handwerksbetriebe in der Regel tätig sind, sollten persönliche Kontakte, die bei der Auftragsbeschaffung eine wichtige Rolle spielen, auch zur Gewinnung von Lehrlingen genutzt werden. Dies gilt nicht nur für Kontaktmöglichkeiten des Betriebsinhabers selbst, sondern auch für solche seiner Mitarbeiter. Zur Gewinnung von Lehrlingen sollte der Kontakt vor allem gesucht werden zu:

Kontaktpartner

- Schulen
- ehemaligen Praktikanten
- Vereinen
- Kunden.

3.1.3.4 Lehrstellenbörsen

Von zahlreichen Stellen werden Lehrstellenbörsen angeboten. Darunter sind Veranstaltungen verschiedenster Art zu verstehen, um Anbieter von Ausbildungsplätzen und Lehrstellensuchende zusammenzuführen. Auch elektronische Lehrstellenbörsen im Internet, z. B. der Agentur für Arbeit oder von Handwerkskammern, werden verstärkt angeboten.

Internet

3.1.4 Voraussetzungen des Lehrlings für den Beruf

Die Voraussetzungen des Lehrlings für den Beruf und den Betrieb werden im persönlichen Eignungsprofil einerseits und im beruflichen Anforderungsprofil andererseits festgehalten. Bei dessen Festlegung dient dem Ausbilder das Ausbildungsberufsbild als wichtige Unterlage.

Eignungsprofil

Das persönliche Eignungsprofil beschreibt erwartete

- Interessen (etwa für Menschen, Ideen)
- persönliche Eigenschaften (wie Freundlichkeit, Gewissenhaftigkeit)
- körperliche und gesundheitliche Merkmale (wie Belastbarkeit)
- Fähigkeiten (wie Sprachbeherrschung und rechnerisches Denken) des Bewerbers.

Anforderungsprofil

Das berufliche Anforderungsprofil sollte insbesondere enthalten:

- Arbeitstätigkeiten
- Lernanforderungen
- Arbeitsbedingungen.

Die besten Voraussetzungen sind gegeben, wenn sich Eignung des Jugendlichen und Anforderungen des Betriebes weitgehend entsprechen.

3.1.5 Auswahl von Lehrlingen

3.1.5.1 Bewertung von Bewerbungsunterlagen

Wichtige Bewerbungsunterlagen sind:

- Anschreiben
- Lebenslauf mit Foto
- Zeugnisse (Kopien)
- Bescheinigung über Praktika/Kurse.

Beim Anschreiben, das heute in der Regel mit dem Computer und nicht mehr in Handschrift erstellt wird, sollten sowohl Form wie auch Inhalt und Aussagekraft ausgewertet werden.

Anhand der Form können Rückschlüsse bezüglich der Sorgfalt und der Ernsthaftigkeit der Lehrstellensuche gezogen werden. Der Inhalt des Bewerbungsschreibens kann nach Ausdruck, Satzbau, Satzverbindungen und Wortumfang analysiert werden. Dabei ist allerdings zu berücksichtigen, dass vielfach die Eltern den Jugendlichen bei der Abfassung der Schreiben helfen.

Aus dem tabellarischen Lebenslauf erfährt der Ausbildende/Ausbilder Näheres zur Person des Bewerbers, seine Schulausbildung, besondere Kenntnisse (z. B. Sprachen und EDV), eventuelle Praktikantentätigkeiten und Hobbys.

Schulzeugnisse

Schulzeugnisse sollen zwar nicht überbewertet werden, weil die Beurteilungen in allgemein bildenden Fächern nicht immer aussagefähig genug hinsichtlich der praktischen Eignung und Begabung für einen Ausbildungsberuf sind. Zeugnisse informieren aber durchaus über bestimmte Begabungsschwerpunkte, Interessen und Fähigkeiten. So lassen gute Noten in Mathematik, Chemie und Physik auf Konzentrations- und Abstraktionsvermögen, in Geschichte, Sprachen und Gemeinschaftskunde auf Willenseinsatz, in Sport auf Einsatzfreude sowie in Musik und Kunst auf Produktivität und Phantasie schließen.

Begabungsschwerpunkte

Grundsätzlich müssen die Schulkenntnisse, aus welcher allgemein bildenden Schule auch immer, ausreichen, um das Ausbildungsziel des jeweiligen Berufes zu erreichen, dem Berufsschulunterricht zu folgen und den Beruf mit Erfolg auszuüben.

Referenzen

Eine weitere Unterlage können Referenzen sein. Bei Lehrlingsbewerbern kommen dabei vor allem Bescheinigungen über Praktika in Frage.

3.1.5.2 Planung und Durchführung von Bewerbungsgesprächen

Bewerber, die für die Ausbildungsstelle wirklich in Betracht gezogen werden, erhalten eine Einladung zu einem Vorstellungs- oder Bewerbungsgespräch, um sich in persönlichem Kontakt ein Bild zu machen und weitere Informationen zu erhalten.

Der Ausbilder bzw. Betriebsinhaber sollte sich selbst auf das Vorstellungsgespräch gut vorbereiten und es planen.

Themenbereiche für ein Vorstellungsgespräch sind z. B.:
- Was will ich beobachten?
- Was will ich fragen?
- Was will ich vom Bewerber?

Vorgehen

Das Vorstellungsgespräch wird als zwanglose Unterhaltung in freundlichem Ton geführt.
Der Ausbilder schildert dabei vor allem
- den eigenen Betrieb
  und
- den Ausbildungsberuf.

Er sollte ferner versuchen, vom Bewerber einiges zu erfahren über
- seine Einstellung zur Schule
- seine beruflichen Vorstellungen und Pläne
- seine Person und sein persönliches Umfeld
- seine Fähigkeiten (z. B. Teamfähigkeit)
- außerberufliche Interessen und Freizeitgestaltung.

Erster Eindruck

Während des Gesprächs kann man sich außerdem einen ersten Eindruck über die äußere Erscheinung (sauber, gepflegt u. Ä.) sowie das Auftreten (höflich, bescheiden, verbindlich, vorlaut u. Ä.) des Bewerbers machen. Wenn der Ausbilder diese Vorstellungsgespräche auswertet, so sollte dies möglichst unvoreingenommen geschehen (vgl. dazu auch Abschnitt 4.4.4.5 „Beurteilungsfehler", wo häufige Beurteilungsfehler behandelt werden).

Dem Bewerber sollte ausreichend Gelegenheit gegeben werden, sich darzustellen und Rückfragen zu stellen.

Einbeziehung der Eltern

Unterschiedlich beurteilt wird die Frage, ob man gegebenenfalls die Eltern in ein Vorstellungsgespräch einbeziehen soll oder nicht. Dagegen sprechen Befürchtungen, dass die Eltern versuchen, für ihr Kind zu reden. Andererseits können die Eltern aber auch zusätzliche Auskünfte geben.

3.1.5.3 Auswahltests

Ergänzende Informationen zur Einstellung eines Lehrlings können durch Auswahl-(Eignungs-)Tests gewonnen werden.

Tests von Ausbildungsbewerbern

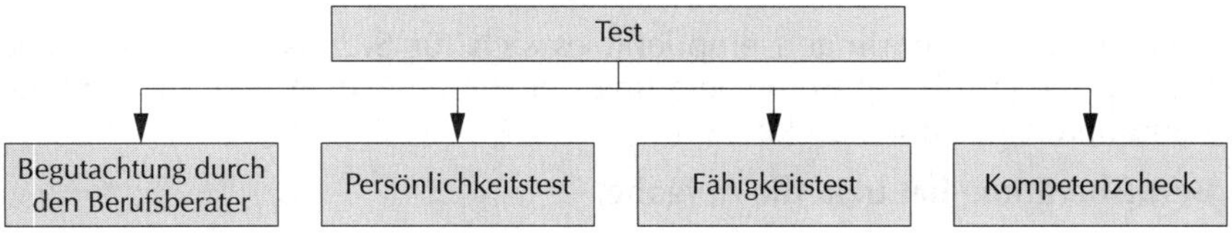

Abbildung 81

Neben den psychologischen Eignungstests, die durch die Agenturen für Arbeit durchgeführt werden, sind auch weitere möglich.

Verschiedene Arten solcher Eignungstests sind
- Persönlichkeitstests
- Fähigkeitstests
- Kompetenzchecks.

Persönlichkeitstest

Persönlichkeitstests versuchen,
- Interessen
- Neigungen
- innere Einstellungen
- soziale Verhaltensweisen
- charakterliche Eigenschaften

zu erfassen.

Fähigkeitstest

Bei Fähigkeitstests geht es um Merkmale wie
- Konzentration, Aufmerksamkeit, Willenseinsatz
- Denkvermögen, Sprachbeherrschung, Rechengewandtheit
- technische Begabung, Fingerfertigkeit, Geschicklichkeit
- besondere für den Beruf erforderliche Fertigkeiten.

Solche Fähigkeitstests werden auch von Innungen oder Fachverbänden des Handwerks angeboten.
Kompetenzchecks werden durchgeführt, um noch nicht vermittelten Jugendlichen ein zielgerichtetes Ausbildungsangebot machen zu können.

Tests dürfen jedoch nicht als alleiniger Maßstab genommen werden, weil ihre Ergebnisse vielfach nur beschränkt aussagefähig sind.

Die Teilnahme an derartigen Eignungstests muss nach herrschender Meinung für den Ausbildungsplatzbewerber kostenlos sein. Die grundsätzliche Gebührenfreiheit in der Berufsausbildung gilt auch für Maßnahmen im Vorfeld der eigentlichen Ausbildung.

Handlungsorientierte, fallbezogene Aufgaben

1. Bei der Gewinnung von Lehrlingen empfiehlt es sich für Sie als selbstständigem Handwerksmeister, eng mit der Berufsberatung der Agentur für Arbeit zusammenzuarbeiten und deren Aufgaben zu kennen.

Aufgabe: Die Berufsberatung hat u. a. die Aufgabe,

- ☐ a) in erster Linie eine Berufslenkung nach dem Bedarf von Wirtschaft und Gesellschaft vorzunehmen.
- ☐ b) in erster Linie den jungen Menschen auf die Notwendigkeit eines mehrmaligen Berufswechsels während des Berufslebens vorzubereiten.
- ☐ c) dem jungen Menschen die Erkenntnisse zu vermitteln, die für eine sachgerechte Entscheidung bei der Berufswahl nötig sind.
- ☐ d) überwiegend Hinweise über finanzielle Fördermaßnahmen der Agentur für Arbeit zur beruflichen Bildung zu geben.
- ☐ e) nur über berufliche Aufstiegsmöglichkeiten in verschiedenen Berufen zu beraten.

„Siehe Seite 169 des Textteils!"

2. Sie sind Inhaber eines Handwerksbetriebes und möchten im anstehenden Ausbildungsjahr zwei Lehrlinge einstellen. Sie wissen, dass die Auswahl geeigneter Bewerber zum einen über den Ausbildungserfolg entscheidet und zum anderen auch wichtig ist, um die Auszubildenden in den Betrieb mit dem bereits vorhandenen Personal integrieren zu können.

Aufgabe:

a) Welche wichtigen Bewerbungsunterlagen erwarten Sie von den Interessenten für die Ausbildungsplätze in Ihrem Betrieb und wie werten Sie diese aus?

b) Wie führen Sie das Vorstellungsgespräch und was versuchen Sie dabei von den Lehrstellenbewerbern besonders zu erfahren?

„Siehe Seiten 177 ff. des Textteils!"

3.2 Handlungssituation: Ausbildungsvertrag abschließen

Kompetenzen:
- Wesentliche Inhalte eines Ausbildungsvertrages kennen und ihn unter Berücksichtigung seines Rechtscharakters handhaben
- Pflichten des Ausbildenden und des Lehrlings kennen und berücksichtigen
- Möglichkeiten und Grenzen der Kündigung eines Ausbildungsverhältnisses kennen und bei der Anbahnung eines Kündigungsproblems berücksichtigen

3.2.1 Berufsausbildung in Vollzeitform

Die Berufsausbildung nach dem Berufsbildungsgesetz ist
- als Vollzeitausbildung angelegt
- muss einen geordneten Ausbildungsgang gewährleisten
- den Erwerb der erforderlichen Fertigkeiten, Kenntnisse und Fähigkeiten (berufliche Handlungsfähigkeit) vermitteln
- sowie erforderliche Berufserfahrungen ermöglichen.

Vollzeitausbildung

Dies hat das Bundesverwaltungsgericht ausdrücklich bestätigt.
Eine Ausbildung setzt also im Regelfalle eine reguläre Arbeitszeit voraus, die den Auszubildenden mit allen Betriebsabläufen, die die Ausübung des Handwerksberufs regelmäßig mit sich bringt, möglichst wirklichkeitsnah vertraut macht. Berufsausbildung kann nicht als Nebentätigkeit betrieben werden. Dementsprechend kann ein unregelmäßiges Hospitieren im Betrieb oder eine reine Praktikantentätigkeit nicht als geordneter Ausbildungsgang angesehen werden. Parallele, doppelt qualifizierende Bildungsgänge, also Verbundmodelle, bestehend aus Berufsausbildung und fachbezogenem Studium wie z. B. an der Fachhochschule, sind möglich (kombinierter Abschluss von Diplom und Gesellenbrief). Weitere Verbundmodelle, die in einer Vernetzung von Allgemeinbildung, Berufsausbildung, Fortbildung oder Studium bestehen können, sind für verschiedene Handwerkszweige in der Erprobung oder bereits in der Umsetzung.

Reguläre Arbeitszeit

Verbundmodelle

3.2.2 Rechtscharakter des Berufsausbildungsverhältnisses

Der Ausbildende hat mit dem Auszubildenden einen Berufsausbildungsvertrag zu schließen.

Berufsausbildungsvertrag

Das Berufsausbildungsverhältnis ist ein Dauerrechtsverhältnis. Die privatrechtliche Vertragsfreiheit wird durch das Berufsbildungsgesetz, die Handwerksordnung und andere einschlägige Gesetze eingeschränkt. Eine Vereinbarung, die zuungunsten des Lehrlings von den Vorschriften des Teils 2 des Berufsbildungsgesetzes abweicht, ist nichtig.

Arbeitsvertragliche Rechtsgrundsätze

> Primär sind auf den Berufsausbildungsvertrag, soweit sich aus seinem Wesen und Zweck und aus dem Berufsbildungsgesetz nichts anderes ergibt, die für den Arbeitsvertrag geltenden Rechtsvorschriften und Rechtsgrundsätze anzuwenden.

Vertragsverhältnis besonderer Art

Dennoch ist das Berufsausbildungsverhältnis kein reines Arbeitsverhältnis, sondern ein Vertragsverhältnis besonderer Art als Ausbildungs- und Erziehungsverhältnis.
Ein Mangel in der Berechtigung, Auszubildende einzustellen oder auszubilden, berührt die Wirksamkeit des Berufsausbildungsvertrages nicht.

3.2.3 Vertragspartner

Der Berufsausbildungsvertrag enthält die wichtigsten Bestimmungen für die Vertragspartner.

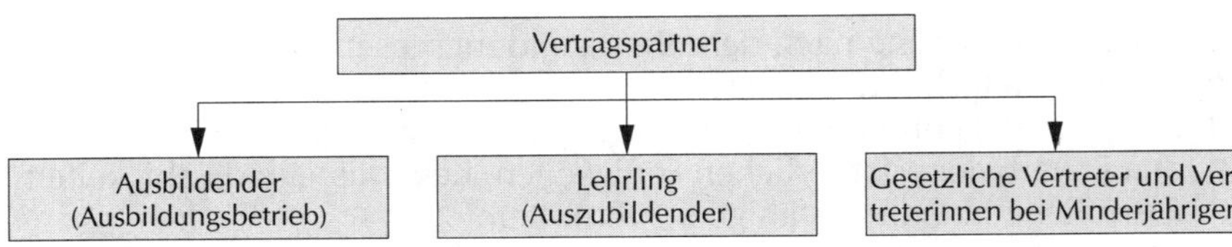

Abbildung 82

3.2.4 Vertragsabschluss, Formvorschriften, Musterausbildungsvertrag

Formvorschriften

Folgende Formvorschriften sind zu beachten:
- Die Vertragsniederschrift bedarf der Schriftform. Dabei ist der von der Handwerkskammer herausgegebene Vordruck zu verwenden. Die elektronische Form ist nicht zulässig. Nach der Rechtsprechung des Bundesarbeitsgerichts ist der Berufsausbildungsvertrag auch bei Nichteinhaltung der Schriftform wirksam.
- Die Vertragsniederschrift muss vom Lehrling, vom Ausbildenden und bei Minderjährigen von den gesetzlichen Vertretern und Vertreterinnen unterzeichnet werden.
- Der Berufsausbildungsvertrag muss spätestens vor Beginn der Berufsausbildung abgeschlossen werden.
- Der Ausbildende muss dem Lehrling und dessen gesetzlichen Vertretern und Vertreterinnen unverzüglich eine Ausfertigung des unterzeichneten Vertrages aushändigen.

Bei minderjährigen Lehrlingen gelten als gesetzliche Vertreter und Vertreterinnen:
- bei ehelichen Kindern die Eltern gemeinsam
- bei Geschiedenen der Elternteil, der das Sorgerecht hat
- bei Halbwaisen der lebende Elternteil
- bei Vollwaisen der Vormund nach Genehmigung durch das Vormundschaftsgericht
- bei unehelichen Kindern die Mutter.

Bei Änderungen des Berufsausbildungsvertrages gelten die genannten Formvorschriften entsprechend.

3.2.5 Gesetzliche Mindestinhalte und ergänzende Regelungen

Die Mindestinhalte gehen aus folgender Übersicht hervor:

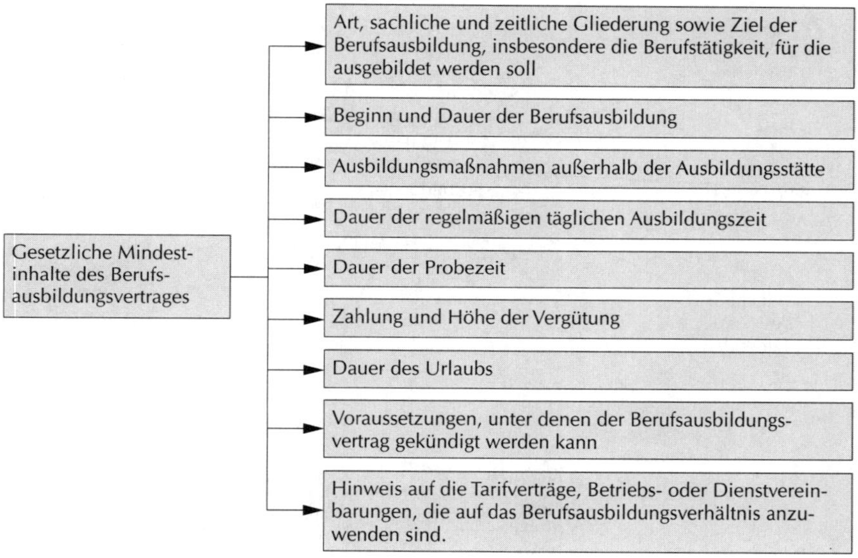

Abbildung 83

Weitere Regelungen

Darüber hinaus sind im Berufsausbildungsvertrag die wichtigsten Pflichten des Ausbildenden und des Lehrlings enthalten. Schließlich werden noch Angaben aufgenommen über das Zeugnis, die Regelung von Streitigkeiten aus dem Berufsausbildungsverhältnis, Schadenersatzansprüche sowie mit dem Ausbildungsverhältnis zusammenhängende Gebühren.
Die nachstehende Übersicht enthält den wesentlichen Gesamtinhalt des Berufsausbildungsvertrages (gesetzliche und vertragliche Bestandteile) im Überblick.

Abbildung 84

3.2.6 Beginn des Berufsausbildungsverhältnisses

Der Beginn der Ausbildung ist durch einen bestimmten Kalendertag festzulegen. Die Dauer der Ausbildung wird durch einen Endzeitpunkt im Ausbildungsvertrag vereinbart.

Regelausbildungszeit

Die Regelausbildungszeit ist der Ausbildungsordnung zu entnehmen.

Bei Ausbildungsordnungen, die eine Stufenausbildung regeln, muss der Berufsausbildungsvertrag über die gesamte Ausbildungszeit bis zur letzten Ausbildungsstufe abgeschlossen werden.
Eine Ausbildungsordnung kann auch vorsehen, dass eine oder mehrere einschlägige Berufsausbildungen bzw. mehrere anerkannte Berufsabschlüsse auf unterschiedlichen Niveaustufen über eine Anrechnungsregelung miteinander verbunden werden (gestufte Ausbildung).
Sieht die Ausbildungsordnung eine gestufte Ausbildungsregelung, die von einer Anrechnung einer Ausbildung auf eine höherwertige Ausbildung ausgeht, (Anrechnungsmodell) vor, können die Vertragspartner frei entscheiden, ob sie Ausbildungsverträge gestaffelt, d. h. bis zum ersten oder einem weiteren, darauf aufbauenden Berufsabschluss abschließen oder ob sie einen Ausbildungsvertrag unmittelbar bis zum höchsterreichbaren Berufsabschluss abschließen.

3.2.7 Abkürzung und Verlängerung der Ausbildungszeit, Anrechnung auf die Ausbildungszeit

3.2.7.1 Abkürzung der Ausbildungszeit

Die Handwerkskammer hat auf **gemeinsamen Antrag** des Lehrlings und des Ausbildenden die Ausbildungszeit zu kürzen, wenn zu erwarten ist, dass das Ausbildungsziel in der gekürzten Zeit erreicht wird.

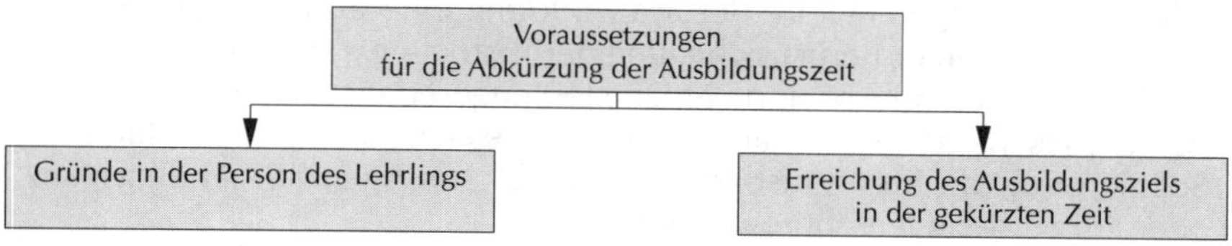

Abbildung 85

Zeitpunkt

Hinsichtlich des möglichen Zeitpunktes für die Abkürzung der Ausbildungszeit gibt es grundsätzlich zwei Möglichkeiten.

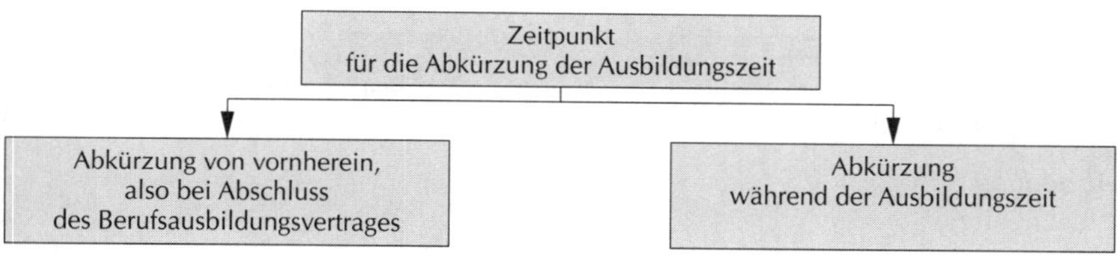

Abbildung 86

Abkürzung von vornherein

Für die Abkürzung von vornherein, also bei Abschluss des Berufsausbildungsvertrages, kommen vor allem drei wichtige Fälle in der Praxis vor:
- Personen mit mittlerem Bildungsabschluss oder Abitur
- Personen mit fortgeschrittenem Alter
- Personen mit berufsspezifischer fachlicher Vorbildung.

Die Abkürzung während des Berufsausbildungsverhältnisses kommt vor allem dann in Frage, wenn der Lehrling aufgrund seiner überdurchschnittlichen Leistungen das Ausbildungsziel vorzeitig erreicht hat oder erreichen wird.

Teilzeitberufsausbildung

Die Verkürzung der Ausbildungszeit kann sich auch auf die tägliche und wöchentliche Ausbildungszeit beziehen. Eine solche Teilzeitberufsausbildung kommt nur dann zum Zuge, wenn dies Ausbildender und Lehrling gemeinsam bei der Handwerkskammer beantragen und erwartet werden kann, dass das Ausbildungsziel in der verkürzten Zeit erreicht werden kann. Zusätzlich muss ein berechtigtes Interesse (z. B. Betreuung eines eigenen Kindes oder eines pflegebedürftigen nahen Angehörigen) nachgewiesen werden.
Das Berufsbildungsgesetz und die Handwerksordnung sehen nicht vor, in welchem Umfang die wöchentliche oder tägliche Ausbildungszeit verkürzt werden kann. Herrschende Meinung ist, dass die Teilzeitausbildung im Regelfall nicht weniger als 75 % der regulären Ausbildungszeit betragen sollte.

Ob und ggf. wie die Anwesenheit im Berufsschulsunterricht reduziert wird, kann nur die Berufsschule bzw. die Schulbehörde entscheiden. Im Sinne der im Berufsbildungsgesetz geregelten Lernkooperation der Lernorte sollte eine Abstimmung zwischen Betrieb und Berufsschule erfolgen.

3.2.7.2 Anrechnung auf die Ausbildungszeit

Die Ausbildungsordnung kann vorsehen, dass auf die durch die Ausbildungsordnung geregelte Berufsausbildung eine andere, einschlägige Berufsbildung unter Berücksichtigung der hierbei erworbenen beruflichen Fertigkeiten, Kenntnisse und Fähigkeiten angerechnet werden kann.
Auf die Ausbildungszeit kann auch der Besuch einer berufsbildenden Schule oder die Berufsausbildung in einer sonstigen Einrichtung ganz oder teilweise angerechnet werden.

Die für das Handwerk wichtigsten Fälle sind:

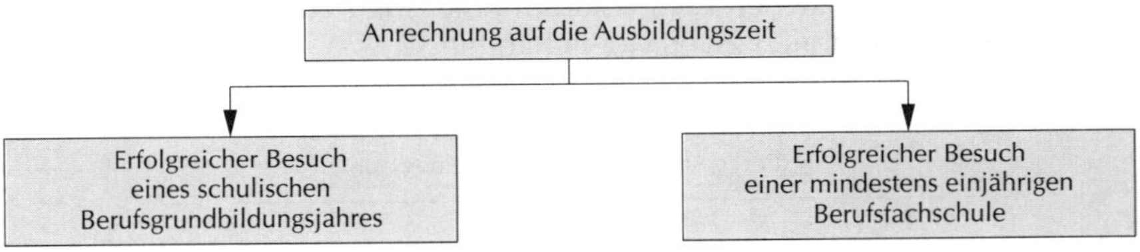

Abbildung 87

Voraussetzung

Voraussetzungen für die Anrechnung sind:
- Lehrplan und
- Unterricht

entsprechen den Berufsgrundbildungsjahr- und Berufsfachschuljahranrechnungsverordnungen.

Handwerkskammer

Über Anträge auf Anrechnung entscheidet die Handwerkskammer.

Folgende Regelungen sind zu beachten:
- Nach der Rechtsprechung des Bundesverwaltungsgerichts hat die Anrechnungsverordnung zwingenden Charakter und schließt aus, dass die Parteien eines Berufsausbildungsvertrages darauf verzichten, den erfolgreichen Besuch eines Berufsgrundschuljahres auf die Ausbildungszeit anzurechnen. Wird in einem Berufsausbildungsvertrag auf die Anrechnung verzichtet, darf die Handwerkskammer den Vertrag nicht in das Verzeichnis der Berufsausbildungsverhältnisse eintragen.
- Die Dauer der Elternzeit wird nicht auf die Berufsausbildungszeit angerechnet. Die Ausbildungszeit verlängert sich deshalb um die Elternzeit.
- Treffen eine Anrechnung einer Berufsfachschule und ein Antrag auf Kürzung der Ausbildungszeit in einem konkreten Fall zusammen, ist es nach der Rechtsprechung nicht gerechtfertigt, die dreijährige Ausbildungszeit über eine betriebliche Mindestausbildungszeit von 18 Monaten hinaus zu kürzen.

Übergangsregelungen

Die oben aufgeführten Berufsgrundbildungsjahr- und Berufsfachschuljahranrechnungsverordnungen treten am 1. August 2006 außer Kraft.

Für die Zeit danach können die einzelnen Landesregierungen durch Rechtsverordnungen bestimmen, dass der Besuch eines berufsschulischen Bildungsganges oder die Berufsausbildung in einer sonstigen Einrichtung obligatorisch oder auf gemeinsamen Antrag des Lehrlings und Ausbildenden ganz oder teilweise auf die Ausbildungszeit angerechnet wird. Es muss also ab 1. August 2006 im konkreten Einzelfall geprüft werden, ob eine einschlägige Verordnung vorliegt oder nicht. Liegt keine vor, müssen auch keine Berufsgrundbildungs- bzw. Berufsfachschuljahre, die in Bundesverordnungen geregelt waren, auf die Ausbildungszeit angerechnet werden. Hat das Land von der Regelungskompetenz Gebrauch gemacht, sind diese einschlägigen Anrechnungsvorschriften zu beachten.
Ab 1. August 2009 ist die Anrechnung zwingend an einen gemeinsamen Antrag des Lehrlings und des Ausbildenden geknüpft.
Der Antrag auf Anrechnung ist an die Handwerkskammer zu richten. Er kann sich auf Teile des höchstzulässigen Anrechnungszeitraums beschränken.

3.2.7.3 Verlängerung der Ausbildungszeit

Neben der Verlängerungsmöglichkeit der Ausbildungzeit bei Nichtbestehen der Gesellen- oder Abschlussprüfung (siehe Abschnitt 7.3.3 „Verlängerung bei nichtbestandener Prüfung") besteht in Ausnahmefällen auf Antrag des Lehrlings auch die Möglichkeit der Verlängerung der Ausbildungszeit, wenn diese notwendig ist, das Ausbildungsziel zu erreichen (z. B. längere Krankheitszeiten). Über den Antrag entscheidet die Handwerkskammer nach Anhörung des Ausbildenden.

3.2.8 Nichtige Vereinbarungen im Berufsausbildungsvertrag

In einem Berufsausbildungsvertrag sind folgende Vereinbarungen **nicht** zulässig:

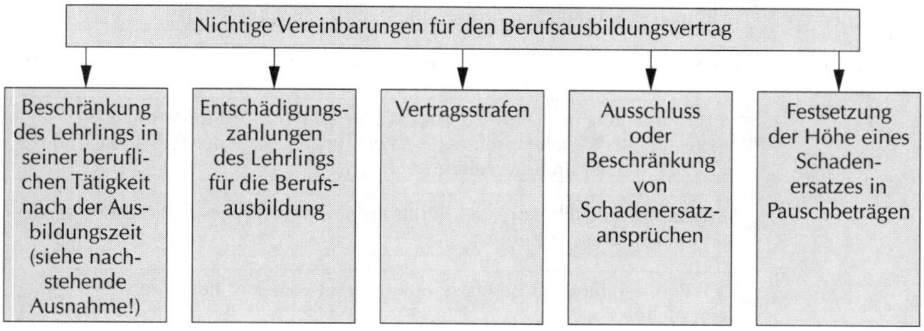

Abbildung 88

Ausnahme von der Beschränkung der beruflichen Tätigkeit

Die Beschränkung des Lehrlings in der Ausübung seiner beruflichen Tätigkeit nach der Ausbildungszeit gilt nicht, wenn er sich innerhalb der letzten sechs Monate des Berufsausbildungsverhältnisses dazu verpflichtet, nach dessen Beendigung mit dem Ausbildenden ein Arbeitsverhältnis einzugehen.
Bei Verstoß gegen das Verbot, für die Berufsausbildung eine Entschädigung an den Ausbildenden zu zahlen, hat dieser nach der Rechtsprechung den erhaltenen Geldbetrag in voller Höhe zurückzuzahlen.

Dies gilt auch dann, wenn der Ausbildende das Verbot nicht kannte oder ihm die Entschädigung vom Auszubildenden oder Dritten (zum Beispiel Eltern) zur Erlangung des Ausbildungsplatzes angeboten wurde und der Ausbildende selbst ein solches Lehrgeld nicht gefordert hat.

3.2.9 Gesetzliche und vertragliche Pflichten des Ausbildenden und des Auszubildenden

3.2.9.1 Pflichten des Ausbildenden

Auf der Grundlage des Berufsbildungsgesetzes, des Arbeitsrechts und des Berufsausbildungsvertrages ergeben sich zahlreiche Pflichten des Ausbildenden.

Die wesentlichen Pflichten des Ausbildenden

1) Vermittlung der für das Ausbildungsziel erforderlichen Fertigkeiten, Kenntnisse und Fähigkeiten (berufliche Handlungsfähigkeit)

2) Einhalten der geltenden Angaben zur sachlichen und zeitlichen Gliederung des Ausbildungsablaufs, planmäßige Ausbildung

3) Durchführung der Ausbildung bzw. Beauftragung eines Ausbilders

4) Kostenlose Aushändigung der Ausbildungsordnung an den Lehrling

5) Kostenlose Zurverfügungstellung der Ausbildungsmittel für die Berufsausbildung sowie die Zwischen- und Gesellenprüfung, auch nach Beendigung des Ausbildungsverhältnisses

6) Charakterliche Förderung des Lehrlings, Verhinderung sittlicher und körperlicher Gefährdung

7) Nur Übertragung von Aufgaben, die dem Ausbildungszweck dienen

8) Bescheinigungen über ärztliche Pflichtuntersuchungen nach dem Jugendarbeitsschutzgesetz vorlegen lassen

9) Kostenfreie Aushändigung der Ausbildungsnachweise; Anhalten zum Führen der schriftlichen Ausbildungsnachweise, Durchsicht

10) Anhalten zum Besuch der Berufsschule und Freistellung zu deren Besuch

11) Anmeldung des Lehrlings zur Zwischenprüfung, Aufforderung zur Ablegung der Gesellenprüfung, Freistellung anlässlich der Teilnahme und Übernahme der Prüfungsgebühren

12) Antrag auf Eintragung des Berufsausbildungsvertrages in die Lehrlingsrolle und Bezahlung der Gebühr

13) Bereitstellung der Berufskleidung, sofern vom Ausbildenden vorgeschrieben

14) Freistellung für angeordnete Ausbildungsmaßnahmen außerhalb der Ausbildungsstätte und Übernahme der Kosten

15) Ausstellung eines Zeugnisses bei Beendigung der Ausbildung

16) Zahlung einer angemessenen Vergütung

17) Bemühen, den Auszubildenden bei Kündigung wegen Betriebsaufgabe oder Wegfalls der Ausbildungseignung an einer anderen Ausbildungsstätte unterzubringen

Abbildung 89

Erläuterungen zur Abbildung 89:

- Zu Ziffer 5):
  Entspricht der Ausbildende der Pflicht nicht, dem Auszubildenden kostenlos die Ausbildungsmittel zur Verfügung zu stellen, die für die Ausbildung notwendig sind, so kann der Auszubildende nach einem Urteil des Bundesarbeitsgerichts die Ausbildungsmittel selbst kaufen und Ersatz der dafür gemachten Ausgaben vom Ausbildenden verlangen, und zwar Zug um Zug gegen Übereignung der angeschafften Ausbildungsmittel an den Ausbildenden.
- Zu Ziffer 11):
  Zur Erstattung von Fahrt- und Verpflegungskosten – und gegebenenfalls Übernachtungskosten –, die im Zusammenhang mit der Ablegung der Gesellenprüfung entstehen, ist der Ausbildende nach der Rechtsprechung nicht verpflichtet.
- Zu Ziffer 14):
  Der Ausbildende genügt nach der Rechtsprechung seiner Verpflichtung zur Freistellung seiner Lehrlinge für angeordnete überbetriebliche Unterweisungsmaßnahmen nicht, wenn er ihnen die Entscheidung über die Teilnahme selbst überlässt. Er hat vielmehr in seinem Einflussbereich alles Erforderliche zu veranlassen, um die Teilnahme der seinem Betrieb angehörenden Auszubildenden tatsächlich sicherzustellen.

Folgen der Verletzung der Ausbildungspflicht

Die wichtigste Pflicht des Ausbildenden ist die Ausbildungspflicht. Nach einem Urteil des Bundesarbeitsgerichts kann die Verletzung der Ausbildungspflicht den Ausbildenden zum Schadenersatz verpflichten (zum Beispiel entgangener Verdienst). Der Auszubildende muss sich allerdings mitwirkendes Verschulden zurechnen lassen, wenn er sich nicht bemüht, das Ausbildungsziel zu erreichen. Zur Darlegung eines Mitverschuldens genügt jedoch nicht der pauschale Vorwurf der Faulheit oder Lernunwilligkeit. Der Ausbildende muss vielmehr konkret vertreten, was der Auszubildende oder dessen gesetzliche Vertreter versäumt haben.

3.2.9.2 Pflichten des Auszubildenden (Lehrlings)

Der Auszubildende hat unter Zugrundelegung der gesetzlichen Bestimmungen und des Berufsausbildungsvertrages eine Reihe von Pflichten.

Die wesentlichen Pflichten des Auszubildenden

- Pflicht zum Erwerb der beruflichen Handlungsfähigkeit, um das Ausbildungsziel zu erreichen
- Pflicht zur sorgfältigen Ausführung der aufgetragenen Aufgaben im Rahmen der Berufsausbildung
- Teilnahmepflicht am Berufsschulunterricht, an Prüfungen sowie an angeordneten Ausbildungsmaßnahmen außerhalb der Ausbildungsstätte, für die er freigestellt ist
- Befolgung der Anweisungen des Ausbildenden bzw. des Ausbilders oder anderer weisungsbefugter Personen
- Beachtung der Betriebsordnung in der Ausbildungsstätte
- Pflegliche Behandlung der Werkzeuge, Maschinen und sonstigen Einrichtungen
- Stillschweigen über Betriebs- und Geschäftsgeheimnisse wahren
- Führung des Berichtsheftes bzw. der Ausbildungsnachweise
- Benachrichtigungspflicht bei Fernbleiben von der betrieblichen Ausbildung, vom Berufsschulunterricht oder sonstigen Ausbildungsveranstaltungen unter Angabe von Gründen
- Teilnahme an den ärztlichen Pflichtuntersuchungen nach dem Jugendarbeitsschutzgesetz

Abbildung 90

3.2.10 Führen eines Ausbildungsnachweises (eventuell Berichtsheft)

Rechtsgrundlagen

Für die Führung des Ausbildungsnachweises gibt es zwei Rechtsgrundlagen:
- Berufsbildungsgesetz
- Ausbildungsordnung.

<u>Pflichten der Beteiligten</u>

- Werden Ausbildungsnachweise im Rahmen der Berufausbildung verlangt, ist der Auszubildende verpflichtet, diese in Form des schriftlichen Ausbildungsnachweises zu führen. Er hat die Ausbildungsnachweise dem Ausbildenden, dem Betriebsrat, den gesetzlichen Vertretern, der Innung und der Berufsschule vorzulegen.
- Der Ausbildende hat den Lehrling zum Führen der Ausbildungsnachweise anzuhalten und die Eintragungen durchzusehen.

Kontrollinstrument

Der Ausbildungsnachweis dient der Überwachung des Ausbildungsganges gemäß der Ausbildungsordnung in den Ausbildungsbetrieben. Die vom Bundesausschuss für Berufsbildung empfohlenen und in Ausbildungsordnungen gegebenenfalls vorgeschriebenen Ausbildungsnachweise sollen der Systematisierung der Ausbildung dienen und haben primär eine Kontrollfunktion über den Ausbildungsbetrieb und den Lehrling.

Die Ausbildungsnachweise gelten bei der Zulassung zur Gesellenprüfung als Zulassungsvoraussetzung.

Eine Bewertung in der Prüfung ist nicht zulässig, weil Ausbildungsnachweise selbst nicht Gegenstand oder Teil der Prüfung sind.

Führung während der Ausbildungszeit

Nach den Ausbildungsordnungen ist dem Auszubildenden Gelegenheit zu geben, den Ausbildungsnachweis während der Ausbildungszeit zu führen. Dabei ist unerheblich, ob er den Ausbildungsnachweis im Betrieb oder bei entsprechenden Verminderungen der betrieblichen Anwesenheitszeiten außerhalb des Betriebes führt.

3.2.11 Regelung der Ausbildungsvergütung

3.2.11.1 Vergütungsanspruch

Der Ausbildende hat dem Lehrling eine angemessene Vergütung zu gewähren.

3.2.11.2 Rechtsgrundlagen für die Höhe der Vergütung

Nach dem Berufsbildungsgesetz ist die Vergütung nach dem Lebensalter des Auszubildenden so zu bemessen, dass sie mit fortschreitender Berufsausbildung, mindestens jährlich, ansteigt.

Tarifliche und einzelvertragliche Regelungen

Die Rechtsgrundlagen für die Höhe der Vergütung in der Praxis sind Tarifverträge oder einzelvertragliche Regelungen.

Tarifvertragliche Regelungen

Hier hat der Ausbildende dem Lehrling mindestens die tariflichen Vergütungssätze zu zahlen.

Für die Anwendung der tariflichen Vergütungssätze muss eine der folgenden Voraussetzungen gegeben sein.

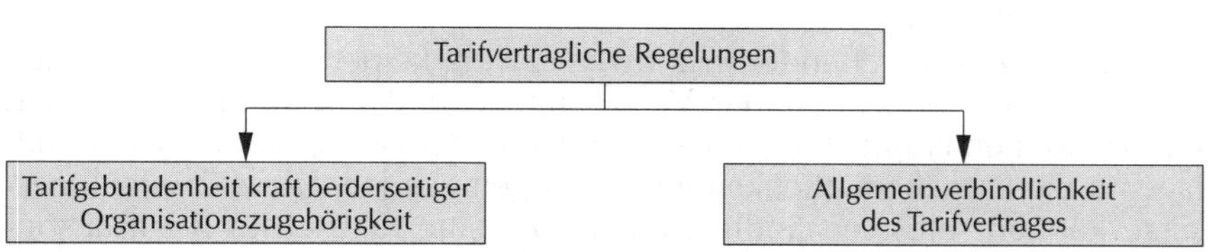

Abbildung 91

Einzelvertragliche Regelungen

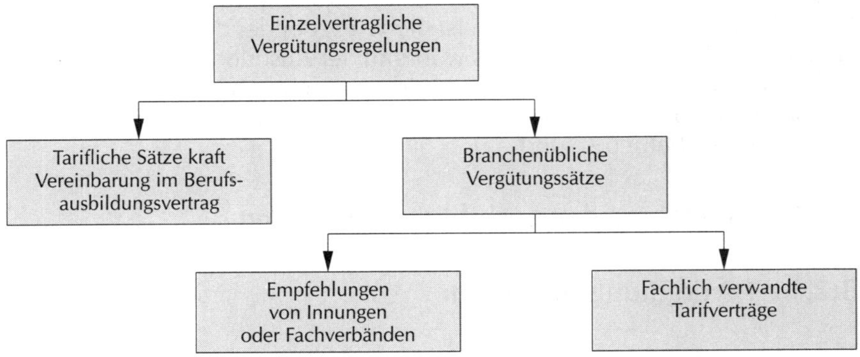

Abbildung 92

Die Vergütungssätze des **einschlägigen Tarifvertrages** können, wenn die Partner des Berufsausbildungsvertrages nicht tarifgebunden sind oder der Tarifvertrag nicht für allgemein verbindlich erklärt wurde, nach der Rechtsprechung trotzdem zur Anwendung kommen.

Tarifklausel

Voraussetzung ist, dass sie die im Berufsausbildungsvertrag bezifferten Sätze übersteigen und der Ausbildungsvertrag eine Klausel wie folgt enthält: „Soweit Vergütungen tariflich geregelt sind, gelten jeweils mindestens die tariflichen Sätze." Wird diese Klausel von den Vertragspartnern im Berufsausbildungsvertragsmuster gestrichen, darf die vertraglich vereinbarte Vergütung nicht um mehr als 20 % hinter den tariflichen Sätzen zurückbleiben (Urteil des Bundesarbeitsgerichts).

Bei von der öffentlichen Hand voll finanzierten Berufsausbildungen können Ausbildungsvergütungen, die **erheblich** unter den tariflichen Vergütungssätzen liegen, noch angemessen im Sinne des Berufsbildungsgesetzes sein, wenn der Ausbildungsträger die Leistungen der Auszubildenden kommerziell nicht verwerten kann und die Ausbildung ihm keinerlei finanzielle Vorteile bringt. Entscheidend bleibt auch in diesen Fällen, ob die Vergütung noch einen erheblichen Beitrag zu den Lebenshaltungskosten des Auszubildenden darstellt (Rechtsprechung des Bundesarbeitsgerichts).

Branchenüblichkeit

Empfehlungen

Gibt es in dem betreffenden Handwerkszweig keinen Tarifvertrag, richtet sich die Angemessenheit der Vergütung nach der **Branchenüblichkeit.** Hierzu können Empfehlungen der Innungen oder Fachverbände als Grundlage für die Branchenüblichkeit herangezogen werden. Diese Empfehlungssätze können selbstverständlich auch über eine Klausel im Berufsausbildungsvertrag vereinbart werden.

Sind weder branchenbezogene Tarifverträge noch **Empfehlungen von Innungen oder Fachverbänden** vorhanden, kann eine **Orientierung an fachlich verwandten Tarifverträgen** erfolgen. Die Heranziehung fachlich verwandter Tarifverträge ist aber nach der Rechtsprechung nur möglich, wenn die entsprechenden Ausbildungssituationen miteinander vergleichbar sind. Die Grenze der Angemessenheit der Vergütung ist grundsätzlich dann unterschritten, wenn sie mehr als 20 % von den branchenüblicherweise vereinbarten oder empfohlenen Vergütungssätzen abweicht.

Höhe der Vergütung in Sonderfällen

Folgende drei Sonderfälle sind für die Praxis von Bedeutung:

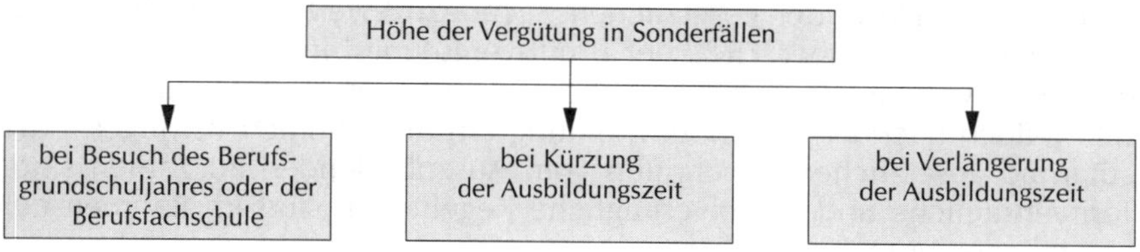

Abbildung 93

Berufsgrundschuljahr oder Berufsfachschule

Bei erfolgreichem Besuch des Berufsgrundschuljahres oder der einjährigen Berufsfachschule beginnt der Auszubildende im Betrieb als Folge der Anrechnungsverpflichtung seiner fachspezifischen Vorbildung in der Regel (Ausnahme bei halbjähriger Anrechnung) das zweite Ausbildungsjahr, so dass demzufolge die Vergütung für das zweite Jahr der Ausbildung zu zahlen ist. Voraussetzung dafür ist, dass eine Rechtsverordnung besteht, die die Anrechnungsverpflichtung begründet.

Kürzung der Ausbildungszeit

Bei Kürzungen der Ausbildungszeit von Beginn des Ausbildungsverhältnisses an muss je nach Art der Vorbildung, aufgrund der die Kürzung erfolgt, zwischen berufsspezifischer, fachlicher Vorbildung (zum Beispiel Tätigkeit im Ausbildungsberuf ohne Ausbildungsvertrag) und allgemeiner Vorbildung (zum Beispiel mittlerer Bildungsabschluss, Abitur) unterschieden werden.

Nach dem derzeitigen Stand der Rechtsprechung des Bundesarbeitsgerichts hat der Lehrling nur bei berufsspezifischer Vorbildung ein Recht auf vorgezogene Erhöhung der Ausbildungsvergütung zum Zeitpunkt des vorgezogenen Eintritts in das nächste Ausbildungsjahr. Bei Verkürzung der Ausbildungszeit wegen allgemeiner schulischer Vorbildung (mittlerer Bildungsabschluss, Abitur) beginnt die Ausbildung im Betrieb mit dem ersten Ausbildungsjahr ohne fachspezifische Vorbildung. Deshalb ist auch kein Anspruch auf eine entsprechende höhere Ausbildungsvergütung wegen fortgeschrittener Ausbildung (zum Beispiel Berufsgrundschuljahr) gegeben. Anderweitige tarifvertragliche oder einzelvertragliche Regelungen oder Vereinbarungen sind möglich.

Kürzung bei Teilzeitausbildung

Bei Verkürzung der täglichen oder wöchentlichen Ausbildungszeit (Teilzeitausbildung) kann die Vergütung entsprechend der prozentualen Verkürzung der regulären Ausbildungszeit gekürzt werden (siehe auch 3.2.7.1 „Abkürzung der Ausbildungszeit").

Verlängerung der Ausbildungszeit

Bei Verlängerung des Ausbildungsverhältnisses zur Erreichung des Ausbildungsziels oder wegen Nichtbestehens der Gesellenprüfung ist die Vergütung für den Verlängerungszeitraum in der zuletzt gewährten Höhe (nicht jedoch in Höhe der für ein viertes Ausbildungsjahr in Frage kommenden Vergütung) fortzuzahlen. Dies gilt jedoch nur, sofern sich aus dem Tarifvertrag oder einer einzelvertraglichen Vereinbarung nichts anderes ergibt.

3.2.11.3 Anrechnung von Sachleistungen

Anrechnung von Sachleistungen

Wenn ein Lehrling Sachleistungen (z. B. Kost und Wohnung) erhält, können diese in Höhe der gesetzlichen Sachbezugswerte angerechnet werden, jedoch nicht über 75 % der Bruttovergütung hinaus. Der somit verbleibende Geldbetrag in bar in Höhe von 25 % der Bruttovergütung kann sich jedoch nach herrschender Meinung um die Summen verringern, die aufgrund gesetzlicher Vorschriften vom Auszubildenden zu zahlen sind. Tarifvertragliche und einzelvertragliche Regelungen sind im Rahmen der gesetzlichen Vorgabe möglich.

3.2.11.4 Fälligkeit der Vergütung

Fälligkeit der Vergütung

Die Vergütung bemisst sich nach Monaten. Bei der Berechnung der Vergütung für einzelne Tage wird der Monat zu 30 Tagen gerechnet. Die Vergütung für den laufenden Monat muss spätestens am letzten Arbeitstag des Monats gezahlt werden. Das auf die Urlaubszeit entfallende Urlaubsentgelt muss vor Antritt des Urlaubs ausgezahlt werden.

3.2.11.5 Fortzahlung der Vergütung

Eine Verpflichtung zur Fortzahlung der Vergütung besteht in nachstehend aufgeführten Fällen.

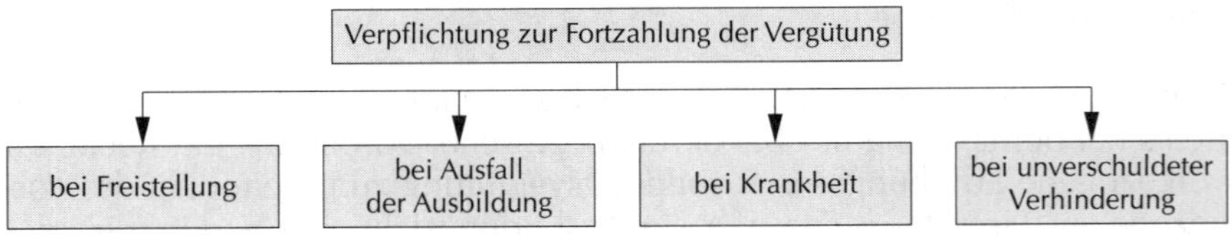

Abbildung 94

Freistellung

Bei einer Freistellung zum Besuch der Berufsschule, der Zwischen-, Berufsschul- und Gesellenprüfungen, der überbetrieblichen Unterweisungsmaßnahmen und sonstigen besonderen außerbetrieblichen Veranstaltungen, die dem Ausbildungszweck dienen, ist die Vergütung zu zahlen. Die Pflicht zur Fortzahlung der Vergütung gilt auch für die Freistellungen am Beschäftigungstag, der der schriftlichen Gesellenprüfung vorangeht (bei gestreckter Gesellenprüfung 2 Beschäftigungstage) und für die Zeit der Durchführung der ärztlichen Untersuchungen nach dem Jugendarbeitsschutzgesetz. Bleibt der Auszubildende dem Berufsschulunterricht, der überbetrieblichen Ausbildungsmaßnahme oder den Prüfungen **schuldhaft** fern, kann der Ausbildungsbetrieb die Fortzahlung der Vergütung verweigern bzw. die Vergütung anteilig kürzen.

Ausfall der Ausbildung

Bis zur Dauer von sechs Wochen ist die Vergütung fortzuzahlen, wenn sich der Lehrling für die Berufsausbildung bereithält, diese aber ausfällt.

Krankheit

Ebenfalls bis zur Dauer von sechs Wochen ist die Vergütung fortzuzahlen, wenn der Lehrling infolge unverschuldeter Krankheit nicht an der Berufsausbildung teilnehmen kann. Im Übrigen findet das Entgeltfortzahlungsgesetz Anwendung.

Unverschuldete Verhinderung

Schließlich ist die Vergütung bis zur Dauer von sechs Wochen fortzuzahlen, wenn der Lehrling aus einem sonstigen unverschuldeten Grund (zum Beispiel Todesfälle nächster Angehöriger) seine Pflichten aus dem Berufsausbildungsverhältnis nicht erfüllen kann.
Dagegen verpflichten zum Beispiel Verkehrsbehinderungen oder Naturkatastrophen nicht zur Fortzahlung der Vergütung.

Abgeltung von Sachleistungen

Wenn der Lehrling während der Zeit, für welche die Vergütung fortzuzahlen ist, aus berechtigtem Grunde Sachleistungen nicht abnehmen kann (zum Beispiel Teilnahme am Blockunterricht, Krankenhausaufenthalt, Urlaub), so sind diese nach den festgesetzten Sachbezugswerten abzugelten. Das bedeutet, dass anstelle dieser Sachleistung dem Lehrling ein nach den Sachbezugswerten zu ermittelnder Geldbetrag zu zahlen ist.

3.2.11.6 Vergütung oder Freizeitausgleich bei zusätzlicher Arbeit

Eine über die vereinbarte regelmäßige tägliche Ausbildungszeit hinausgehende Beschäftigung ist besonders zu vergüten oder durch entsprechende Freizeit auszugleichen.

3.2.12 Rechtliche Bestimmungen über die Kündigung des Berufsausbildungsverhältnisses und Aufhebungsvertrag

3.2.12.1 Kündigung

Das Berufsausbildungsverhältnis kann unter bestimmten Voraussetzungen durch Kündigung beendet werden.

Im Vergleich zu einem Arbeitsverhältnis bestehen aber wesentliche Einschränkungen, weil ein Berufsausbildungsverhältnis nach der Probezeit im Interesse der Ausbildung des Lehrlings für einen Beruf möglichst aufrechterhalten bleiben soll.

Kündigungsmöglichkeiten

Die folgende Abbildung gibt einen Überblick über die Kündigungsmöglichkeiten.

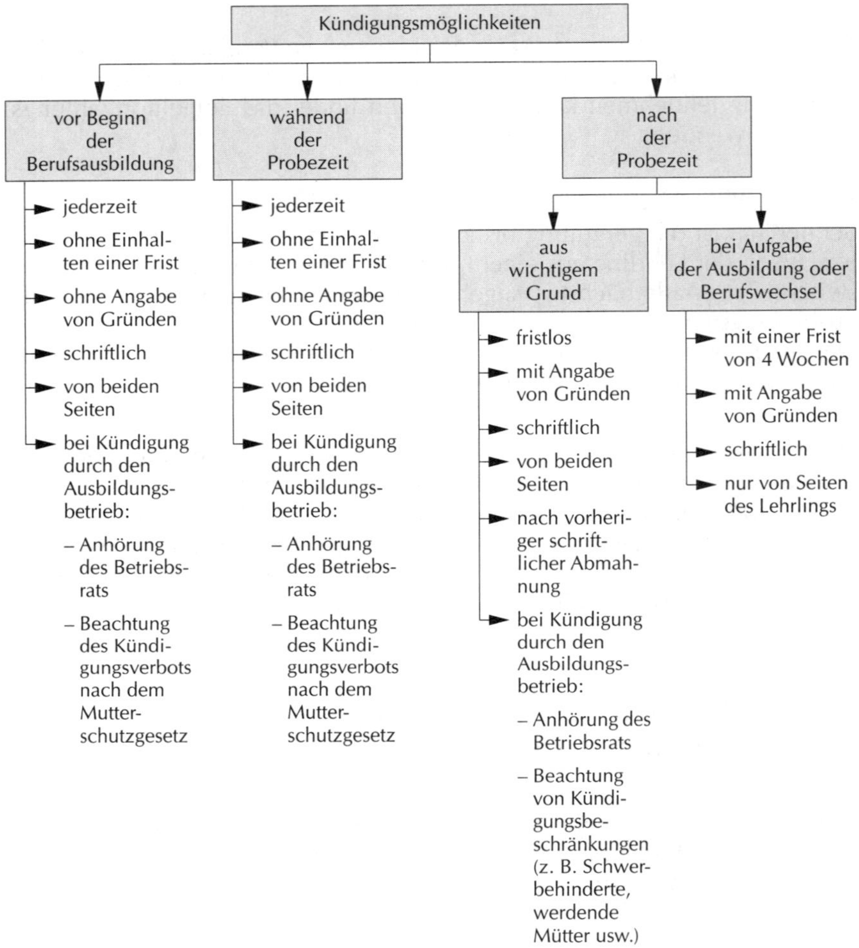

Abbildung 95

Bei Berufsausbildungsverhältnissen in Form der Stufenausbildung kann der Lehrling nach Erreichen einzelner Stufen die Ausbildung aufgeben. In diesem Falle ist das Ausbildungsverhältnis vom Lehrling wie bei der grundsätzlichen Aufgabe einer Ausbildung zu kündigen (siehe auch Abbildung 95, rechter Kasten)
Siehe auch Abschnitt 1.3.4.2 „Kündigungsschutzrecht, besonderer Kündigungsschutz".
An die Kündigung aus wichtigem Grunde werden wegen der starken Bindungswirkung des Berufsausbildungsverhältnisses strenge Maßstäbe gelegt.

Leitsatz

Als Leitsatz für das Vorliegen eines wichtigen Grundes gilt: Ein wichtiger Grund ist dann gegeben, wenn Tatsachen vorliegen, aufgrund derer dem Kündigenden unter Berücksichtigung aller Umstände des Einzelfalles und unter Abwägung der Interessen beider Vertragsparteien die Fortsetzung des Berufsausbildungsverhältnisses nach Treu und Glauben bis zum Ablauf der Ausbildungszeit nicht zugemutet werden kann.

Für die Beurteilung, ob in der Praxis ein wichtiger Grund vorliegt, ist weitgehend die Rechtsprechung maßgebend.

Wichtige Gründe für den Lehrling

Nachstehende Beispiele sollen mögliche wichtige Gründe deutlich machen. Vom **Lehrling** können unter anderem als wichtige Gründe angesehen werden:

- Der Lehrling wird zur Fortsetzung der Ausbildung unfähig.
- Der Ausbildende oder dessen Vertreter oder deren Familienangehörige verleiten oder versuchen, den Lehrling zu gesetzeswidrigen oder unsittlichen Handlungen zu verleiten.
- Die Vergütung wird nicht bezahlt.
- Die Fortsetzung der Ausbildung bringt Leben und Gesundheit des Lehrlings in Gefahr.
- Der Ausbildende vernachlässigt seine Ausbildungspflicht gröblich.

Wichtige Gründe für den Ausbildenden

Von Seiten des **Ausbildenden** sind als wichtige Gründe denkbar:

- Der Lehrling macht sich eines schweren Diebstahls, eines Betruges oder einer Unterschlagung schuldig.
- Der Lehrling weigert sich beharrlich, seinen vertraglichen Verpflichtungen nachzukommen, um das Ausbildungsziel zu erreichen.
- Der Lehrling verlässt wiederholt unbefugt seine Ausbildung.
- Der Lehrling gefährdet die Sicherheit des Betriebes.
- Der Lehrling lässt sich zu groben Beleidigungen oder Tätlichkeiten gegen den Ausbildenden oder dessen Vertreter oder deren Familienangehörigen hinreißen.
- Der Lehrling begeht vorsätzlich oder auch wiederholt grob fahrlässige Sachbeschädigung zum Nachteil des Ausbildenden.
- Der Lehrling wird zur Fortsetzung des Berufsausbildungsverhältnisses unfähig infolge Krankheit oder Unfall.
- Der Lehrling vernachlässigt trotz wiederholter Aufforderung dauernd den Besuch der Berufsschule.

Fristen

Bei der Kündigung aus wichtigem Grunde muss beachtet werden, dass diese unwirksam ist, wenn die ihr zugrunde liegenden Tatsachen dem zur Kündigung Berechtigten länger als zwei Wochen bekannt sind. Wenn ein Güteverfahren vor einer außergerichtlichen Stelle eingeleitet ist, so wird bis zu dessen Beendigung der Lauf dieser Frist gehemmt.

Lehrlingsstreitausschuss

In Betrieben, die unter das Kündigungsschutzgesetz fallen, weil sie den Schwellenwert dieses Gesetzes hinsichtlich der Beschäftigten überschreiten, können Auszubildende, die bereits länger als 6 Monate dem Betrieb angehören, nur innerhalb einer Frist von 3 Wochen nach Zugang der Kündigung gegen eine Kündigung aus wichtigem Grund Klage beim Arbeitsgericht erheben. Besteht ein Schlichtungsausschuss (z. B. Lehrlingsstreitausschuss bei der Innung) und ist dessen Zuständigkeit gegeben, muss vor Erhebung der Klage der Schlichtungsausschuss angerufen werden.

3.2.12.2 Aufhebungsvertrag

Beiderseitiges Einvernehmen

Eine Beendigung des Berufsausbildungsverhältnisses kann auch im beiderseitigen Einvernehmen zwischen den Vertragspartnern jederzeit erfolgen (Aufhebungsvertrag). Hierfür ist die Schriftform zwingend vorgeschrieben. Sofern diesbezügliche Regelungen im Tarifvertrag vorgesehen sind und für die Vertragspartner Tarifgebundenheit besteht, sind ggf. bestimmte Belehrungs-, Überlegungs- und Widerrufsfristen zu beachten.

Muster für einen Aufhebungsvertrag

Aufhebungsvertrag

Das Ausbildungsverhältnis im ______________________
(Ausbildungsberuf)

geschlossen zwischen dem Ausbildenden (Betrieb)

____

und dem Auszubildenden (Lehrling) ______________________

wird zum ______________ im gegenseitigen Einvernehmen gelöst.
(Datum)

____
Ort, Datum

______________________	______________	______________
Unterschrift des Ausbildenden (Betrieb)	des Lehrlings	der gesetzlichen Vertreter

3.2.12.3 Schadenersatz bei vorzeitiger Beendigung des Berufsausbildungsverhältnisses

Schadenersatz

Wenn ein Berufsausbildungsverhältnis nach Ablauf der Probezeit vorzeitig gelöst wird, kann der Ausbildende oder der Lehrling Ersatz des Schadens verlangen, wenn der andere Vertragspartner den Grund für die Auflösung zu vertreten hat. Dies gilt jedoch nicht im Falle der Aufgabe der Berufsausbildung durch den Lehrling oder im Falle des Berufswechsels. Der Schaden muss in jedem Falle nachgewiesen werden.

Erlöschen des Anspruchs

Der Schadenersatzanspruch erlischt, wenn er nicht innerhalb von drei Monaten nach Beendigung des Berufsausbildungsverhältnisses geltend gemacht wird.

3.2.13 Rechtliche Regelungen bei Streitigkeiten zwischen dem Ausbildenden und dem Lehrling

Bei Streitigkeiten zwischen dem Ausbildenden und dem Auszubildenden ist vor Inanspruchnahme des Arbeitsgerichts der Ausschuss zur Beilegung von Lehrlingsstreitigkeiten der örtlich zuständigen Innung anzurufen.

Ausschuss der Innung

Voraussetzung ist, dass

- bei der Innung ein Ausschuss besteht und
- es sich um einen Ausbildungsberuf im Sinne der Handwerksordnung handelt. Bei Streitigkeiten von nichthandwerklichen Auszubildenden sind die bei den Innungen errichteten Lehrlingsstreitausschüsse nicht zuständig.

Die Zuständigkeit des Ausschusses entfällt, wenn das Berufsausbildungsverhältnis zur Zeit der Schlichtung der Streitigkeit nicht mehr besteht.

Der Ausschuss ist bei folgenden Streitigkeiten zwischen Ausbildenden und Lehrlingen zuständig:

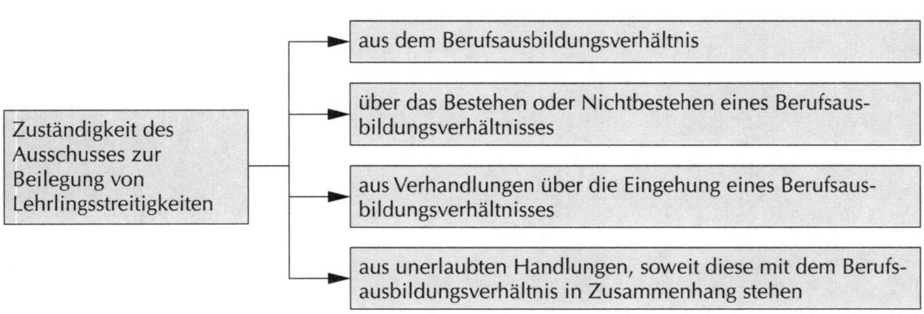

Abbildung 96

Klage beim Arbeitsgericht

Wird der ergangene Schiedsspruch nicht innerhalb einer Woche nach Zustellung oder, wenn die Zustellung unterbleibt, nach Verkündigung von beiden Beteiligten anerkannt, so kann binnen zwei Wochen nach Zustellung oder Verkündigung Klage beim zuständigen Arbeitsgericht erhoben werden.

3.2.14 Möglichkeiten zur Verhinderung von Rechtsstreitigkeiten

Alle an der Berufsausbildung Beteiligten und Mitwirkenden sollten sich bemühen, Differenzen und Streitigkeiten durch entsprechendes Verhalten und rechtzeitige Vermittlung zu vermeiden.

Berater und Vermittler

Als Berater und Vermittler bieten sich insbesondere an:
- die Berater der Handwerkskammern
- die Lehrlingswarte der Innungen
- die Berufsberater der Agentur für Arbeit
- die Eltern
- die Lehrer der Berufsschule
- der Betriebsrat.

Siehe auch Abschnitt 5.5.5 „Probleme und Prävention (Verhinderung) von Ausbildungsabbrüchen".

3.2.15 Ausbildungsverträge besonderer Art

In der Praxis kommt es vor, dass Personen eingestellt werden, denen berufliche Fertigkeiten, Kenntnisse, Fähigkeiten oder berufliche Erfahrungen vermittelt werden, ohne dass es sich um ein reines Arbeitsverhältnis oder um eine Berufsausbildung im Sinne des Berufsbildungsgesetzes handelt. Für solche Vertragsverhältnisse gelten die §§ 10 bis 23 und 25 des Berufsbildungsgesetzes mit folgender Maßgabe:
- die gesetzliche Probezeit kann gekürzt werden
- auf einen schriftlichen Berufsausbildungsvertrag kann verzichtet werden
- bei vorzeitiger Lösung des Vertragsverhältnisses nach Ablauf der Probezeit kann Schadenersatz nicht verlangt werden.

Praktikanten

Unter Vertragsverhältnisse dieser Art mit Ausbildungscharakter fallen in erster Linie Praktikanten und Volontäre.

Handlungsorientierte, fallbezogene Aufgaben

1. Sie sind Inhaber eines Handwerksbetriebes und beabsichtigen erstmals zwei Lehrlinge einzustellen und auszubilden. Bevor Sie die beiden Berufsausbildungsverträge abschließen, wollen Sie sich Klarheit über den Rechtscharakter des Berufsausbildungsverhältnisses verschaffen.

Aufgabe: Stellen Sie die wesentlichen Rechtskriterien fest und erläutern Sie diese kurz!

„Siehe Seiten 181 ff. des Textteils!"

2. Sie haben als selbstständiger Handwerksmeister mehrere Vorstellungsgespräche mit Lehrstellenbewerbern geführt, da Sie zu Beginn des neuen Ausbildungsjahres zwei Auszubildende einstellen werden. Sie haben sich für zwei Bewerber entschieden und bereiten den Abschluss der Berufsausbildungsverträge vor.

Aufgabe: Erläutern Sie die wichtigsten Handlungsschritte für den Abschluss der beiden Verträge!

„Siehe Seiten 182 bis 183 des Textteils!"

3. Als Ausbildender haben Sie mit einem ausgewählten Bewerber einen Berufsausbildungsvertrag abzuschließen.

Aufgabe: Geben Sie an, welche Formvorschriften dabei zu berücksichtigen sind!

„Siehe Seite 182 des Textteils!"

4. Ein Handwerksmeister hat für zwei minderjährige Auszubildende, die er einstellen will, die Berufsausbildungsverträge zur Leistung der Vertragsunterschriften vorbereitet.

Aufgabe: Klären Sie, welche Unterschriften und gegebenenfalls welche Genehmigungen zu den Vertragsabschlüssen erforderlich sind! Welche Aussage trifft zu?

☐ a) Die Berufsausbildungsverträge brauchen nur vom Ausbildenden und vom Auszubildenden unterzeichnet werden.
☐ b) Die Berufsausbildungsverträge sind vom Ausbildenden, vom Auszubildenden und von den gesetzlichen Vertretern bzw. Vertreterinnen der Lehrlinge zu unterzeichnen.
☐ c) Der Abschluss der Berufsausbildungsverträge bedarf in jedem Falle der Genehmigung des Vormundschaftsgerichts.
☐ d) Der Abschluss der Berufsausbildungsverträge bedarf in jedem Falle der Genehmigung der Agentur für Arbeit.
☐ e) Der Abschluss der Berufsausbildungsverträge bedarf in jedem Falle der Genehmigung der zuständigen Berufsschule.

„Siehe Seite 182 des Textteils!"

5. Sie haben als Ausbildender im Rahmen eines Vorstellungsgespräches mit einem Lehrstellenbewerber vereinbart, dass Sie mit ihm einen Berufsausbildungsvertrag abschließen werden.

Aufgabe: Wann müssen Sie den Vertrag im vorliegenden Fall abschließen? Was trifft zu?

☐ a) Vor Beginn der Berufsausbildung
☐ b) Am ersten Tag der Berufsausbildung
☐ c) Einen Monat nach Beginn des Berufsausbildungsverhältnisses
☐ d) Zu einem beliebigen Zeitpunkt während der Probezeit
☐ e) Nach Ablauf der Probezeit.

„Siehe Seite 182 des Textteils!"

6. Ein selbstständiger Handwerksmeister stellt erstmals Lehrlinge ein. Er weiß, dass dafür ein Berufsausbildungsvertrag abzuschließen ist, der gesetzliche Mindestinhalte aufweisen muss.

Aufgabe: Geben Sie diese gesetzlichen Mindestinhalte an!

„Siehe Seite 183 des Textteils!"

7. Am Ende eines Vorstellungsgesprächs mit einem Lehrstellenbewerber und dessen Eltern reden Sie als Ausbildender mit den Gesprächspartnern über Einzelheiten des abzuschließenden Berufsausbildungsvertrages. Dabei bringt der künftige Auszubildende den Wunsch zum Ausdruck, die Regelausbildungszeit der Ausbildungsordnung von vornherein um ein Jahr zu verkürzen, weil er als Schulabschluss die mittlere Reife nachweisen könne.

Aufgabe: Stellen Sie fest, ob Sie dem Wunsch des Auszubildenden nach den einschlägigen Rechtsvorschriften entsprechen können und wer über den Antrag entscheidet!

„Siehe Seite 185 des Textteils!"

8. Mitte des zweiten Ausbildungsjahres kommt ein Lehrling, der in Ihrem Betrieb ausgebildet wird, wegen seiner sehr guten Leistungen zu Ihnen als Ausbildendem mit der Bitte, einer Abkürzung des Berufsausbildungsverhältnisses um ein Jahr zuzustimmen und einen entsprechenden gemeinsamen Antrag an die Handwerkskammer zu stellen.

Aufgabe: Kann die Ausbildungszeit im vorliegenden Fall gekürzt werden? Was trifft zu?

☐ a) Nein, weil dem Lehrling sonst wichtige Ausbildungsinhalte vorenthalten werden.
☐ b) Nein, weil eine Verkürzung nur vor Beginn der Ausbildung möglich ist.
☐ c) Ja, wenn zu erwarten ist, dass der Lehrling das Ausbildungsziel wegen überdurchschnittlicher Leistungen in der gekürzten Zeit erreicht.
☐ d) Ja, wenn der Lehrling von der Berufsschule bestätigt bekommt, dass er überdurchschnittliche Noten hat.
☐ e) Ja, wenn die Berufsschule und die Berufsberatung der Agentur für Arbeit einer Verkürzung zustimmen.

„Siehe Seite 185 des Textteils!"

9. Ein in Ihrem Handwerksbetrieb in Berufsausbildung stehender Lehrling ist im dritten Ausbildungsjahr schwer verunglückt und sechs Monate krank. Er stellt daher den Antrag, die Ausbildungszeit um sechs Monate zu verlängern, weil diese Verlängerung erforderlich ist, um das Ausbildungsziel zu erreichen.

Aufgabe: Stellen Sie fest, ob eine solche Verlängerung der Ausbildungszeit in diesem Falle rechtlich gesehen möglich ist und begründen Sie Ihr Ergebnis!

„Siehe Seite 187 des Textteils!"

10. Sie haben als Inhaber eines Handwerksbetriebes ein Vorstellungsgespräch mit einem Lehrstellenbewerber erfolgreich abgeschlossen und wollen nunmehr einen Berufsausbildungsvertrag in Schriftform abschließen.

Aufgabe: Welchen Vertragsvordruck verwenden Sie?

„Siehe Seite 182 des Textteils!"

11. Sie wollen als Ausbildender verlangen, bei Abschluss des Berufsausbildungsvertrages eine Regelung aufzunehmen, nach der der Auszubildende bzw. dessen Eltern bei Kündigung des Vertrages – gleichgültig aus welchen Gründen – eine Vertragsstrafe von 2.000,00 EUR zu zahlen haben.

Aufgabe: Stellen Sie fest, ob eine solche Vereinbarung rechtsgültig ist und begründen Sie Ihr Ergebnis!

„Siehe Seite 187 des Textteils!"

12. Sie haben als Inhaber eines Handwerkbetriebes zum 1.8. zwei Lehrlinge eingestellt. Mit Abschluss der Berufsausbildungsverträge haben Sie als Ausbildender eine Reihe von Pflichten übernommen.

Aufgabe: Erläutern Sie die übernommenen Pflichten, damit Sie diese korrekt erfüllen können!

„Siehe Seiten 188 bis 189 des Textteils!"

13. Sie haben als selbstständiger Handwerker mit einem volljährigen Auszubildenden einen Berufsausbildungsvertrag abgeschlossen. Bei Beginn der Ausbildung weisen Sie den Lehrling nochmals auf seine Vertragspflichten hin.

Aufgabe: Stellen Sie diese Vertragspflichten kurz dar!

„Siehe Seite 189, 190 des Textteils!"

14. Sie haben als selbstständiger Handwerksmeister zwei neue Lehrlinge eingestellt. Sie wollen diese über die beiderseitigen Pflichten bei der Führung der schriftlichen Ausbildungsnachweise informieren.

Aufgabe: Erklären Sie den beiden Lehrlingen die Pflichten!

„Siehe Seite 190 des Textteils!"

15. Zwischen Ihnen als Inhaber eines Handwerkbetriebes und den bei Ihnen beschäftigten Auszubildenden gibt es Meinungsverschiedenheiten, wann der Ausbildungsnachweis zu führen ist. Die Auszubildenden sind der Auffassung, dass die Aufzeichnungen während der Ausbildungszeit zu erfolgen haben, während Sie als Ausbilder diese Arbeit in der Freizeit, also außerhalb der betrieblichen Arbeitszeit, erledigt haben wollen.

Wer hat Recht? Wann sind die Aufzeichnungen zu erledigen?

☐ a) Während des Berufsschulunterrichts.
☐ b) Nur während einer überbetrieblichen Ausbildungsmaßnahme.
☐ c) Während der betrieblichen Arbeitspausen.
☐ d) Während der betrieblichen Arbeitszeit.
☐ e) In der Freizeit, also außerhalb der Arbeitszeit.

„Siehe Seite 191 des Textteils!"

16. Sie sind Handwerksmeister, der sich vor kurzem selbstständig gemacht hat und nun einen Lehrling einstellen will. Sie bereiten sich auf das Einstellungsgespräch mit dem Bewerber und seinen Eltern vor. Unter anderem wollen Sie feststellen, was hinsichtlich der Ausbildungsvergütung gilt.

Aufgabe: Welche der nachfolgenden Aussagen ist zutreffend?

☐ a) Die Höhe der Vergütung obliegt nur der freien Vereinbarung der Vertragspartner des Berufsausbildungsverhältnisses.
☐ b) Die Vergütung muss angemessen sein und mit fortschreitender Berufsausbildung mindestens jährlich ansteigen.
☐ c) Die Höhe der Vergütung richtet sich nur nach tarifvertraglichen Regelungen des Handwerks und der Industrie.
☐ d) Die Höhe der Vergütung richtet sich nur nach Empfehlungen der Landesinnungsverbände.
☐ e) Die Höhe der Vergütung richtet sich nur nach Empfehlungen der Handwerkskammern.

„Siehe Seite 191 des Textteils!"

17. Der Inhaber eines Handwerksbetriebes hat mit einer weiblichen Bewerberin einen Berufsausbildungsvertrag abgeschlossen, in dem eine Verkürzung der regulären täglichen Ausbildungszeit um 25 % vorgenommen wurde. Die Handwerkskammer hat auf gemeinsamen Antrag diese abgekürzte Teilzeitberufsausbildung genehmigt, da die Auszubildende hierfür ein berechtigtes Interesse nachgewiesen hat und weil aufgrund der persönlichen Voraussetzungen zu erwarten ist, dass das Ausbildungsziel in der gekürzten Zeit erreicht wird.

Aufgabe: Um welchen Prozentsatz ist die übliche Ausbildungsvergütung zu kürzen?

☐ a) Überhaupt nicht
☐ b) Um 10 %
☐ c) Um 15 %
☐ d) Um 20 %
☐ e) Um 25 %

„Siehe Seite 193 des Textteils!"

18. Ein in Ihrem Handwerksbetrieb beschäftigter Lehrling ist unverschuldet erkrankt und fehlt nunmehr seit sieben Wochen im Betrieb.

Aufgabe: Wie lange müssen Sie in diesem Fall die Vergütung an den Lehrling bezahlen? Was trifft zu?

☐ a) Bis zu einer Krankheitsdauer von zwei Wochen.
☐ b) Bis zu einer Krankheitsdauer von drei Wochen.
☐ c) Bis zu einer Krankheitsdauer von vier Wochen.
☐ d) Bis zu einer Krankheitsdauer von fünf Wochen.
☐ e) Bis zu einer Krankheitsdauer von sechs Wochen.

„Siehe Seite 195 des Textteils!"

19. Sie haben als Handwerksmeister Ihre beiden Lehrlinge über die vereinbarte regelmäßige Arbeitszeit hinaus beschäftigt. Einer der beiden Lehrlinge verlangt dafür eine besondere Vergütung, der andere will die zusätzliche Arbeit durch Freizeit ausgeglichen haben.

Aufgabe: Klären Sie, ob Sie beiden unterschiedlichen Forderungen entsprechen müssen!

„Siehe Seite 195 des Textteils!"

20. Sie beschäftigen als Inhaber eines Handwerksbetriebes drei Lehrlinge. Einer davon ist seit zwei Monaten im Betrieb, d.h., er befindet sich noch in der vereinbarten viermonatigen Probezeit. Dieser Lehrling kündigt von heute auf morgen, also ohne Einhaltung einer Kündigungsfrist, schriftlich das Berufsausbildungsverhältnis.

Aufgabe: Stellen Sie fest, ob diese Kündigung des Berufsausbildungsverhältnisses zulässig ist und begründen Sie Ihr Ergebnis!

„Siehe Seite 196 des Textteils!"

21. Ein in Ihrem Handwerksbetrieb beschäftigter Lehrling, der sich im zweiten Ausbildungsjahr befindet, kündigt fristlos in schriftlicher Form das Ausbildungsverhältnis mit der Begründung, dass er die Berufsausbildung aufgeben will.

Aufgabe: Geben Sie an, ob diese Kündigung in der erfolgten Art und Weise zulässig ist und begründen Sie Ihre Entscheidung!

„Siehe Seite 196 des Textteils!"

22. Sie bilden als Handwerksmeister seit einem Jahr einen minderjährigen Lehrling aus. Die Ergebnisse der bisherigen Ausbildungsmaßnahmen sind absolut unzureichend. Deshalb findet zwischen dem Lehrling, seinen Eltern und Ihnen ein ausführliches Gespräch statt mit dem Ergebnis, dass es für alle Teile das Beste ist, das Berufsausbildungsverhältnis in beiderseitigem Einvernehmen zu beenden.

Aufgabe: Erstellen Sie für diesen Fall den schriftlichen Aufhebungsvertrag!

„Siehe Seite 198 des Textteils!"

23. Sie bilden seit einem Jahr in Ihrem Handwerksbetrieb einen Lehrling aus. Vermehrt kommt es zwischen dem Auszubildenden und Ihnen zu Differenzen und Streitigkeiten. Sie wollen den Ausschuss zur Beilegung von Lehrlingsstreitigkeiten bei der Innung soweit möglich nicht anrufen, sondern versuchen, die Probleme durch entsprechendes eigenes Verhalten und durch andere externe Beratung und Vermittlung zu lösen.

Aufgabe: Stellen Sie fest, welche Möglichkeiten in dieser Situation bestehen, einen Rechtsstreit zu verhindern, und welcher Personenkreis sich als Berater und Vermittler in diesem Fall anbietet!

„Siehe Seite 200 des Textteils!"

3.3 Handlungssituation: Eintragung und Anmeldungen vornehmen

Kompetenzen:
- Die Lehrlingsrolle als Aufsichtsinstrument der Handwerkskammer kennen und bei der Einstellung von Lehrlingen berücksichtigen
- Die Kooperationspartner in der Berufsausbildung über das neue Ausbildungsverhältnis informieren

3.3.1 Eintragung des Berufsausbildungsvertrages in das Verzeichnis der Berufsausbildungsverhältnisse (Lehrlingsrolle)

Handwerkskammer

Die Handwerkskammer hat zur Regelung, Überwachung, Förderung und zum Nachweis der Berufsausbildung in anerkannten Ausbildungsberufen ein Verzeichnis der in ihrem Bezirk bestehenden Berufsausbildungsverhältnisse nach Maßgabe der Anlage D zur Handwerksordnung einzurichten und zu führen (Lehrlingsrolle). Dies gilt auch für Umschulungsverhältnisse (Verzeichnis der Umschulungsverhältnisse).

Gebühr

Die Eintragung ist für den Lehrling gebührenfrei. Der Ausbildende hat die Gebühr zu zahlen.
Der Ausbildende hat unverzüglich nach Abschluss die Eintragung in die Lehrlingsrolle bei der Handwerkskammer unter Vorlage der Berufsausbildungsverträge zu beantragen. Dem Vertrag ist ferner beizufügen:
- ein formularisierter Antrag auf Eintragung
- eine Aufstellung über die sachliche und zeitliche Gliederung des Ausbildungsablaufs
- bei Lehrlingen unter 18 Jahren die ärztliche Bescheinigung über die Erstuntersuchung nach dem Jugendarbeitsschutzgesetz
- bei Abkürzung der Ausbildungszeit oder vorangegangener Ausbildung die entsprechenden Unterlagen wie Schulzeugnisse, Bescheinigung über die Ausbildungszeit, Abschlussprüfungszeugnis, Gesellenprüfungszeugnis.

Sowohl der Antrag auf Eintragung in die Lehrlingsrolle als auch der beizufügende Berufsausbildungsvertrag können auch elektronisch übermittelt werden.
Manche Handwerkskammern bieten auch im Rahmen ihrer elektronischen Dienste die Möglichkeit, den Berufsausbildungsvertrag „via Internet" auszufüllen und zu übermitteln. Dieser Onlineservice bewirkt sowohl für den Ausbildungsbetrieb als auch für die Handwerkskammer eine Vereinfachung und einen besseren Informationsfluss in Bezug auf den Zugriff auf gespeicherte Daten und den Stand der Bearbeitung. Auch bei diesem Verfahren müssen die Verträge aber ausgedruckt, unterschrieben und an die Handwerkskammer gesendet werden (Schriftform gesetzlich vorgeschrieben!).

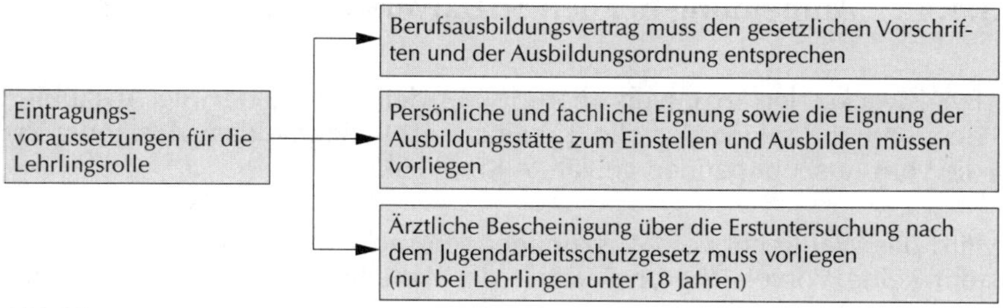

Abbildung 97

Auch Änderungen des wesentlichen Inhalts des Berufsausbildungsvertrages müssen in die Lehrlingsrolle eingetragen werden.

Ablehnung
Löschung

Die Handwerkskammer muss die Eintragung ablehnen oder löschen, wenn die Eintragungsvoraussetzungen nicht vorliegen oder ein Mangel in der Berufsausbildung nicht behoben wird.

Die Eintragung ist ferner zu löschen, wenn die ärztliche Bescheinigung über die erste Nachuntersuchung nach dem Jugendarbeitsschutzgesetz nicht spätestens am Tag der Anmeldung zur Zwischenprüfung oder zum ersten Teil der Gesellenprüfung zur Einsicht vorgelegt und der Mangel nicht in der gesetzten Frist behoben wird.

3.3.2 Anmeldung bei der Innung

Die Handwerkskammer sendet im Regelfalle aus Zweckmäßigkeitsgründen den Berufsausbildungsvertrag über die zuständige Innung an die Vertragspartner zurück.

Sollten zwischen Handwerkskammer und Innungen keine entsprechenden Vereinbarungen bestehen, hat der Ausbildende das Berufsausbildungsverhältnis auch bei der Innung anzumelden, da die Innung wichtige Aufgaben in der Berufsausbildung hat. (Siehe auch Abschnitt 1.5.2.2 „Aufgaben der Innung in der Berufsausbildung“ und 1.5.1.4 „Zusammenarbeit mit der Innung“.)

3.3.3 Anmeldung bei der Berufsschule

Das Berufsausbildungsverhältnis ist auch bei der zuständigen Berufsschule anzumelden.

Die Gründe hierfür sind vielfältig. Nähere Einzelheiten siehe Abschnitt 1.2.1.3 „Aufgabenschwerpunkte der Berufsschule als Ausbildungsstätte“ und 1.5.1.1 „Zusammenarbeit mit der Berufsschule“.

3.3.4 Anmeldung bei den Sozialversicherungsträgern

Krankenkasse

Für Zwecke der Sozialversicherung hat der Arbeitgeber die Auszubildenden bei der Einzugsstelle (Krankenkasse) anzumelden. Zuständig ist die vom Auszubildenden gewählte Krankenkasse.

Wird das Wahlrecht vom Auszubildenden nicht wahrgenommen und besteht keine Vorversicherung, wählt der Arbeitgeber eine der gesetzlich möglichen Krankenkassen und verständigt hiervon den Auszubildenden.
Die Meldefrist beträgt bei Beginn des Ausbildungsverhältnisses sechs Wochen.
(Siehe auch Abschnitt 1.3.4.6 „Sozialversicherungsrecht – Meldeverfahren".)

3.3.5 Anmeldung bei der überbetrieblichen Unterweisung

Innung
Handwerkskammer

Die Ausbildungsbetriebe werden in der Regel von der Innung oder der Handwerkskammer, je nachdem wer die überbetrieblichen Unterweisungsmaßnahmen durchführt, aufgefordert, die Teilnahme der Lehrlinge zu veranlassen.
Soweit ein anderes Verfahren zur Anwendung kommt, hat der Ausbildende die Anmeldung von sich aus vorzunehmen.

Handlungsorientierte, fallbezogene Aufgaben

1. Sie haben als selbstständiger Handwerker erstmals mit einem jungen Mann einen Berufsausbildungsvertrag in einem Ausbildungsberuf des Handwerks abgeschlossen. Von einem Kollegen haben Sie gehört, dass für alle Berufsausbildungsverhältnisse die Pflicht zur Eintragung in ein Verzeichnis (Lehrlingsrolle) besteht und dafür eine Gebühr zu entrichten ist.

Aufgabe: Stellen Sie fest, bei welcher Einrichtung Sie die Eintragung in die Lehrlingsrolle in diesem Fall zu beantragen haben und wer die Gebühr zu entrichten hat! Welche Aussagen treffen zu?

1.1 Die Eintragung hat zu erfolgen:

☐ a) Bei der Innung
☐ b) Bei der Berufsschule
☐ c) Bei der Handwerkskammer
☐ d) Bei der Agentur für Arbeit
☐ e) Beim Amt für Berufsbildung.

„Siehe Seite 206 des Textteils!"

1.2 Die Gebühr hat zu zahlen:

☐ a) Die Agentur für Arbeit
☐ b) Das Amt für Ausbildungsförderung
☐ c) Die Eltern des Lehrlings
☐ d) Der Lehrling
☐ e) Der Ausbildende.

„Siehe Seite 206 des Textteils!"

2. Sie haben als Inhaber eines Handwerksbetriebes mit einem Lehrstellenbewerber einen Berufsausbildungsvertrag in Schriftform, wie gesetzlich vorgeschrieben, abgeschlossen. Nach dem Berufsbildungsgesetz ist die elektronische Form ausgeschlossen.

Aufgabe: Kann trotzdem der Antrag auf Eintragung in die Lehrlingsrolle und der beizufügende Berufsausbildungsvertrag elektronisch an die Handwerkskammer übermittelt werden?

☐ a) Nein, weil auch dafür die elektronische Form nach dem Berufsbildungsgesetz ausgeschlossen ist.
☐ b) Nein, weil dies nach dem „Gesetz über den Nachweis der für ein Arbeitsverhältnis geltenden wesentlichen Bedingungen" („Nachweisgesetz") nicht zulässig ist.
☐ c) Nein, weil das nach dem „Datenschutzgesetz" nicht erlaubt ist.
☐ d) Ja, das Berufsbildungsgesetz schließt die elektronische Form der Übermittlung nicht aus.
☐ e) Ja, aber nur, wenn dieses Verfahren ausdrücklich in der Satzung der Handwerkskammer ausführlich geregelt ist.

„Siehe Seite 206 des Textteils!"

3. Sie haben als Handwerksmeister zwei Berufsausbildungsverträge abgeschlossen. Die Anträge auf Eintragung der Berufsausbildungsverhältnisse in die Lehrlingsrolle haben Sie bei der Handwerkskammer schon gestellt.

Aufgabe: Stellen Sie fest, bei welchen weiteren Stellen diesbezügliche Anmeldungen vorzunehmen sind!

„Siehe Seite 207, 208 des Textteils!"

3.4 Handlungssituation: Einführung und Probezeit planen und gestalten

Kompetenzen:

- Geeignete Möglichkeiten der Gestaltung des ersten Ausbildungstages auswählen und umsetzen
- Die Bedeutung der Probezeit für den Verlauf einer erfolgreichen Ausbildung verstehen und bei der Planung und Durchführung des ersten Ausbildungsabschnittes berücksichtigen

3.4.1 Einführung von Lehrlingen

Bereits in den ersten Wochen entscheidet sich, ob sich der Lehrling im Ausbildungsbetrieb wohl fühlt und von daher die besten Voraussetzungen hat, die Ausbildungsanforderungen zu erfüllen, zumal das neue Milieu und die neuen Spielregeln ihm noch fremd sind.

Deshalb ist eine eingehende Einführung besonders wichtig.

3.4.2 Gestaltung des Einführungstages

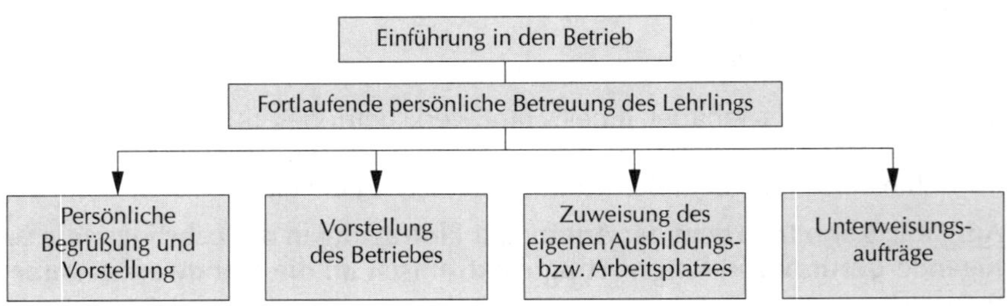

Abbildung 98

Bei der **persönlichen Begrüßung und Vorstellung** ist folgendes Vorgehen zu empfehlen:

- persönliche Kontaktaufnahme und Begrüßung durch den Ausbilder
- Vorstellen beim Ausbildenden, beim unmittelbaren Vorgesetzten, bei den Kollegen und bei der Jugendvertretung (nur bei größeren Betrieben)
- erste Informationen über den Ausbildungsberuf, die betriebliche Ausbildung, überbetriebliche Ausbildungsmaßnahmen und die Berufsschule
- Übergabe der Lohnsteuerkarte des Lehrlings und anderer Unterlagen.

Die **Vorstellung des Ausbildungsbetriebes** sollte mindestens folgende Punkte beinhalten:

- allgemeine Informationen über den Betrieb mit seinen Haupttätigkeiten
- Erläuterung der Besonderheiten des Betriebes wie
  - örtliche Gegebenheiten und Verkehrsanbindung
  - Arbeitszeit- und Pausenregelung
  - Urlaub
  - Zahlungstermin und -weise der Ausbildungsvergütung

- Führung durch den Betrieb
- Bekanntmachen mit den Nebeneinrichtungen des Betriebes wie
  - Kantine
  - Toiletten, Waschräume
  - Garderobe mit Schrank für persönliche Gegenstände
  - Erste-Hilfe-Einrichtungen
  - „Schwarzes Brett" mit Aushängen (u. a. Jugendarbeitsschutzgesetz)
- Hinweis auf Unfallschutz, Sicherheitsbestimmungen sowie Schutzkleidung.

Bei der **Zuweisung des Ausbildungs- bzw. Arbeitsplatzes** sollte insbesondere eingegangen werden auf:
- Eigenheiten des Ausbildungs- bzw. Arbeitsplatzes
- Einbindung des Ausbildungs- bzw. Arbeitsplatzes in die betriebliche Ablauf- und Aufbauorganisation
- Erklärung wichtiger Werkzeuge
- Aushändigung der schriftlichen Ausbildungsnachweise (früher: Berichtsheft).

Bei den ersten **Unterweisungsaufträgen** ist allgemein das folgende Vorgehen zu empfehlen:
- sorgfältige Auswahl geeigneter Unterweisungsaufträge
- Ausrichtung der Unterweisungsaufträge an der betrieblichen Ernstsituation, zum Beispiel an konkreten Kundenaufträgen
- Abstimmung des Schwierigkeitsgrades auf den jeweiligen Lehrling
- ausführliche Informationen über Sicherheitsbestimmungen
- Einweisung in die Bedienung von Maschinen.

Besonders wichtig ist gerade in den ersten Wochen der betrieblichen Ausbildung, dass der Lehrling verstärkt durch den Ausbilder oder einen anderen ständigen Ansprechpartner als Vertrauensperson persönlich betreut wird. Betreuung

3.4.3 Gestaltung der Probezeit

3.4.3.1 Rechtliche Vorgaben

Die Probezeit hat den Zweck, die Eignung des Lehrlings für den zu erlernenden Beruf sorgfältig zu prüfen. Jedes Berufsausbildungsverhältnis hat mit einer Probezeit zu beginnen. Sie muss mindestens einen Monat und darf höchstens vier Monate dauern.

Wichtige Regelungen zur Probezeit sind:
- Sie ist Bestandteil des Berufsausbildungsverhältnisses.
- Während der Probezeit bestehen die vollen beiderseitigen Verpflichtungen der Vertragspartner. Verpflichtungen
- Die Probezeit hat den Zweck, die Eignung des Lehrlings für den zu erlernenden Beruf sorgfältig zu prüfen. Zweck
- Die gesetzlich vorgeschriebene Probezeit von höchstens vier Monaten verlängert sich nicht automatisch um die Dauer einer Unterbrechung. Die Vertragspartner des Ausbildungsvertrages können aber in Fällen einer bedeutsamen Unterbrechung eine Verlängerung der Probezeit vereinbaren. Verlängerung Bundeseinheitliche Mustervordrucke für den Berufsausbil-

dungsvertrag enthalten eine entsprechende Vereinbarung, nach der sich die Probezeit um den Zeitraum der Unterbrechung verlängert, wenn die Ausbildung während der Probezeit um mehr als ein Drittel dieser Zeit unterbrochen wird. Der Ausbildende kann sich auf eine solche Vereinbarung dann nicht berufen, wenn er die Unterbrechung selbst vertragswidrig herbeigeführt hat.

3.4.3.2 Planung des ersten Ausbildungsabschnittes unter besonderer Berücksichtigung der intensiven Betreuung des Lehrlings durch den Ausbildenden/ Ausbilder

Grundsätze

Um die Probezeit bestmöglich zu nutzen, sollte der Ausbilder einige wichtige Grundsätze bei ihrer Gestaltung beachten:

- Besonders wichtig ist, dass von der viermonatigen Probezeit mindestens ein Drittel auf den Beginn der betrieblichen Ausbildungsphase entfällt.
- Der Lehrling muss in möglichst vielen Bereichen des entsprechenden Ausbildungsberufsbildes getestet werden und Gelegenheit erhalten, verschiedene Einsatzbereiche seines Berufes kennen zu lernen.
- Durch Steigerung des Schwierigkeitsgrades der gestellten Aufgaben sollte geprüft werden, ob der Lehrling auch tatsächlich dem während der gesamten Berufsausbildung steigenden Niveau gewachsen ist.

> Die Probezeit muss auf jeden Fall optimal genutzt werden. Für den Ausbilder heißt dies, dass er sich in dieser Zeit intensiv um den Lehrling kümmern muss, um am Ende der Probezeit ein kompetentes Urteil über dessen Eignung abgeben zu können.

Handlungsorientierte, fallbezogene Aufgaben

1. Sie haben zu Beginn des Ausbildungsjahres einen Lehrling eingestellt. Als Ausbilder wissen Sie, dass sich bereits in den ersten Tagen und Wochen entscheidet, ob sich der Lehrling, den Sie eingestellt haben, in Ihrem Betrieb wohl fühlt und von daher die besten Voraussetzungen hat, die Ausbildungsanforderungen zu erfüllen.

Aufgabe: Wie gestalten Sie in diesem Fall den ersten Arbeitstag des Lehrlings, dem ja in der Regel das neue Milieu und die neuen Spielregeln noch fremd sind, um ihn bestmöglich in den Betrieb einzuführen?

„Siehe Seite 210 des Textteils!“

4 Handlungsfeld: Ausbildung am Arbeitsplatz

4.1 Handlungssituation: Didaktische Prinzipien und betriebliche Ausbildungsmethoden anwenden

Kompetenzen:

- Grundsätze des Lehrens darstellen und bei der Ausbildungstätigkeit berücksichtigen
- Organisationsformen von Lehr-/Lernarrangements kennen und in die betriebliche Ausbildungspraxis einbringen

4.1.1 Didaktische Prinzipien

In der Wissenschaft wurden mehrere didaktische (= das Lehren und Unterweisen betreffende) Prinzipien entwickelt und abgeleitet, die bei der betrieblichen Ausbildung beachtet werden sollen.

- Prinzip der **Altersgerechtheit**
Der Ausbilder muss immer bedenken, welcher Altersgruppe die Auszubildenden angehören. Zu Beginn der Ausbildung sind im Handwerk die meisten Lehrlinge noch Jugendliche (vgl. dazu auch Abschnitt 5.1 „Handlungssituation: Lebenssituationen und Entwicklungsstand als Lernvoraussetzung von Lehrlingen erkennen und berücksichtigen").
- Prinzip des **handlungsorientierten Lehrens und Lernens**
Fertigkeiten, Kenntnisse und Fähigkeiten (Handlungsfähigkeit) sollen in Handlungssituationen vermittelt werden.
- Prinzip der **Zielklarheit**
Lehr- und Lernziele sollen so klar und eindeutig wie möglich definiert werden.
- Prinzip der **Fasslichkeit/Anschaulichkeit**
Der gesamte Stoff muss so gegliedert und aufgebaut werden, dass er vom Lehrling „erfasst" werden kann.
- Prinzip der **Praxisnähe**
Der Stoff soll an den praktischen Erfordernissen des Ausbildungsberufes ausgerichtet sein (auftragsorientiertes Lernen).
- Prinzip der **Förderung der Aktivität**
Die Ausbildung soll darauf ausgerichtet sein, den Lehrling an möglichst selbstständiges Arbeiten heranzuführen.
- Prinzip der **Erfolgssicherung**
Durch laufende Kontrollen ist sicherzustellen, dass das Ziel der Ausbildung erreicht wird.
- Didaktisches Prinzip der **Differenzierung und Individualisierung.**

Differenzierung heißt, dass der Lern- und Lehrprozess möglichst weitgehend auf den einzelnen Lehrling bzw. eine gleichartig zusammengesetzte Gruppe ausgerichtet wird, um so jeden Lehrling entsprechend seiner Voraussetzungen bestmöglich zu fördern.
Individualisierung bedeutet, dass im Rahmen der Ausbildung auf den Einzelnen und seine Voraussetzungen bei der Stoffaufbereitung und der Unterweisung besondere Rücksicht genommen wird.

Formen

Für eine Differenzierung sind vor allem unterschiedliche
- Aktionsformen
- Sozialformen
- Lehr- und Lernformen
- Lehrverfahren
- Ausbildungsmittel

geeignet.

Anspruchsniveau

Bei der Differenzierung ist es aber auch möglich, das Anspruchsniveau im Rahmen der Lernziele entsprechend der jeweiligen Personengruppe – nach oben oder nach unten – anzupassen.

4.1.2 Aktions- und Sozialformen

4.1.2.1 Aktionsformen

Als Aktionsformen bezeichnet man die Art und Weise, wie Ausbilder und Lehrlinge im Rahmen der Ausbildung zur Stoffvermittlung tätig werden.

Häufige Formen

Häufige Aktionsformen sind:
- Zeigen
- Vormachen
- Vorführen
- Erklären
- Fragen
- Anerkennen
- Ermutigen
- Tadeln.

4.1.2.2 Sozialformen

Als Sozialformen bezeichnet man in diesem Zusammenhang die nach sozialen Gesichtspunkten ausgerichteten Formen der Lehrtätigkeit.

Frontalunterricht

Beim **Frontalunterricht** steht die Vermittlung gleicher Kenntnisse an alle Lernenden im Vordergrund. Aktivität und Beteiligung der Lernenden sind weniger gefragt. Wichtig ist vielmehr nur das Beherrschen des für alle Lernenden gleichen Lernstoffs.

Einzelarbeit in der Ausbildung bedeutet, dass der Ausbilder mit jedem Auszubildenden einzeln arbeitet. Einzelarbeit

Gruppenarbeit bedeutet, dass mehrere Lehrlinge für die Unterweisung zusammengefasst werden. Sind nur zwei Teilnehmer beteiligt, spricht man von **Partnerarbeit**. Auf Einzelheiten der Gruppenarbeit wird in Abschnitt 6.2.3 „Gruppenarbeit" ausführlich eingegangen. Gruppenarbeit

4.1.3 Überblick über Organisationsformen des Lehrens und Lernens im Betrieb

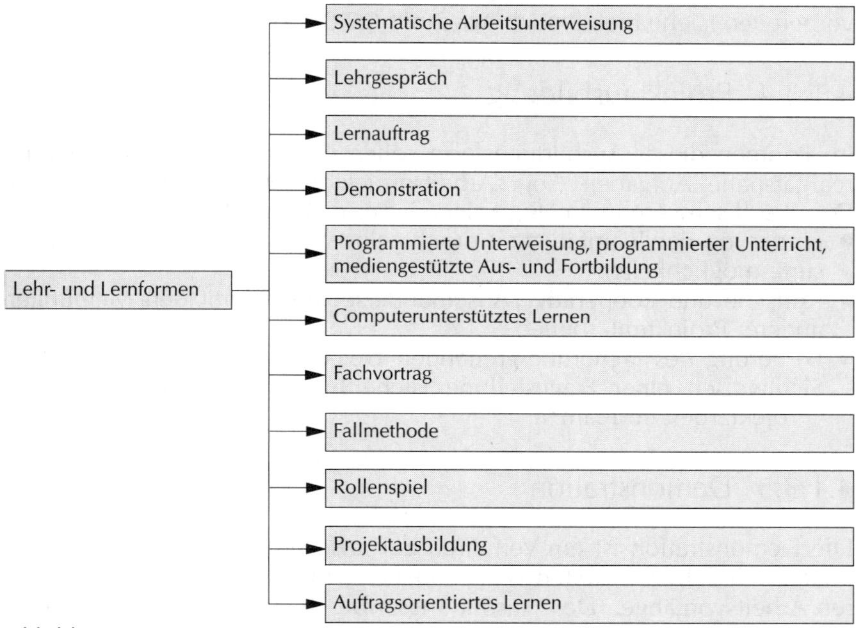

Abbildung 99

Auf systematische Arbeitsunterweisungen, Lehrgespräche und Lernaufträge wird in Abschnitt 4.2.4 „Ergänzendes Ausbilden außerhalb der produktiven Arbeitsaufgaben" näher eingegangen.

4.1.3.1 Fachvortrag

Im Rahmen von ausbildungsbezogenen Fachvorträgen wird ein Thema oder ein Themenbereich in einer auf den Lehrling zugeschnittenen Gliederung, Darstellung und Ausdrucksform abgehandelt. Der Zuhörer spielt hier eher eine passive, aufnehmende Rolle.

4.1.3.2 Fallmethode

Im Rahmen dieser Methode sollen durch Bearbeitung konkreter Fälle

- vorhandenes Wissen und Können angewandt

und

- noch fehlendes Wissen und Können angeeignet werden. Ziele

Fallstudien

Fallstudien ermöglichen dem Lehrling das Lernen in wirklichkeitsnaher und praxisähnlicher Form und fördern durch die notwendigen Aktivitäten
- Information
- Problemfindung
- Problemlösung

in besonderer Form das selbstständige Handeln.

4.1.3.3 Rollenspiel

Soziale Verhaltensweisen

Rollenspiele (z. B. Handwerker – Kunde) sind besonders zum Lernen sozialer Verhaltensweisen geeignet, indem sie auf die berufliche Wirklichkeit vorbereiten (siehe hierzu auch Abschnitt 6.2.3.4 „Rollenspiele").

4.1.3.4 Projektausbildung

Im Rahmen dieser Ausbildungsform sollen die Lehrlinge umfassendere, realitätsnahe Aufgaben (sog. Arbeitsprojekte) selbstständig bearbeiten. Damit soll schwerpunktmäßig Folgendes erreicht werden:

Effekte

- Förderung der Teamfähigkeit durch selbstständiges Erarbeiten von Lösungsmöglichkeiten
- Kritische und kooperative Auseinandersetzungen mit den Meinungen anderer Projektmitarbeiter
- Förderung des fächerübergreifenden Denkens durch unterschiedliche Sichtweisen einer Fragestellung (siehe hierzu auch Abschnitt 6.2.4 „Projektarbeit im Team").

4.1.3.5 Demonstration

Die Demonstration ist ein Verfahren zur anschaulichen Darstellung abstrakter, mit Schwierigkeiten verständlicher und nur schwer wahrnehmbarer Arbeitsvorgänge. Der Ausbildungserfolg hängt dabei entscheidend vom richtigen, das heißt situationsangepassten, Einsatz der Demonstrationsmittel ab.

4.1.3.6 Programmierte Unterweisung, programmierter Unterricht, mediengestützte Aus- und Fortbildung

Grundlagen des programmierten Lernens und Lehrens

Unter programmiertem Lernen versteht man ein Lehrverfahren, bei dem der Lernstoff in verhältnismäßig kleinen, logisch aufeinander aufbauenden Lernschritten vermittelt und laufend kontrolliert wird.

Vorteile

Gerade die sofortige Kontrolle verbessert den Lern- und steigert den Behaltenserfolg. Von Vorteil ist dabei ferner die individuelle Abstimmungsmöglichkeit auf
- Lernvermögen, Begabungen und Neigungen
- Lernwillen
- Lernkapazität und Konzentrationsfähigkeit.

Die Person des Lehrers oder Ausbilders rückt beim programmierten Lernen eher in den Hintergrund. Für Rückfragen sollte er jedoch zur Verfügung stehen.

Das programmierte Lernen und Lehren wird in folgenden Formen angeboten:

- Bücher
- Lehrmaschinen (z. B. Sprachlabors)
- Videoaufzeichnungen
- Computer.

Formen

Beim linearen Programm muss der Lernende Lernschritt für Lernschritt vorgehen. Beim verzweigten Programm wird er je nach Antwort auf den nächsten Lernschritt verwiesen.

Anwendung der Programme

Einsatzmöglichkeiten

Grundsätzlich hängen die Einsatzmöglichkeiten des programmierten Lernens und Lehrens von
- dem jeweiligen Lern- und Lehrstoff
  sowie
- der Veranlagung des Lernenden ab.

Programme eignen sich beispielsweise eher für exakte technische Stoffgebiete als für soziales Lernen sowie vorwiegend für die theoretische Ausbildung, weniger dagegen für die praktische Berufsausbildung.

Programmiertes Lernen und Lehren können in der Einzelausbildung, Gruppenausbildung und im Selbstunterricht eingesetzt werden.

Einzelausbildung

Die Vorteile des programmierten Lernens und Lehrens in der Einzelausbildung sowie im Selbstunterricht liegen vor allem in folgenden Punkten:
- Durchführung des Unterrichts losgelöst von einer Klasse oder Gruppe
- individuelle Bestimmung des Lerntempos, Lernrhythmus und der Lernzeiten
- lernzielflexibles und nach Schwierigkeitsgraden abgestimmtes Lernen
- Möglichkeit, die Lern- und Lehreinheiten jederzeit und mehrmals zu wiederholen.

Gruppenausbildung

In der Gruppenausbildung hat das programmierte Lernen und Lehren folgende Vorzüge:
- Entlastung des Ausbilders oder Lehrers
- Förderung der Lernaktivität des Einzelnen durch Bestätigung in der Gruppe
- Vertiefung des Lern- und Lehrstoffes durch begleitende Diskussionen.

Programmierte Prüfung

Das programmierte Lernen erleichtert zudem das programmierte Prüfen, das in weiten Bereichen der Aus- und Fortbildung zum Einsatz kommt. Die Vorteile einer programmierten Prüfung sind vor allem:
- gleicher Prüfungsstoff für jeden Prüfling
- Ausschluss von Bevorzugung und Benachteiligung bei der Stoffauswahl
- breitere Streuung der Stoffgebiete
- Erhöhung der Chancengerechtigkeit.

4.1.3.7 Computerunterstütztes Lernen

Computerunterstütztes Lernen ist vor allem dadurch geprägt, dass hier die Lernprogramme auf CDs oder DVDs nicht nur Informationen über Text, sondern auch über Grafik, Sprache, Musik, Film und Video (Multimedia) vermitteln.

Lernen mit dem Computer ermöglicht
- zeitliche und räumliche Unabhängigkeit der Aus-, Fort- und Weiterbildungsaktivitäten
- stärkere Anpassung an die Lernvoraussetzungen des Einzelnen
- intensives und praxisnahes Lernen (beispielsweise durch Simulationen).

Medienkompetenz

Kritisch wird bei dieser Lernform gesehen, dass die unmittelbare Rückkoppelungsmöglichkeit zu einer Lehrperson nicht gegeben ist und soziale Kontakte zu anderen Auszubildenden und Kollegen fehlen. Außerdem verlangt Lernen am Computer auch die entsprechende Medienkompetenz, das heißt das Wissen über den bestmöglichen Umgang mit dieser Form der Wissensaneignung.

Telelearning

Unter den gleichen Aspekten ist auch Telelearning (auch E-Learning oder Blended Learning genannt) übers Internet zu bewerten. Die Eckpfeiler des Telelearning bestehen aus der Kombination einer Präsenzlernphase und einer Fernlernphase. Dabei bestehen die Angebote zu ca. 30 % aus einer Präsenzausbildung beispielsweise im Bildungszentrum und zu ca. 70 % aus Telelearning zu Hause oder auch am Arbeitsplatz. Für die Lehrgangsteilnehmer stehen insbesondere im Vordergrund
- Aktualität,
- schnelle Kommunikation,
- geringer Aufwand für die Informationsbeschaffung und
- die zeitlich-räumliche Unabhängigkeit bei der persönlichen Weiterbildung.

Die neue Freiheit, ohne Festlegung von Zeit und Raum zu lernen, ermöglicht dementsprechend mehr Menschen als je zuvor, sich weiterzubilden. Vor allem besteht somit die Möglichkeit, sich ohne eine feste Bindung an Kurszeiten und ohne Störung der betrieblichen Abläufe weiterzubilden.

4.1.4 Kriterien zur Auswahl geeigneter Organisationsformen für die durchzuführenden Ausbildungseinheiten

Kriterien, die bei der Auswahl der wichtigsten der erwähnten Organisationsformen des Lehrens und Lernens im Betrieb von Bedeutung sein können, sind:
- Systematische Arbeitsunterweisung:
  - geeignet zur Vermittlung von Grundfertigkeiten und auch komplexeren Fertigkeiten, Kenntnissen und Fähigkeiten
  - Anpassungsmöglichkeiten an individuelle Voraussetzungen der Teilnehmer (Lerntempo u. Ä.)

- Leittextmethode:
  - geeignet zur Vermittlung von Schlüsselqualifikationen verschiedenster Art
  - strukturierter Lernprozess
  - umfangreicher Vorbereitungsaufwand
- Auftragsorientiertes Lernen:
  - gut geeignet zur Vermittlung fachlicher, sozialer und persönlicher Kompetenz
  - praxisnahe Ausbildung
  - Heranführung an selbstständiges Handeln
- Lehrgespräch:
  - Konzentration auf einen eingegrenzten Lerngegenstand
- Lernauftrag:
  - umfassendere und anspruchsvolle Auseinandersetzung mit einem Lerngegenstand
  - Ausbilder wird weniger gefordert
- Programmiertes Lernen, computerunterstütztes Lernen, Telelearning (E-Learning bzw. Blended Learning):
  - vorausgesetzt werden geeignete Angebote
  - Teilnehmer brauchen Medienkompetenz
  - individuelle Gestaltungsmöglichkeiten
  - eventuell hoher Aufwand für Ausstattung und Programme
- Projektausbildung:
  - geeignete Gruppenzusammensetzung
  - hoher Vorbereitungsaufwand
  - fördert Kreativität und soziales Lernen
- Fachvortrag:
  - ermöglicht schnelle Information einer größeren Anzahl von Teilnehmern
  - erfordert geringe Kapazitäten an Ausbildern, Unterweisungsräumen und Unterweisungszeit
  - lässt aber andererseits nur wenig Spielraum für Individualisierung und Differenzierung
- Fallmethode:
  - höherer Vorbereitungsaufwand
  - gute Kenntnisse über Arbeiten mit Gruppen
- Rollenspiel:
  - oft schwierige Auswahl geeigneter Situationen
  - Motivation der Teilnehmer
  - mit viel Aufwand verbunden.

Im Einzelnen wurde und wird darauf bei den einzelnen Organisationsformen teilweise noch näher eingegangen.

Handlungsorientierte, fallbezogene Aufgaben

1. Als Ausbilder wissen Sie durch Ihre Vorbereitung auf die Meisterprüfung, dass bei der Ausbildung von Lehrlingen im Betrieb mehrere didaktische Prinzipien (Grundsätze des Lehrens) beachtet werden sollten, um den Lernerfolg sicherzustellen.

Aufgabe: Beschreiben Sie fünf didaktische Prinzipien, die aus Ihrer Sicht bei der betrieblichen Ausbildung besonders beachtet werden sollten!

„Siehe Seite 213 des Textteils!“

2. Im Rahmen der Ausbildung steht Ihnen als Ausbildungsmethode auch die programmierte Unterweisung zur Verfügung.

Aufgabe: Was versteht man unter programmiertem Lernen und Lehren?

☐ a) Lern- und Lehrverfahren mit verhältnismäßig großen Schritten.
☐ b) Nur das Lernen mit Lehrmaschinen auf der Basis der Elektronik.
☐ c) Lern- und Lehrverfahren mit verhältnismäßig kleinen, logisch aufeinander aufbauenden Schritten.
☐ d) Eine moderne, noch nicht voll entwickelte Ganzheitsmethode im Bildungswesen.
☐ e) Eine Unterrichtstechnologie, die nur an Hochschulen, Fachhochschulen und Fachakademien eingesetzt werden kann.

„Siehe Seite 216 des Textteils!“

4.2 Handlungssituation: Lernen am Arbeitsplatz organisieren und unterstützen

Kompetenzen:
– Methodenkonzept des auftragsorientierten Lernens kennen und bei der Gestaltung von Ausbildungseinheiten anwenden

4.2.1 Überblick über die verschiedenen Ausbildungsmethoden und Lehrverfahren

4.2.1.1 Methodensysteme und Methodenkonzeptionen

Der Begriff Methode dient in der Regel zur Kennzeichnung geregelter Verfahren und Abläufe. Eine Methodenkonzeption der betrieblichen Ausbildung umfasst demnach deren gesamten Ablauf und Prozess.

Methoden

Darunter fallen unter anderem
- Lernziele
- Aufbau und Ablauf der Ausbildung
- organisatorische und institutionelle Einbettung der Ausbildung
- Eigenheiten, Verhalten und Aktivitäten von Ausbildern und Lehrlingen.

In der Wissenschaft wurden dazu verschiedene Konzepte entwickelt.

Methodenkonzeptionen

Bei der **lehrgangsorientierten Ausbildung** werden für die Lernziele und den entsprechenden Lehrstoff eine genaue Abfolge und Zeitspanne vorgegeben. Der Lehrgang in der betrieblichen Ausbildung ist sozusagen das Gegenstück des Lehrplans in der Schule.

Das wesentliche Merkmal der **projektorientierten Ausbildung** besteht darin, dass die Lernenden eine umfangreiche und konkrete Arbeitsaufgabe erhalten. Für die Durchführung und Lösung wird ihnen ein hohes Maß an Selbstständigkeit eingeräumt.

Die **auftragsorientierte Ausbildung** ist als weiterentwickelte Stufe durch das Lernen und Lehren anhand echter Arbeitsaufgaben und Arbeitssituationen im Rahmen eines Kundenauftrages gekennzeichnet.

Diesen Methodenkonzeptionen entsprechen die Methodensysteme
- Lehrgangsmethode
- Projektmethode
- Auftragsmethode.

4.2.1.2 Lehrverfahren

Die grundlegenden Lehrverfahren beziehen sich auf den Gesamtprozess des Lehrens, insbesondere die Stellung und das Verhältnis von Lehrenden, Lernenden und Lernstoff.

Beim **darbietenden Lehrverfahren** wird der Stoff vom Lehrenden vorgetragen, gezeigt und dargestellt. Der Lehrling verhält sich eher passiv und nimmt den Stoff auf.

Beim **erarbeitenden Lehrverfahren** beteiligt der Lehrende den Lernenden durch Fragen und Diskussionen am Finden und Erarbeiten des neuen Lehrstoffes.
Beim **entdeckenden Lehrverfahren** eignet sich der Lernende den Stoff mit geeignetem und anregendem Lernmaterial weitgehend selbstständig an.

Kombinationen

In der Praxis werden oftmals auch einzelne Elemente der Lehrverfahren miteinander kombiniert.

4.2.2 Überblick über das Methodenkonzept des auftragsorientierten Lernens

Die folgenden Ausführungen stützen sich auf Forschungsergebnisse des Forschungsinstituts für Berufsbildung im Handwerk an der Universität Köln.

4.2.2.1 Auftragsbegriff

Kundenauftrag

Unter den verschiedenen Auftragsformen ist im Handwerk vor allem der Kundenauftrag von Bedeutung. Darunter versteht man die Aufforderung des Kunden an den Betrieb, ihm ein bestimmtes Produkt zu liefern oder eine bestimmte Leistung zu erbringen.

Wichtige Bereiche des Kundenauftrages im Handwerk

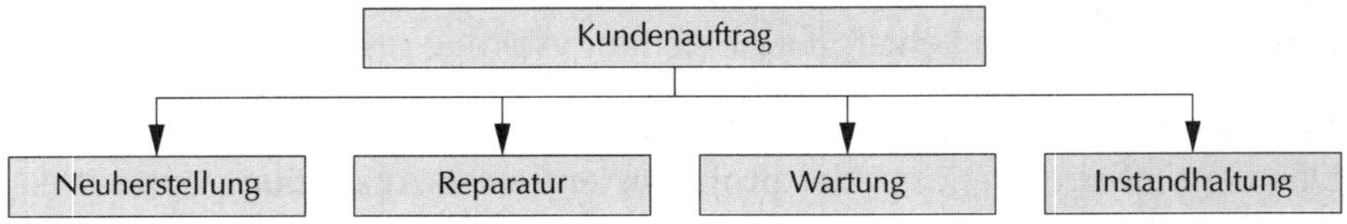

Abbildung 100

Allgemeine Merkmale

Als allgemeine Merkmale der für das Handwerk typischen Aufträge lassen sich nennen:

- unmittelbarer und direkter Kontakt zum Kunden
- breites Leistungsspektrum bei geringer Fertigungstiefe
- Anforderungen gestalterischer Art
- breites Aufgabenfeld für die einzelnen Mitarbeiter.

4.2.2.2 Bedeutung des auftragsorientierten Lernens

Auftrags-abwicklung

Im Handwerk sind die Lehrlinge in der Regel in den betrieblichen Leistungsprozess eingebunden. Die Ausbildung findet in engem Zusammenhang mit der täglichen Arbeit im Betrieb, das heißt der Auftragsabwicklung, sozusagen im Ernstfall, statt. Die besonderen Vorteile der auftragsorientierten Ausbildung liegen damit in der Kundennähe und der Überschaubarkeit des Arbeitsprozesses. Die Lehrlinge können realitätsnah entsprechend ihrer steigenden Fertigkeiten, Kenntnisse und Fähigkeiten bei der Erfüllung der Aufträge beteiligt werden.

Diese Auftragsabwicklung weist zwar durchaus branchenmäßige Unterschiede auf. Es lassen sich jedoch wesentliche allgemeine Bestandteile herausarbeiten.

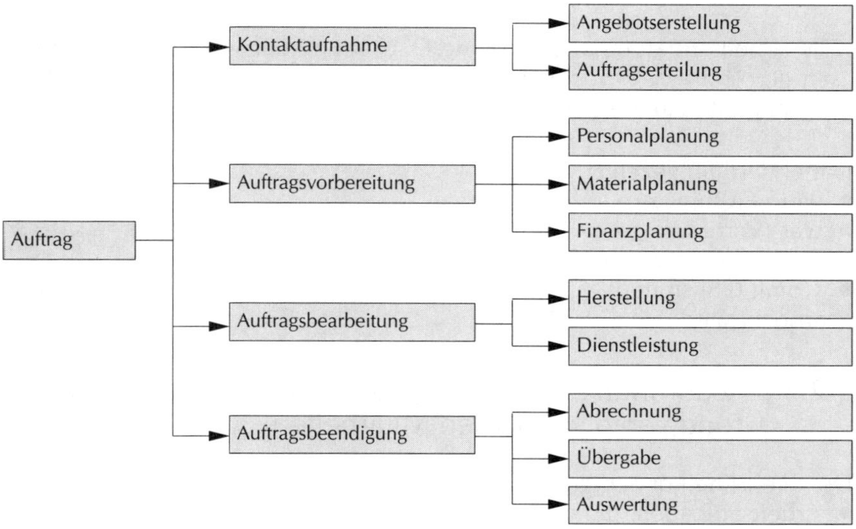

Abbildung 101

Die gesamten Arbeiten, die so im Rahmen der Auftragsabwicklung anfallen, sollen dann auch in die Ausbildung übernommen werden.

Auftragsorientierte Ausbildung

Eine auftragsorientierte Ausbildung bietet vielfältige Möglichkeiten, über die fachliche Kompetenz hinaus auch persönliche und soziale Kompetenz zu stärken und zu vermitteln.

4.2.2.3 Struktur und didaktischer Aufbau

Unter der Struktur der betrieblichen Ausbildungsorganisation versteht man allgemein die Beschaffenheit und das Zusammenspiel der Faktoren, die das Lernen und Lehren im Betrieb kennzeichnen. Dies sind insbesondere:
- Kundenaufträge
- auftragsorientierte Arbeitsaufgaben und Arbeitstätigkeiten.

Im Rahmen dieses Umfeldes muss nun der Lehrling in didaktisch geeigneter Form in den betrieblichen Produktions- und Dienstleistungsprozess eingebunden werden. Für das auftragsorientierte Lernen wurde dafür ein vierstufiges System entwickelt:
- Erste Stufe: Zuordnung des Lehrlings zu produktiven Arbeitsaufgaben.
- Zweite Stufe: Festlegung, wie der Lehrling in den Prozess der Auftragserledigung einbezogen werden soll.
- Dritte Stufe: Formulierung konkreter Aufgaben und Unterstützung des Lehrlings bei der Aufgabenerfüllung.
- Vierte Stufe: Angemessener Einsatz von Sonderformen des betrieblichen Lernens.

4.2.3 Ausbilden in produktiven Arbeitsaufgaben

4.2.3.1 Arbeitsstrukturanalyse

Die Arbeitsstrukturanalyse ist eine Darstellung der verschiedenen Phasen der Auftragsabwicklung sowie der in den einzelnen Phasen jeweils konkret anfallenden Aktivitäten.

Dabei wird aufgezeigt
- woran (Objekte)
- was (Verrichtungen)
- wie (Informationen)
- womit (Hilfsmittel)

gearbeitet wird.

4.2.3.2 Zuordnung des Lehrlings zu den Arbeitsaufgaben und verantwortlichen Mitarbeitern

Arten

Dem Lehrling können grundsätzlich zugeordnet werden:
- Arbeitsaufgaben, die den ganzen Auftrag abdecken
- Arbeitsaufgaben, die nur Teile eines kompletten Auftrags abdecken
- Arbeitsaufgaben, die allgemein bei einzelnen Aufträgen immer wiederkehren (zum Beispiel Rechnungsbearbeitung und Mahnwesen).

Wichtige Zuordnungsmerkmale von Arbeitsaufgaben

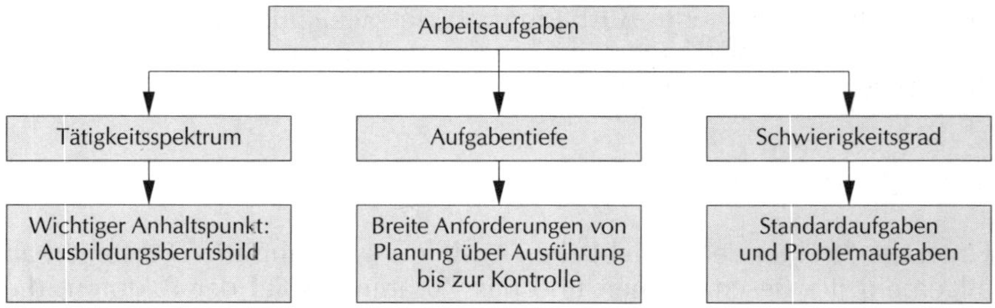

Abbildung 102

Tätigkeitsspektrum

Beim Tätigkeitsspektrum sollten neben den rein fachtechnischen insbesondere auch
- betriebswirtschaftliche
- arbeitsorganisatorische
- gestalterische
- arbeitsökologische

Aufgaben berücksichtigt werden.

Aufgabentiefe

Durch die umfassende Aufgabentiefe soll erreicht werden, dass der Lehrling nicht nur Handlungen nachvollziehen, sondern selbst gestalten und kontrollieren kann.

Standardaufgaben sind Aufgaben, die immer wieder vorkommen und mit einem einmal erlernten Verhaltens- und Lösungsmuster bewältigt werden können.
Problemaufgaben dagegen erfordern jeweils angepasste Lösungsansätze.

4.2.3.3 Bestimmung der angemessenen Mitwirkungsformen und der erforderlichen Lernhilfen

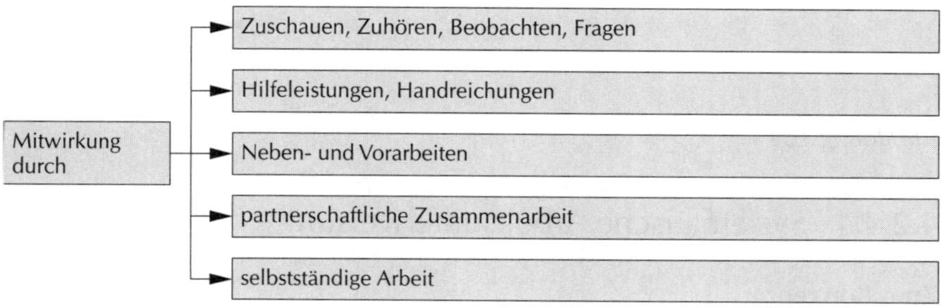

Abbildung 103

Die Form der Mitwirkung ist dabei maßgeblich abhängig vom jeweiligen Ausbildungs- und Lernstand.
Im Laufe ihrer Ausbildung im Handwerksbetrieb sollen die Lehrlinge mit allen wesentlichen berufs- und betriebsüblichen Aufgaben und Aufträgen vertraut gemacht werden. Ausbilder und Arbeitskollegen unterstützen sie dabei durch gezielte Hilfen, insbesondere durch Lernhilfen

- fallweises Eingreifen
  und
- „auf die Sprünge helfen".

Dabei sollen sowohl Über- wie auch Unterforderung vermieden werden (auf einzelne Lernhilfen wird in Abschnitt 5.2 „Handlungssituation: Lern- und Arbeitstechniken vermitteln" näher eingegangen).

4.2.4 Ergänzendes Ausbilden außerhalb der produktiven Arbeitsaufgaben

Während des Ausbildungsprozesses kann es zur besseren Sicherstellung des Ausbildungserfolges notwendig werden, manche Lern- und Lehraktivitäten aus dem am konkreten Auftrag orientierten Verbund herauszulösen und sie in anderer Form durchzuführen.

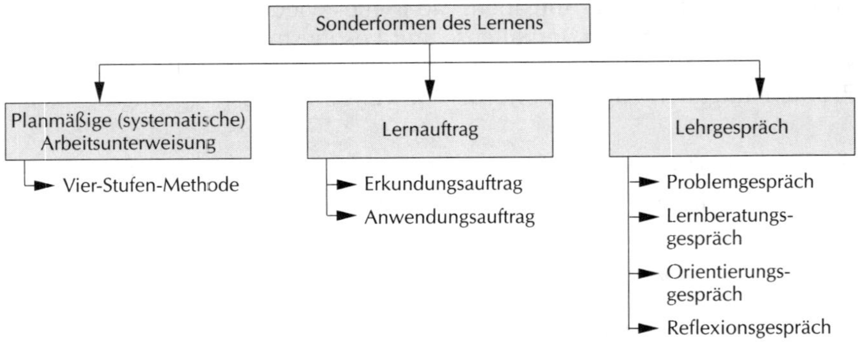

Abbildung 104

4.2.4.1 Systematische Arbeitsunterweisung

Zum Konzept

Die systematische Arbeitsunterweisung ist eine besondere Form des planmäßigen Lehrens und Lernens in der betrieblichen Ausbildung. Neben fachlichen Fertigkeiten, Kenntnissen und Fähigkeiten zielt sie auch auf die Vermittlung sozialer Verhaltensweisen.

Unterweisungslehre

Das Lehren erfolgt bei der systematischen Arbeitsunterweisung in Stufen. Der Ausbilder muss dazu die wichtigsten Inhalte der Unterweisungslehre beherrschen.
Diese hat die Aufgaben,
- den Unterweisungsvorgang zwischen Ausbilder und Lehrling darzustellen
- den Unterweisungsvorgang zu systematisieren
- dem Ausbilder Hilfen für eine methodische Durchführung der Unterweisung zu vermitteln.

Wichtige Grundsätze für die Durchführung der Unterweisung sind:
- geeigneter Unterweisungsstoff
- lebensnahe Unterweisung
- zukunftsorientierte Unterweisung
- anschauliche Unterweisung
- keine Überforderung des Lehrlings
- ständige Übung und Vertiefung
- Unterweisung am Arbeits- bzw. Ausbildungsplatz oder in besonderem Unterrichtsraum
- Einzel- oder Gruppenunterweisung.

Vorteile

Bei Beachtung dieser Grundsätze ermöglicht die systematische Arbeitsunterweisung folgende wesentliche Vorteile:
- Steigerung des Lerninteresses
- gründliches und rationelles Lernen
- nachhaltiger Lernerfolg
- Genauigkeit der Arbeit bzw. der Leistung
- Einschränkung der Unfallgefahr.

Methoden der systematischen Arbeitsunterweisung

Für die Durchführung der systematischen Arbeitsunterweisung stehen in Abhängigkeit von
- Lernzielen
  und
- Lernprozess

mehrere Unterweisungsmethoden zur Verfügung.

Vier-Stufen-Methode

> Die bekannteste Methode für die systematische Arbeitsunterweisung ist nach wie vor die Vier-Stufen-Methode.

Dabei geht man bei der Vermittlung einer Fertigkeit in vier Stufen und innerhalb dieser wiederum nach einzelnen Schritten vor.

Die Vier-Stufen-Methode

1. Stufe: Vorbereitung des Auszubildenden

↓

2. Stufe: Vormachen und Erklären durch den Ausbilder

↓

3. Stufe: Ausführungsversuche machen lassen

↓

4. Stufe: Üben und Festigen des Gelernten

Abbildung 105

Einzelschritte

Bei der **Vorbereitung des Auszubildenden** sind folgende Schritte wichtig:
- Befangenheit nehmen und Kontakt herstellen
- Weckung von Interesse, Leistungs- und Aufnahmebereitschaft
- Vermittlung von Lernmotiven
- Beseitigung von Hemmungen
- Unsicherheit nehmen durch Ermutigung
- Bezeichnung der zu erlernenden Fähigkeit, damit der Lehrling weiß, um was es geht
- Anknüpfung an den vorhandenen Erfahrungs- und Wissensstand (Vorkenntnisse und Vorfertigkeiten)
- Vermeidung von langatmigen Einführungen
- Prüfung der Arbeits- und Ausbildungsplatzausstattung (Werkzeuge)
- Überprüfung der Ausbildungsplatzgestaltung
- richtige Aufstellung am Ausbildungsplatz.

Beim **Vormachen und Erklären** des Vorgangs sollte der Ausbilder nach folgenden Schritten vorgehen:
- kurz und verständlich erklären und zeigen
- genauere Erklärungen geben
- Vorgehen begründen (was, wie, warum)
- wichtige Teilvorgänge bzw. Lernschritte hervorheben
- Kernpunkte betonen und besonders unterstreichen
- Zeichnungen und Muster benutzen.

Bei **Ausführungsversuchen** sind folgende Einzelschritte besonders wichtig:

- den Auszubildenden zum Durchdenken der Aufgaben und Lösungsmöglichkeiten veranlassen
- den Lehrling selbst ausführen lassen
- Unterweisungsvorgang erklären und begründen lassen
- Kernpunkte als Orientierungshilfen und Gedächtnisstützen herausstellen
- Hilfen geben (aber nur, wenn unbedingt nötig)
- Fehler verbessern.

Einzelmaßnahmen

Üben und Festigen des Gelernten erfordert insbesondere folgende Einzelmaßnahmen:

- Ziel der Festigung herausheben
- bei der Festigung und Sicherung des Gelernten Hilfestellungen geben
- ausreichende Gelegenheiten zum Üben geben
- Übungsfortschritte kontrollieren und anerkennen
- Probeaufträge erteilen
- Fehler rechtzeitig abstellen
- auf Arbeitsgenauigkeit und Arbeitsqualität achten
- Arbeitsschnelligkeit bzw. Arbeitstempo durch Intervalltraining fördern
- Übungsbedingungen abwandeln.

Drei-Stufen-Methode

Man kann die vier Stufen entsprechend der Aufteilung des Lernprozesses auch zur **Drei-Stufen-Methode** zusammenfassen, und zwar

- 1. Stufe: Vorbereiten des Lehrlings
- 2. Stufe: Auseinandersetzung mit dem Lerngegenstand
- 3. Stufe: Vervollkommnung und Festigung des Gelernten.

Um den veränderten Anforderungen und Arbeitsbedingungen gerecht zu werden, wird auch der Ausbau der Vier-Stufen- zur Sechs-Stufen-Methode vorgeschlagen.

Sechs-Stufen-Methode der Unterweisung

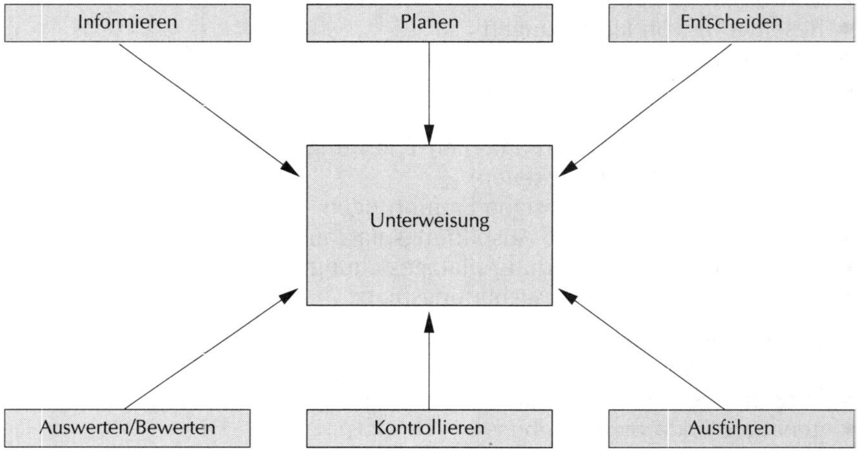

Abbildung 106

Vollständige Handlung

Diese Sechs-Stufen-Methode wird auch als Modell der vollständigen Handlung bezeichnet.
Derartige Erweiterungen der Vier-Stufen-Methode tragen der veränderten Vorbildungsstruktur der Lehrlinge (mehr Realschüler und Abiturienten) sowie der geänderten Altersstruktur besser Rechnung.

Eine Weiterentwicklung der Vier-Stufen-Methode ist die so genannte Leittextmethode.

Leittexte

Leittexte sind schriftliche Anleitungen zum Lernen. Ihr Ziel ist es, selbstgesteuertes Lernen über Planung, Ausführung und Kontrolle zu ermöglichen und die Handlungskompetenz des Lehrlings zu fördern.
Die Leittextmethode ist deshalb auch anspruchsvoller und zeitintensiver als andere Unterweisungsmethoden.

Aufbau und Hilfsmittel der Leittextmethode

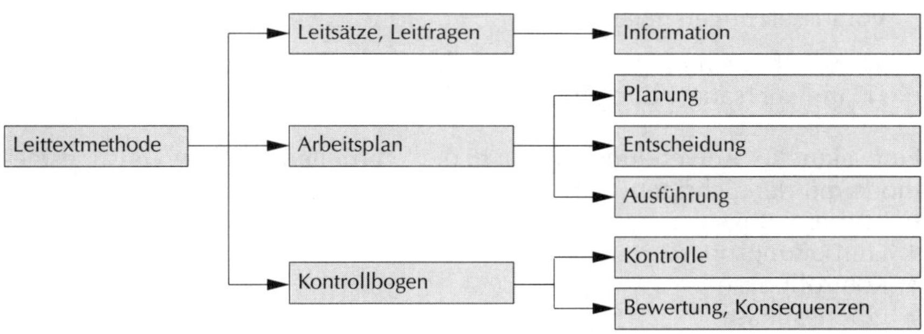

Abbildung 107

Die **Leitfragen** sollen das notwendige Grundwissen zur Aufgabenlösung vermitteln. Die **Leitsätze** sollen darüber informieren, was getan werden soll. Im **Arbeitsplan** werden die notwendigen Schritte von den Auszubildenden fest- und dargelegt. Der **Kontrollbogen** schließlich hat die Funktion, zur systematischen Fehlersuche und Fehlerbeseitigung mit den entsprechenden Konsequenzen anzuleiten.

Beispiel:

Mögliche Leitfragen für den Teil „Warten, Prüfen und Einstellen von Fahrzeugen und Systemen sowie von Betriebseinrichtungen; c) Wartungsarbeiten nach Vorgabe durchführen ..." des Berufsbildes Kraftfahrzeugmechatroniker sind:
- Warum sind in regelmäßigen Abständen an Motor und Getriebe Pflege- und Wartungsmaßnahmen durchzuführen?
- Weshalb sind auch an anderen Bauteilen des Kfz regelmäßig Wartungs- und Pflegearbeiten durchzuführen?
- An welchen Teilen des Kfz sind Wartungs- und Pflegearbeiten erforderlich? Listen Sie mit Hilfe der Betriebsanleitung die Maßnahmen nach Funktionsbereichen geordnet auf! Ergänzen Sie die Liste gegebenenfalls!

Ob die Leittextmethode auch im Handwerksbetrieb angewandt werden kann, hängt immer vom jeweiligen Einzelfall ab.

Erfahrungen haben gezeigt, dass dafür folgende Faktoren bedacht werden müssen:

Zeitaufwand

- Die Leittextmethode erfordert, dass ein Ausbilder als „Lernberater" zur Verfügung steht, der genügend Zeit für die Auszubildenden, die möglichst eigenständig die Aufgaben lösen, hat. Gerade der Informationsprozess kann sehr zeitintensiv sein.

Räumliche Gegebenheiten

- Die Leittextmethode setzt ferner im Rahmen der Ausbildung entsprechende zeitliche und räumliche Möglichkeiten voraus; so kann diese Methode auf Baustellen oder im Rahmen von Arbeiten bei Kunden nicht angewandt werden.

Gruppenausbildung

- Die Leittextmethode bedingt schließlich auch Gruppenausbildung; das heißt, sie eignet sich weniger für den typischen Handwerksbetrieb, der nur wenige Lehrlinge hat oder sie jeweils an verschiedenen Lernorten einsetzt. In der überbetrieblichen Ausbildung allerdings sind diese Voraussetzungen gegeben.

Es ist jedoch auch möglich, nur einzelne Elemente der Leittextmethode in die Handwerksausbildung zu übernehmen.

Erarbeitende Unterweisung

Eine aktuelle Anwendung ist auch die erarbeitende Unterweisungsmethode mit den Schritten:

- Vorbereitungsphase
- Erarbeitungsphase
- Kontrollphase
- Übungsphase.

Die Vorgehensweise ist dabei ähnlich wie bei der Vier-Stufen-Methode.

Vermeidung typischer Unterweisungsfehler

Trotz der genauen Aufteilung des Unterweisungsvorganges in die einzelnen Schritte können Fehler bei der Unterweisung nicht ausgeschlossen werden. Es gibt typische, immer wiederkehrende Unterweisungsfehler, die sich vor allem bei Routinearbeiten einschleichen. Dies sind insbesondere:

- starres Festhalten an einem Orientierungsschema
- Über- oder Unterforderung des Lernenden
- keine Rücksicht auf individuelle Lernweise des Lehrlings
- ungenügende Vorbereitung und Motivation des Lehrlings
- Vernachlässigung des Lehrlings.

Jeder Ausbilder muss bestrebt sein, solche Unterweisungsfehler zu vermeiden bzw. zu beseitigen.

4.2.4.2 Lehrgespräche

Ausbildungs-, Unterweisungs- und Arbeitsablauf erfordern ständig Gespräche zwischen Ausbilder und Lehrlingen, aber auch den Lehrlingen untereinander, zur optimalen Wissensvermittlung und Erkenntnisgewinnung. Solche Gespräche nennt man Lehrgespräche.

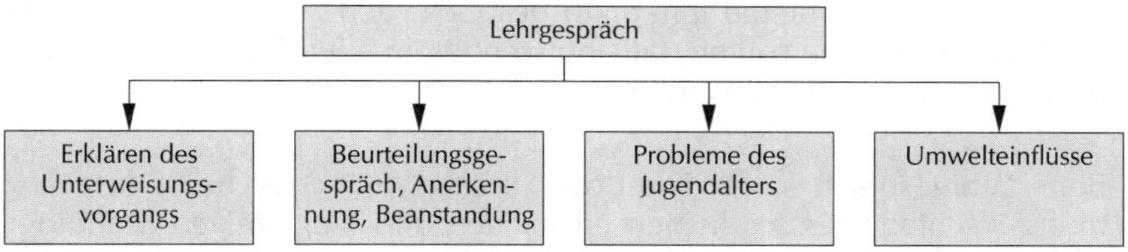

Abbildung 108

Wegen ihrer besonderen Bedeutung muss jeder Ausbilder über Arten, Formen und Einsatzmöglichkeiten des Lehrgesprächs informiert sein.

Wichtige Arten von Lehrgesprächen sind:
- **Problemgespräch:** Damit soll dem Lehrling vor allem vermittelt werden, wie man am geeignetsten mit Problemen umgeht, die während der Auftragserledigung auftauchen.
- **Lernberatungsgespräche:** Sie befassen sich mit grundsätzlichen Fragen, die beim Lehrling auftauchen, zum Beispiel über den Lernstand, Konfliktbewältigung oder auch berufliche Perspektiven.
- **Orientierungsgespräch:** Vielfach ist es dem Lehrling nicht möglich, alle Zusammenhänge an und um seinen Arbeits- bzw. Ausbildungsplatz zu durchschauen und zu verstehen. Hier soll das Orientierungsgespräch, nach Möglichkeit ausgehend von einem konkreten Auftrag, helfen.
- **Reflexionsgespräche (Reflexion = Nachdenken):** Sie haben das Ziel, Lernprozesse nachzubereiten und aus den gewonnenen Erfahrungen zu lernen.

Formen des Lehrgesprächs

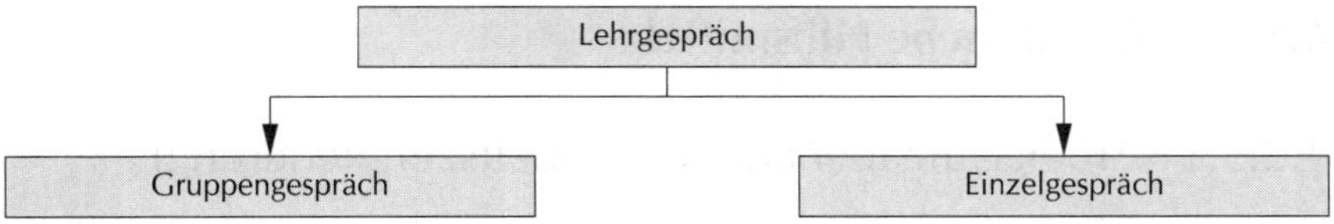

Abbildung 109

Das **Gruppengespräch** kommt zur Anwendung, wenn in der Gruppe ausgebildet wird. Es hat vor allem den Zweck,
- die Unterweisung vorzubereiten
  und
- den Meinungsaustausch innerhalb der Gruppe in Gang zu bringen.

Für den optimalen Erfolg sollten folgende Voraussetzungen gegeben sein: Voraussetzungen
- geeignete Auswahl der Gruppenmitglieder
- bestmögliche Vorbereitung durch den Ausbilder mit Festlegung von Themen, Zeitpunkt und Ort
- Bereitstellung des notwendigen Anschauungsmaterials
- Gesprächsleitung durch den Ausbilder
- genügend Zeit für die freie Aussprache
- angemessene Herausstellung und Zusammenfassung der Ergebnisse.

Das **Einzelgespräch** richtet sich an den einzelnen Auszubildenden. Es hat immer auch einen vertraulichen Charakter und gibt dem Lehrling das Gefühl, dass seine Probleme innerhalb des Gesprächs im Vordergrund stehen. Einzelgespräche sollten, falls notwendig, in allen Phasen der Berufsausbildung durchgeführt werden.

Zwiegespräch

Beim Lehrgespräch in der Form des Einzelgesprächs ist besonders darauf zu achten, dass es keinen einseitigen und langatmigen Monolog des Ausbilders darstellt, sondern als echtes Zwiegespräch geführt wird.

Positive Auswirkungen

Sorgfältig vorbereitete und regelmäßig durchgeführte sowie in sachlichem und in richtigem Ton geführte Lehrgespräche tragen wesentlich dazu bei,
- die Lernmotivation zu steigern
- Unklarheiten rechtzeitig zu beseitigen
- selbstständiges Handeln, Arbeitsfreude sowie ähnliche positive Verhaltensweisen zu fördern.

4.2.4.3 Lernaufträge

Beim **Lernauftrag** wird dem Lehrling eine in der Regel relativ komplexe – aus dem Gesamtauftrag ausgegliederte – Aufgabe gestellt, die er möglichst selbstständig nach dem Konzept der vollständigen Handlung zu erledigen hat. Lernen und Arbeiten finden dabei gleichzeitig statt. Es bietet sich – um Aufwand und Kosten gering zu halten – an, vor allem aus öfter durchgeführten Standardaufträgen (Kundenaufträgen) Lernaufträge zu gestalten.
Bei **Erkundungsaufträgen** müssen die Lehrlinge beispielsweise bestimmte Informationen durch eigene Beobachtungen sammeln.
Anwendungsaufträge haben zum Ziel, bereits vorhandene Fertigkeiten, Kenntnisse und Fähigkeiten auf neue Aufgabenstellungen anzuwenden.

4.2.5 Didaktische Hilfsmittel

4.2.5.1 Arbeitsaufgabenanalyse (Arbeitszergliederung)

Die Arbeitsaufgabenanalyse (Arbeitszergliederung) ist ein wichtiges Hilfsmittel, den Ablauf der zu erlernenden Fertigkeiten in lernbaren Schritten zu gewährleisten.

Sie bestimmt damit weitgehend den Unterweisungserfolg.

Schwerpunkte der Arbeitszergliederung

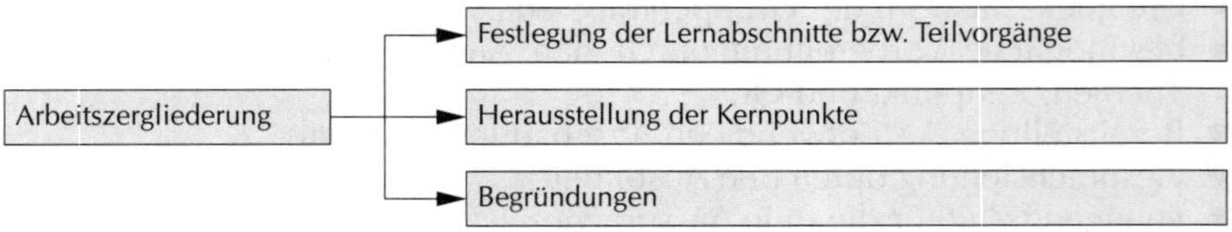

Abbildung 110

Bei der Festlegung der Lernabschnitte bzw. Teilvorgänge steht die Frage im Vordergrund: Was mache ich?

Dabei ist jeder Teilvorgang ein logischer Abschnitt des gesamten Arbeitsprozesses, der diesen jeweils einen Schritt weiterbringt. Durch die Zerlegung in Teilvorgänge lässt sich ferner feststellen, wie viel man dem Lehrling bei der Unterweisung auf einmal zumuten kann. Teilvorgänge

Die Herausstellung der Kernpunkte gibt Antwort auf die Frage: Wie mache ich es?

Für jeden festgelegten Teilvorgang sind im zweiten Schritt entsprechende Kernpunkte festzulegen. Während der Arbeitsausführung sollen die mit dem jeweiligen Kernpunkt zusammenhängenden Fragen immer wieder gestellt werden.

Die genaue Festlegung von Kernpunkten Auswirkungen
- bestimmt den Erfolg der Unterweisung
- verringert die Unfallgefahren
- erleichtert die Arbeit
- hilft Materialverschwendung und Beschädigung von Werkzeugen, Maschinen und Geräten zu verhindern.

Bei den Begründungen geht es um die Frage: Warum mache ich es?

Zu jedem Kernpunkt gehört auch stets eine Begründung. Gute Begründungen erleichtern das Verstehen und damit das Lernen und Behalten des Lernvorgangs. Die Begründung muss nachvollziehbar sein und sich an der zweckmäßigsten, leichtesten und sichersten Art den Auftrag durchzuführen orientieren.

Für die Aufstellung einer Arbeitszergliederung bietet sich folgendes Schema an:

Bezeichnung der Arbeit:	Abteilung/ Arbeitsgruppe: Ausbilder: Unterweisung am:	Benötigte Maschinen: Werkzeuge: Materialien:
Lernschritte (Was?)	Kernpunkte (Wie?)	Begründung (Warum?)
Besondere Unfallgefahren:		

Abbildung 111

Im Folgenden wird beispielhaft eine Arbeitszergliederung für die Aufgabe „Auswechseln der Wasserpumpe an einem (älteren) Kfz“ dargestellt. Das Beispiel erhebt keinen Anspruch auf Vollständigkeit und Allgemeingültigkeit, sondern gibt lediglich Auszüge und den grundsätzlichen Aufbau wieder.

Bezeichnung der Arbeit: Auswechseln der Wasserpumpe	Unterweisung vom:	Materialien: Werkzeuge, neue Wasserpumpe usw.
Lernschritte (Was?)	Kernpunkte (Wie?)	Begründung (Warum?)
1. Kühlflüssigkeit ablassen	Wasserschlauch entfernen	Damit keine Kühlflüssigkeit mehr in Kühler und Pumpe ist
2. Keilriemen entfernen	Befestigungsschraube vom Pumpenrad lösen und Riemenscheibe abnehmen	Spannung des Keilriemens würde Ausbau der Pumpe erschweren
3. Kühlwasserschläuche von der Pumpe abziehen	Schlauchschellen lösen und Schläuche vorsichtig von den Anschlussstutzen ziehen	Damit die Pumpe ausgebaut werden kann
4. Pumpe ausbauen	Befestigungsschrauben lösen, Wasserpumpe langsam abnehmen; bei Festsitzen abhebeln	Um Pumpe entfernen zu können
5. Dichtfläche reinigen	Durch Abschmirgeln der Kanten, wo die Pumpe aufliegt	Um Dichtheit zu gewährleisten
6. Neue Dichtung auflegen	Dichtring mit Dichtungsmittel auf den Anschlussteil der Pumpe aufsetzen	Damit die Pumpe bei Betrieb dicht ist
7. Neue Pumpe einbauen und Keilriemen wieder spannen	Pumpe auf den Motorblock aufsetzen, Schrauben einsetzen und festziehen sowie Riemenscheibe wieder befestigen	Um sicheren Sitz der Pumpe zu gewährleisten
8. Wasserschläuche wieder anbringen	Schläuche auf Anschlussstutzen stecken und Schellen festziehen	Um geschlossenen Wasserkreislauf wieder herzustellen
9. Wasser auffüllen	Mit Wasser und Frostschutzmittel auffüllen	Um Betriebsfähigkeit herzustellen
10. System auf Dichtheit prüfen	Motor warm laufen lassen, dann Prüfung mit Druckprüfer	Um Dichtheit zu gewähren und damit Überhitzungen zu vermeiden

Schriftliche Unterlagen

Es empfiehlt sich, solche Arbeitszergliederungen schriftlich vorzunehmen. Diese Unterlagen können dann immer wieder von neuem verwendet werden. Auch erfahrene Ausbilder sollten zumindest auf eine Gedächtnisstütze nicht verzichten.

4.2.5.2 Unterweisungsentwürfe und Lehrgesprächsskizzen

Es ist jedem Ausbilder zu empfehlen, zumindest für die wichtigen und immer wiederkehrenden Lehrvorgänge das gesamte Vorgehen sowohl bei Arbeitsunterweisungen wie auch bei Lehrgesprächen zu notieren. Meistens, zumindest beim erfahrenen Ausbilder, genügen dafür kurze stichpunktartige Aufzeichnungen, so genannte

- Unterweisungsentwürfe
  bzw.
- Lehrgesprächsskizzen.

Unterweisungsentwürfe

Lehrgesprächsskizzen

Beide geben dem Ausbilder wichtige Anhaltspunkte und einen Leitfaden nicht nur für die gerade stattfindende, sondern auch für spätere Lehrveranstaltungen.

Handlungsorientierte, fallbezogene Aufgaben

1. Als Inhaber eines Handwerksbetriebes bilden Sie vier Lehrlinge aus. Sie wenden in der Ausbildung die systematische Arbeitsunterweisung als eine besondere Form des planmäßigen Lehrens und Lernens an. Neben fachlichen Fertigkeiten, Kenntnissen und Fähigkeiten können Sie damit auch soziale Verhaltensweisen vermitteln.

Aufgabe:

a) **Welche wichtigen Grundsätze wenden Sie bei der Durchführung von Unterweisungen bei den vier Lehrlingen an?**
b) **Beschreiben Sie die von Ihnen eingesetzte Form der systematischen Arbeitsunterweisung näher!**

„Siehe Seiten 226 ff. des Textteils!"

2. Sie bereiten sich sehr genau auf die Unterweisung der Lehrlinge in Ihrem Betrieb vor. Sie wissen aber, dass Sie trotzdem darauf achten müssen, Unterweisungsfehler zu vermeiden.

Aufgabe: Welches sind typische Unterweisungsfehler, die bei Unterweisungen immer wieder vorkommen und wie können Sie diese vermeiden?

„Siehe Seite 230 des Textteils!"

3. Sie bilden als selbstständiger Handwerksmeister drei Lehrlinge aus. Den im Rahmen einer Unterweisung geplanten Arbeitsablauf stellen Sie in Form einer Arbeitszergliederung dar.

Aufgabe: Welche Vorteile hat es für Sie, solche Arbeitszergliederungen in Form eines Schemas festzuhalten?

☐ a) Keine, weil ein erfahrener Ausbilder für die Aufstellung einer sinnvollen Arbeitszergliederung kein Schema braucht.
☐ b) Keine, weil schematische Arbeitszergliederungen grundsätzlich von den Beteiligten als schablonenhaft empfunden und abgelehnt werden.
☐ c) Keine, weil sich nur theoretische Ausbildungsinhalte in ein Schema einordnen lassen.
☐ d) Keine, weil sich nur wenige Arbeitsvorgänge bei der betrieblichen Ausbildung in ein Schema einordnen lassen.
☐ e) Es ermöglicht die schnellere Erstellung von Arbeitszergliederungen und deren Wiederverwendung für spätere Unterweisungsarbeiten.

„Siehe Seite 234 des Textteils!"

4.3 Handlungssituation: Ausbildungsmittel für die Gestaltung von Lehr-/Lernarrangements auswählen und einsetzen

Kompetenzen:
- Unterschiedliche Ausbildungsmittel kennen und kriterienorientiert für die Unterstützung des Lernens in der Ausbildung einsetzen

4.3.1 Einsatz und Gestaltung von Ausbildungsmitteln (Medieneinsatz)

4.3.1.1 Erscheinungsformen

Ausbildungsmittel

Ausbildungsmittel sind wichtige Hilfen bei der Unterweisung und zur Förderung des Lernprozesses.

Sie ermöglichen es, neben der Sprache, die bei der Unterweisung im Vordergrund steht, andere Sinneskanäle der Lehrlinge – wie zum Beispiel Sehen, Hören, Fühlen – anzusprechen, um so den Lernerfolg zu verbessern. Sie veranschaulichen den Lernstoff und sind geeignet, das selbst gesteuerte Lernen zu fördern.

Arten von Ausbildungsmitteln

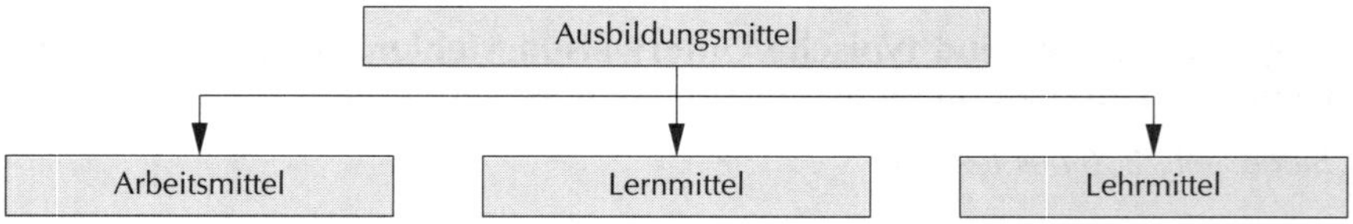

Abbildung 112

Die elementarsten Ausbildungsmittel sind die unmittelbaren **Arbeitsmittel** wie
- Arbeits- und Ausbildungsplätze
- Maschinen
- Werkzeuge und andere Arbeitsmaterialien.

Wichtige **Lernmittel** zur Förderung des Lernens beim Lehrling sind

Lehr- und Fachbücher

- Lehr- und Fachbücher, Fachzeitschriften, Skripten
  Lehr- und Fachbücher dienen der Vorbereitung von Unterweisungsprozessen oder der Vertiefung von erworbenen Fertigkeiten, Kenntnissen und Fähigkeiten. Wichtige Anforderungen an Lehr- und Fachbücher sind:

Anforderungen

  - klare Systematik und Gliederung
  - knappe, aber dennoch informative Darstellungen
  - dem Verständnis des Lernenden angepasste Sprache
  - Hilfen zur Übung und Vertiefung des Stoffes wie Zusammenfassungen und optische Darstellungen.

Fachzeitschriften weisen gegenüber Fach- und Lehrbüchern vor allem den Vorteil größerer Aktualität auf. Sie sind ein hervorragendes Informationsmittel über die aktuellen technischen, wissenschaftlichen und wirtschaftlichen Entwicklungen. Vielfach werden aktuelle Beiträge auch über das Internet veröffentlicht. Fachzeitschriften

- Aufgaben, Arbeitsblätter, Merkblätter Arbeitsblätter
  Aufgaben und Arbeitsblätter fördern die Auseinandersetzung mit dem Lerngegenstand. Geeignete Merkblätter, die die wesentlichen Kernpunkte enthalten, erhöhen die Merkfähigkeit.
- Buchauszüge, Grafiken, Tabellen, Skizzen, Diagramme, Flussdiagramme, Schaubilder Grafiken
  Systematische und überschaubare Darstellungen in Form dieser Ausbildungsmittel erleichtern den Lernprozess.
- Betriebs- und Bedienungsanleitungen, Schalt-, Funktionspläne Bedienungsanleitungen
  Diese Ausbildungsmittel fördern neben dem Verständnis des jeweiligen Sachverhaltes vor allem auch das funktionelle Denken.
- Regelwerke, Arbeitsanweisungen.

Lehrmittel werden bei Unterricht und Unterweisung als Hilfsmittel des Ausbilders eingesetzt:

- Schreibtafeln, Hafttafeln, Stecktafeln, Pinnwand, Flip-Chart (die Tafel wird durch große Papierblätter ersetzt) Tafeln
  Diese Ausbildungsmittel haben den Vorteil, dass die Aufmerksamkeit des Lernenden beim Vortrag gleichzeitig über Auge und Ohr (Optik und Akustik) angesprochen wird. Vor allem, wenn während des Unterrichts und der Unterweisung die entsprechenden Ausbildungsmittel mit der Hand beschriftet werden, ist auf gute Lesbarkeit und Übersichtlichkeit zu achten. Bei Hafttafeln mit Druckbuchstaben lassen sich diese Probleme umgehen.
- Tageslichtprojektoren, Diaprojektoren, Präsentation per PC Tageslichtprojektoren
  Für diese Ausbildungsmittel, die zwar viel Vorbereitung erfordern, aber in der Unterweisung dann sehr gut einsetzbar sind, gilt von der Wirkung her das oben Gesagte.
- Modelle, Schaukästen, Unterweisungs-, Schalt- und Demonstrationsbretter Schaukästen
  Diese Ausbildungsmittel erleichtern das „Zeigen“ als wichtigen Teil des Demonstrationsvorganges. Sie dürfen jedoch die praktische Durchführung der Unterweisungsarbeit, also das selbstständige Durchführen und eigene Erleben, nicht ersetzen. Modellhaftes Zeigen kann auch anhand von Maschinen und Geräten aus dem Programm der Ausbildungsstätte erfolgen.
- Videorecorder, DVD-Recorder, Lehrfilme, Funk und Fernsehen Lehrfilme
  Diese Ausbildungsmittel helfen dem Ausbilder bei der Demonstration und Darstellung des Unterweisungsstoffes. Auch die Rundfunk- und Fernsehanstalten haben verschiedene Aus- und Fortbildungssendungen entwickelt, die in die betriebliche Unterweisung einbezogen werden können. Die Möglichkeit der Videoaufzeichnung bietet hier wesentliche Vorteile.
- Videorecorder/DVD-Recorder, Videokamera, Bildschirmgerät (Fernseher) Video
  In Kombination dieser Hilfsmittel ist es möglich, im Rahmen von Rollenspielen typische Situationen des Berufslebens zu trainieren. Das Lernen erfolgt vor allem durch Auswertung der Aufnahmen und darauf aufbauende Korrekturen.

Unterrichtsprogramme

- Unterrichts- und Ausbildungsprogramme
  (Vgl. hierzu Abschnitt 4.1.3.6 „Programmierte Unterweisung, programmierter Unterricht, mediengestützte Aus- und Fortbildung".)

Computer

- Computerprogramme
  (Vgl. hierzu Abschnitt 4.1.3.7 „Computerunterstütztes Lernen".)

4.3.1.2 Didaktisch-methodische Funktionen

Wesentliche Funktionen von Ausbildungsmitteln sind:
- Vermittlung klarer Vorstellungen von realen Objekten oder Vorgängen
- Verdeutlichung des Wesentlichen
- Darstellung abstrakter Zusammenhänge
- Systematisierung von Einzelwissen
- Vergrößerung des Behaltenseffekts
- Verhaltenstraining
- Förderung der Lernmotivation und der Aufgeschlossenheit für Unterweisungsvorgänge.

4.3.1.3 Allgemeine Hinweise für den lernspezifischen Einsatz und die Gestaltung von Ausbildungsmitteln

Bei richtigem Einsatz helfen Ausbildungsmittel dem Ausbilder wesentlich bei der Vermittlung von Fertigkeiten, Kenntnissen und Fähigkeiten.

Positive Auswirkungen des Einsatzes von Ausbildungsmitteln

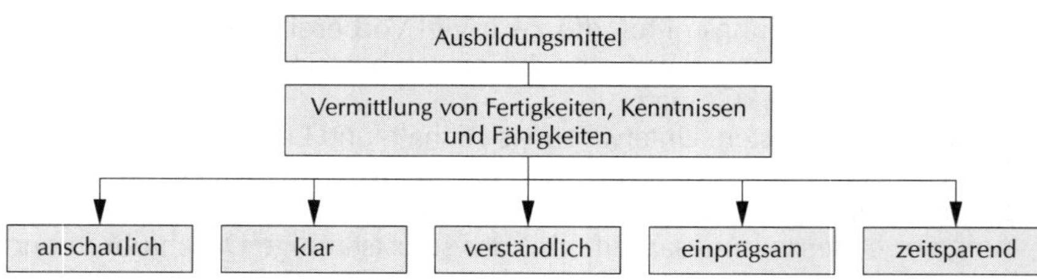

Abbildung 113

Fragen

Bei der Auswahl der geeigneten und richtigen Ausbildungsmittel sollte sich der Ausbilder folgende Fragen stellen:
- Welche Ausbildungsmittel stehen jeweils zur Verfügung?
- Wie können die Lehrlinge bei der Planung des Ausbildungsmitteleinsatzes angemessen berücksichtigt werden?
- Wie stellen die jeweiligen Ausbildungsmittel den Lerninhalt dar?
- Welche Lernziele lassen sich mit den Ausbildungsmitteln erreichen?
- Ist es möglich und nützlich, das Ausbildungsmittel selbst oder gemeinsam mit den Lehrlingen zu erstellen, bzw. wie hoch sind die Kosten einer Beschaffung?
- Welche Voraussetzungen stellen die jeweiligen Ausbildungsmittel an die Lehrlinge?
- Welche Auswirkungen haben die jeweiligen Ausbildungsmittel auf die Motivation der Lehrlinge?

- Welche Sinnesorgane werden angesprochen und aktiviert?
- Welche technischen und räumlichen Voraussetzungen sind vorhanden?

Für den bestmöglichen Erfolg ist es ferner notwendig, einige Grundsätze beim Einsatz von Ausbildungsmitteln zu beachten: Grundsätze

- Lernzielangemessenheit
- Lehrlingsangepasstheit
- Zuverlässigkeit
- dem Unterweisungszweck dienlich
- an Lehrmethoden, Lehrverfahren und Sozialformen des Lehrens ausgerichtet
- der Individualisierung und Differenzierung dienlich.

Ausbildungsmittel dürfen nicht zum Hauptzweck oder Selbstzweck der Unterweisung werden. Der Lehrling darf durch Ausbildungsmittel außerdem nicht abgelenkt oder überfordert werden.

Bei optischen Ausbildungsmitteln ist gleichzeitig zu erklären, worauf das Augenmerk in besonderem Maße zu richten ist. Auch bei der Verwendung von Ausbildungsmitteln sollten die Erkenntnisse über den Lerntransfer (siehe dazu Abschnitt 5.4.1 „Bedeutung von Üben und Anwenden (Transfer) für den Lern- und Ausbildungserfolg") mitverwertet werden; das heißt, es ist beispielsweise zu berücksichtigen, dass Informationen, die über Wort und Bild zusammen vermittelt werden, den Lernerfolg erheblich steigern. Lerntransfer

Handlungsorientierte, fallbezogene Aufgaben

1. Sie bilden als selbstständiger Handwerksmeister drei Lehrlinge aus. Als Ausbilder setzen Sie Ausbildungsmittel ein, um damit die Vermittlung von Fertigkeiten, Kenntnissen und Fähigkeiten zu erleichtern.

Aufgabe:

a) Stellen Sie dar, welche Faktoren und Gegebenheiten Sie bei der Auswahl der geeigneten Ausbildungsmittel beachten!

b) Erläutern Sie die Grundsätze, die Sie beim Einsatz von Ausbildungsmitteln bei der Ausbildung Ihrer drei Lehrlinge beachten, um den bestmöglichen Erfolg zu erreichen!

„Siehe Seiten 236 ff. des Textteils!"

4.4 Handlungssituation: Ausbildungserfolgskontrollen durchführen

Kompetenzen:

– Methoden der Ausbildungserfolgskontrolle kennen und im betrieblichen Ausbildungsprozess anwenden

4.4.1 Begriff, Arten und Funktionen der Ausbildungserfolgskontrollen

Ausbildungserfolgskontrollen (Ausbildungsstandskontrollen, Lernerfolgskontrollen) dienen generell dazu, erworbene Fertigkeiten, Kenntnisse, Fähigkeiten und Verhaltensweisen ausbildungsbegleitend ständig nachzuweisen und zu erproben.

Ausbildungserfolgskontrollen sind für die betriebliche wie für die schulische Berufsausbildung gesetzlich vorgeschrieben.

Vorgeschriebene Ausbildungserfolgskontrollen während der Berufsausbildung

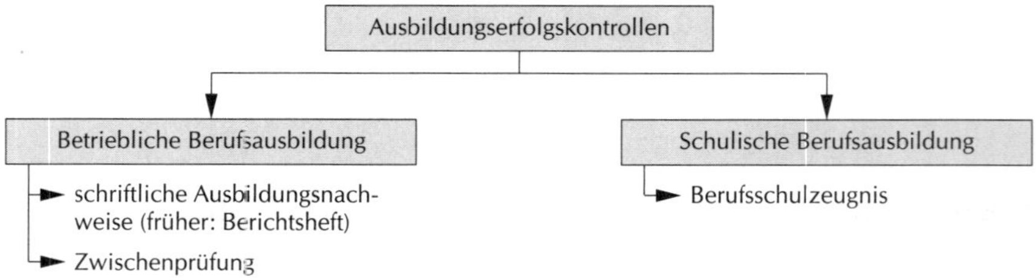

Abbildung 114

Übungsarbeiten

Andererseits finden im Ausbildungsbetrieb selbst ständig zusätzliche Kontrollen des Ausbildungserfolges statt, zum Beispiel als Übungsarbeiten und Tests.

Funktionen

Wesentliche Funktionen von Ausbildungserfolgskontrollen sind vor allem:

- Überwachung der Berufsausbildung hinsichtlich Planung, Durchführung und Ausbildungsmethoden
- Feststellung des jeweiligen Lernstandes
- Steuerung des Lehr- und Lernprozesses
- Weckung von Lernanreiz und Lernmotivation
- Feststellung der Eignung für den gewählten Beruf (Probezeit)
- Kontrolle der Durchführung der Ausbildung (Medieneinsatz, Ausbildungsstil u. a.)
- Bestimmung eines möglichen Arbeitseinsatzes nach der Ausbildung
- Nachweis bestimmter Berechtigungen.

4.4.2 Allgemeine Anforderungen an Lernerfolgs- bzw. Ausbildungserfolgskontrollen

Voraussetzungen

Ausbildungserfolgskontrollen sollen in der Regel folgende Voraussetzungen erfüllen:
- Eignung als Instrument der Lernhilfe
- Gewährleistung der Transparenz (Nachvollziehbarkeit)
- Objektivität der Beurteilung, das heißt, das Ergebnis einer Kontrolle darf nicht von der Person des Prüfers abhängen
- Beachtung des Grundsatzes der Validität (Gültigkeit), das heißt, die angewandten Verfahren zur Kontrolle des Ausbildungserfolges müssen zuverlässig sein
- Übereinstimmung der Kontrolle mit dem Ausbildungszweck
- Verbindung der Beurteilung mit einem Beurteilungsgespräch.

4.4.3 Durchführung innerbetrieblicher Ausbildungserfolgskontrollen

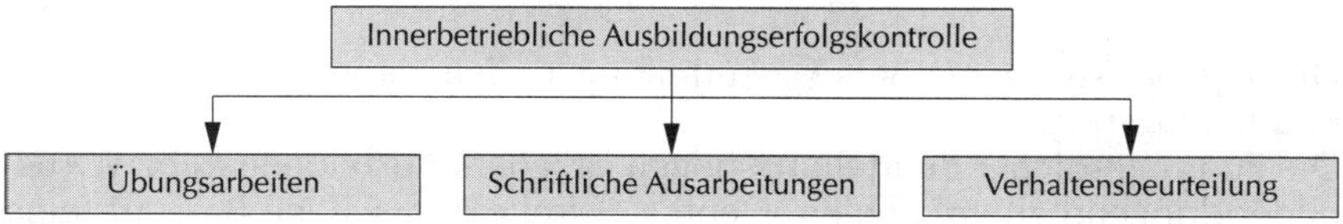

Abbildung 115

4.4.3.1 Übungsarbeiten (Arbeitsproben)

Bei Übungsarbeiten oder Arbeitsproben bzw. Arbeitsaufgaben wird der Lehrling im betrieblichen Alltag beobachtet. Es geht dabei weniger um bestimmte Einzelleistungen, sondern darum, wie der Lehrling an die gestellte Arbeit herangeht und wie er sie zu lösen versucht.

Arbeitsproben

Während der Übungsarbeiten soll also das Gesamtverhalten nach Fertigkeiten, Kenntnissen und Fähigkeiten beobachtet werden. Übungsarbeiten und Arbeitsproben bzw. Arbeitsaufgaben zählen damit zu den prozessualen Lernstandskontrollen, da der gesamte Prozess (Verlauf) des Arbeitens beim Auszubildenden während der gestellten Aufgabe beobachtet wird.

4.4.3.2 Schriftliche Ausarbeitungen

Schriftliche Ausarbeitungen sind resultative Lernstandskontrollen, das heißt, es werden die Ergebnisse beurteilt, die der Lehrling erzielt.

Dazu dienen vor allem Fragen, mit deren Hilfe das bis zum Prüfungszeitpunkt erworbene Wissen kontrolliert wird. Dafür sind insbesondere drei Formen geeignet:
- Textfragen und
- standardisierte oder programmierte Fragen oder Aufgaben
- fallbezogene Aufgaben.

Textfragen

Bei Textfragen bzw. fallbezogenen Aufgaben wird ausführlich der in Frage stehende Sachverhalt handlungsorientiert abgehandelt. Dies kann im Rahmen von Stichworten, Leitfragen oder ausführlicheren Aufsätzen erfolgen. Wichtig ist, dass der Lehrling die Lösungen selbst formulieren muss.

Standardisierte Fragen

Bei standardisierten oder programmierten Fragen oder Aufgaben müssen aus mehreren vorgegebenen Lösungen eine oder mehrere als richtig erkannt werden.

4.4.3.3 Verhaltensbeurteilung/Beurteilungsgespräch

Verhaltensbeurteilung

Im Rahmen der Verhaltensbeurteilung beobachtet der Ausbilder unter anderem, wie der Lehrling an die gestellten Aufgaben herangeht und wie er sich gegenüber Vorgesetzten und Kollegen verhält. Die Verhaltensbeurteilung enthält sowohl Elemente einer resultativen, das heißt vom Leistungsergebnis abhängigen, wie auch Elemente einer situativen, das heißt von Lage und Umfeld abhängigen, Lernstandskontrolle.

Die Ergebnisse der Verhaltensbeurteilung finden ihren Niederschlag im Beurteilungsbogen.

Beurteilungsbogen

Die Führung solcher Beurteilungsbogen ist jedem Ausbildenden bzw. Ausbilder dringend zu empfehlen. Denn sie sind eine wichtige Basis für eine erfolgreiche Ausbildung. Außerdem dienen sie als Entscheidungsgrundlage für die Gestaltung der Ausbildung, so dass für jeden Lehrling der bestmögliche Erfolg erreicht werden kann. Ferner können gut geführte Beurteilungsbogen auch herangezogen werden, wenn der Ausbilder dazu Stellung nehmen soll, ob eine Lehrzeitverkürzung in Frage kommt.
Werden die Beurteilungsbogen ebenso wie das Abgangsschulzeugnis und die Ergebnisse in der Berufsschule zur Personalakte genommen, so kann sich der Ausbilder bzw. Ausbildende stets ein umfassendes Bild über den Ausbildungsstand des Lehrlings verschaffen.
Die Erstellung eines Beurteilungsbogens ist weniger kompliziert, als viele Ausbildungsbetriebe befürchten. Es kommt dabei vor allem darauf an, dass der Beurteilungsbogen mit seinem wesentlichen Inhalt auf den einzelnen Beruf und dessen Anforderungen abgestimmt wird. Dazu orientiert man sich am besten am betrieblichen Ausbildungsplan. Dabei sollte auch auf die sog. Schlüsselqualifikationen eingegangen werden. Da der Berufsausbildung nach dem Berufsbildungsgesetz ferner ein persönlichkeitsbezogenes Ziel vorgegeben ist, ist es empfehlenswert, auch allgemeine Eigenschaften und dementsprechende Verhaltensweisen in den Beurteilungsbogen aufzunehmen.

Inhalt

Ein Beurteilungsbogen enthält in der Regel in der Senkrechten die Beurteilungsbereiche bzw. Beurteilungsmerkmale und in der Waagerechten die Ergebnisse der Beurteilung. Hierzu wird eine klare und nachvollziehbare Abstufung empfohlen. Sie sollte mindestens dreistufig sein, also etwa: erreicht, teilweise erreicht, nicht erreicht. Noch besser allerdings ist eine mindestens fünfstufige Bewertung. Der Ausbilder kreuzt dann entsprechend seiner Bewertung bei der entsprechenden Stufe an.

Jeder Beurteilungsbogen kann selbstverständlich in Bezug auf die einzelnen Beurteilungsmerkmale noch tiefer und hinsichtlich der Ergebnisse nach Ausbildungsabschnitten gegliedert werden.
Wichtig ist auf jeden Fall, dass für den Beurteiler der Beurteilungsbogen einsichtig und praktikabel ist, so dass er damit umgehen kann.

Regeln

Bei der Beurteilung sollten folgende Regeln eingehalten werden:
- Beobachtungen sollen sofort schriftlich im Beurteilungsbogen festgehalten werden.
- Bei mehreren Auszubildenden sollte nach Möglichkeit das gleiche Verhalten in der gleichen Situation beobachtet werden.
- Die Aufzeichnungen sollen rein sachlich sein. Erklärungen und Bewertungen sind Gegenstand des Beurteilungsgesprächs.
- Beobachtungen des Lehrlings sollen regelmäßig erfolgen und nicht auf Einzelvorfälle beschränkt sein.

Punkteskala

Der folgende Beurteilungsbogen, der sich am Beispiel für einen einzelbetrieblichen Ausbildungsplan (siehe Abschnitt 2.4 „Handlungssituation: Betrieblichen Ausbildungsplan erstellen") orientiert, gibt beispielhaft Aufschluss über die Möglichkeiten der Beurteilung von Lehrlingen. Für die Beurteilung gilt dabei eine sechsstufige Skala, die auch mit Punktwerten versehen werden kann, also:

sehr gute Leistung	(= 6 Punkte)
gute Leistung	(= 5 Punkte)
durchschnittliche Leistung	(= 4 Punkte)
ausreichende Leistung	(= 3 Punkte)
schlechte Leistung	(= 2 Punkte)
sehr schlechte Leistung	(= 1 Punkt).

Beurteilungsgespräch

Der Beurteilungsbogen ist Basis für ein ausführliches Gespräch mit dem Lehrling, das so genannte Beurteilungsgespräch.

Aufgaben

Das Beurteilungsgespräch hat wichtige Aufgaben zur
- Motivation
- Beratung
- Förderung

des Auszubildenden.

Regeln

Für ein erfolgreiches Beurteilungsgespräch sind mehrere Regeln zu beachten:
- Rechtzeitige Terminabsprache, damit alle Beteiligten sich auf das Gespräch vorbereiten können.
- Ausreichende Vorbereitung des Gesprächs.
- Kein Beurteilungsgespräch unter Zeitdruck oder etwa in schlechter Stimmung.
- Schaffung einer lockeren und angenehmen Gesprächsatmosphäre.

Das Gespräch selbst sollte folgenden Aufbau haben:

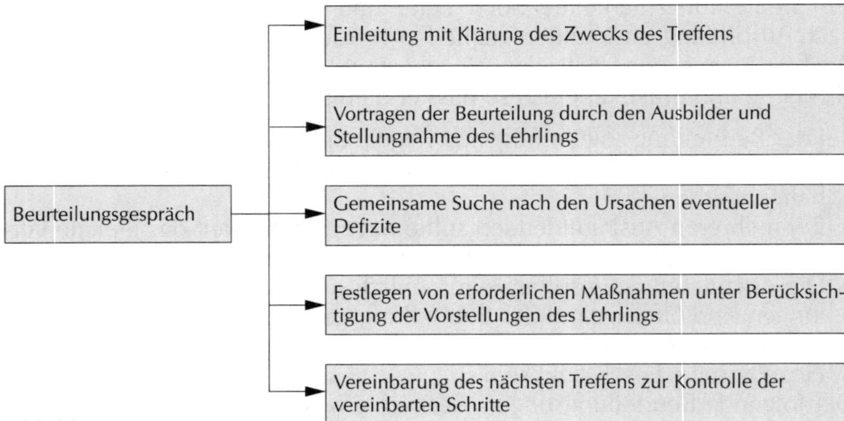

Abbildung 116

Beurteilungsbogen:

Ausbildungsabschnitt: 1. Ausbildungsjahr	Bewertung der einzelnen Merkmale nach Punkten, wobei das beste Urteil die Punktzahl 6 und das schlechteste die Punktzahl 1 ergibt					
	6	5	4	3	2	1
1. Fertigkeiten, Kenntnisse und Fähigkeiten lt. Ausbildungsplan – Verfahren und Messgeräte auswählen, Messfehler abschätzen – elektrische sowie elektronische Größen und Signale an Baugruppen und Systemen messen, prüfen und beurteilen, Prüfergebnisse dokumentieren – elektrische Verbindungen, Leitungen und Leitungsanschlüsse auf mechanische Schäden sichtprüfen – Funktion elektrischer Bauteile, Leitungen und Sicherungen prüfen – Messzeuge zum Messen und Prüfen von Längen, Winkeln und Flächen auswählen und anwenden – Längen, insbesondere mit Messschiebern, Messschrauben und Messuhren, messen, Einhaltung von Toleranzen und Passungen prüfen – Werkstücke mit Winkeln, Grenzlehren und Gewindelehren prüfen – physikalische Größen, insbesondere Drücke und Temperaturen, messen, prüfen und Prüfergebnisse dokumentieren						
Summe (falls gewünscht)						
2. Persönliche Eigenschaften des/der Auszubildenden ● Theoretische Fähigkeiten – Auffassungsgabe – Ausdauer und Konzentration – Beobachtungsgabe – selbstständiges Denken – Lernfähigkeit – Merkfähigkeit – Umsetzungsfähigkeit (Transfervermögen)						
Summe (falls gewünscht)						

Ausbildungsabschnitt: 1. Ausbildungsjahr	Bewertung der einzelnen Merkmale nach Punkten, wobei das beste Urteil die Punktzahl 6 und das schlechteste die Punktzahl 1 ergibt					
	6	5	4	3	2	1
• Praktische Fähigkeiten – Fachkenntnisse – manuelle Geschicklichkeit						
Summe (falls gewünscht)						
• Einstellung zur Arbeit – Arbeitstempo – Fleiß – Kreativität – Sorgfalt – Zuverlässigkeit						
Summe (falls gewünscht)						
• Soziales Verhalten – Bereitschaft zur Zusammenarbeit – Hilfsbereitschaft – Verantwortungsbewusstsein – Kontaktfähigkeit – Teamfähigkeit – Verhalten gegenüber Vorgesetzten – Verhalten gegenüber Kollegen – Verhalten gegenüber Kunden						
Summe (falls gewünscht)						
Gesamtsumme (falls gewünscht)						

4.4.4 Leistungsfeststellung und -beurteilung

Bewerten
Beurteilen

Leistungsfeststellung (auch Bewertung genannt) und -beurteilung sind während der gesamten Ausbildung notwendig. Auf der Grundlage der jeweiligen Ergebnisse können rechtzeitig erforderliche Korrekturen im gesamten Ausbildungsprozess vorgenommen werden.
Damit sind Bewertung und Beurteilung entscheidend für den Erfolg der Berufsausbildung.

4.4.4.1 Aussageformen

Faktoren

Grundlage jeder Bewertung und Beurteilung ist die Feststellung von folgenden Faktoren:

- Lernergebnisse bei Fertigkeiten, Kenntnissen und Fähigkeiten
- Leistungen
- Leistungs- und Lernverhalten
- Leistungs- und Lernschwächen
- Interessen
- Verhaltensformen.

Zeitpunkte

Eine Bewertung und Beurteilung dieser Faktoren ist zu verschiedenen Zeitpunkten möglich und erforderlich:
- am Ende der Probezeit
- nach Beendigung eines Ausbildungsabschnittes
- am Ende der Ausbildung.

4.4.4.2 Beobachtungs- und Beurteilungskategorien

Es gibt zahlreiche Beurteilungskategorien und -merkmale.

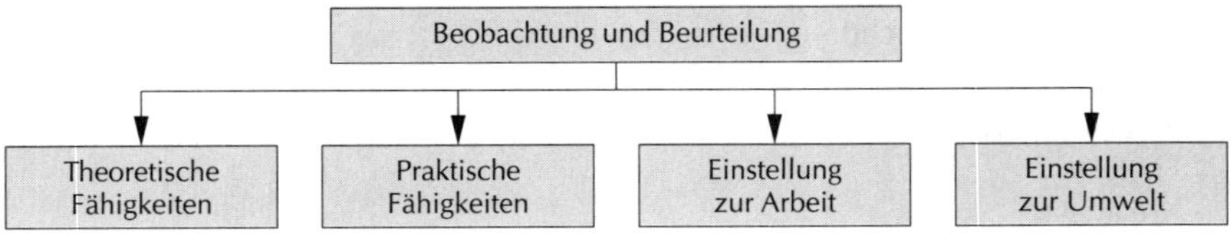

Abbildung 117

Beurteilungsmerkmale

Im Einzelnen zählen zu diesen Kategorien unter anderem folgende Merkmale:

- **Theoretische Fähigkeiten**
  - Auffassungsgabe
  - Ausdauer und Konzentration
  - Beobachtungsgabe
  - Denkfähigkeit
  - Lernfähigkeit
  - Merkfähigkeit
  - Umsetzungsfähigkeit (Transfervermögen)
- **Praktische Fähigkeiten**
  - Fachkenntnisse
  - manuelle Geschicklichkeit
- **Einstellung zur Arbeit**
  - Arbeitstempo
  - Fleiß
  - Kreativität
  - Sorgfalt
  - Zuverlässigkeit
- **Einstellung zur Umwelt**
  - Bereitschaft zur Zusammenarbeit
  - Hilfsbereitschaft
  - Kontaktfähigkeit
  - soziales Verhalten gegenüber Vorgesetzten, Kollegen und Kunden.

4.4.4.3 Bewertungssysteme

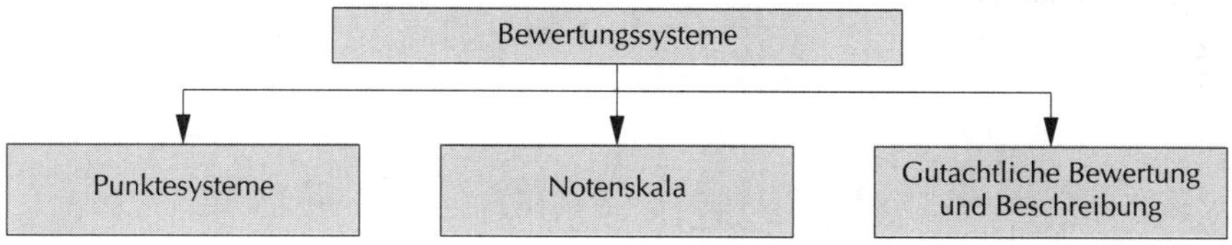

Abbildung 118

Am objektivsten ist die Bewertung, wenn eine exakte Fehler- und Punktezahlermittlung möglich ist. Dies ist zum Beispiel bei der programmierten Prüfung der Fall. Dann bietet sich das so genannte 100-Punkte-System an, innerhalb dessen die Prüfungsleistung eingeordnet wird. Die persönlichen Erfahrungen des Ausbilders und Lehrenden gehen in die Bewertung ein, wenn beispielsweise Textaufgaben im Rahmen der üblichen Notenskala (1–6) beurteilt werden sollen. Bei der gutachtlichen Beschreibung kommt es darauf an, durch eine entsprechende Wortwahl die Beurteilung und Bewertung so abzufassen, dass sie in ihrem Sinngehalt auch von Dritten nachvollzogen werden kann.

100-Punkte-System

Notenskala

4.4.4.4 Beurteilungs- bzw. Bewertungsmaßstäbe

Jede Bewertung erfordert auch Maßstäbe, damit sie von jedermann möglichst objektiv nachvollzogen werden kann.

Vergleichsweise unproblematisch ist dies beim 100-Punkte-System möglich. Hier hat sich allgemein eine Skala mit den folgenden Zuordnungen durchgesetzt:

100–92 Punkte:	sehr gut (1)	66–50 Punkte:	ausreichend (4)
91–81 Punkte:	gut (2)	49–30 Punkte:	mangelhaft (5)
80–67 Punkte:	befriedigend (3)	29– 0 Punkte:	ungenügend (6)

Schwieriger gestaltet sich das Finden eines entsprechenden Maßstabes bei der freien Benotung im Rahmen des Sechs-Noten-Systems. Hier muss sich der Ausbilder entweder vor der Bewertung einen Maßstab zurechtlegen, den er konsequent einhält, beispielsweise die Zahl richtiger Lösungen mit der jeweiligen Notenzuordnung; oder aber der Maßstab wird erst nach Durchsicht der Prüfung festgelegt. Dann kann beispielsweise so verfahren werden, dass als befriedigende Leistung (= Note 3) die durchschnittliche Fehlerzahl pro Prüfungsteilnehmer zugrunde gelegt wird. An diesem Maßstab werden dann die einzelnen Prüfungsleistungen gemessen.

Sechs-Noten-System

Bei diesen Verfahren gilt es, besonders einseitige Bewertungen zu vermeiden. In der Praxis ist man bestrebt, bezüglich der einzelnen Noten eine so genannte Gaußsche Normalverteilung (benannt nach dem Mathematiker Gauß) zu erreichen. Grafisch lässt sich dies folgendermaßen darstellen:

Normalverteilung

Kurve der Normalverteilung für eine Bewertung nach Noten

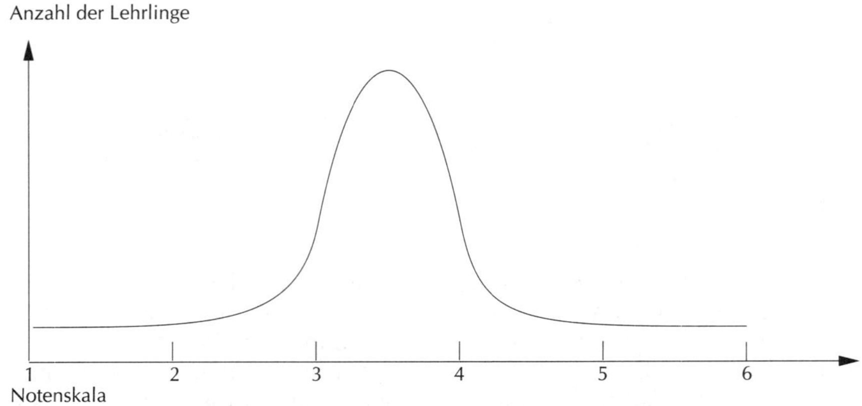

Abbildung 119

Diese Verteilung darf aber nicht als strikte Vorgabe angesehen werden. Vielmehr sind immer die Eigenheiten des Lernstoffs und der Prüflinge zu berücksichtigen.

4.4.4.5 Beurteilungsfehler

Objektive Beurteilung

Bei jeder Beurteilung ist es wichtig, sich von gefühlsmäßigen Eindrücken weitestgehend frei zu machen und das Urteil auf
- tatsächliche und
- nachweisbare

Einzelbeobachtungen zu gründen.

Persönliche Besonderheiten

Jede Beurteilung muss zu jedem Zeitpunkt und im konkreten Einzelfall den persönlichen Ausbildungsstand des Betroffenen berücksichtigen. Sind beispielsweise durch Abwesenheit des Lehrlings Lücken entstanden, die er nicht zu vertreten hat, so darf der Ausbilder dies nicht außer Acht lassen.
Ansonsten läuft er Gefahr, bei der Beurteilung weit reichende Fehler zu machen.

Aus der **persönlichen Situation des Ausbilders** heraus können sich vor allem folgende Faktoren fehlerhaft auf die Beurteilung auswirken:
- Interessen und Bedürfnisse (zum Beispiel gemeinsame Hobbys)
- Gefühle und Stimmungen (Sympathie, Antipathie)
- Voreingenommenheit und Vorurteile (zum Beispiel wegen Kleidung, Frisur u. Ä.).

Beurteilungsfehler im Rahmen der **betrieblichen Ausbildungssituation** ergeben sich aus dem Spannungsverhältnis zwischen Ausbilder, Lehrling sowie der Lern- und Prüfungssituation.

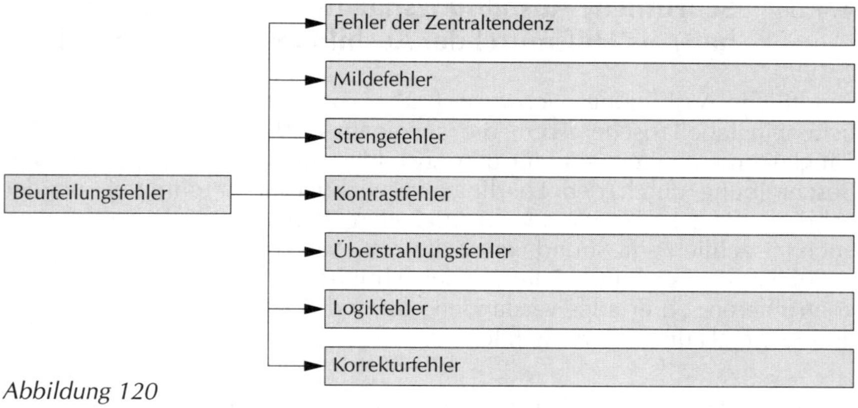

Abbildung 120

Fehler der Zentraltendenz oder der Tendenz zur Mitte: Der Ausbilder neigt dazu, alle Auszubildenden etwa gleich zu beurteilen.

Mildefehler: Vor allem wenn sich der Ausbilder den Lehrlingen gegenüber zu kollegial verhält und sich zu sehr mit ihnen identifiziert, besteht die Gefahr einer zu milden und wohlwollenden Einstellung sowie Beurteilung. Der Ausbilder sieht dabei auch zu sehr in seinen Ausbildungsbemühungen den eigenen Leistungserfolg.

Strengefehler: Aufgrund eines zu hohen und für die Lehrlinge kaum erreichbaren Beurteilungsmaßstabes werden diese zu streng beurteilt.

Kontrastfehler: Der Ausbilder misst die Lehrlinge an den Anforderungen, die er an sich selber stellt. Meistens ist damit die Gefahr einer zu strengen Bewertung verbunden.

Überstrahlungsfehler (auch Halo-Effekt genannt): Der einmal gewonnene, von einer auffälligen Verhaltensweise bzw. Eigenschaft bestimmte Eindruck vom Lehrling ist beim Ausbilder häufig so ausgeprägt, dass er andere Eigenschaften nicht mehr erkennt. Daraus kann der Eindruck entstehen, dass die anderen Beurteilungsmerkmale genauso ausgeprägt sind.

Logikfehler: Der Ausbilder begeht den Fehler, von einigen Merkmalen auf andere zu schlussfolgern, anstatt auch diese Merkmale gründlich zu beobachten.

Korrekturfehler: Der Ausbilder zieht immer wieder frühere Beurteilungen heran, anstatt aktuelle Verbesserungen oder Verschlechterungen des Lehrlings angemessen zu berücksichtigen.

Beurteilungsgespräch

Um solche Fehler vermeiden zu helfen und aus jeder Bewertung und Beurteilung die entsprechenden Schlussfolgerungen für die weitere betriebliche Ausbildung ziehen zu können, ist es jedem Ausbilder dringend zu empfehlen, die Beurteilungs- und Bewertungsergebnisse mit allen Beteiligten, also insbesondere mit dem Lehrling, dessen Eltern und den Berufsschullehrern, zu besprechen. Notfalls können auch Berater der Handwerkskammer und der Lehrlingswart hinzugezogen werden.

4.4.5 Schriftliche Ausbildungsnachweise (früher: Berichtsheft) als Hilfsmittel der Ausbildungserfolgskontrollen

Schriftliche Ausbildungsnachweise (früher: Berichtsheft), die im Wesentlichen in tabellarischer Form die an einem Ausbildungstag ausgeübten Tätigkeiten enthalten, sind für den Ausbilder anhand der Darstellung und Beschreibung durch den Lehrling ein wichtiges Kontrollmittel, ob der Lehrling die zu vermittelnden Fertigkeiten, Kenntnisse und Fähigkeiten auch tatsächlich erfasst und verarbeitet hat. Auch der Lehrling selbst kann bei einer gewissenhaften Führung der schriftlichen Ausbildungsnachweise kontrollieren, ob er alles verstanden hat, und gegebenenfalls den Ausbilder nochmals um Erklärung bitten.

4.4.6 Außerbetriebliche Lernerfolgskontrollen: Auswertung von Zwischenprüfung und Lernerfolgskontrollen der Berufsschule

Die wichtigsten außerbetrieblichen Erfolgskontrollen während der Berufsausbildung sind

- Zwischenprüfungen oder Teil 1 der Gesellenprüfung, sofern die Gesellenprüfung in zwei zeitlich auseinander fallenden Teilen durchgeführt wird und
- Lernerfolgskontrollen der Berufsschule.

Beide Arten der Erfolgskontrolle sind nicht nur für den Lehrling, sondern als eine Art Rückkopplung über die Qualität der gesamten Ausbildung auch für den Betrieb von großer Bedeutung.

4.4.6.1 Zwischenprüfung

Die Zwischenprüfung ist ein Kontrollinstrument für den jeweiligen Ausbildungsstand des Lehrlings im Rahmen der betrieblichen Ausbildung.

(Vgl. hierzu im Einzelnen Abschnitt 7.1.1.1 „Rechtsgrundlagen für die Zwischenprüfung“.)

4.4.6.2 Lernerfolgskontrollen in der Berufsschule

Schriftliche und mündliche Kontrollen

In den Berufsschulen werden zahlreiche schriftliche oder mündliche Kontrollen durchgeführt, die in das Berufsschulzeugnis eingehen und damit die Leistungen des Lehrlings in den fachtheoretischen und allgemein bildenden Teilen widerspiegeln.

Man könnte auch sagen, dass es sich dabei um eine Art schulischer Beurteilungsbogen handelt.
Der Ausbilder sollte auch diese Beurteilungsergebnisse in sein Gesamtbild über den Lehrling und in die Gestaltung der betrieblichen Ausbildung einbeziehen.

Handlungsorientierte, fallbezogene Aufgaben

1. Sie haben in Ihrem Betrieb zwei Lehrlinge, über deren Ausbildungserfolg Sie während der gesamten Ausbildung mehrfach Kontrollen durchführen.

Aufgabe:

a) **Stellen Sie dar, welche Ausbildungserfolgskontrollen im vorliegenden Fall vorgeschrieben sind!**
b) **Beschreiben Sie die wesentlichen Funktionen von Ausbildungserfolgskontrollen!**

„Siehe Seite 240 des Textteils!"

2. Sie bilden in Ihrem Betrieb einen Lehrling aus. Im Rahmen Ihrer innerbetrieblichen Ausbildungserfolgskontrollen haben Sie eine Beurteilung Ihres Lehrlings vorgenommen. Danach führen Sie mit diesem ein Beurteilungsgespräch zur Erörterung der Ergebnisse Ihrer Bewertung und Beurteilung.

Aufgabe: **Beschreiben Sie den Aufbau dieses Gesprächs!**

„Siehe Seite 244 des Textteils!"

3. Sie möchten als Ausbilder die Bewertung der Leistungen Ihres Lehrlings so darstellen, dass sie auch von einem Dritten möglichst objektiv nachvollzogen werden kann.

Aufgabe: **Schildern Sie ein Bewertungsverfahren, anhand dessen Ihnen dieses möglich ist!**

„Siehe Seite 247 des Textteils!"

5 Handlungsfeld: Förderung des Lernprozesses

5.1 Handlungssituation: Lebenssituationen und Entwicklungsstand als Lernvoraussetzung von Lehrlingen erkennen und berücksichtigen

Kompetenzen:
- Einflüsse verschiedener Bezugspersonen bzw. Lebensbereiche und Kulturen auf das Verhalten junger Erwachsener verstehen und bei der Ausbildung des Lehrlings berücksichtigen
- Entwicklungserscheinungen beim Übergang vom Jugend- zum Erwachsenenalter kennen und im Ausbildungsprozess berücksichtigen
- Bedeutung der Prüfung von Lernvoraussetzungen begründen, Bezugspunkte für die Prüfung von Lernvoraussetzungen verstehen sowie die Prüfung von Lernvoraussetzungen des Lehrlings vornehmen

5.1.1 Generelle Lernvoraussetzungen

Umwelteinflüsse

Die Umwelteinflüsse auf die Entwicklung junger Menschen waren zu keiner Zeit so stark wie heute. Dies ist auch darauf zurückzuführen, dass Freizeitdauer und Möglichkeiten ihrer Gestaltung in einem enormen Ausmaß gewachsen sind. Diese Faktoren haben auch maßgeblichen Einfluss auf das berufliche Lernen. Der Ausbilder sollte insbesondere folgende Bereiche als wesentliche Beeinflussungsfelder für Jugendliche und junge Erwachsene berücksichtigen und sich bei der Ausbildung daran orientieren:
- Familie
- Schule
- Betrieb
- Freundeskreis
- Jugendgruppen
- Freizeitangebote
- Massenmedien.

5.1.1.1 Wirtschaftliche und soziale Situation der Familie

Umfeld

Hier sind insbesondere die Bedingungen, innerhalb derer sich der Jugendliche entwickeln kann und konnte (so genannte Sozialisationsbedingungen), sowie die wirtschaftlichen und sozialen Verhältnisse von Bedeutung. Merkmale dafür können u. a. sein:
- Erziehung durch beide Elternteile oder Aufwachsen bei Alleinerziehenden
- Vorhandensein von Geschwistern
- berufliche Situation der Eltern; Arbeitslosigkeit oder Beschäftigung
- Vorhandensein von Suchtverhalten in der Familie
- Vorbildfunktion der Eltern
- Wohnumfeld
- kultureller Hintergrund.

Der letztgenannte Faktor ist vor allem bei ausländischen Jugendlichen oder Aussiedlern wichtig. Sie kennen teilweise wesentlich andere Lehr- und Erziehungsstile.

Familie

Bei der Familie ist ferner danach zu unterscheiden, ob es sich dabei um Eltern und Geschwister handelt oder ob der Lehrling eventuell schon eine eigene Familie gegründet hat. Dann ist der Einfluss der Familie naturgemäß wesentlich stärker als im anderen Fall, wo die Loslösung vom Elternhaus zumeist schon wesentlich fortgeschritten ist.

5.1.1.2 Freundesgruppen

Freundeskreis und Jugendgruppen nehmen bei Jugendlichen eine wichtige Rolle bei der Loslösung vom Elternhaus ein. Sie haben auf Jugendliche großen Einfluss.

Sie äußern sich aber nur selten in negativen Entwicklungen wie

Extreme Jugendgruppen

- der Zugehörigkeit zu extremen Jugendgruppen (zum Beispiel Skinheads, Punks, Hooligans und Ähnliche)
- der Jugendkriminalität
- dem Anschluss an Sekten

und

Drogen

- der Hinwendung zu Drogen und Suchtmitteln, die letztendlich zur völligen Leistungsunfähigkeit und zum körperlichen Verfall führen können.

5.1.1.3 Medien

Reizeinflüsse

Die Reizeinflüsse, denen die Jugend heute ausgesetzt ist, werden immer vielfältiger. Beispielhaft sind zu nennen:

- Werbung
- immer weiter zunehmende Mobilität
- Filme, Fernsehen, Video
- Computerspiele, Internet
- Zeitschriften
- Porno- und Gewaltdarstellungen
- Stresswirkungen sonstiger Art.

Zu beobachten ist als Folge vielfach ein Nachlassen der Konzentrationsfähigkeit durch die Reizüberflutung. Besonders weit reichend sind die Beeinflussungsmöglichkeiten bei Jugendlichen, die selbst noch keine fest gefügten Werthaltungen für ihr Leben entwickelt haben. Nicht gering schätzen darf man ferner den Einfluss von Vorbildern oft negativer Art aus Fernsehserien, Filmen, Videos und Computerspielen, beispielsweise hinsichtlich der Rauch- und Trinkgewohnheiten oder auch der Art, Konflikte zu lösen.

5.1.1.4 Schulische Voraussetzungen

Hinsichtlich der schulischen Voraussetzungen ist es für die Ausbildung und deren Gestaltung wichtig, ob es sich bei den Lehrlingen um

- Sonderschüler (Schüler, die in ihrer Entwicklung oder in ihrem Lernen so beeinträchtigt sind, dass sie in den üblicherweise vorgesehenen Schularten nicht oder nicht ausreichend gefördert werden konnten) Sonderschüler
- Hauptschüler (Schüler mit grundlegender Allgemeinbildung und praxisbezogenem Wissen und Können) Hauptschüler
- Realschüler (Schüler mit allgemeiner und differenziert berufsvorbereitender Bildung) Realschüler
- Gymnasiasten (Schüler mit einer vertieften Allgemeinbildung und zusätzlichen Voraussetzungen für eine berufliche Ausbildung wie beispielsweise Fremdsprachen) Gymnasiasten

handelt.

Die Schullaufbahn des Jugendlichen prägt das Lernniveau, die Leistungsfähigkeit und soziale Eigenschaften.

Allerdings ist nachdrücklich davor zu warnen, pauschal vom Schulabschluss auf Eigenschaften und Leistungsfähigkeit des Jugendlichen zu schließen. Es kommt immer auf den Einzelfall an.

5.1.1.5 Betrieb

Auch durch die betriebliche Umwelt, die sachlichen Gegebenheiten wie auch insbesondere die sozialen Beziehungen zu Ausbilder, Kollegen und Kunden werden junge Menschen maßgeblich geprägt.

5.1.2 Grundzusammenhänge

5.1.2.1 Handeln und Verhalten als Funktion von Person und Umwelt

Jede Person ist in ihrem Wesen einmalig (Individuum). Sie verwirklicht sich letztlich aber erst im Kontakt mit ihrer Umwelt, das heißt dem gesamten äußeren Umfeld, das uns umgibt. Individuum

Umwelt sind sowohl die Natur um uns herum wie auch andere Menschen, insbesondere die Familie und weitere Gruppen, denen man angehört. Für das Zusammenleben spielen Handeln und Verhalten des Einzelnen eine wichtige Rolle. Handeln heißt, zweckgerichtet etwas zu bewirken. Unter Verhalten versteht man bewusste (kognitive), bewegungsmäßige (motorische) und gefühlsmäßige (affektive) Reaktionen und Bewegungen, die angeboren oder erlernt sein können. Sie prägen das Handeln wesentlich.

Das Zusammenwirken von Person und Umwelt

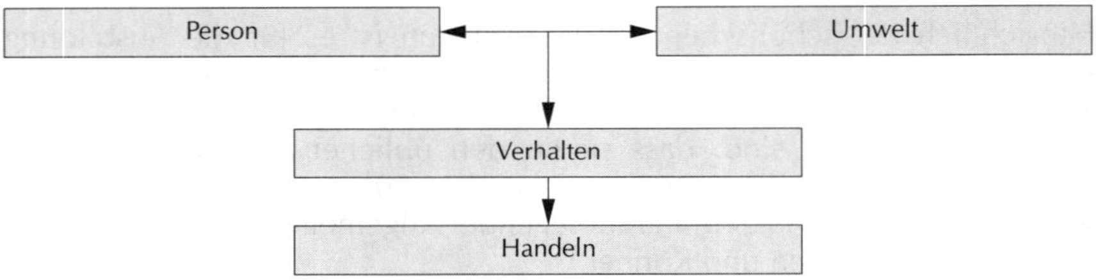

Abbildung 121

5.1.2.2 Begriff und Faktoren der Entwicklung

Entwicklungsbegriff

Als Entwicklung bezeichnet man im Rahmen der Berufspädagogik die laufend fortschreitende Veränderung des einzelnen Menschen hinsichtlich körperlicher Merkmale und in Bezug auf seine Verhaltensweisen.

Die gesamte Entwicklung lässt sich dabei in verschiedene Abschnitte einteilen. Für den Bereich der Berufsausbildung sind von besonderer Bedeutung

- frühe Adoleszenz (Adoleszenz = Phase des Erwachsenwerdens)
- mittlere Adoleszenz
- spätere Adoleszenz.

Faktoren der Entwicklung

Erbanlagen

Hinsichtlich der Entwicklung wird danach unterschieden, welcher Anteil durch die Erbanlagen und welcher durch Umwelteinflüsse bedingt ist. Im ersten Fall handelt es sich um Reifungsprozesse, im zweiten um Lernen.

Reifung

Reifung beschreibt also die Entwicklung des Menschen bezüglich

- seiner äußeren Erscheinung
- seines Verhaltens
- seiner Leistungsfähigkeit
- seiner Intelligenz
- seiner Persönlichkeit,

soweit sie bereits in den Erbanlagen festgelegt ist.

Umwelteinflüsse

Die Steuerungsmöglichkeit durch Umwelteinflüsse ist in Teilbereichen wie der äußeren Erscheinung (Körpergröße u. Ä.) nur in geringem Umfang möglich, während bei Intelligenz, Verhalten und Leistungsfähigkeit die Einflussnahme durch Lernen in größerem Umfange gegeben ist. Beim Menschen ist das Verhalten kaum instinktiv ausgeprägt, vielmehr entwickelt es sich durch aktive Anpassung an die jeweiligen Umstände und sozialen Gegebenheiten.
Allerdings bestimmen die Erbanlagen gewisse Grenzen, die dann auch durch Lernprozesse nicht überschritten werden können.

5.1.2.3 Entwicklung von habituellen Personeneigenschaften

Habituelle Personeneigenschaften sind solche Verhaltensformen, die durch bestimmte Reiz-Reaktions-Verbindungen entstehen, das heißt, auf bestimmte Reize folgen entsprechende Reaktionen. Man unterscheidet dabei mehrere derartiger habitueller Personeneigenschaften:

- Fähigkeiten
- Fertigkeiten
- Gewohnheiten
- Bedürfnisse
- Interessen
- Motive.

Reiz-Reaktions-Verbindungen

Fähigkeiten: Sie ermöglichen es, auftretende Probleme durch Lernprozesse oder entsprechende Leistungen bewältigen zu können. Wichtige Grundfähigkeiten sind zum Beispiel logisches Denken, abstraktes Denken, Raumvorstellungsvermögen und Merkfähigkeit.
Fertigkeiten: Mit Fertigkeiten können Aufgaben und Anforderungen durch bereits erlernte Reaktionsmuster ohne größere Probleme und möglichst schnell bewältigt werden. Beispiele dafür sind Handgriffe, die zur Bedienung einer Maschine erforderlich sind.
Gewohnheiten: Gewohnheiten ergeben sich aus ständigem Lernen und Üben. Beispiele sind routinemäßige Handlungen und immer wiederkehrende Denkmuster.
Bedürfnisse: Bedürfnisse ergeben sich aus dem Spannungsfeld zwischen Reiz und Reaktion, also beispielsweise dem Hunger und dem Bestreben, diesen Mangel zu beheben.
Interessen: Sie können sich äußern als Anteilnahme, Aufmerksamkeit oder Neigung und werden vom Verhältnis der Person zu den jeweiligen Gegenständen bestimmt, also beispielsweise Interesse des Jugendlichen an seiner Berufsausbildung.
Motive: Motive sind treibende Elemente für ein bestimmtes Handeln. Wenn jemand beispielsweise eine bestimmte Anschaffung tätigen will, so kann dies für ihn Anlass sein, mehr zu sparen oder Überstunden zu leisten.

5.1.3 Entwicklungserscheinungen

5.1.3.1 Pubertät und Adoleszenz

Bei der Entwicklung vom Kind zum Erwachsenen findet beim Menschen ein entscheidender und einschneidender Reifungsprozess statt.
Dieser Reifungsprozess ist sowohl körperlicher, psychischer wie auch sozialer Art. Ausgelöst werden die Veränderungen insbesondere durch hormonale Einflüsse, gesteuert durch die Hirnanhangdrüse. Auch genetische, geografische und ernährungsbedingte Faktoren spielen dabei eine wichtige Rolle.

Reifungsprozess

Man bezeichnet diese Phase als Jugendalter oder auch als Adoleszenz. In ihr findet auch die sexuelle Reifung des Menschen statt. Deren verschiedene Stadien werden als Pubertät bezeichnet.

Adoleszenz

Pubertät

Die Phasen des Jugendalters

Frühe Adoleszenz	ca. 10. bis 13. Lebensjahr
Mittlere Adoleszenz	ca. 14. bis 16. Lebensjahr
Späte Adoleszenz	ca. 17. bis 21. Lebensjahr

Abbildung 122

Die Dauer des Stadiums der sexuellen Reifung, die mit der frühen Adoleszenz beginnt, schwankt zwischen 3 und 6 Jahren und startet bei Mädchen 0,5 bis 1,5 Jahre früher als bei Jungen. Dies sind allerdings nur Durchschnittswerte, da die Entwicklung bei jedem Menschen letztendlich unterschiedlich verläuft.

Akzeleration

Ferner lässt sich feststellen, dass sich die körperliche Entwicklung in den letzten Jahrzehnten spürbar beschleunigt hat. Die Geschlechtsreife wird heute um drei bis vier Jahre früher erreicht als noch vor 100 Jahren. Man nennt diesen Prozess Akzeleration. Diese Akzeleration ist vermutlich eine Folge von Änderungen in der Ernährung und in der gesamten Umwelt.

5.1.3.2 Körperliche und moralische Entwicklung während der Adoleszenz

Wichtige Bereiche der Entwicklung während der Adoleszenz

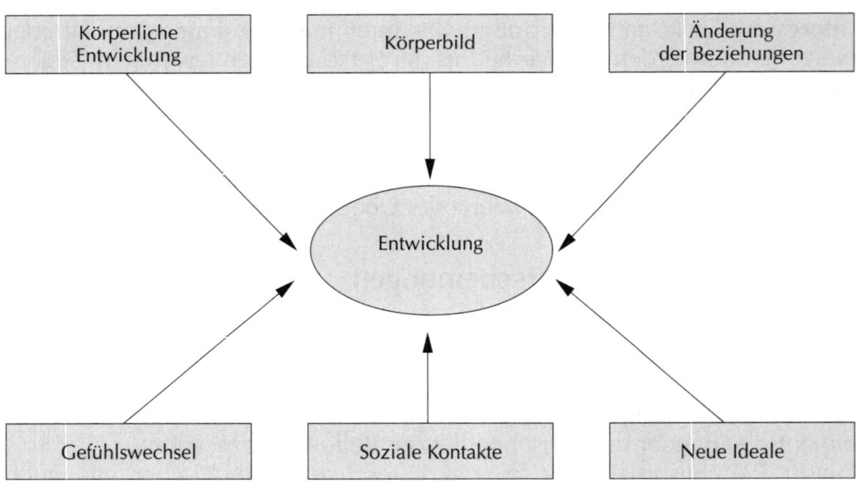

Abbildung 123

Körperliche Entwicklung

Die Pubertät bringt einen deutlichen Wachstumsschub. Außerdem ist diese Phase durch eine Zunahme der Knochendichte geprägt.

Körperbild

Infolge des Wachstumsschubes fühlen sich Jugendliche oft unsicher hinsichtlich der Wirkung ihres Erscheinungsbildes auf die Umwelt. Sie können versuchen, dies mit ausgefallener Kleidung oder besonderen Frisuren zu überdecken. Erst im Laufe der späten Adoleszenz wird dann der eigene Körper akzeptiert. Folgen dieser Schwierigkeiten können Fehlentwicklungen wie die Magersucht sein.

Änderung der Beziehungen

Mit zunehmendem Alter werden Jugendliche unabhängiger und selbstständiger. Dies bedingt die Loslösung von den Eltern als den bis dahin wichtigsten Bezugspersonen. Dieser Prozess ist bisweilen verbunden mit offener Aufsässigkeit, Trotz und Rebellion gegenüber den Einstellungen der Eltern.

Gefühlswechsel

Die Zeit des Heranwachsens ist von raschen Gefühlswechseln gekennzeichnet. Stimmungshochs und Stimmungstiefs können sich schnell ablösen. Jugendliche, die damit nicht zurechtkommen, können sehr leicht in Depressionen verfallen. In dieser Zeit steigt auch die Konfliktbereitschaft.

Soziale Kontakte

Während sich die Jugendlichen vom Elternhaus lösen, bauen sie gleichzeitig Kontakte zu Gleichaltrigen, Gleichgesinnnten und später dann zu Partnern auf.

Neue Ideale

Die Phase der Jugend ist auch eine Phase der Auflehnung gegen die Vorstellungen der älteren Generation. Die Jugendlichen entwickeln ihre eigenen Ideale und moralischen Werte und zeigen diese teilweise in offenem Protest gegenüber dem Althergebrachten. In dieser Zeit suchen sich die Jugendlichen vielfach besondere Leitfiguren und Idole wie Popsänger und Schauspieler. Die Auseinandersetzung mit der Realität führt aber recht bald zur Bereitschaft, Kompromisse einzugehen und Grenzen zu akzeptieren.

5.1.3.3 Entwicklung der geistigen Fähigkeiten

Intelligenz

Hinsichtlich der Entwicklung der Intelligenz eines jungen Menschen ist ein starker Anstieg der Kurve intellektueller Leistungen während der ersten zehn bis zwölf Lebensjahre festzustellen. Gegen Ende des Jugendalters ergibt sich eine Abflachung der Kurve und eine deutliche Stabilisierung der intellektuellen Leistungsfähigkeit im jungen Erwachsenenalter. Im Jugendalter vollzieht sich auch der Wandel

Abstraktes Denken

Logik

- vom anschaulichen zum abstrakten Denken und
- vom mechanischen Nachvollziehen zum logischen Ableiten.

5.1.3.4 Konsequenzen für eine entwicklungsgemäße Gestaltung der Berufsausbildung

Nach wie vor sind im Handwerk viele Auszubildende Jugendliche. Bei den Übrigen handelt es sich überwiegend um junge Erwachsene. Für die erfolgreiche Arbeit als Ausbilder ist daher das Verstehen und das Eingehen auf die Probleme und Eigenheiten dieser Altersgruppe eine elementare Voraussetzung.

Entwicklungsgemäße Gestaltung der Berufsausbildung

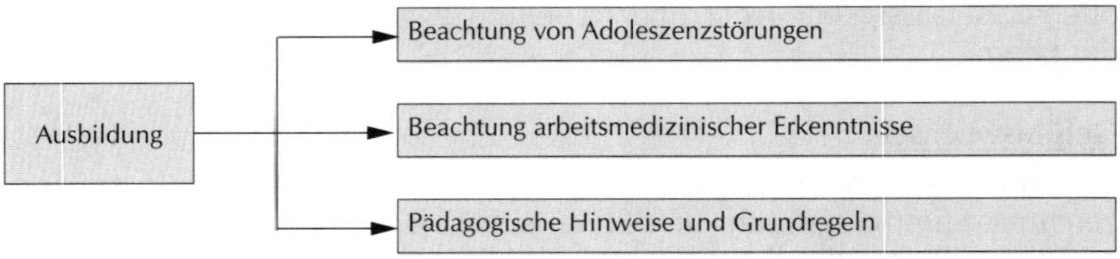

Abbildung 124

Störungen der Adoleszenz

Zu den häufigsten Adoleszenzstörungen, über die der Ausbilder Bescheid wissen sollte, gehören:

- Auftauchen psychosomatischer Beschwerden; d. h., vorhandene psychische Entwicklungsprobleme äußern sich in körperlichen Beschwerden wie Kopfschmerzen oder Bauchschmerzen.
- Depressionen mit den Folgen: fehlende Initiative und Motivation, Entscheidungsschwäche und mangelnde Konzentration.
- Übertriebenes Risikoverhalten, wenn Jugendliche – auch körperlich – ihre Grenzen ausloten wollen.
- Jugendaggressivität und Jugendkriminalität.
- Suchtverhalten bei Alkohol, Tabak oder Drogen. (Randnotiz: Suchtverhalten)
- Pubertätsmagersucht.

Der Ausbilder kann sich dazu sowohl bei Ärzten wie auch verschiedenen Selbsthilfeorganisationen oder Jugendbehörden Rat holen.

Besonders gefordert ist er bei Drogenkonsum durch den Lehrling. Da bei einer Drogenabhängigkeit sowie anderem Suchtverhalten nicht nur das weitere Berufs-, sondern auch das Privatleben in höchstem Maße gefährdet ist, sollte der Ausbilder bei entsprechendem Verdacht sofort das Gespräch mit dem Auszubildenden selbst, aber auch mit den Eltern, der Berufsschule, dem Gesundheits- und Jugendamt sowie Beratungsstellen suchen.

Beachtung entwicklungspsychologischer und arbeitsmedizinischer Erkenntnisse

Jeder Ausbilder sollte ferner wissen, dass sowohl die körperliche wie auch die geistige Leistungsfähigkeit bestimmten Schwankungen unterliegen, da sie wie das gesamte menschliche Leben von rhythmischen Abläufen abhängen. Dies gilt sowohl in kurz- wie auch in längerfristiger Betrachtung.

Schwankungen der Leistungsfähigkeit

Leistungsprofil im Tagesablauf

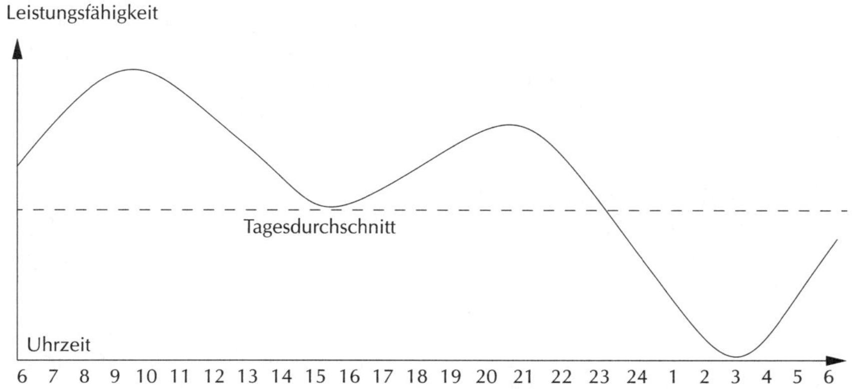

Abbildung 125

Zahlreiche Tests und Versuche haben obigen Verlauf der Leistungsbereitschaft und Leistungsfähigkeit ergeben. Sie zeigt folgende markante Werte:

- Der Gipfel der Leistungsfähigkeit liegt bereits am frühen Vormittag gegen 9 Uhr.
- Danach ist bis 15 Uhr ein Absinken zu beobachten.
- Ein weiterer Höhepunkt, allerdings auf niedrigerem Niveau, wird in den Abendstunden gegen 21 Uhr erreicht.
- Danach fällt die Leistungskurve bis in die frühen Morgenstunden gegen 3 Uhr steil ab.
- Darauf folgt ein ebenso steiler Anstieg.

Leistungshöhepunkte

Leistungstiefpunkte

Forschungsergebnisse haben gezeigt, dass dieser Verlauf der Leistungskurve zugleich ziemlich genau den Schwankungen der Körpertemperatur und der Konzentration bestimmter Hormone entspricht.

Körpertemperatur

Selbstverständlich gibt es von diesen wissenschaftlich fundierten Erhebungen bei Einzelpersonen nicht unerhebliche Abweichungen; so zum Beispiel bei so genannten „Morgenmuffeln".

Individuelle Abweichungen

Für Arbeit und Leistung ist jedoch die Tatsache wichtig, dass in den üblichen Arbeitszeiten – ohne Schichtarbeit – das Durchschnittsleistungsniveau eines 24-Stunden-Tages übertroffen wird.

Trotzdem ist zu empfehlen, den Tagesrhythmus bei der Erteilung von Aufträgen und bei Unterweisungen zu berücksichtigen. Werden diese in die Phasen höchster Leistungsbereitschaft und Leistungsfähigkeit gelegt, wird der Ausbildungserfolg im Regelfall am größten sein. Die beste Zeit dafür liegt nach der Leistungskurve zwischen 8 und 11 Uhr.

Tagesrhythmus

Wird ständig von diesem Rhythmus abgewichen, so folgen

- Überforderung
- Ermüdung
- Erkrankung
- Arbeitsunfälle.

Leistungskurve

Aufgabe des Ausbilders ist es deshalb, die Leistungskurve bei der Gestaltung der Ausbildung zu berücksichtigen und in ungünstigeren Tageszeiten mögliche Unfallgefahren immer wieder in besonderer Art und Weise sichtbar zu machen.
In den leistungsschwächeren Rhythmusphasen sollten ferner Überbeanspruchungen wie dauerndes Stehen, unnatürliche Körperhaltung oder höchste Konzentration nach Möglichkeit vermieden werden.
Die Tagesleistungskurve sollte auch der Pausenregelung zugrunde gelegt werden.

Zeitpunkte der Ermüdung und Phasen der Erholung
Die Leistungskurve verdeutlicht auch, dass sich im Verlaufe eines Tages Zeitpunkte der Ermüdung ergeben, denen Phasen der Erholung folgen müssen.

Gesunde Lebensführung

Pausen, Erholung, Freizeit und Schlaf müssen in den richtigen Tagesrhythmus eingepasst werden, um auf Dauer eine gesunde Lebensführung und die optimale Leistungsfähigkeit zu gewährleisten.

Kurzpausen

Für Pausen während eines Ausbildungstages werden aufgrund arbeitsmedizinischer Kenntnisse mehrere Kurzpausen empfohlen; denn es hat sich gezeigt, dass der Erholungseffekt nicht geradlinig zunimmt, sondern dass er zu Beginn einer Erholungspause größer ist und sich mit zunehmender Dauer nicht mehr nennenswert steigern lässt.
Deshalb sind mehrere Kurzpausen erholsamer als eine einzige Pause von längerer Dauer. Allerdings wird der Einzelne aus dem Arbeitsrhythmus gebracht und verliert eventuell die Motivation zum Weiterarbeiten, wenn Kurzpausen zu lange dauern. Nach dem Jugendarbeitsschutzgesetz gelten als Pausen allerdings nur Arbeitsunterbrechungen von mindestens 15 Minuten.

Hauptpause

Die Hauptpause sollte nach Möglichkeit eher in der zweiten Hälfte der täglichen Arbeitszeit liegen und nicht am Arbeitsplatz oder im Arbeitsraum verbracht werden, um eine echte Ablenkung und Entspannung zu gewährleisten.

Pausengestaltung

Die richtige Pausengestaltung bewirkt

- Erholung
- ein nicht zu starkes Abfallen der Leistungskurve
- die bessere Verarbeitung der aufgenommenen Informationen und
- die Verringerung der Unfallgefahr.

Verlauf der Erholung bei Pausen

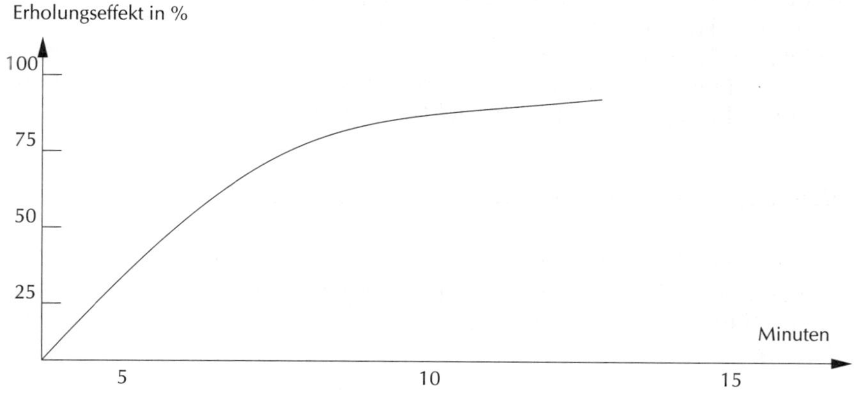

Abbildung 126

Leistungsfähigkeit im Wochenablauf

Die Leistungsfähigkeit unterliegt auch im Verlauf einer Woche typischen Schwankungen.

Leistungsprofil im Wochenverlauf

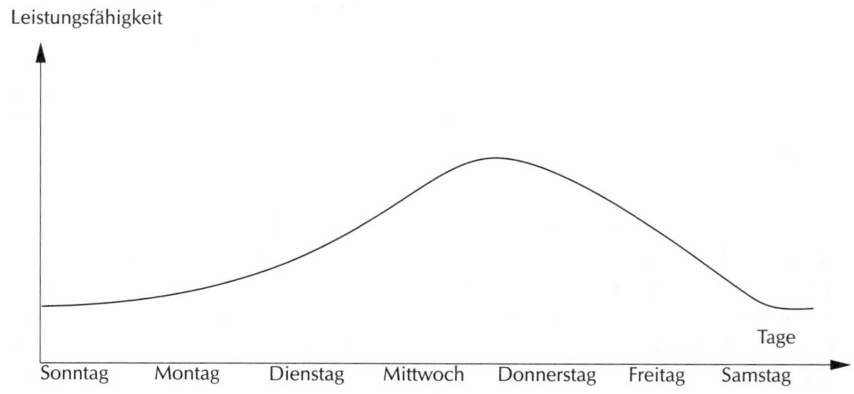

Abbildung 127

Der Kurvenverlauf zeigt, dass in der Regel die Leistungsfähigkeit zur Wochenmitte – am Mittwoch und Donnerstag – ihren Höhepunkt erreicht. Dies sollte bei der Aufstellung des Wochenunterweisungsplanes durch den Ausbilder berücksichtigt werden. Höhepunkt

Leistungsprofil im Ablauf des Lebens

Hier gilt, dass körperliche und geistige Leistungsfähigkeit einen unterschiedlichen Verlauf haben. Während der Gipfel der körperlichen Leistungsfähigkeit in der Regel zwischen dem 20. und 30. Lebensjahr liegt, hält sich die geistige Leistungsfähigkeit länger auf einem hohen Niveau.

In der für die Berufsausbildung typischen Altersphase zeigt sowohl die Kurve der körperlichen wie auch der geistigen Leistungsfähigkeit aufsteigende Tendenz, wobei die Leistungssteigerung im körperlichen Bereich im Durchschnitt stärker ausgeprägt ist. Darauf sollte im Rahmen der Ausbildung besondere Rücksicht genommen werden.

Wichtige pädagogische Hinweise und Grundregeln für den Ausbilder

Für eine entwicklungsgemäße Ausbildung, die der sozial-kulturellen Lebenssituation des Jugendlichen und jungen Erwachsenen Rechnung trägt, sollte jeder Ausbilder einige Hinweise und Grundregeln beachten.

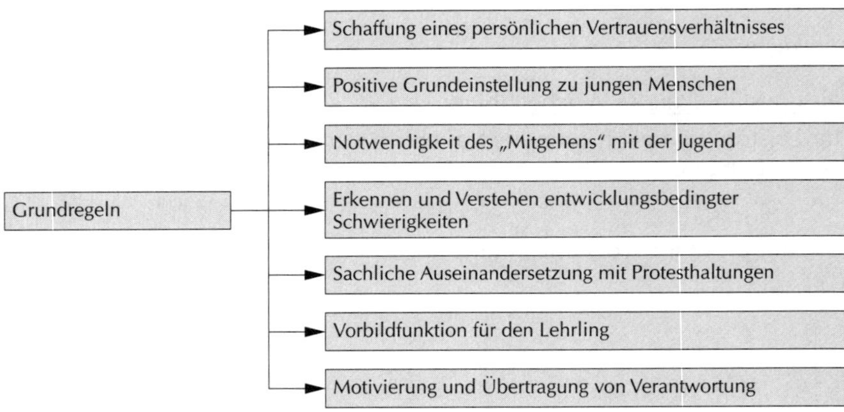

Abbildung 128

Vertrauensverhältnis

Die Schaffung eines persönlichen Vertrauensverhältnisses auf der Basis von fachlicher und persönlicher Autorität ist eine unabdingbare Voraussetzung für eine erfolgreiche Arbeit mit jungen Menschen und für die Berufsausbildung. Jugendliche wenden sich gerade an Personen, die sie einerseits als gleichberechtigten Partner behandeln, ihnen aber andererseits auch Schutz und Hilfe anbieten. Der Lehrling muss darauf vertrauen können, dass der Ausbilder bereit ist, ihm zu helfen, sich in allen Lebenslagen, vor allem bei Konflikten zurechtzufinden. Dies ist jedoch nur möglich, wenn für den Ausbilder die positive Einstellung zu Jugendlichen und jungen Erwachsenen eine Selbstverständlichkeit und er in der Lage ist, mit ihnen „mitzugehen“, d. h. die Ansichten der Jugendlichen zu verstehen und zu unterstützen, jedoch ohne sich anzubiedern. Nur wer ihre Ideale mitträgt, kann sie auch für andere Ideale begeistern.

Klischeevorstellungen

Dabei sollte der Ausbilder auf jeden Fall den Fehler vermeiden, die heutige Jugend an seinen eigenen Erfahrungen und Erinnerungen zu messen oder Klischeevorstellungen oder Pauschalurteilen zu unterliegen.

Vor derartigen verallgemeinernden Urteilen und Vorurteilen sollte sich jeder Ausbilder hüten. Sie erweisen sich fast immer als psychologische Barriere für eine entwicklungsgemäße und somit erfolgreiche Ausbildung.

Genauso wird von einem qualifizierten Ausbilder erwartet, dass er die entwicklungsbedingten Schwierigkeiten eines Lehrlings versteht und mit ihnen angemessen umgehen kann.

Bei Lehrlingen, die noch die Phase der mittleren Adoleszenz (also bis etwa zum Ende des 16. Lebensjahres) durchlaufen, kommt auf den Ausbilder eine hohe Verantwortung zu. Gerade in dieser Zeit zeigen sich bei den Jugendlichen einerseits eine besondere Erziehungsbedürftigkeit, andererseits aber auch weit reichende Erziehungs- und Bildungsmöglichkeiten. Grundvoraussetzung ist, dass der Ausbilder die möglichen Verhaltensweisen kennt und Verständnis dafür aufbringt.

Ferner sollte er

- in der Aufgaben-, Auftrags- und Arbeitsverteilung auf die körperliche Entwicklung Rücksicht nehmen Regeln
- Unbeholfenheit und Ungeschicklichkeit als Auswirkungen dieser Entwicklungsphase erkennen
- Streit und unbeherrschtes Verhalten vermeiden
- immer das sachliche Gespräch suchen
- selbst Vorbild sein.

Bei Lehrlingen in der späten Adoleszenz sollte der Ausbilder

- die Anforderungen bei Vermeidung von Unter- und Überforderungen steigern
- das selbstständige Arbeiten fördern
- zunehmend Verantwortung übertragen
- zur Verantwortung gegenüber Kollegen aufrufen
- klar die Grenzen bei unangepasstem Verhalten aufzeigen.

Der Lehrling wird den Ausbilder und seine Anweisungen umso besser akzeptieren, als dieser selbst durch einwandfreies Verhalten im persönlichen wie im beruflichen Lebensbereich ein gutes Vorbild abgibt und damit beim Jugendlichen besondere Wertmaßstäbe setzt. Vorbild

Bei der Ausbildungsarbeit selbst kommt es besonders darauf an, die entsprechende Motivation zu geben und den Sinn der Arbeit zu vermitteln. Motivation

Sobald ferner aufgrund der Kenntnisse und der persönlichen Reife des Lehrlings Verantwortung übertragen werden kann, sollte dies geschehen. Verantwortung

Verantwortung hebt die Freude an der Arbeit, fördert die Aufgeschlossenheit und erhöht die Selbstsicherheit.

Den besten Ausbildungserfolg wird insgesamt der Ausbilder erzielen, der über Eigenschaften

- Selbstdisziplin
- Autorität
- Kontaktfreudigkeit

verfügt.

5.1.4 Begabungsbegriff

Begabung

Unter Begabung versteht man die Leistungs- und Lernfähigkeit einer Person auf den verschiedensten Gebieten. Begabung ist zu einem wesentlichen Teil durch die Erbanlagen vorbestimmt und begrenzt. Ihre Entfaltung kann jedoch durch äußere Einflüsse, günstige Bedingungen und auch durch Schule sowie Betrieb gefördert werden.

Begabung ist also zum Beispiel die Fähigkeit zum Erlernen von Fremdsprachen, manuelles Geschick, besondere Merkfähigkeit oder besondere Kontaktfähigkeit.

5.1.5 Spezifische Lernvoraussetzungen

5.1.5.1 Lernbereitschaft

Wille zum Lernen

Die Lernbereitschaft beschreibt die Einstellung des Einzelnen zum Lernen und seine grundsätzliche Bereitschaft dazu. Ohne diesen Willen kann Lernen nicht erfolgreich sein. Er muss vom Auszubildenden selbst kommen. Der Ausbilder kann allerdings durch verschiedene Motivationsmaßnahmen versuchen, die Lernbereitschaft zu fördern (siehe dazu auch die Ausführungen in Abschnitt 5.3.1 „Lernmotivation").

5.1.5.2 Lerntempo

Lerntempo kennzeichnet die Geschwindigkeit, mit der der Lernende den Lernstoff erfasst, verarbeitet und behält. Dieses Lerntempo kann von Person zu Person sehr unterschiedlich sein, da es von zahlreichen Faktoren abhängt wie Wahrnehmungsfähigkeit, Reaktionsgeschwindigkeit, Merkfähigkeit, Konzentration und auch der jeweiligen Tagesform. Die Veranlagung – mehr praktisch oder mehr theoretisch – spielt ebenfalls eine Rolle.

5.1.5.3 Kommunikations-, Abstraktions- und Übertragungsfähigkeit

Kommunikationsfähigkeit

Erfolgreiches Lehren und Unterweisen setzen voraus, dass Ausbilder und Lehrling nicht zu unterschiedliche sprachliche Verhaltensweisen haben, sich also verstehen und miteinander verständigen können.

Abstraktionsfähigkeit

Unter Abstraktionsfähigkeit oder Möglichkeit zum abstrakten Denken ist zu verstehen, dass der Lehrling in der Lage sein sollte, das Wesentliche und Gleichbleibende unterschiedlicher Gegenstände oder komplexer Sachverhalte zu erkennen. Die Anwendung von Berechnungsformeln statt Herumprobierens zeugt beispielsweise von der Fähigkeit zu abstraktem Denken.

Übertragungsfähigkeit

Die Übertragungsfähigkeit fordert, dass der Lehrling in der Lage sein sollte, erarbeitete Lösungswege auch auf andere Problemstellungen anzuwenden. Nur dann ist auch selbstständiges Lernen möglich.

5.1.6 Besondere Personengruppen in der Berufsausbildung

Zur Sicherung des beruflichen Nachwuchses bemüht sich das Handwerk auch um die Teilgruppen der Jugendlichen, die zu wenig in den Prozess der beruflichen Ausbildung integriert sind.

Die Erschließung dieses Potenzials erfordert allerdings auch, die betrieblichen Ausbildungsbedingungen auf die besonderen Anforderungen solcher Jugendlichen abzustimmen.

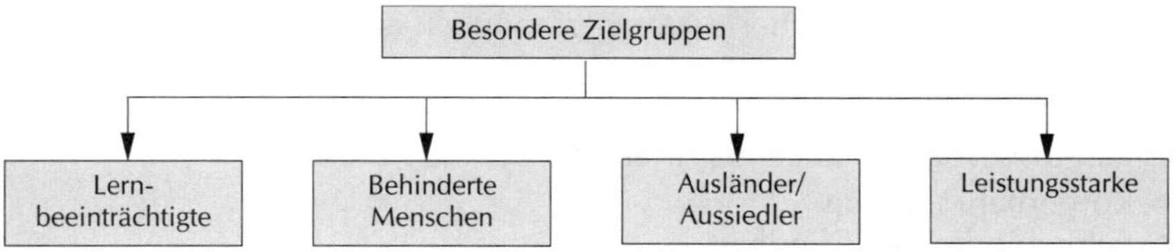

Abbildung 129

5.1.6.1 Lernbeeinträchtigte

Lernbeeinträchtigt sind all diejenigen, die die üblichen Lernanforderungen der betrieblichen Ausbildung insgesamt oder wesentliche Teile davon nicht erfüllen können.

Lernbeeinträchtigungen

Lernbeeinträchtigungen äußern sich unter anderem in
- unterdurchschnittlichem Intelligenzniveau
- verminderter Konzentrationsfähigkeit
- geringerer Merkfähigkeit
- mangelndem abstraktem Denken
- geringerem Wortschatz
- Schreib- und Leseschwierigkeiten.

Die Ursachen dafür können sehr vielfältig sein.

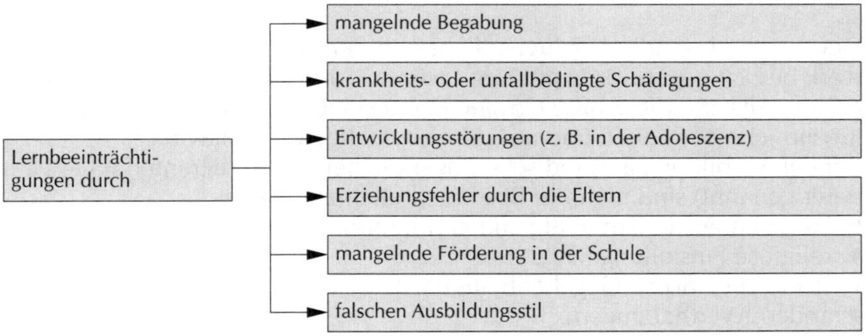

Abbildung 130

Praktische Fähigkeiten

Die Chance für eine berufliche Ausbildung im Handwerk liegt bei vielen Lernbeeinträchtigten darin, dass sie zwar einerseits Probleme beim Erfassen theoretischer Sachverhalte haben, aber andererseits oft über bemerkenswerte praktische Fähigkeiten verfügen.

5.1.6.2 Behinderte Menschen

Der Begriff „Behinderte" umfasst diejenigen Personen, bei denen infolge schwer wiegender Beeinträchtigungen eine Ausbildung und Beschäftigung nur unter erschwerten Bedingungen, insbesondere unter besonderer pädagogischer Betreuung, möglich ist.

Es gibt insbesondere folgende Arten von Behinderungen:
- Körperbehinderung
- Sehbehinderung, Blindheit
- Schwerhörigkeit, Gehörlosigkeit
- Sprachbehinderung
- Lernbehinderung
- Verhaltensstörungen
- geistige Behinderung.

Viele betroffene Personen weisen Mehrfachbehinderungen auf.

Auswirkungen

Im Rahmen einer beruflichen Ausbildung müssen insbesondere folgende mögliche Auswirkungen von Behinderungen berücksichtigt werden:
- geringere Intelligenz
- verlangsamte oder eingeschränkte psychomotorische Fähigkeiten („Handfertigkeiten")
- geringe Motivation
- Schwierigkeiten, sich sprachlich mitzuteilen
- Verständnis- und Auffassungsprobleme.

(Vgl. hierzu auch Abschnitt 1.3.3.2 „Handwerksordnung, berufliche Bildung behinderter Menschen".)

5.1.6.3 Ausländer/Aussiedler

Der Anteil ausländischer Jugendlicher an den Auszubildenden im Handwerk beträgt gegenwärtig gut fünf Prozent. Türkische Lehrlinge bilden dabei mit Abstand die größte Gruppe der ausländischen Lehrlinge. Es folgen Jugendliche aus Italien und aus dem ehemaligen Jugoslawien.

Bei der Ausbildung ausländischer Jugendlicher (auch Migranten = Einwanderer genannt) sind mehrere Besonderheiten zu beachten:
- Herkunft aus einem völlig anderen Kulturkreis
- religiöse Einstellungen
- landesspezifische Gegebenheiten
- andere Werthaltungen.

Diese Faktoren dürften dann nicht mehr so stark zum Tragen kommen, wenn es sich um ausländische Jugendliche handelt, die selbst oder bei denen sogar schon die Eltern in Deutschland geboren wurden.

Mit der Ausbildung von Ausländern leistet das Handwerk einen wichtigen Beitrag zu deren sozialer, wirtschaftlicher und politischer Integration. Es muss aber ein besonderes Anliegen sein, das Potenzial ausländischer Jugendlicher und von Aussiedlern für eine Ausbildung im Handwerk noch deutlicher auszuschöpfen.

Integration

5.1.6.4 Leistungsstarke

Abiturienten

Etwa fünf Prozent der Ausbildungsanfänger im Handwerk besitzen die Hochschul- oder Fachhochschulreife. Ihr Anteil ist in den kunsthandwerklichen Berufen sowie bei den Gesundheitshandwerken und einigen Berufen der Elektro- und Metallhandwerke besonders hoch. Da immer mehr Jugendliche eines Jahrgangs das Abitur erwerben, ist es für das Handwerk wichtig, auch diese Gruppe stärker in die Ausbildungsanstrengungen einzubeziehen. Dies gilt aber auch, weil die fachlichen Anforderungen in vielen Handwerksberufen ständig zunehmen

5.1.6.5 Möglichkeiten der Individualisierung und Differenzierung

Die Möglichkeiten der Individualisierung und Differenzierung sind bei einzelnen besonderen Personengruppen in der Berufsausbildung unterschiedlich.

Für **Lernbeeinträchtigte** und **Behinderte:**
- besondere Eignung des Ausbildungsbetriebes hinsichtlich der personellen und räumlichen Gegebenheiten
- besondere sozialpädagogische Betreuungsmaßnahmen
- Stützkurse
- Förderkurse
- Einsatz besonderer Lernhilfen
- Anpassung der Unterweisung.

Bund und Länder unterstützen die Ausbildung Lernbeeinträchtigter und Behinderter durch finanzielle Fördermaßnahmen.

Fördermaßnahmen

Für **Ausländer/Aussiedler:**
- ausbildungsbegleitende Hilfen
- Hinweis auf Stützkurse, insbesondere in Deutsch und Rechnen bei den Berufsschulen und Bildungszentren des Handwerks.

Vor der Bildung von Gruppen nur mit ausländischen Auszubildenden muss allerdings gewarnt werden, da dies für das Betriebsklima und auch für die Integration der Ausländer nicht zweckdienlich wäre.

Für **Leistungsstarke:**
- Angebot zusätzlicher Wahlqualifikationseinheiten, die über die in der Ausbildungsordnung vorgesehenen Mindestanforderungen hinausgehen, ferner Zusatzqualifikationseinheiten aus anderen Ausbildungs- und Fortbildungsordnungen sowie Berufsakademien und Verbundmodelle Handwerk/Fachhochschule, bei denen parallel eine berufliche Ausbildung in einem Handwerksberuf und ein Fachhochschulstudium zum Diplomingenieur (FH) ermöglicht wird.

5.1.6.6 Frauen in „Männerberufen“

Junge Frauen stellen derzeit ein Fünftel aller Lehrlinge im Handwerk. Sie bevorzugen dabei zwar nach wie vor überwiegend so genannte Frauenberufe. Aber auch ihr Anteil in technischen Berufen, die lange Zeit als „Männersache“ galten, steigt zum Teil merklich an. Um sie sollten sich die Betriebe ebenfalls gezielt mit besonderen Förderungsmaßnahmen kümmern.

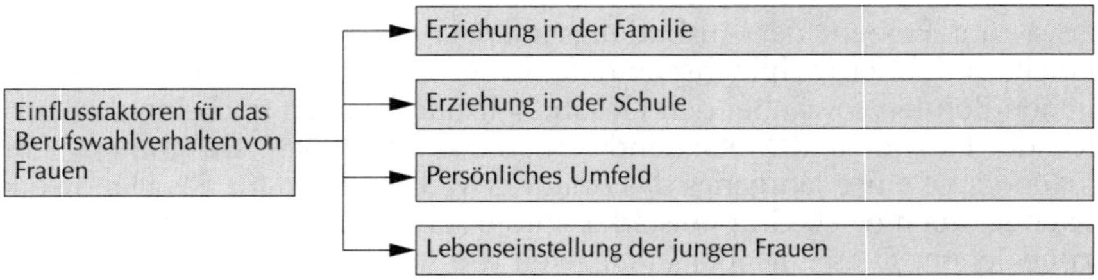

Abbildung 131

Unbegründete Vorbehalte

Vielfach spielen aber auch die Einstellungen und Vorbehalte der Ausbildungsbetriebe eine wichtige Rolle. Manchmal sind hier wegen der Vorstellungen über die Rolle der Frau Einwände gegen ihre Ausbildung in technischen Berufen zu hören. Weitere Ursachen können in der Furcht vor Belastungen durch zusätzliche sanitäre Anlagen oder Mutterschutz- sowie Elternzeitregelungen liegen. Junge Frauen sind motiviert und zielstrebig und bringen Qualifikationen mit, die heute immer mehr Bedeutung gewinnen (z. B. Team- und Kommunikationsfähigkeit).

Fördermaßnahmen

Gezielte Fördermaßnahmen sind unter anderem:

- besondere Unterstützung bei der Aneignung gewerblich-technischer Fertigkeiten zumindest in der Anfangsphase der Ausbildung, zum Beispiel durch ausführliche Erklärungen
- besondere Übungsphasen zum Erlernen des Umgangs mit ungewohnten Werkzeugen.

Handlungsorientierte, fallbezogene Aufgaben

1. Als Ausbilder haben Sie es vielfach mit jungen Menschen zu tun, bei denen die Reifung als wichtige Phase der Entwicklung noch nicht abgeschlossen ist.

Aufgabe: Welche Aussage ist richtig?

Reifung beschreibt die Entwicklung des Menschen, soweit sie
- ☐ a) durch Umwelteinflüsse bedingt ist.
- ☐ b) durch Umwelteinflüsse und Erbanlagen bedingt ist.
- ☐ c) durch Erbanlagen bedingt ist.
- ☐ d) überhaupt nicht beeinflusst werden kann.
- ☐ e) instinktiv ausgeprägt ist.

„Siehe Seite 256 des Textteils!"

2. Sie sind Ausbilder in einem Handwerksbetrieb. Unter Ihren Lehrlingen befinden sich zwei Jugendliche. Sie wissen, dass für die erfolgreiche Arbeit als Ausbilder das Verstehen und das Eingehen auf die entwicklungsbedingten Probleme und Eigenheiten dieser Altersgruppe eine elementare Voraussetzung ist.

Aufgabe:

a) Erläutern Sie, welche Störungen bei dieser Altersgruppe auftreten können und wie Sie als Ausbilder darauf reagieren!

b) Erklären Sie, wie Sie die so genannten Leistungsprofile bei der Planung und Gestaltung der Ausbildung berücksichtigen!

„Siehe Seiten 260 ff. des Textteils!"

3. Sie sind Ausbilder in einem Handwerksbetrieb. Im neuen Ausbildungsjahr nehmen Sie einen lernbeeinträchtigten Jugendlichen zur Ausbildung auf.

Aufgabe: Stellen Sie dar, wie Sie für diesen Jugendlichen die Ausbildung in Ihrem Betrieb gestalten!

„Siehe Seite 269 des Textteils!"

5.2 Handlungssituation: Lern- und Arbeitstechniken vermitteln

Kompetenzen:

- Lernen als Grundform menschlichen Handelns in unterschiedlichen Ausprägungen und Abläufen verstehen und bei der Gestaltung von Lernsituationen beachten
- Techniken zur Unterstützung und Verbesserung des Lernens anwenden

5.2.1 Lerntheoretische Grundlagen

5.2.1.1 Lernbegriff

Unter Lernen versteht man allgemein die Aneignung eines Lerngegenstandes, die langfristig auf die Veränderung von Einstellungen und Verhaltensweisen ausgerichtet ist.

Reifung
Verhaltensänderung

Lernen ist dabei abzugrenzen von Reifungsprozessen, angeborenen Reaktionen, Verhaltensänderungen aufgrund von Krankheit oder Drogen und Medikamenten sowie von kurzfristig auftretenden Stimmungsschwankungen.

5.2.1.2 Lernsituationen

Lerngegenstand

Die für die berufliche Ausbildung typische Lernsituation besteht darin, dass sich der Lernende, also der Lehrling, mit dem Lerngegenstand seiner Ausbildung auseinander setzen muss.

Wesentliche Bestandteile des Lerngegenstandes sind dabei:

- Kenntnisse
- Fertigkeiten
- Fähigkeiten
- fachliche und soziale Verhaltensweisen.

Kommt noch eine Person dazu, die das Lernen durch „Lehren" unterstützt, spricht man auch von einem Lerndreieck.

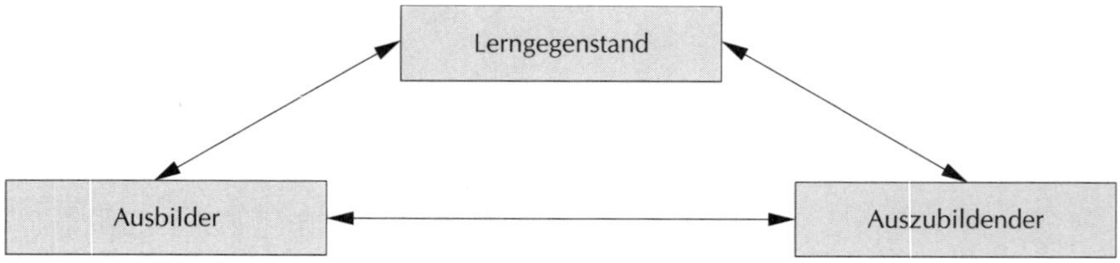

Abbildung 132

5.2.1.3 Lernarten

Geplantes Lernen
Geplantes Lernen wird gesteuert, zum Beispiel am Ausbildungsplatz vom Ausbilder im Rahmen einer Unterweisung.

Zufälliges Lernen
Zufälliges Lernen heißt, dass sich der Lernende Fertigkeiten, Kenntnisse, Fähigkeiten und Verhaltensweisen durch zufällige Beobachtung (Sehen oder Hören) aneignet.

Bewusstes Lernen
Der Lernende ist sich der Tatsache des Lernens voll bewusst und steuert bzw. organisiert den Lernprozess.

Unbewusstes Lernen
Unbewusstes Lernen erfolgt eher funktional, das heißt nachahmend und nicht besonders organisiert; es hat deshalb einen verhältnismäßig geringen Bewusstseinsgrad.

Zwischen diesen Formen sind eine Reihe verschiedenartiger Abstufungen möglich.

Einsichtiges Lernen
Lernen durch Einsicht erfordert das vollständige Erfassen von Zusammenhängen und Abläufen. Es ist die höchste Stufe des Lernens und baut oft auf recht schwierigen Denkvorgängen auf.

Primitives Lernen
Primitives Lernen ist in erster Linie ein bloßes Reagieren auf Reize und Signale der Umwelt. Frühe Stufen des Lernens beim Kleinkind werden so genannt.

Aktives Lernen
Aktives Lernen vollzieht sich durch das Handeln des Menschen.

Passives Lernen
Passives Lernen erfolgt durch Aufnehmen und Zuhören. Aber auch dies erfordert gewisse Aktivitäten.

Theoretisches Lernen
Diese Lernart baut auf der systematischen Verarbeitung von Erkenntnissen und gesetzmäßigen Aussagen auf.

Praktisches Lernen
Bei dieser Lernart stehen praktische Erlebnisse und Erfahrungen im Vordergrund. Die betriebliche Ausbildung ist zum großen Teil praktisches Lernen.

Es muss vor dem Fehler gewarnt werden, praktischem Lernen einen niedrigeren Stellenwert beizumessen als theoretischem Lernen.

Direktes Lernen
Der Lernende steuert den Lernprozess selbst.

Indirektes Lernen
Das Lernen wird durch die Umwelt angeregt.

Produktives Lernen
Hier überwiegt beim Lernen das schöpferische Element.

Reproduktives Lernen
Hier ist beim Lernen mehr der nachahmende und nachbildende Charakter ausgeprägt.

Individuelles Lernen
Das Lernen vollzieht sich im persönlichen Bereich.

Soziales Lernen
Das Lernen findet in Gemeinschaft statt.

In der Wissenschaft werden verschiedene Lerntypen unterschieden, die für konkrete Lernleistungen und Lernbedingungen charakteristisch sind.

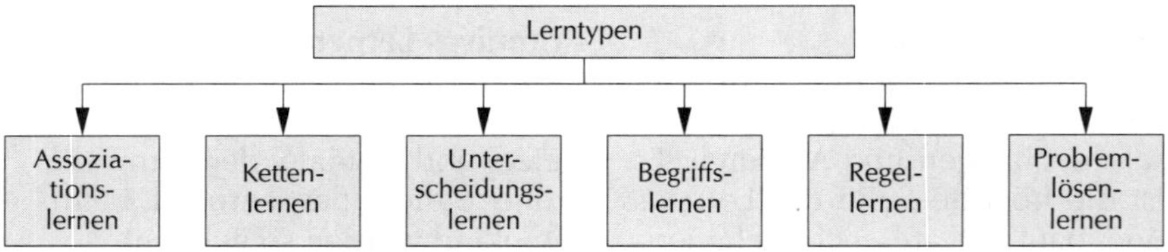

Abbildung 133

Assoziationslernen: Das Lernen besteht im Einprägen einer bestimmten Reiz-Reaktions-Verbindung.

Beispiel:

Der Lehrling lernt, eine Maschine bei Vorliegen eines Störanzeichens (optisch oder akustisch) sofort abzuschalten.

Kettenlernen: Hier werden mehrere Reiz-Reaktions-Verbindungen zu einem kompletten Handlungsablauf verknüpft.

Beispiel:

Das Inbetriebsetzen einer Maschine.

Unterscheidungslernen: Dieser Lerntyp bezeichnet die Fähigkeit, mehrere Reize genau wahrzunehmen und entsprechend der gestellten Aufgabe unterscheiden zu können.

Beispiel:

Zuordnung von Materialien anhand ihrer Oberflächenbeschaffenheit.

Begriffslernen: Der Lernende ist fähig zu erkennen, dass verschiedene Dinge einige Reize gemeinsam haben; er kann das Gemeinsame bei ähnlichen Reizen herausstellen.

Beispiel:

Die Fähigkeit, zusammengehörende Arbeitsgeräte zu erkennen.

Regellernen: Zwei oder mehrere Begriffe können zu einer Regel zusammengefasst werden.

Beispiel:

Im Elektrobereich die Widerstandsbestimmung.

Problem-lösen-Lernen: Mehrere Regeln können zu einer übergeordneten Regel verknüpft werden.

Beispiel:

Die Fähigkeit, anhand von Störungsanzeichen auf die Ursachen schließen zu können.

5.2.1.4 Lernhandeln

Lernen bedeutet immer auch aktive Auseinandersetzung mit dem Lerngegenstand. Diese Auseinandersetzung kann selbst und fremdgesteuert erfolgen. Ziel gerade einer auftragsorientierten Berufsausbildung soll es sein, dass der Lehrling zu selbst gesteuertem Lernen befähigt wird.

Selbst gesteuert

Selbst gesteuertes Lernen bedeutet, dass der Lernende selbst in der Lage ist, seine Lernhandlung zu bestimmen. Man spricht hier auch von „Learning by doing“.

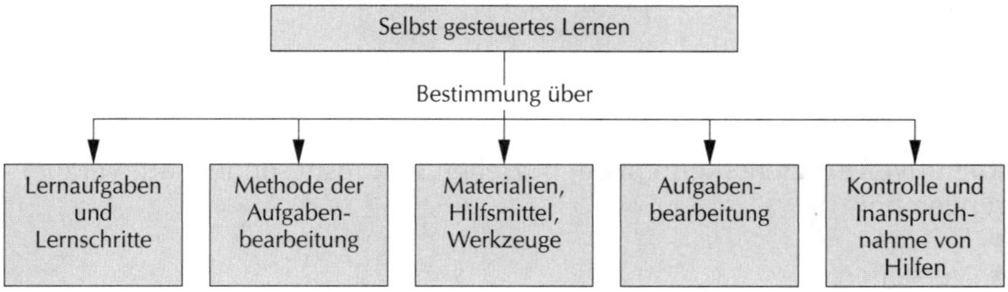

Abbildung 134

Fremdbestimmt

Wenn diese Entscheidungen – also: was, wie und womit gelernt und wie dies kontrolliert und unterstützt wird – weitgehend fremden Personen, insbesondere dem Ausbilder, vorbehalten sind, dann spricht man von fremdbestimmtem Lernen.
Allerdings muss auch das selbst bestimmte Lernen sozusagen vorher erlernt werden. Die erforderlichen Fähigkeiten müssen dazu im Laufe der Ausbildung entwickelt werden.

5.2.1.5 Lernziele

Definition

Lernziele beinhalten beabsichtigte, angestrebte und erwünschte Ergebnisse des Lernprozesses und die Veränderung von Verhaltensweisen beim Lernenden.

Endverhalten

Lernziele sind also Beschreibungen des beobachtbaren Endverhaltens, das durch das Lernen in der Ausbildung erreicht werden soll.

Zweck

Klar festgelegte Lernziele
- informieren über die zu erwerbenden Fertigkeiten, Kenntnisse und Fähigkeiten
- helfen, den Erfolg der Ausbildung zu beurteilen
- zwingen den Ausbilder, seine Unterweisung zu strukturieren.

Lernzielklassifikationen

Lernziel-bereiche

In Übereinstimmung mit den Lernbereichen – Kenntnisse, Fertigkeiten, Fähigkeiten, Verhalten – gibt es auch entsprechende Lernzielbereiche.

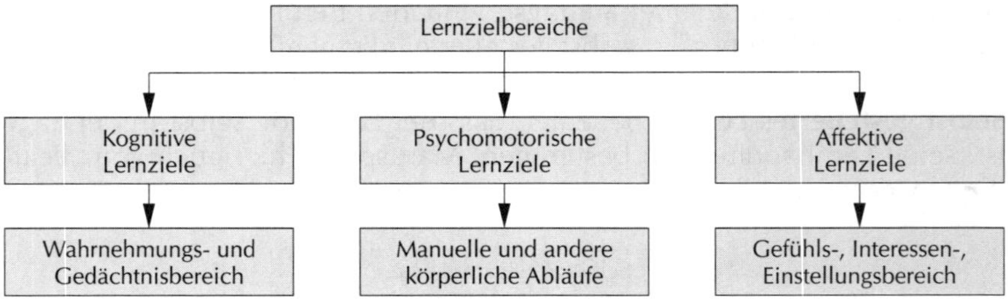

Abbildung 135

Kognitive Lernziele (Kenntnisse) beziehen sich insbesondere auf Veränderungen bei
- Wissen
- Verstehen
- Einsehen
- Denken
- Behalten.

Psychomotorische Lernziele (Fertigkeiten) sind vor allem Veränderungen in den Bereichen
- körperliches Handeln
- Bewegungen
- manuelle Tätigkeiten.

Affektive Lernziele (Verhaltensweisen) beinhalten unter anderem Veränderungen bei
- Empfindungen
- Wertungen

- Interessen
- inneren Einstellungen
- Motivation
- sozialem Verhalten
- Ordnungssinn
- Bereitschaft zur Kooperation
- Arbeitsfreude.

Fähigkeiten können alle Lernzielbereiche betreffen, z. B.
- Beobachtungsgabe (kognitiv)
- Handgeschicklichkeit (psychomotorisch).

Lernziele können auch nach dem Grad der Genauigkeit und Eindeutigkeit unterschieden werden: Genauigkeit
- Leitziele
- Richtziele
- Grobziele
- Feinziele.

Leitziele sind das oberste Ziel des Lernens (in eher abstrakter Form).

Beispiel:

Erfolgreiche Ausbildung im Kfz-Mechatroniker-Handwerk.

Richtziele – auch Makroziele genannt – beschreiben einen Bereich der angestrebten Fertigkeiten, Kenntnisse und Fähigkeiten. Sie weisen damit einen geringen Grad an Genauigkeit auf und lassen eine größere Zahl von Auslegungen zu.

Beispiel:

Beherrschung der notwendigen Fertigkeiten, Kenntnisse und Fähigkeiten für die Personenkraftwagentechnik.

Grobziele beschreiben Verhaltensformen eines Teils dieses Lernbereichs. Sie weisen damit einen mittleren Grad an Genauigkeit auf.

Beispiel:

Messen zum Feststellen von Störungen am Kfz.

Feinziele – auch Mikroziele genannt – beschreiben die jeweiligen Ziele einer Lerneinheit. Sie sind damit auf Exaktheit ausgerichtet und lassen nur eine Auslegung zu.

Beispiel:

Messen und Einstellen des Elektrodenabstandes an Zündkerzen.

Aus Gründen einer größtmöglichen Systematik und der Notwendigkeit der Festlegung kleinerer Lern- und Unterweisungseinheiten kann man auch Teillernziele festlegen. Sie müssen allerdings den jeweiligen Endlernzielen systematisch zugeordnet sein. Teillernziele

Lernzielniveaus

Unter dem Gesichtspunkt des Anspruchsniveaus und der Wertigkeit des Gelernten unterscheidet man mehrere Lernzielstufen bzw. Lernzielniveaus.

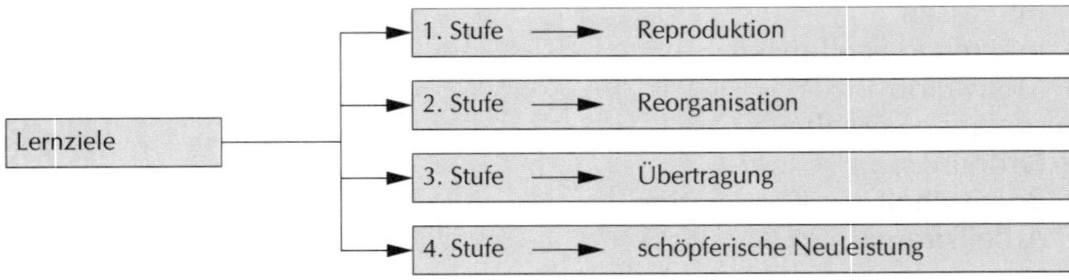

Abbildung 136

Reproduktion bedeutet, dass das Gelernte aus dem Gedächtnis wiedergegeben werden kann.

Beispiel:

Wiedergabe von Begriffen und Regeln.

Reorganisation besagt, dass der Lernende das Wesentliche des Gelernten verstanden hat und es mit eigenen Worten, unter Umständen auch in veränderter Reihenfolge, wiedergeben kann.

Beispiel:

Zuordnung von Handlungsanleitungen auf den jeweiligen Kundenauftrag.

Lernzielstufen

Bei der **Übertragung** (Transfer) kann der Lernende die Prinzipien des Gelernten auf neue, ähnliche Aufgaben anwenden.

Beispiel:

Berechnung des Materialverbrauchs für neue Aufträge anhand der Erfahrungen und Ergebnisse eines soeben beendeten Auftrages.

Schöpferische Neuleistung liegt vor, wenn der Lernende in der Lage ist, das Gelernte selbst weiterzuentwickeln, also problemlösend und problemfindend zu denken.

Beispiel:

Unterbreitung von Verbesserungsvorschlägen.

Eine weitere, aber der obigen vergleichbare, Darstellung nach Lernzielniveaus lautet:

- Faktenwissen
- Kenntnisse über Verfahren
- Problemlösestrategien
- Fähigkeiten zur Analyse und Bewertung.

Lernzielbeschreibung (Operationalisierung)

Für eine systematische Planung, Ausführung, Kontrolle und Steuerung des Ausbildungsprozesses bedarf es genauer Lernzielbeschreibungen. Man spricht dabei auch von der Operationalisierung der Lernziele.

Ein operational formuliertes Lernziel enthält

Inhalt

- die Angabe des Endverhaltens
- die Bedingungen, unter denen das Verhalten gezeigt werden soll
- einen Maßstab zur Kontrolle, ob das Endverhalten erreicht wurde.

Auswahl

Bei der Auswahl der Lernziele müssen mehrere Faktoren berücksichtigt werden, nämlich:

- Ausbildungsrahmenplan
- Prüfungsanforderungen
- Bedeutung für die Ausbildung
- Besonderheiten des einzelnen Ausbildungsbetriebes
- Auffassungsgabe und persönliche Struktur des Auszubildenden.

5.2.1.6 Lernprozess

Stufen des Lernprozesses

In der pädagogischen Literatur wurde eine Reihe von Modellen entwickelt, die die Stufen bzw. Phasen des Lernprozesses darstellen. Allgemein umfasst der Lernvorgang die Schritte Vorbereitung, Aneignung, Speicherung, Erinnerung.

Drei-Stufen-Modell

Für die praktische Berufsausbildung eignet sich insbesondere das so genannte Drei-Stufen-Modell.

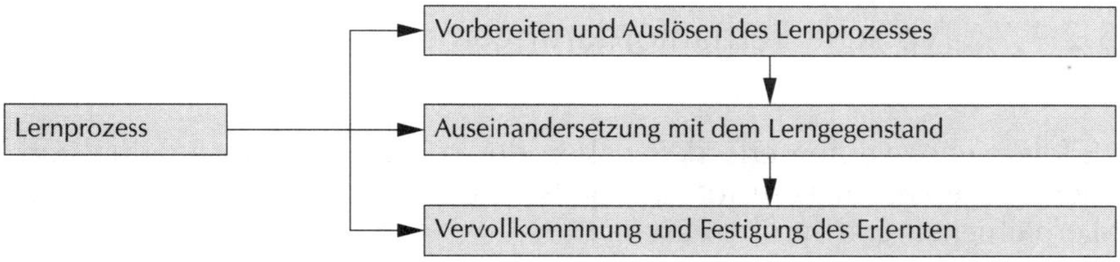

Abbildung 137

Vorbereiten und Auslösen des Lernprozesses

Wecken der Lernbereitschaft

In dieser ersten Stufe kommt es insbesondere darauf an, beim Lernenden Beweggründe (Motive) auszulösen, die seine Bereitschaft zum Lernen wecken.

Zu bedenken ist dabei, dass mangelnde Lernbereitschaft mehrere Ursachen haben kann, insbesondere

- mangelndes Interesse
- fehlende Einsicht in Sinn und Zweck der gestellten Aufgabe
- Überforderung des Lernenden.

(Vgl. hierzu im Einzelnen Abschnitt 5.3.1 „Lernmotivation".)

Auseinandersetzung mit dem Lerngegenstand

In dieser zweiten Stufe tastet sich der Lernende nach und nach an die richtige Lösung heran. Fehler werden durch wiederholte Versuche und auf der Basis des bereits vorhandenen Wissens abgestellt.

Mit der ersten Aneignung der zu erlernenden Verhaltensweise oder dem ersten selbstständigen Erwerb einer neuen Fertigkeit, Kenntnis oder Fähigkeit ist das eigentliche Lernstadium abgeschlossen.

Vervollkommnung und Festigung des Erlernten

In der dritten Stufe geht es darum, den Lernerfolg, d. h. die Speicherung und Erinnerung, durch

- mehrmalige Übungen
  und
- gestaltende Anwendung sicherzustellen.

(Vgl. dazu auch Abschnitt 5.4.1 „Bedeutung von Üben und Anwenden (Transfer) für den Lern- und Ausbildungserfolg".)

Erfolgserlebnisse

Während des gesamten Lernprozesses sind Erfolgserlebnisse für die Lern- und Leistungsmotivation besonders wichtig.

5.2.1.7 Typische Lernanforderungen

Erfolgreiches Lernen erfordert neben der geeigneten Lernsituation und dem angepassten Lernstoff auf Seiten des Auszubildenden vor allem Lernfähigkeit und Lernbereitschaft.

Wichtige Lernanforderungen (Lernvoraussetzungen) im Handwerk sind:

- praktische und theoretische Intelligenz
- Motivation
- Eigeninitiative
- Konzentrationsfähigkeit
- Kreativität
- besondere Fähigkeiten wie Rechnen
- Hand- und Fingergeschicklichkeit.

5.2.2 Lernpsychologische Grundlagen zum Behalten und Vergessen

5.2.2.1 Speichermodelle des Gedächtnisses

Für die Fähigkeit, das Geübte einzuprägen und zu behalten, ist das Gedächtnis entscheidend.

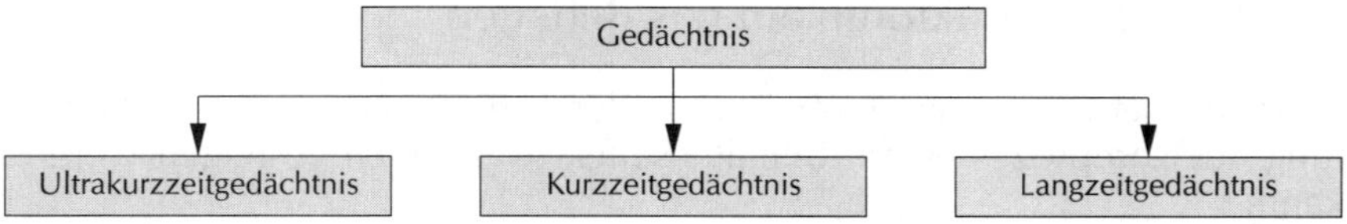

Abbildung 138

Ultrakurzzeitgedächtnis

Kurzzeitgedächtnis

Langzeitgedächtnis

Das Ultrakurzzeitgedächtnis nimmt eingehende Informationen auf und behält sie rund eine Sekunde in Form von elektrischen Schwingungen. Nur das, was für wichtig gehalten wird, wird ausgefiltert und landet dann im Kurzzeitgedächtnis. Hier bleiben die Informationen höchstens 20 Minuten und werden ein weiteres Mal gefiltert.

Tatsächlich gelernt ist nur, was im Langzeitgedächtnis gespeichert ist.

Man spricht in diesem Zusammenhang von Enkodierung in das Langzeitgedächtnis. Auf die dann abgespeicherten Informationen kann auch noch nach vielen Jahren zurückgegriffen werden.
Allerdings kann sich der Mensch im Zeitablauf an Gelerntes oft nicht mehr vollständig oder überhaupt nicht mehr erinnern. In der grafischen Darstellung besagt die Vergessenskurve, dass bereits unmittelbar nach dem Lernvorgang sehr viel wieder vergessen wird. Im weiteren Zeitablauf geht das Vergessen wesentlich langsamer vor sich. Außerdem kann der Behaltenseffekt durch ständiges Üben deutlich verbessert werden.

Die Vergessenskurve

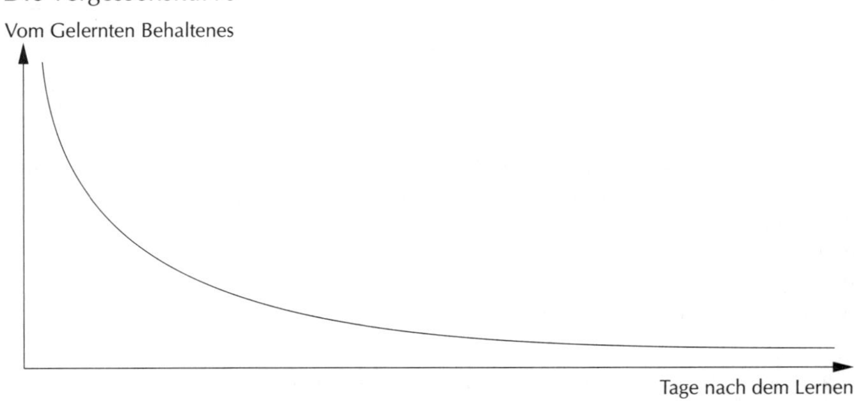

Abbildung 139

Individuelle Gegebenheiten

Allerdings darf auch diese Darstellung nur als allgemeines Verlaufsmuster angesehen werden. Der tatsächliche Verlauf kann bei jedem einzelnen Menschen davon erheblich abweichen. Er hängt wesentlich vom Lerngegenstand, den Lernbedingungen und der jeweiligen persönlichen Situation des Einzelnen ab.

5.2.2.2 Einflussfaktoren auf das Behalten

Behaltenseffekt

Forschungserkenntnisse ergeben, dass durch eine entsprechende Gestaltung des Lernprozesses der Behaltenseffekt wesentlich gesteigert werden kann.

Forschungsergebnisse

Aus der Hirnforschung weiß man, dass der Behaltenseffekt maßgeblich davon abhängt,
- auf welche Art Informationen aufgenommen werden
- ob neue Informationen bereits mit im Gehirn vorhandenen Informationen verknüpft werden können.

Behaltensfähigkeit nach Art der Aufnahme von Informationen

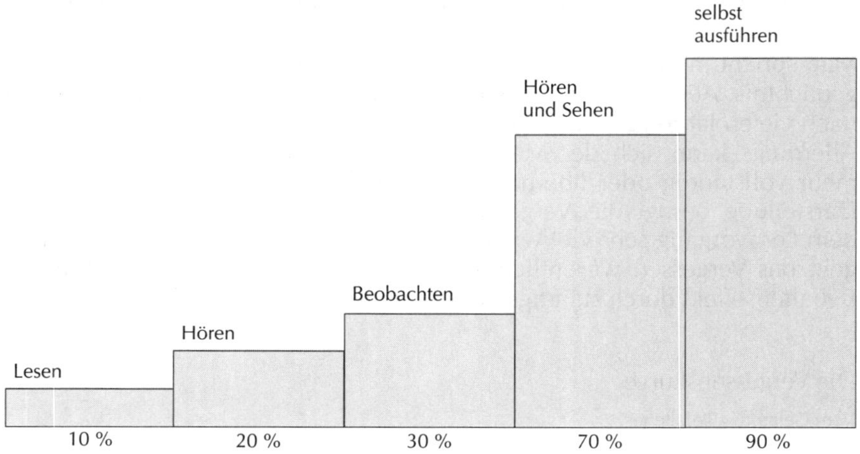

Abbildung 140

Verschiedene Kanäle

Grundsätzlich ist zu berücksichtigen, dass Informationen über verschiedene Kanäle in das Gehirn kommen können, nämlich insbesondere
- Sehen
- Hören
- Fühlen
- Riechen und Schmecken.

Der optische Kanal ist dabei der leistungsfähigste. Grundsätzlich empfiehlt es sich jedoch, so viele Aufnahmemöglichkeiten wie möglich zu nutzen.

Linke Gehirnhälfte

Wichtig ist ferner, die beiden Hälften des Gehirns gezielt zu nutzen. Die linke Seite, die oftmals auch „männliche" Hälfte genannt wird, hat ihren Einsatz schwerpunktmäßig für
- Fakten
- Zahlen, Wörter
- Analyse
- Taktik
- Logik.

Die rechte oder „weibliche“ Hälfte steht für: Rechte Gehirnhälfte
- Bilder
- Meinungen
- Intuition
- Visionen
- Kreativität
- Gefühl.

Es hat sich herausgestellt, dass Lernstoff umso besser behalten wird, wenn beide Hälften dafür eingesetzt werden, der Lernstoff also sowohl vom Verstand wie auch vom Gefühl her verankert ist.

Zu beachten ist außerdem, dass der Vorgang der Einprägung von Informationen im Gedächtnis anfällig für Störeinflüsse ist. So erschweren Stress, Konzentrationsstörungen und Ablenkung die Gedächtnisleistung erheblich. Dies ist bei der Gestaltung der Lernbedingungen zu berücksichtigen. Störfaktoren

Eine besondere Bedeutung für das Behalten hat das Wiederholen des Lernstoffes. Periodische Wiederholungen, beispielsweise nach einem Tag, einer Woche, einem Monat, einem Jahr, sind der beste Schutz vor dem Vergessen. Wiederholen

5.2.3 Lerntechniken

Um den Lernstoff dauerhaft im Gedächtnis zu sichern, wurden verschiedene Techniken entwickelt. Sie sind allerdings keine Patentrezepte. Vielmehr kommt es immer auf den Einzelfall an, welche Methode oder welche Kombination aus ihnen die geeignetste ist. Neben schon älteren Techniken wie der Führung eines Karteikastens beruhen die meisten neueren Methoden darauf, beide Gehirnhälften optimal einzusetzen und die verschiedenen Aufnahmekanäle zu kombinieren. Dies geschieht zumeist dadurch, dass die sachlichen Fakten mit emotionalen Erlebnissen verknüpft werden.

Beispiel:

Die Lerngegenstände werden mit Gegenständen aus der eigenen vertrauten Wohnung verknüpft oder mit Gebäuden auf dem täglichen Weg zur Arbeit usw.

Derartige Techniken bedingen allerdings, dass man vorher genau gelernt hat mit ihnen umzugehen.

Eine solche Technik ist das so genannte „Mind-Mapping“ (= Gedanken-Landkarte). Bei dieser Lerntechnik wird das zu behandelnde Thema auf einem Blatt Papier im Zentrum durch ein einprägsames Bild oder eine kleine Skizze dargestellt. Alle damit zusammenhängenden Gedanken, Neben- oder Unterpunkte werden am Rand des Blattes Papier gruppiert und mittels Linien oder/und Pfeilen in unterschiedlichen Farben mit dem Hauptpunkt verbunden. Durch diese Verästelungen kann die relative Bedeutung der jeweiligen Gedanken und Ideen symbolisiert werden. „Mind-Maps“ eignen sich sehr gut zur Wiederholung eines bereits erlernten und so dargestellten Stoffes. Sie erleichtern es, die Gedanken zu ordnen, tragen zur Entwicklung der Vorstellungskraft bei und steigern die Merkfähigkeit. Mind-Mapping

Handlungsorientierte, fallbezogene Aufgaben

1. Für eine systematische Planung, Ausführung, Kontrolle und Steuerung des Ausbildungsprozesses sollen Sie als Ausbilder die Lernziele genau beschreiben und festlegen.

Aufgabe: Unter einem Lernziel versteht man

- ☐ a) ausschließlich die Beschreibung von Fertigkeiten, die in der Grundausbildung zu vermitteln sind.
- ☐ b) nur die Kenntnisse, die während der Anwendungsausbildung vermittelt werden sollen.
- ☐ c) die Fertigkeiten und Kenntnisse, die ausschließlich die Fachausbildung betreffen.
- ☐ d) die Beschreibung des beobachtbaren Endverhaltens, das durch Lernen erreicht werden soll.
- ☐ e) die Beschreibung der Prüfungsanforderungen.

„Siehe Seite 276 des Textteils!"

2. Sie sind selbstständiger Handwerksmeister und bilden laufend Lehrlinge aus. Als Ausbilder wissen Sie, dass erfolgreiches Lernen neben der geeigneten Lernsituation und dem angepassten Lernstoff auf Seiten des Lehrlings vor allem Lernfähigkeit und Lernbereitschaft erfordert. Diese versuchen Sie während des Unterweisungsprozesses besonders zu fördern.

Aufgabe: Beschreiben Sie die wichtigsten Lernanforderungen (Lernvoraussetzungen) für die Ausbildung Ihrer Lehrlinge!

„Siehe Seite 280 des Textteils!"

3. Sie bilden zwei Lehrlinge in Ihrem Betrieb aus. Für den optimalen Ausbildungserfolg sind Sie bestrebt, die einzelnen Unterweisungen so zu gestalten, dass die Lehrlinge auch möglichst viel davon langfristig behalten und umsetzen können.

Aufgabe: Erläutern Sie die wichtigsten Einflussfaktoren auf das Behalten von Gelerntem und erklären Sie, wie Sie diese Grundsätze in der Gestaltung der Unterweisungen Ihrer beiden Lehrlinge umsetzen!

„Siehe Seite 282 des Textteils!"

5.3 Handlungssituation: Zum Lernen motivieren

Kompetenzen:

– Die Bedeutung der Lernmotivation für den Lernerfolg erkennen und Möglichkeiten zur Verstärkung der Lernmotivation kennen und im Ausbildungsprozess einsetzen

5.3.1 Lernmotivation

5.3.1.1 Begriff

Unter Lernmotivation versteht man grundsätzlich den Beweggrund oder Auslöser zum Lernen. Ein wesentliches Lernmotiv ist beim Menschen die Neugier.

Jedes bewusste Lernen und jede zielgerichtete Informationsaufnahme setzt ein entsprechendes Lern- bzw. Informationsinteresse voraus. Lerninteresse

5.3.1.2 Arten

Hinsichtlich der Motive zum Lernen unterscheidet man zwischen

- **Aktualmotivation:** Beweggründe aus bestimmten Einzelsituationen (z. B. Erlernen einer Fremdsprache, weil man im Urlaub in ein bestimmtes Land reisen will)
  und
- **habitueller Motivation:** Beweggründe, die bereits zur Gewohnheit geworden sind.

Beide Motive können sich auch wechselseitig beeinflussen und ergänzen.

Hinsichtlich der Motivinhalte lassen sich zwei Gruppen bilden: Motivinhalte

- **Primäre oder direkte Motive:** Sie sind direkt auf den Lerngegenstand bezogen, zum Beispiel weil er Spaß macht oder interessant ist. Man nennt dies auch intrinsische (= innen geleitet) Motivation.
- **Sekundäre oder indirekte Motive:** Hier liegen die Beweggründe für das Lernen außerhalb der unmittelbaren Lerntätigkeit. Gelernt wird dann zum Beispiel für gute Noten oder wegen einer finanziellen Belohnung. Man nennt dies auch extrinsische (= außen geleitet) Motivation. Auf solche Motive hat der Ausbilder weniger Einfluss. Er sollte deshalb stets versuchen, sie zu einer intrinsischen Motivation umzuwandeln.

5.3.1.3 Faktoren und Bedingungen

Die Lernmotivation wird von mehreren Faktoren und Bedingungen maßgeblich geprägt.
- Erfolgserlebnisse
- Anerkennung
- Selbstständigkeit
- Entfaltungsmöglichkeiten
- Selbstverwirklichung.

5.3.2 Maßnahmen und Hilfen zur Förderung der Arbeits- und Lernmotivation

Dem Ausbilder stehen vielfältige Möglichkeiten zur Verfügung, durch geeignete Maßnahmen und Hilfen die Lernmotivation zu fördern.

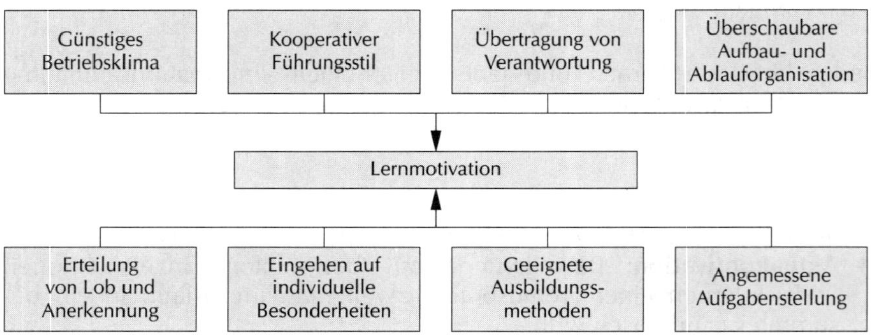

Abbildung 141

5.3.2.1 Möglichkeiten zur Förderung der Lern- und Arbeitsmotivation unter besonderer Berücksichtigung der auftragsorientierten Lernsituation am Arbeitsplatz

Merkmale

Die auftragsorientierte Lernsituation ist besonders günstig für die Förderung der Arbeits- und Lernmotivation. Motivationsfördernde Merkmale der auftragsorientierten Lernsituation sind:
- enger Kontakt zum Ausbilder
- realitätsnahes Lernen
- breites Lernfeld im Rahmen des Gesamtauftrages
- Abwechslung und Arbeitsvielfalt
- gute Entfaltungsmöglichkeiten
- wachsendes Selbstvertrauen durch Übertragung von Verantwortung.

Jeder Ausbilder muss versuchen, die Motivationsförderung auch optimal zu nutzen.

Dafür stehen ihm mehrere Möglichkeiten zur Verfügung:
- ausführliche Informationen über Sinn und Zweck, Probleme
- realitätsnahe Einbindung in die gesamte Auftragserfüllung
- Zuweisung abwechslungsreicher Arbeiten
- vertrauensvolles Verhältnis und Übertragung von Verantwortung.

Handlungsorientierte, fallbezogene Aufgaben

1. Sie bilden zwei Lehrlinge aus und stellen laufend fest, dass bei beiden immer wieder die Motivation zum Lernen unzureichend ist. Deshalb wollen Sie ein Konzept entwickeln, wie Sie diese Situation künftig verbessern können.

Aufgabe: Stellen Sie dar, mit welchen Hilfen und Maßnahmen Sie die Motivation Ihrer beiden Lehrlinge fördern und verbessern können!

„Siehe Seiten 286 f. des Textteils!"

5.4 Handlungssituation: Lernerfolge sicherstellen

Kompetenzen:

– Die didaktische Funktion von Übungs- und Transferaufgaben für die Sicherung des Lernerfolges kennen und bei der Planung und Durchführung von Lehr-/Lernarrangements berücksichtigen

5.4.1 Bedeutung von Üben und Anwenden (Transfer) für den Lern- und Ausbildungserfolg

Üben, Einprägen und Anwenden sind für den Lern- und Ausbildungserfolg eine unabdingbare Voraussetzung.
Stetiges Üben dient der

- Erlernung
- Sicherung
- Stabilisierung

von Fertigkeiten, Kenntnissen, Fähigkeiten und Verhaltensweisen.

Lerntransfer

Für den Lern- und Ausbildungserfolg ist im Weiteren von besonderer Bedeutung, dass der Lernende diese Fertigkeiten, Kenntnisse, Fähigkeiten und Verhaltensweisen auch von einer Situation auf eine andere übertragen kann. Diesen Prozess bezeichnet man als Lerntransfer.

5.4.2 Beachtung von Leistungsfähigkeit und Regeln bei der Gestaltung von Übungs- und Transferphasen

Bedingungen für das Einprägen und Behalten

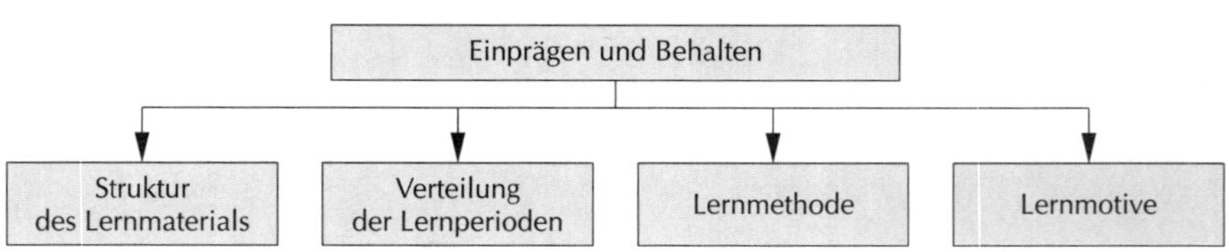

Abbildung 142

Lernkurve

Die Darstellung, wie groß der Zuwachs beim Lernen im Laufe der Übung ist, bezeichnet man als Lernkurve.

Die Lernkurve ist also eine grafische Darstellung der Beziehung zwischen Wissensaufnahme und zeitlichem Ablauf des Lernprozesses. Zwei Abbildungsmöglichkeiten sind dafür möglich, nämlich einerseits die Darstellung, wie die Zahl der Fehler im Verlaufe der Übung abnimmt, und andererseits die Darstellung der richtigen Bewegungen, etwa beim Erlernen einer Fertigkeit.

Lernkurven

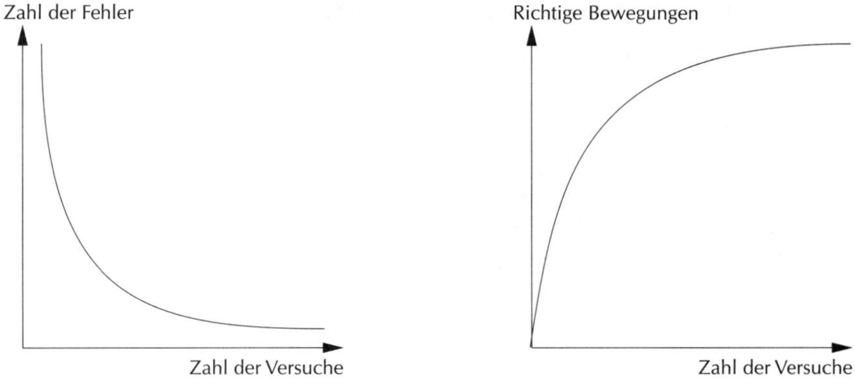

Abbildung 143

Es muss jedoch dabei darauf hingewiesen werden, dass diese Darstellungen nur das typische Verlaufsmuster wiedergeben können. Lernkurven sind bei jedem Lernenden verschieden und von einer Reihe von Faktoren abhängig, von der Begabung und Veranlagung bis hin zur jeweiligen Tagesform und Leistungsfähigkeit des Auszubildenden. Individuelle Unterschiede

Bei der Gestaltung von Übungs- und Transferphasen sollte darauf geachtet werden, dass Gestaltung

- die personellen Voraussetzungen (z. B. Motivation und Flexibilität)
- die organisatorischen Voraussetzungen (z. B. Anwesenheit und Unterstützung durch einen Vorgesetzten)
- die Umfeldbedingungen (z. B. Ausbildungsklima und Ausbildungsbedingungen)

stimmen. Wichtig ist auch, dass der Ausbilder den Nutzen klarmacht.

Handlungsorientierte, fallbezogene Aufgaben

1. Als Ausbilder sind Sie bestrebt, im Rahmen der gesamten Ausbildung und der einzelnen Unterweisungsmaßnahmen die besten Bedingungen dafür zu schaffen, dass der Lehrling sich das Gelernte auch einprägen und es langfristig behalten kann.

Aufgabe: Welche Bedingungen sind dabei zu beachten und was können Sie als Ausbilder tun, um diese bestmöglich zu gestalten?

„Siehe Seiten 288 f. des Textteils!"

5.5 Handlungssituation: Lernschwierigkeiten und Verhaltensauffälligkeiten erkennen, analysieren und lösen

Kompetenzen:

- Lernschwierigkeiten und Verhaltensauffälligkeiten erkennen und deren Ursachen ermitteln
- Maßnahmen zur Behebung von Lernschwierigkeiten und Verhaltensauffälligkeiten in der Ausbildung durchführen und dazu ggf. mit externen Beratungsstellen zusammenarbeiten
- Gründe für Ausbildungsabbrüche kennen und beachten

5.5.1 Begriff und Eingrenzung von Lernschwierigkeiten und Verhaltensauffälligkeiten sowie deren Ursachen

5.5.1.1 Lernschwierigkeiten

Typische Lernschwierigkeiten ergeben sich dann, wenn der Lernende den Lernanforderungen nicht gerecht werden will oder kann.

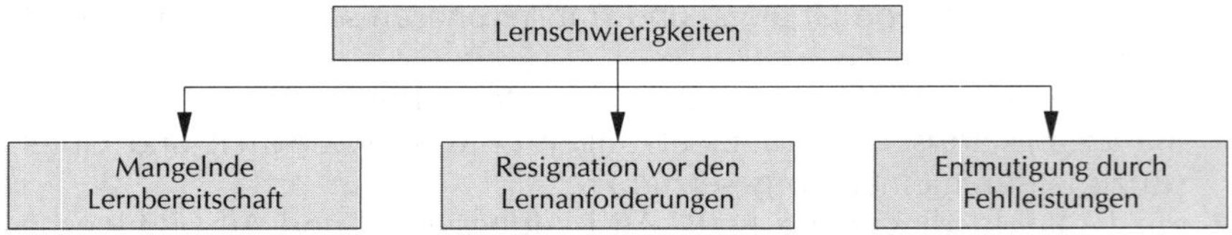

Abbildung 144

Wissenslücken

Lernschwierigkeiten beruhen vielfach auf Wissenslücken, d. h., früherer Lernstoff wurde versäumt, nicht verstanden oder nicht richtig verarbeitet. Sie können durch geeignete Nachhilfemaßnahmen ausgeglichen werden.

5.5.1.2 Verhaltensauffälligkeiten

Erziehungs-schwierigkeiten

Verhaltensauffälligkeiten und Erziehungsschwierigkeiten haben bei den Jugendlichen in den vergangenen Jahren erheblich zugenommen.

Formen

Typische Formen solcher Fehlformen des Leistungs- und Sozialverhaltens sind:

- Disziplinlosigkeit
- Arroganz
- Trotz und Aufsässigkeit
- Lügen
- geringe Motivation
- Desinteresse, Unlust
- Faulheit
- Oberflächlichkeit

- mangelnde Konzentrationsfähigkeit
- Kontaktarmut und Kontaktunfähigkeit
- Hemmungen und Angst
- Aggression
- Zerstörung von Gegenständen, Vandalismus
- Verwahrlosung
- Suchtverhalten
- Neurosen (seelisch bedingte Verhaltensstörungen).

Diese Fehlhaltungen können vielerlei Ursachen haben.

5.5.2 Ursachen für typische Lernschwierigkeiten und Verhaltensauffälligkeiten

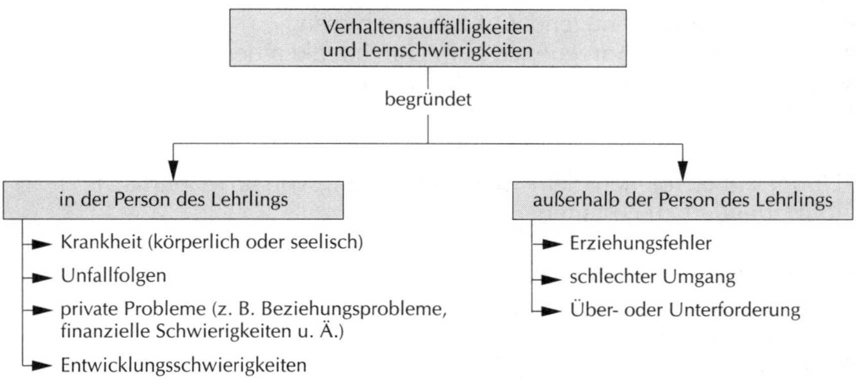

Abbildung 145

5.5.3 Auswahl und Anwendung ausbildungsbegleitender Hilfen

Lernhilfen

> Es ist Aufgabe des Ausbilders, durch geeignete Lernhilfen solche Lernschwierigkeiten von vornherein zu verhindern bzw. sie rasch zu beseitigen.

Lernhilfen sind abhängig von Lernziel, Lerngegenstand und Lernschwierigkeiten. Sie helfen bei richtiger Gestaltung wesentlich

Nutzen

- beim Einprägen von Wissen
- bei der Vermittlung von Fertigkeiten
- bei der Befähigung zur Problemlösung.

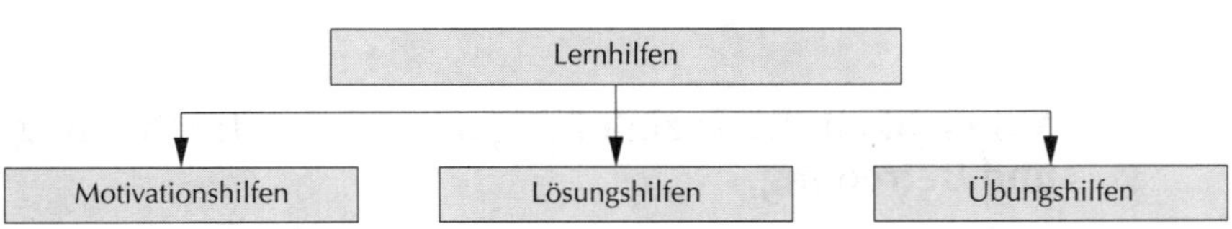

Abbildung 146

Motivationshilfen dienen der Förderung der Lernbereitschaft, um den Lernprozess optimal in Gang bringen zu können.

Motivations-hilfen

Wichtige Motivationshilfen sind:
- Steigerung des Selbstwertgefühls
- Beseitigung von Hemmungen
- Weckung des Interesses
- Herausstellen der Bedeutung und Aufgabe des Lerngegenstandes.

Lösungshilfen verfolgen den Zweck, dem Lehrling bei Problemen während der Lösung gestellter Aufgaben zu helfen.

Lösungshilfen

Dies ist beispielsweise möglich durch:
- Einräumen von genügend Zeit zum Probieren
- Vermittlung von Anregungen zum Durchdenken der Aufgabe
- gemeinsame Diskussion über Alternativlösungen
- Vormachen, Demonstrieren und Erklären.

Übungshilfen dienen dem Ziel, den Übungsvorgang optimal und erfolgsorientiert zu gestalten.

Übungshilfen

Wichtige Übungshilfen sind:
- Bereitstellen von Übungsaufgaben
- rechtzeitiges Abstellen von Fehlern
- Verändern der Übungsaufgaben
- Gedächtnisstützen.

Spezielle Lernhilfen

Spezielle Lernhilfen wurden auch für die einzelnen Lerntypen (siehe dazu Abschnitt 5.2.1.3 „Lernarten") entwickelt. Es sind dabei insbesondere zu nennen:
- Hilfen zum Unterscheidungslernen; eine solche Hilfe ist zum Beispiel dann gegeben, wenn dem Lehrling bestimmte optische und akustische Reize immer wieder demonstriert werden.
- Hilfen zum Begriffslernen; das Lernen kann dem Lehrling beispielsweise dadurch erleichtert werden, dass zusammengehörende Arbeitsgeräte immer wieder in der täglichen Praxis eingesetzt werden.
- Hilfen für das Erlernen von Regeln, zum Beispiel durch laufende Erklärung an konkreten Fällen aus der betrieblichen Praxis.
- Befähigung zum Problemlösen, wenn möglich durch Erarbeiten aus dem Ernstfall.
- Hilfen zum Einprägen von Wissen, zum Beispiel durch einfache und verständliche oder auch grafische Darstellungen (Schaubilder).
- Hilfen für die Vermittlung von Fertigkeiten wie Vormachen und Fehlerkorrektur.

5.5.4 Möglichkeit der sozialpädagogischen Unterstützung und Betreuung

Sofern es sich nicht um Verhaltensauffälligkeiten und Erziehungsschwierigkeiten handelt, die die Hinzuziehung externer Stellen (wie z.B. Jugendämter, Psychologen, Ärzte, Sozialarbeiter, Psychotherapeuten in Beratungsstellen kommunaler oder freier Träger) erforderlich machen, stehen auch dem Ausbilder einige Mittel zu ihrer Beseitigung oder zumindest ihrer Minderung zur Verfügung. Dazu zählen:

Maßnahmen des Ausbilders

- der Aufbau eines wechselseitigen Vertrauensverhältnisses
- die Stärkung des Selbstvertrauens des Lehrlings
- die verstärkte Gesprächs- und Kontaktbereitschaft
- die Vornahme eventuell erforderlicher Korrekturen im Ausbildungsplan
- die kritische Überprüfung des Ausbildungsstils
- organisatorische Maßnahmen am Arbeits- oder Ausbildungsplatz.

Bei der Festlegung der geeigneten Maßnahmen zur Beseitigung von Verhaltensauffälligkeiten sollte der Ausbilder zumindest in schwierigen Fällen planmäßig vorgehen.

Dabei empfehlen sich die Schritte, die auch bei der Lösung von Konflikten hilfreich sind, also

Planmäßiges Vorgehen

- Ermittlung des Sachverhalts
- Erforschung der Ursachen und Zusammenhänge
- Festlegung geeigneter Maßnahmen
- Durchführung der Maßnahmen
- Kontrolle der Maßnahmen.

(Vgl. dazu Abschnitt 6.3.6 „Strategien zur Bewältigung von Konfliktsituationen".)

5.5.5 Probleme und Prävention (Verhinderung) von Ausbildungsabbrüchen

Die Zahl der Jugendlichen, die ihre zuerst begonnene Berufsausbildung wechseln oder nicht beenden, hat sich in den letzten Jahren deutlich erhöht. Allerdings muss darauf hingewiesen werden, dass nicht jede Lösung eines Ausbildungsvertrages einem tatsächlichen und endgültigen Abbruch der Berufsausbildung entspricht. Vielmehr handelt es sich in der Mehrzahl um Ausbildungswechsler, die den Beruf, den Betrieb oder beides wechseln.

Gerade weil das Handwerk auch langfristig auf qualifizierte Fachkräfte angewiesen ist, muss es ein besonderes Anliegen sein, den Lehrling nicht nur während der Ausbildung, sondern auch danach an den Betrieb zu binden.

5.5.5.1 Gründe für einen Ausbildungsabbruch

Die Gründe für eine vorzeitige Lösung des Ausbildungsvertrages können sehr vielfältig sein. Meistens spielen dabei mehrere Ursachen aus der Sicht des Lehrlings oder des Ausbilders eine Rolle.

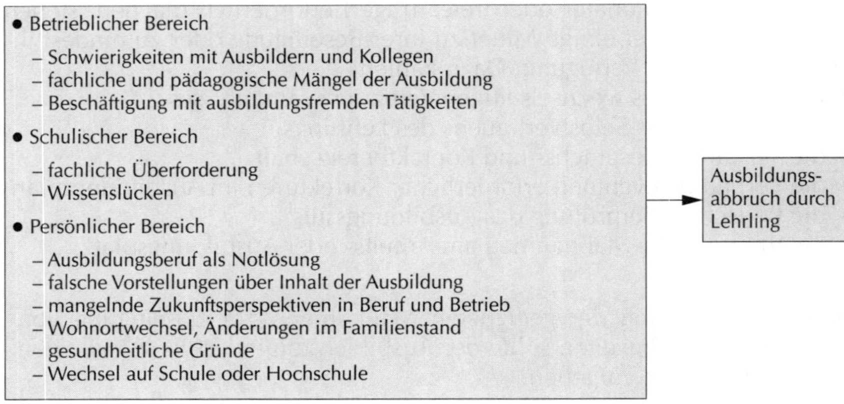

Abbildung 147

Häufige Ursachen für einen Ausbildungsabbruch aus der Sicht des Ausbildenden sind:

- zu geringe Ausbildungsfähigkeit des Lehrlings
- mangelnde Leistungen des Lehrlings
- fehlende Motivation des Lehrlings
- häufige Abwesenheit des Lehrlings
- Verfehlungen des Lehrlings
- Betriebsaufgabe oder Wegfall der Ausbildungseignung.

5.5.5.2 Konsequenzen von Ausbildungsabbrüchen

Nachteile

Ausbildungsabbrüche bedeuten

- nachteilige Veränderungen im beruflichen Lebensweg der Jugendlichen
- finanzielle Verluste durch Fehlinvestitionen auf betrieblicher Ebene
- volkswirtschaftliche Kosten durch Mangel an entsprechend qualifizierten Fachkräften und durch nicht besetzte Ausbildungsplätze.

5.5.5.3 Maßnahmen zur Abbruchprävention

Der Hauptausschuss des Bundesinstituts für Berufsbildung hat eine Empfehlung mit Vorschlägen vorgelegt, wie Ausbildungsabbrüche verhindert oder zumindest verringert werden können.

Handlungspartner für zweckmäßige Maßnahmen zur Verringerung von Ausbildungsabbrüchen

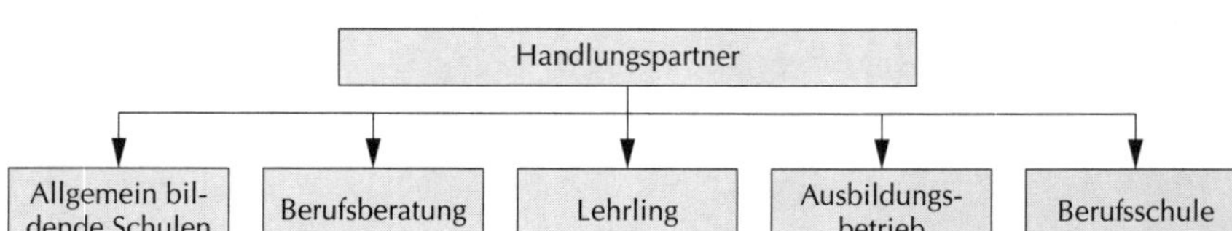

Abbildung 148

Wichtige Maßnahmen im **Bereich der allgemein bildenden Schulen** sind:
- bessere Informationen über die Berufs- und Arbeitswelt
- Betriebspraktika für alle Schüler (Betriebspraktika)
- stärkere Berücksichtigung von Fragen der Berufs- und Arbeitswelt in der Aus- und Fortbildung der Lehrer.

Im **Bereich der Berufsberatung** werden folgende Maßnahmen empfohlen:
- qualifizierte, gezielte und praxisnahe Informationen und Beratung
- frühzeitige und umfassende Klärung der Eignung, auch hinsichtlich der Gesundheit (Eignung)
- jugendgerechte und aktuelle Informationen über Berufsaussichten und Weiterbildungsmöglichkeiten
- verstärkte Zusammenarbeit der Berufsberater mit den Beratern der Handwerkskammern und den Trägern der Jugend- und Sozialhilfe
- schnelle und unbürokratische Beratung und Vermittlung der Ausbildungsabbrecher.

Von Seiten der **Lehrlinge** selbst sind folgende Beiträge möglich:
- frühzeitige Inanspruchnahme von Beratungsangeboten vor und während der Ausbildung durch Berufsberater, Berater der Handwerkskammern, Lehrlingswarte und Ausbilder (Beratungsangebote)
- intensivere Nutzung der Probezeit zur Überprüfung der Eignung und der Neigung. (Probezeit)

Auf **betrieblicher Seite** sind als Maßnahmen möglich:
- verstärkte Berücksichtigung des Themas „Ausbildungsabbruch" in der Ausbilderqualifizierung
- Hilfen für den Übergang von der Schule in den Beruf und zur Integration der Lehrlinge in den Ausbildungs- und Betriebsablauf (Übergangshilfen)
- stärkere Gesprächsbereitschaft bei der Entstehung und Bewältigung von Konflikten
- Steigerung der Ausbildungsmotivation durch den Einsatz moderner Lehr- und Lernmethoden (Motivation)
- Steigerung der Ausbildungseffektivität durch weitere Verbesserung des betrieblichen Lernangebotes sowie der personellen und sächlichen Rahmenbedingungen für die Durchführung der Berufsausbildung
- verstärkte Nutzung ausbildungsbegleitender Hilfen bei lernschwachen und ausländischen Jugendlichen (Ausbildungsbegleitende Hilfen)
- rechtzeitiger Einsatz von Beratern der Handwerkskammern und Lehrlingswarten (Informations- und Beratungsangebote für die Jugendlichen)
- zeitlich flexible Einstellung von Lehrlingen nach erfolgtem Ausbildungsabbruch
- Verbesserung der Abstimmung mit den Berufsschulen vor Ort.

Im **Bereich der Berufsschulen** sind folgende Maßnahmen wichtig:
- intensivere Kontakte zwischen Berufsschullehrern, Ausbildern, Ausbildungsberatern und Eltern (Kontakte)
- bessere Abstimmung mit den Ausbildungsbetrieben vor Ort
- Stütz- und Fördermaßnahmen für Lehrlinge (Fördermaßnahmen)
- Sicherung des Berufsschulbesuchs nach erfolgtem Ausbildungsabbruch, insbesondere unverzügliche Aufnahme bei neuem Ausbildungsvertrag.

Handlungsorientierte, fallbezogene Aufgaben

1. Zahlreiche Auszubildende brechen ihre Ausbildung nicht nur während der Probezeit, sondern auch noch später ab. Ihnen als Betriebsinhaber können dadurch erhebliche finanzielle Verluste entstehen. Es besteht ferner die Gefahr, dass Ihnen später dann im Betrieb zu wenige Fachkräfte zur Verfügung stehen.

Aufgabe:

a) **Mit welchen betrieblichen Maßnahmen können Sie dazu beitragen, dass derartige Ausbildungsabbrüche möglichst selten vorkommen?**
b) **Welchen Beitrag erwarten Sie dazu von der Berufsschule?**

„Siehe Seite 295 des Textteils!"

5.6 Handlungssituation: Leistungsstarke Auszubildende fördern

Kompetenzen:

– Besondere Begabungen und Leistungen bei Auszubildenden erkennen und gezielt fördern

5.6.1 Anzeichen für spezifische Begabungen

Spezifische Begabungen

Spezifische Begabungen können unter anderem liegen in
- erkenntnisorientierter, forschender Begabung
- sprachlicher Begabung
- mathematisch-logischer Begabung
- mechanisch-technischer Begabung
- musisch-künstlerischer Begabung.

Sie lassen sich durch Tests, im Rahmen der Beurteilung und durch Beobachtung in der Berufsschule feststellen. Besondere Begabung wird heute nicht mehr mit hoher Intelligenz gleichgesetzt. Sie kann sich vielmehr in verschiedenen Formen äußern. Solche spezifischen Ausprägungen können sein:

Besondere Formen

- Kreativität
- Organisationsfähigkeit des Lernens
- Effizienz der Informationsverarbeitung
- leistungsorientierte Arbeitshaltung.

5.6.2 Fördermöglichkeiten

Besonders begabte Auszubildende können zum einen durch Individualisierung und Differenzierung des Ausbildungsprozesses gezielt gefördert werden. Zum anderen gibt es folgende Möglichkeiten:
- Beschleunigung des Lernprozesses, also höheres Lerntempo für besonders Begabte.
- Anreicherung des Lernstoffes durch erweiternde und vertiefende Lernangebote sowie Übertragung spezieller und zusätzlicher Aufgaben; dabei kann es sich vor allem um schwierigere, anspruchsvollere, komplexere und verantwortungsvollere Aufgaben innerhalb des Ausbildungsberufsbildes wie auch um Zusatzqualifikationseinheiten aus anderen Ausbildungs- und Fortbildungsordnungen handeln.
- Zusammenfassung von besonders Begabten. Da dies bei Handwerksbetrieben wegen der geringen Betriebsgröße kaum in Frage kommt, bieten sich dazu überbetriebliche Einrichtungen oder auch die Berufsschule mit Spitzenleistungskursen und Arbeitsgemeinschaften an.

Förderprogramm

Das Bundesbildungsministerium hat seit einigen Jahren auch ein Programm „Begabtenförderung Berufliche Bildung“ aufgelegt, das allerdings erst für Absolventen einer Berufsausbildung gilt. Danach werden gefördert
- fachbezogene berufliche Weiterbildung
- fach- oder berufsübergreifende Weiterbildung

(Siehe auch Abschnitt 7.5.7.4 „Begabtenförderung Berufliche Bildung des Bundesministers für Bildung und Forschung“).

Handlungsorientierte, fallbezogene Aufgaben

1. Sie bilden in Ihrem Betrieb drei Lehrlinge aus, von denen einer besondere Begabungen erkennen lässt und besondere Leistungen erbringt. Diesen wollen Sie gezielt fördern.

Aufgabe: Stellen Sie dar, wie dieser Lehrling im betrieblichen Ausbildungsprozess und auch außerbetrieblich gefördert werden kann!

„Siehe Seite 297 des Textteils!"

6 Handlungsfeld: Ausbildung in der Gruppe

6.1 Handlungssituation: Gruppen und Teams bilden und führen

Kompetenzen:
- Besonderheiten der Führung von Gruppen erkennen und Kriterien für die Bildung und Führung von Gruppen bestimmen und anwenden
- Die Bedeutung der Kommunikation für Gruppenführung und Gruppenleistung erkennen und kommunikationstheoretische Grundlagen bei der Führung von Gruppen berücksichtigen

6.1.1 Gruppenführung (Arbeits- und Lerngruppen)

6.1.1.1 Begriff, Merkmale und Arten von Gruppen

Unter Gruppe versteht man den Zusammenschluss zweier oder mehrerer Personen, die sich gegenseitig beeinflussen und steuern und damit besondere zwischenmenschliche Beziehungen sowie einen inneren Zusammenhalt aufweisen.
Typische Eigenschaften einer Gruppe sind:
- gemeinsames Gruppenziel
- Gruppenbewusstsein (Zusammengehörigkeit)
- Gruppennormen (Verhaltensmuster)
- Gruppenstruktur (Aufgaben- und Rollenzuweisungen)
- Gruppenbeziehungen (gegenseitige Abhängigkeit)
- regelmäßige und länger andauernde Zugehörigkeit.

Für die Gruppenbildung gibt es verschiedene Motive, die jeweils auch den Zweck und das Ziel der Gruppe bestimmen. Zweck und Ziel sowie Zusammenhalt und Anfälligkeit für den Zerfall der Gruppe hängen von der Gruppenform ab. Gruppenbildung

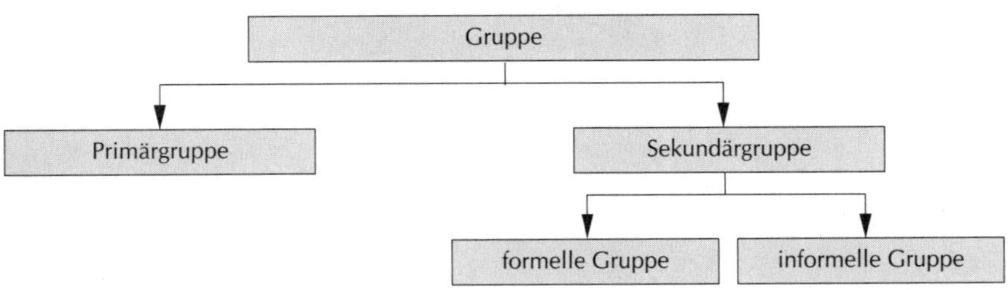

Abbildung 149

Die wichtigste Primärgruppe, die erste Gruppe, der ein Mensch angehört, ist die Familie. Primärgruppe
Sekundärgruppen sind außerhalb der Familie bestehende Gruppen. Sekundärgruppe

Formelle Gruppen

Formelle Gruppen ergeben sich meist aus bestimmten vorgegebenen Regelungen und Bestimmungen, wie beispielsweise Schulklassen und Arbeits- sowie Lerngruppen und Arbeitsteams.

Informelle Gruppen

Bei informellen Gruppen dagegen beruht die Mitgliedschaft auf der freiwilligen Entscheidung des Einzelnen. Typisches Beispiel ist die Freizeitgruppe.

6.1.1.2 Gruppenbeziehung, Gruppenstruktur und Gruppendynamik

Die inneren Gruppenbeziehungen hängen von der jeweiligen Gruppenform ab und weisen dementsprechend unterschiedliche – feste oder lockere – Bindungen auf. Jedes Mitglied der Gruppe nimmt in ihr einen bestimmten Platz ein. Dieser ist insbesondere abhängig von

- dem Beitrag des einzelnen Gruppenmitglieds zum Gruppenziel und
- seinem Beliebtheitsgrad bei den anderen Gruppenmitgliedern.

Rangordnung

Dadurch ergeben sich innerhalb jeder Gruppe bestimmte Rangordnungen.

Soziogramm

Die Art und Intensität der Beziehungen innerhalb einer Gruppe kann man mit Hilfe eines Soziogramms darstellen. Dabei geben die Gruppenmitglieder an, zu welchem Gruppenmitglied sie besonders enge Beziehungen haben oder wünschen.

Das Soziogramm informiert dann sehr anschaulich darüber, ob in der Gruppe zwischen einzelnen Mitgliedern besonders enge Beziehungen bestehen (Freundschaften) und ob es in der Gruppe Außenseiter gibt.

Soziogramm für eine Gruppe mit fünf Mitgliedern

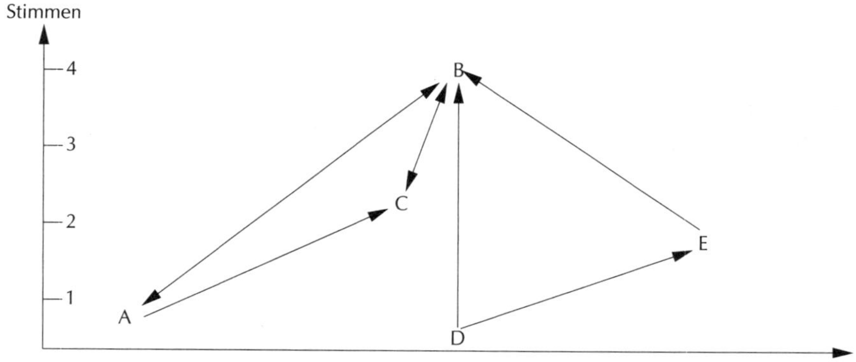

Abbildung 150

Die Abbildung zeigt, dass die Person B viermal gewählt wird. Diese selbst bevorzugt gleichzeitig ihrerseits die Personen A und C (gegenseitige Wahl).

Zu beachten ist allerdings, dass ein derartiges Soziogramm immer nur eine Momentaufnahme sein kann. Vor allem bei jüngeren Gruppenmitgliedern ändern sich diese Beziehungen oft sehr rasch.

Gruppen sind eben aus Einzelpersonen zusammengesetzt, die Gefühlen unterliegen, Konflikte austragen und auch ständig um ihren Platz in der Gruppe kämpfen. Diesen Prozess bezeichnet man als Gruppendynamik. Außerdem ist festzustellen, dass das Gruppenbild je nach Art des Lebensbereichs bei demselben Personenkreis erheblich voneinander abweichen kann.

Gruppendynamik

Beispiel:

Man wird bei der Frage nach Kontakten in der Freizeit eine andere Gruppenstruktur erhalten als bei der Frage nach der Beliebtheit am Arbeitsplatz.

Das nach dem Soziogramm beliebteste Gruppenmitglied kann, muss aber nicht, der Gruppenführer sein, der die Gruppe steuert und ihre Aktivitäten maßgeblich beeinflusst. Für die Rolle des Gruppenführers können neben der Beliebtheit auch andere Merkmale ausschlaggebend sein, wie zum Beispiel

Gruppenführer

- Tüchtigkeit
- Fähigkeiten
- Charaktereigenschaften
- fachliche und/oder persönliche Autorität.

Weichen Gruppenführer und nach dem Soziogramm beliebteste Person voneinander ab, so werden Letztere auch als Wortführer oder stille Lenker bezeichnet.
Der Führungsstil hängt von der Gruppenform und vom jeweiligen Gruppenzweck ab. In Jugendgruppen herrscht oft ein autoritärer Führungsstil. Allgemein sollten aber Gruppen demokratisch geführt werden.
Die meisten Menschen gehören gleichzeitig verschiedenen Gruppen an, zum Beispiel Familie, Betrieb, Freizeitgruppe. In jeder dieser Gruppen hat das Mitglied jeweils unterschiedliche Rollen und in der Regel auch unterschiedliche Rangplätze.
Dies zwingt den Einzelnen dazu, sich immer wieder neu anzupassen und bringt außerdem die Gefahr von Rollenkonflikten mit sich (vgl. dazu auch Abschnitt 6.3.2 „Ursachen und Anlässe von Konflikten“).

Führungsstil

Rollenkonflikte

6.1.1.3 Bedeutung von Rollen in Gruppen

Jedes Gruppenmitglied nimmt eine oder mehrere bestimmte Rollen ein. Die Rollenträger können dabei jederzeit wechseln. Man unterscheidet drei besondere Rollen:

- Aufgabenrollen: Sie sind für die Auswahl und Durchführung der Arbeiten innerhalb einer Gruppe verantwortlich. Unterschiedliche Ausprägungen sind beispielsweise
  - Aktivität
  - Initiative
  - Information
  - Koordination
- Erhaltungsrollen: Sie sind dafür zuständig, dass Interesse und Engagement der Gruppenmitglieder trotz auftretender Probleme aufrechterhalten bleiben. Unterschiedliche Ausprägungen dafür sind unter anderem

Aufgabenrollen

Erhaltungsrollen

  - Diagnose
  - Vermittlung
  - Spannungsabbau
- In ihrer Funktion gestörte Rollen: In jeder Gruppe gibt es auch Rollen, die störend oder im Extremfall zerstörend wirken. Sie äußern sich beispielsweise in
  - Blockade
  - Selbstdarstellung auf Kosten anderer
  - Rivalitäten.

Störende Rollen

Bei Gruppen von Auszubildenden sollte der Ausbilder stets darauf achten, dass Aufgabenrollen und Erhaltungsrollen überwiegen.

Gruppen und ihre Rollen haben für jeden Einzelnen wie auch für die Gesellschaft insgesamt eine wichtige Bedeutung. Gruppen bieten dem Mitglied:

- Anerkennung
- Verständnis
- Bestätigung
- Geborgenheit
- Freundschaft.

Sie vermitteln für die Gesellschaft:

- Wertvorstellungen
- Verhaltensregeln
- Einfügung in Gemeinschaften.

Jugendgruppen

Gerade bei Jugendlichen sind Gruppen ein wichtiges Hilfsmittel für das Hineinwachsen in die Erwachsenenwelt. Von Gruppen gehen allerdings nicht immer nur positive Einflüsse aus. Vor allem bei verschiedenen Jugendgruppen besteht die Gefahr der Kriminalität sowie des Alkohol- und Drogenmissbrauchs.

6.1.1.4 Gruppengestaltung und -führung in einem handwerksangemessenen Konzept der Organisationsentwicklung

Jeder Betrieb, der auf dem Markt erfolgreich bleiben will, muss sich ständig fortentwickeln und den Erfordernissen anpassen. Damit sind auch laufende betriebliche Organisationsänderungen verbunden.

Organisationsentwicklung

Diesen Prozess beschreibt der betriebswirtschaftliche Ansatz der Organisationsentwicklung. Seine Kernelemente sind

- die erforderlichen Änderungen in der Aufbau- und Ablauforganisation des Betriebes
  sowie
- die Einbeziehung der von den Änderungen betroffenen Personen und Gruppen.

Der Ansatz der Organisationsentwicklung geht dabei davon aus, dass für den Erfolg der beabsichtigten organisatorischen Änderungen die Fähigkeit und Bereitschaft der betroffenen Mitarbeiter, die neuen Aufgaben und Rollen wahrzunehmen, eine wichtige Voraussetzung sind.

Deshalb ist es ein zentrales Anliegen, Gruppen und deren Mitglieder rechtzeitig und optimal einzubinden und sie für die Kooperation (Zusammenarbeit) zu gewinnen.

Kooperation

Man spricht in diesem Zusammenhang auch von Personalentwicklungsmaßnahmen. Sie zielen insgesamt auf die Verbesserung der Leistungsfähigkeit und der -bereitschaft aller Mitarbeiter ab. Um dies zu erreichen, wurden verschiedene Maßnahmen und Methoden entwickelt. Für ihre bestmögliche und wirksame Gestaltung liefern die Kenntnisse über die Arbeit in Gruppen wichtige Ansatzpunkte.

Personalentwicklungsmaßnahmen

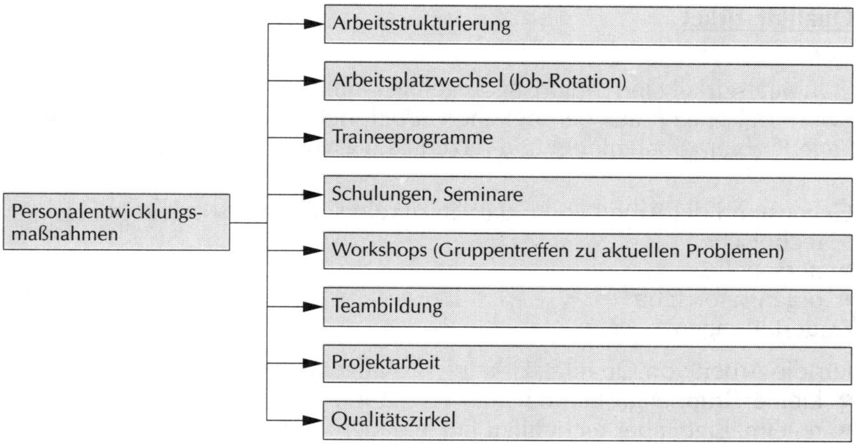

Abbildung 151

Einige der genannten Maßnahmen werden im Weiteren noch näher erläutert.

Arbeitsstrukturierung

Arbeitsstrukturierung bedeutet die Zerlegung einer Tätigkeit in mehrere Teiltätigkeiten.

Gerade im Handwerksbetrieb kennzeichnet es die Arbeitsweise, dass keine Fließbandtätigkeit gegeben ist. Deshalb empfiehlt es sich, die Arbeit so zu strukturieren, dass alle Teiltätigkeiten im Rahmen einer Gruppe und wechselnd von allen Gruppenmitgliedern durchgeführt werden können.

Teiltätigkeiten

Eine solche Form der Arbeitsstrukturierung erhöht
- Kompetenz
- Verantwortung
- Motivation

des einzelnen Mitarbeiters und damit auch die Bereitschaft und Fähigkeit, zur Organisationsentwicklung beizutragen.

Teambildung

Die Kooperation in Gruppen zur Erreichung eines bestimmten Ziels oder zur Lösung einer Aufgabe wird auch als Teamarbeit bezeichnet.

Teamarbeit

Dabei werden Verantwortung und Entscheidungsbefugnis nicht an Einzelpersonen, sondern an das gesamte Team übertragen. Damit Teams erfolgreich sein können, sind bei der Bildung folgende Grundsätze zu beachten:

Grundsätze

- Die optimale Größe darf nicht überschritten werden.
- Die Teammitglieder müssen zusammenpassen; zwischen ihnen dürfen keine größeren Konflikte bestehen.
- Für die gestellte Aufgabe muss hinreichend Verständnis vorhanden sein.
- Fähigkeiten und Kenntnisse müssen bei jedem ausreichen, um zur Problemlösung beitragen zu können.

Qualitätszirkel

Qualitätszirkel sind langfristig angelegte kleinere Gruppen, die sich sowohl mit Fragen aus der täglichen Arbeit befassen wie auch längerfristige Probleme behandeln und dazu Lösungsvorschläge entwerfen.

Gegenstand

Gegenstand der Arbeit von Qualitätszirkeln sind insbesondere
- technische
- personelle
- organisatorische

Fragestellungen.

Für die Arbeit von Qualitätszirkeln wird allgemein empfohlen:
- kleine Gruppengröße (maximal 10–12 Teilnehmer)
- regelmäßige, aber nicht allzu lange dauernde Treffen
- möglichst homogener Teilnehmerkreis, das heißt Teilnehmer vergleichbarer Qualifikation und vergleichbarer beruflicher Position
- Betreuung durch einen Vorgesetzten oder Berater von außen.

6.1.2 Grundzusammenhänge der Kommunikation

6.1.2.1 Kommunikationsarten

Als Kommunikation bezeichnet man allgemein jeden Austausch von Informationen zwischen zwei oder mehreren Personen.

Individualkommunikation
Massenkommunikation

Beim Informationsaustausch zwischen zwei Personen spricht man von Individualkommunikation. Werden viele andere Personen angesprochen, so wird dies als Massenkommunikation bezeichnet. Die Kommunikation kann
- sprachlich (verbal)
  oder
- nichtsprachlich (nonverbal)

erfolgen.

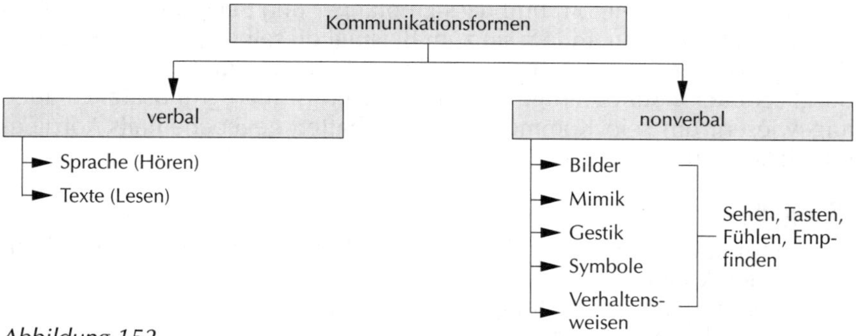

Abbildung 152

Kommunikation ist eng mit Interaktion verbunden.

Interaktion

Als Interaktion bezeichnet man jede Beziehung von zwei oder mehr Menschen, die deren Verhalten in irgendeiner Form beeinflusst, also zum Beispiel zwischen Ausbilder und Lehrling.

Eine abgestimmte Kommunikation und Interaktion sind gerade in einer hoch entwickelten und arbeitsteiligen Wirtschaft und Gesellschaft von besonderer Bedeutung. Sie sind unabdingbare Voraussetzung für eine optimale Koordination und zur Vermeidung von Reibungsverlusten.

6.1.2.2 Einfaches Modell einer Kommunikationssituation

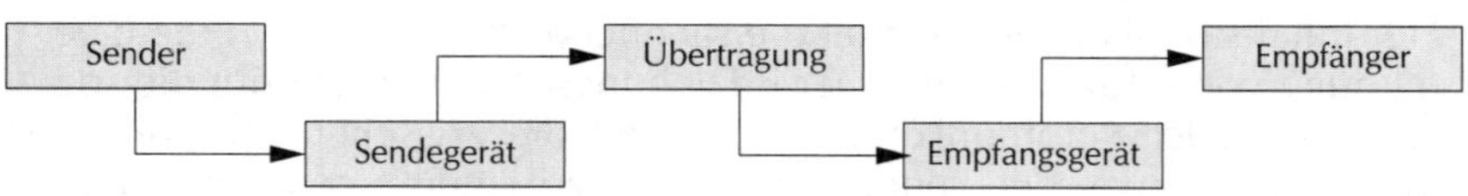

Abbildung 153

In diesem Kommunikationsmodell ist der **Sender** diejenige Person, die einer oder mehreren anderen Personen eine Information übermitteln will.
Die Adressaten der Information werden als **Empfänger** bezeichnet.
Um die Information zwischen Sender und Empfänger vermitteln zu können, wird ein so genannter **Kommunikationskanal** eingerichtet. Die gebräuchlichsten Formen sind dabei

Formen

- Sehen
- Schreiben bzw. Lesen
- Sprechen bzw. Hören.

Sendegerät
Empfangsgerät

Je nach dem gewählten Kommunikationskanal muss die Information entsprechend vom Sender in die jeweiligen Signale akustischer oder optischer Art durch das **Sendegerät** umgewandelt und vom Empfänger mittels des **Empfangsgerätes** wieder zurückverwandelt werden. In der Fachsprache nennt man diesen Prozess „Verschlüsselung“ und „Entschlüsselung“.
Eine erfolgreiche Informationsvermittlung setzt voraus, dass es im Informationskanal zu keinen Störungen kommt (Beispiel: Zusammenbruch der

Signale

Feedback

Verbindung beim Telefon) und dass Empfänger und Sender die jeweiligen Signale gleich deuten, indem sie zum Beispiel dieselbe Sprache sprechen. Zur Kontrolle empfiehlt sich eine Rückkopplung des Empfängers zum Sender (Feedback). Auf derartige Rückmeldungen ist man grundsätzlich auch angewiesen, um sein Kommunikationsverhalten gegebenenfalls korrigieren zu können.

Beispiel:

Der Lehrling will dem Ausbilder mitteilen, dass er erkrankt ist und nicht in den Betrieb kommen kann.
Nach dem beschriebenen Kommunikationsmodell ergeben sich dann folgende Beziehungen und Abläufe:

- Sender ist der Lehrling
- Empfänger ist der Ausbilder
- Kommunikationskanal ist die Sprache über das Telefon
- Sendegerät ist das Sprechen des Lehrlings über das Mikrofon des Telefons
- Empfangsgerät ist das Hören des Ausbilders über den Hörer/Lautsprecher des Telefons
- Rückkopplung ist die Mitteilung des Ausbilders, dass er die Information (Krankmeldung) verstanden hat.

6.1.2.3 Kommunikationsaspekte

Jede Kommunikation besitzt sowohl einen Sach- oder Inhalts- wie auch einen Beziehungsaspekt.

Inhaltsaspekt
Beziehungsaspekt

Der Inhaltsaspekt kennzeichnet die sachliche Ebene, nämlich die Übermittlung von Informationen. Der Beziehungsaspekt beschreibt die soziale Seite jeder Kommunikation, das heißt die zwischenmenschlichen Beziehungen zwischen Sender und Empfänger im Rahmen der Kommunikation.

In der Regel kann davon ausgegangen werden, dass der Beziehungsaspekt im Vordergrund steht. Auch die alltägliche Erfahrung bestätigt nämlich, dass eine Einigung über Sachverhalte oftmals nur dann, zumindest aber leichter möglich ist, wenn zwischen den Gesprächspartnern eine günstige Atmosphäre herrscht.

Gesprächsklima

Deshalb werden viele sachlich wichtige Gespräche oftmals eher mit einer Unterhaltung über vermeintliche Belanglosigkeiten wie Hobbys oder Urlaubserfahrungen und Ähnlichem begonnen, um ein angenehmes Gesprächsklima zu schaffen.
Es kommt also nicht nur darauf an, **was** besprochen wird, sondern vor allem auch darauf, **wie** es besprochen wird. Dieser Beziehungsaspekt der Kommunikation kann sich zeigen

- in der Art, wie gesprochen wird
- in der Art zu formulieren und die Worte zu wählen
- in Mimik und Gestik.

Ausprägungen

Bei jeder Kommunikation sollte deshalb bedacht werden, dass der Partner nicht nur die Botschaft, sondern auch diese genannten sozialen Ausprägungen aufnimmt und das Gesagte danach bewertet.

6.1.2.4 Auswirkungen von Kommunikationsstörungen auf die Leistungen in der Gruppe

Störfaktoren

Störungen in der Kommunikation können nie völlig ausgeschlossen werden. Jede Gruppe sollte jedoch daran interessiert sein, sie möglichst gering zu halten, da derartige Störungen nicht nur ihre Leistungsfähigkeit mindern, sondern im Extremfall sie sogar leistungsunfähig machen können. Kommunikationsstörungen können sich insbesondere ergeben durch

- belastete Beziehungen einzelner Gruppenmitglieder
- beeinträchtigte Kommunikationsfähigkeit einzelner Gruppenmitglieder (z. B. durch Erkrankungen oder Sprachstörungen)
- entwicklungs- oder krankheitsbedingte Kommunikationshemmungen
- Sprachprobleme
  - Fachausdrücke werden nicht von allen verstanden
  - Lehrlinge kommen aus unterschiedlichen Kulturkreisen und haben von daher Sprach- und Verständigungsschwierigkeiten
- Störungen der Kommunikation durch äußere Einflüsse wie einen hohen Geräuschpegel.

Handlungsorientierte, fallbezogene Aufgaben

1. In Ihrem Betrieb werden fünf Jugendliche ausgebildet. Sie stellen gegenüber den anderen Beschäftigten Ihres Betriebes eine eigene Gruppe dar. Darauf müssen Sie sich als Ausbilder einstellen, um Konflikte zu vermeiden.

Aufgabe: Stellen Sie typische Eigenschaften dieser Gruppe dar und beschreiben Sie, wie Sie darauf Ihre Ausbildungstätigkeit abstellen!

„Siehe Seiten 299 ff. des Textteils!"

2. In Ihrem Betrieb spielt die Arbeit in Teams eine zunehmende Rolle. Deshalb legen Sie besonderen Wert darauf, dass auch die Auszubildenden möglichst schnell auf Teamarbeit vorbereitet werden.

Aufgabe: Erläutern Sie die Grundsätze, die Sie als Ausbilder beachten, damit Sie das gesteckte Ziel bestmöglich erreichen!

„Siehe Seite 303 des Textteils!"

6.2 Handlungssituation: Lernen und Arbeiten in Gruppen und Teams planen und anleiten

Kompetenzen:

– Methodische Möglichkeiten zur Organisation des Lernens und Arbeitens in Gruppen und Teams kennen und einsetzen

6.2.1 Gestaltung von Gesprächssituationen

Gesprächsanlässe und Gesprächsarten

Gespräche sind eine der wichtigsten Formen der Kommunikation der Menschen und wichtiger Bestandteil der Arbeit in Gruppen und Teams.

Gesprächsanlässe

Gespräche sind das bedeutendste Mittel für die
- Meinungsmitteilung
- gegenseitige Meinungsbildung
- Weitergabe von Informationen
- Diskussion umstrittener Sachverhalte

und damit insgesamt eine wichtige Voraussetzung für das funktionierende Zusammenleben in einer Gemeinschaft.

Gesprächsarten

Zu den verschiedenen Gesprächsanlässen gibt es auch dementsprechende Gesprächsarten. Wichtige Unterscheidungskriterien für die Gesprächsart sind ergänzend zum Gesprächsanlass auch
- die Austragungsart und
- die soziale Form

eines Gesprächs.

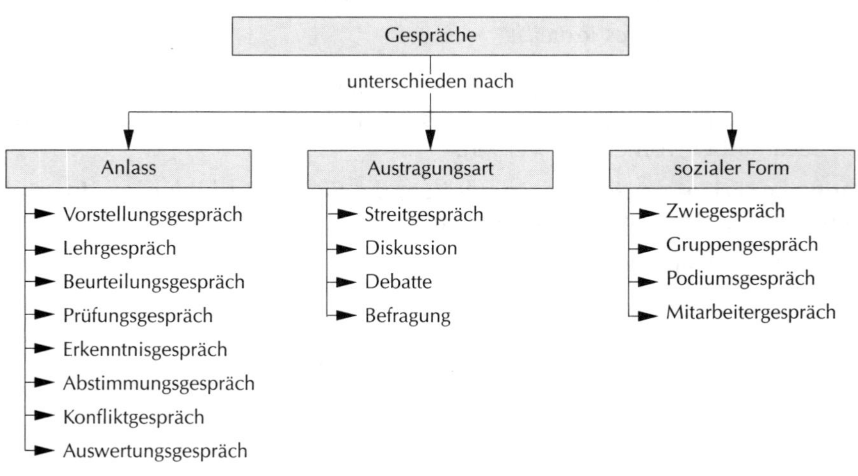

Abbildung 154

Verschiedene Gesprächsarten wurden unter anderen Punkten bereits angesprochen. Deshalb folgen hier nur kurze Erklärungen.

Vorstellungsgespräch: Gespräch zum gegenseitigen Kennenlernen und zur Information vor Abschluss eines Ausbildungs- oder Arbeitsvertrages.
Lehrgespräch: Gespräch zur Unterstützung der Erkenntnistätigkeit des Lernenden mit den Unterformen Problemgespräch, Lernberatungsgespräch, Orientierungsgespräch und Reflexionsgespräch (Reflexion = Nachdenken).
Beurteilungsgespräch: Gespräch zur Erörterung der Ergebnisse der Bewertung und Beurteilung des Lehrlings durch den Ausbilder.
Prüfungsgespräch: Form der mündlichen Prüfung, in der der Stoff über ein problemorientiertes Gespräch und nicht nach Stichworten abgefragt wird.
Erkenntnisgespräch: Gespräche zum Erkennen von neuen Sachverhalten.
Abstimmungsgespräch: Gespräch zur Abstimmung geplanter Maßnahmen in den verschiedensten Bereichen.
Konfliktgespräch: Gespräch zur Erörterung der Ursachen und der Maßnahmen zur Beseitigung von Konflikten.
Auswertungsgespräch: Gespräche zur Aufarbeitung von abgelaufenen Lernprozessen, die der Vertiefung sowie der Aufdeckung von Lerndefiziten dienen.
Streitgespräch: Gespräch, in dem die Teilnehmer offensiv gegensätzliche Positionen und Argumente vertreten.

Gesprächsarten

Diskussion: Ebenfalls eine Form des Streitgesprächs, in dem gegensätzliche Meinungen ausgetauscht werden, das aber letztlich auf eine Einigung bzw. Lösung abzielt.
Debatte: Ebenfalls eine Form von Streitgespräch/Diskussion, die in der Absicht geführt wird, den eigenen Standpunkt bei einer anschließenden Abstimmung durchzusetzen. Sie wird von einem Leiter klar strukturiert und möglichst sachlich geleitet.
Befragung: Gespräch, bei dem ein Experte einem Interessentenkreis für ausführliche Fragen zur Verfügung steht.
Zwiegespräch: Gespräch mit nur zwei Teilnehmern.
Gruppengespräch: Gespräch zwischen einem größeren gleichwertigen Teilnehmerkreis.
Podiumsgespräch: Gespräch einzelner herausgehobener Teilnehmer vor einem größeren Zuhörerkreis, dessen Gesprächsbeteiligung untergeordnet ist.
Mitarbeitergespräch: Gespräch zwischen Vorgesetzten und Mitarbeitern über vorwiegend betriebliche Belange, in dem die aktive Beteiligung der Mitarbeiter besonders erwünscht ist.

Gesprächsaufbau

Jedes Gespräch folgt in der Regel einem bestimmten Aufbau, wobei dieser nicht immer alle der nachgenannten Stufen enthalten muss:
Auslösung des Gesprächs: Hier kann es sich einerseits um ein völlig freies, zufällig etwa im Rahmen einer Begegnung zustande kommendes Gespräch oder um ein geplantes, verabredetes Gespräch handeln.
Eingrenzung des Gesprächsgegenstandes: Für ein geplantes Gespräch ist in der Regel zugleich auch bereits der Gesprächsgegenstand festgelegt. Beim freien Gespräch ergibt er sich oftmals erst während des bereits laufenden Gesprächs.
Austausch der Argumente: Dabei handelt es sich um den Kern jedes Gesprächs, wenn die Teilnehmer ihre Sichtweise zum jeweiligen Gesprächsgegenstand vortragen und die gegenseitigen Positionen kritisch hinterfragen.

Ordnung des Gesprächs: Umfangreichere Gespräche mit mehreren Teilnehmern sollten bereits vorstrukturiert werden. In anderen Fällen empfiehlt es sich, nach dem Austausch der Argumente diese nach bestimmten Gesichtspunkten zu ordnen.
Zusammenfassung des Gesprächs: Die Ordnung des Gesprächs bietet eine gute Voraussetzung, um ein Gespräch dann auch zielgerichtet zusammenfassen zu können.
Entscheidung: Soweit eine Einigung möglich ist, sollten Gespräche auch mit einer Entscheidung oder Einigung abgeschlossen werden.

Gesprächsverhalten und Gesprächsführung

Für die Führung eines Gesprächs und das Verhalten dabei lassen sich folgende Empfehlungen geben:

Gesprächsregeln

- Offenheit und Unvoreingenommenheit gegenüber jedem Gesprächspartner
- Achtung und Wertschätzung gegenüber jedem Gesprächspartner; ihn als Person akzeptieren
- aktives und aufmerksames Zuhören (auch durch die Mimik, also den Gesichtsausdruck) bei Beiträgen anderer Gesprächsteilnehmer
- den Gesprächspartner nicht unterbrechen, sondern ausreden lassen, also sich Zeit nehmen
- sich auf die Sache konzentrieren und nicht am Thema vorbeireden
- gezeigte Gefühle ernst nehmen und auch selbst keine Scheu zeigen, Gefühle zu äußern
- keine Überlegenheit demonstrieren, etwa durch Fragen, die bereits die Antwort vorgeben oder durch Gebrauch vieler Fremdwörter
- jeden Gesprächsteilnehmer so nehmen, wie er ist.

6.2.2 Moderation (z. B. Metaplantechnik)

Moderationsmethode

Ziele

Moderator

Die Moderationsmethode hat das Ziel, die Kommunikation und Zusammenarbeit von Gruppen zu verbessern. Sie kombiniert verschiedene Erkenntnisse aus Pädagogik, Soziologie und Psychologie, um bestmögliche Voraussetzungen dafür zu schaffen, dass sich Menschen in der Gruppe wohl fühlen, damit motiviert sind und so auch bessere Leistungen erbringen. Die Gruppen sollen lernen, ihre Probleme selbst zu lösen. Wichtig ist, dass dazu alle Mitglieder einbezogen werden. Um die Kommunikation der Gruppenmitglieder untereinander und das gemeinsame Bearbeiten vorhandener Probleme zu fördern, wird ein von außen kommender Moderator hinzugezogen. Er leitet die Treffen der Gruppe methodisch, aber nicht inhaltlich; das heißt, er soll mit seinen Kenntnissen eine Atmosphäre schaffen, in der die Anwesenden sich wohl fühlen und bereitwillig sowie offen an den Diskussionen teilnehmen. Um die Teilnehmer einzubeziehen, bedient sich der Moderator folgender Regeln:

Techniken

- Zurufabfragen (die Teilnehmer äußern sich nach Zuruf durch den Moderator)
- Punktetechnik (die Teilnehmer kennzeichnen ihre Betroffenheit z. B. mit Klebepunkten an einer Skala)
- Kartenabfrage (die Teilnehmer schreiben ihre Vorstellungen und Ideen auf Karten)

Die Moderationsmethode ist gut für die Suche nach Problemlösungen, eignet sich jedoch nicht für die reine Wissensvermittlung. Eine moderierte Diskussion sollte folgende Phasen enthalten:

- Einführung und Einstimmung
- Vertiefung und Differenzierung
- Ergebnissicherung
- Abschlussgespräch.

Zu jeder Moderation gehören die geeigneten Moderationsmaterialien. Dies sind insbesondere Flip-Chart und Pinnwand, da es wichtiges Element der Moderationsmethode ist, die einzelnen Beiträge festzuhalten und immer wieder sichtbar zu machen. Moderationsmaterial

6.2.3 Gruppenarbeit

Gruppenarbeit gewinnt in der Praxis der Berufsausbildung immer mehr an Bedeutung.

Darunter ist zu verstehen, dass mehrere Lehrlinge zusammenkommen, um einen vorgegebenen Auftrag oder eine vorgegebene Aufgabe gemeinsam zu erledigen bzw. zu lösen.

Die Vorzüge liegen in einer höheren Lernmotivation, aber auch in der Förderung der Bereitschaft zur Zusammenarbeit und sozialer Verhaltensweisen.
Hinsichtlich der Gruppengröße wird zumeist eine Teilnehmerzahl zwischen drei und acht Lehrlingen empfohlen. Gruppengröße

Ablauf der Gruppenarbeit

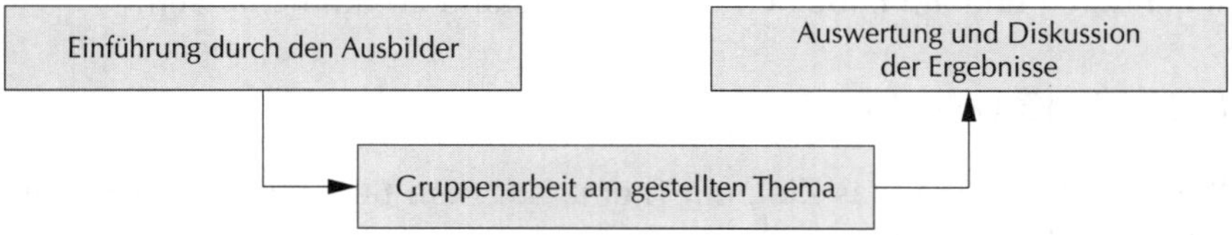

Abbildung 155

Dabei kann der Ausbilder der gesamten Gruppe

- ein Thema (themengleiche Gruppenarbeit) Themengleich
  oder
- mehrere Themen zugleich (arbeitsteilige Gruppenarbeit) Arbeitsteilig

zur Bearbeitung geben.

Grundsätze

Für eine erfolgreiche Gruppenarbeit sind für die Planung und Durchführung wichtige Grundsätze zu beachten:
- sorgfältige Vorbereitung
  - bei der Zusammensetzung einer Gruppe
  - bei der Auswahl der Lehr- und Lernmittel
- klare Aufgabenstellung
- Abstimmung der Aufgabe auf den Leistungsstand der Teilnehmer
- Benennung eines oder mehrerer Gruppensprecher mit der Verantwortung für eine sachliche und themenbezogene Diskussion und Arbeit.

Entscheidungskriterien

Wichtige Faktoren, die bei der Entscheidung für Einzel- oder Gruppenarbeit eine Rolle spielen, sind unter anderem:
- Lernprobleme
- Basiskenntnisse der Lehrlinge
- Zusammensetzung der Lehrlinge.

6.2.3.1 Gruppendiskussion

Zweck

Diskussionen verfolgen den Zweck, durch Meinungsaustausch eine Aufgabe zu untersuchen und Lösungsmöglichkeiten dafür aufzuzeigen. Dabei sollen die verschiedenen Ansichten der Diskussionsteilnehmer einfließen.

Für den Erfolg ist es empfehlenswert, dass sich die Gruppenmitglieder auf die Diskussion vorbereiten können, um dort ihre Ansichten vortragen zu können.

Diskussionsleiter

Der Diskussionsleiter hat darauf zu achten, dass sachorientiert diskutiert wird und möglichst alle an der Diskussion teilnehmen. Ferner soll er zwischendurch und am Ende den Diskussionsstand zusammenfassen.

6.2.3.2 Kurzvorträge

Kurzvorträge haben das Ziel, ein Thema aus dem Bereich der Ausbildung durch entsprechende
- Gliederung
- Darstellung
- Ausdrucksform

so darzustellen, dass die Zuhörer zum einen positiv motiviert werden und zum anderen einen Lernzuwachs erzielen. Der Vortragende kann dabei der Ausbilder oder einer der Auszubildenden sein. Kurzvorträge haben ferner den Vorteil, dass der Vortragende seine Ausdrucksfähigkeit und die Sicherheit des Auftretens vor anderen schulen kann. Dies gelingt besser, wenn der Vortragende seinen Text nicht nur abliest, sondern anhand von Stichworten teilweise frei vorträgt.

Vortragstechnik

Bei Vorträgen und Referaten ist aber darauf zu achten, dass die Informationsmenge von den Zuhörern auch verarbeitet werden kann. Für den Erfolg von Vorträgen können folgende Regeln empfohlen werden:
- klare Zielsetzung
- gute Gliederung des Vortrages

Regeln

- Einsatz von Darstellungsmitteln wie Flip-Chart oder Tageslichtprojektor/ Beamer
- Einbeziehung der Teilnehmer durch Fragen
- Kombination mit Beispielen aus der täglichen Ausbildungspraxis.

6.2.3.3 Brainstorming

Ziel

Ziel des Brainstormings ist es, innerhalb kurzer Zeit zu einem Thema möglichst viele Ideen oder Lösungsmöglichkeiten zu finden.

Stufen

In der ersten Stufe teilen alle Teilnehmer das mit, was ihnen zu dem gestellten Thema einfällt. Dies wird von einem Leiter notiert, aber nicht weiter kritisiert oder diskutiert. Erst in der zweiten Stufe, wenn keine Ideen mehr kommen, werden die Vorschläge bearbeitet, strukturiert und gegebenenfalls ausgesondert.

6.2.3.4 Rollenspiele

Rollenspiele haben ihren Schwerpunkt im Bereich von Einstellungen und Verhaltensweisen.

Dazu sollen sich die Teilnehmer vor Beobachtern in andere Personen (z. B. Handwerker und Kunde) hineinversetzen und deren Verhalten darstellen. Die Beobachtung durch Gruppenmitglieder kann durch Videoaufzeichnungen ergänzt werden. Für Rollenspiele empfiehlt sich folgende Vorgehensweise:

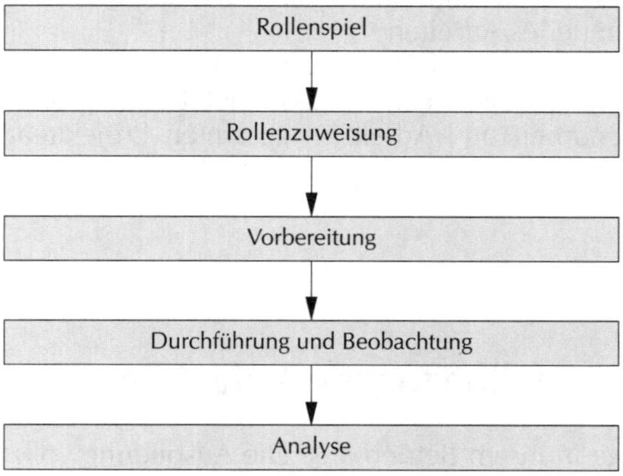

Abbildung 156

Empfehlungen

Bei Rollenspielen ist allerdings darauf zu achten, dass
- niemand zu einer bestimmten Rolle gezwungen wird
- zuvor Hemmschwellen beispielsweise vor Videoaufzeichnungen abgebaut werden
- keine „Hänseleien" oder Verspottungen stattfinden
- eine gründliche Vor- und Nachbereitung vorgenommen wird.

Rollenspiele eignen sich damit gut zum Verhaltenstraining. Dafür sind folgende Schritte zu empfehlen:

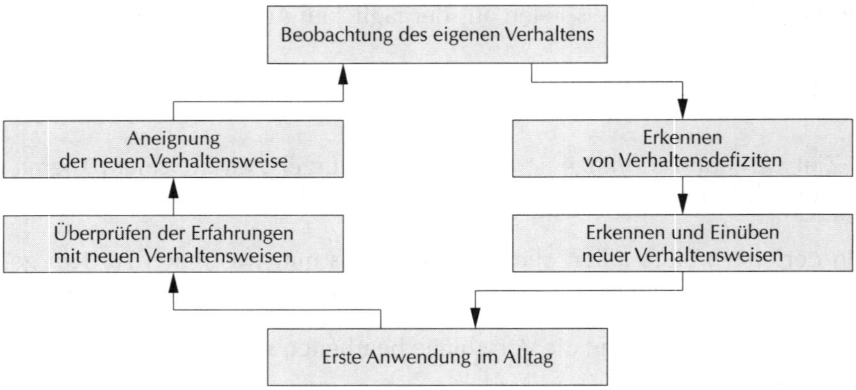

Abbildung 157

6.2.4 Projektarbeit im Team

Unter einem Projekt versteht man eine umfangreichere, aber fest umrissene, in vielen Fällen auch relativ komplizierte und zeitlich befristete Aufgabe bzw. Tätigkeit.

Merkmale

Projektarbeit ist durch folgende Merkmale gekennzeichnet:
- fächerübergreifende Arbeit
- Methodenvielfalt
- weitgehend selbstständige Arbeit der Projektgruppe
- ergebnisorientiertes Arbeiten
- Verknüpfung von theoretischer Analyse und praktischer Umsetzung.

Kombinationen

Zur Bearbeitung der jeweiligen Aufgabe bietet es sich oftmals an, Einzelarbeit, Gruppenarbeit und Arbeit im gesamten Projektteam miteinander zu kombinieren.

Handlungsorientierte, fallbezogene Aufgaben

1. Sie bilden fünf Lehrlinge in Ihrem Betrieb aus. Die Ausbildung vollzieht sich oft in der Organisation der Gruppenarbeit.

Aufgabe: Beschreiben Sie drei verschiedene Formen der Gruppenarbeit, die in Ihrem Betrieb zur Anwendung kommen können!

„Siehe Seiten 311 ff. des Textteils!"

6.3 Handlungssituation: Zwischenmenschliche Konflikte erkennen und lösen

Kompetenzen:
- Funktionen und Arten von Konflikten verstehen und die mit ihnen verbundenen Chancen und Risiken beurteilen
- Sich anbahnende oder bestehende Konflikte erkennen und geeignete Lösungsstrategien auswählen
- Schlichtungs- und Konfliktgespräche vorbereiten, durchführen und nachbereiten

6.3.1 Konfliktbegriff

Konflikte entstehen dann, wenn man sich zwischen einander widersprechenden Motiven, Einstellungen und Interessen entscheiden muss.

Ein Konflikt kann entweder eine Person allein betreffen oder aber zwischen mehreren Personen, Gruppen oder Institutionen ausgetragen werden. Im ersten Fall spricht man von einem intrapersonalen, im zweiten von einem interpersonalen Konflikt.

Intrapersonal
Interpersonal

Beispiel:

Ein intrapersonaler Konflikt liegt vor, wenn ein Jugendlicher bei der Berufswahl wegen der Höhe der Ausbildungsvergütung (finanzielle Überlegungen) einen anderen Beruf ergreift, als es eigentlich seinen Neigungen entspricht.
Ein interpersonaler Konflikt besteht, wenn die Mitglieder einer Gruppe verschiedener Auffassung sind. Dabei kann der jeweilige Konflikt sach- oder personenbezogen sein. Vielfach aber ist beides nur schwer zu trennen.

Sach- oder personenbezogen

6.3.2 Ursachen und Anlässe von Konflikten

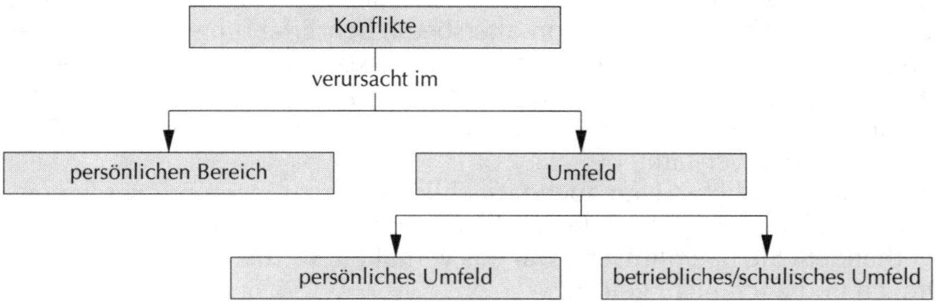

Abbildung 158

Zu den Konfliktursachen aus dem **persönlichen Bereich** zählen u. a.:

- Unterschiede gegenüber anderen in
  - Wertvorstellungen
  - Einstellungen
  - politischen Auffassungen
  - Interessen
  - Bedürfnissen
  - Vorlieben
- Unterschiede in
  - Begabung
  - Bildungsniveau
- Probleme im
  - körperlichen Bereich (zum Beispiel Belastbarkeit, Konstitution)
  - emotionalen Bereich (zum Beispiel Stimmungen).

Im **persönlichen Umfeld** sind häufige Konfliktursachen und -anlässe:

- Spannungen mit Freund/Freundin
- Spannungen innerhalb von Gruppen
- Spannungen innerhalb der eigenen Familie
- Spannungen mit den Eltern.

Im **betrieblichen und schulischen Umfeld** ergeben sich Konflikte aus

- den jeweiligen Anforderungen
- dem Umgang mit Kollegen, im Arbeitsteam, der Schulklasse
- dem Verhältnis zum Ausbilder oder Lehrer.

6.3.3 Konfliktarten

Aus diesen Ursachen heraus ergeben sich verschiedene typische Konfliktarten, wobei die folgenden drei im Vordergrund stehen:

Zielkonflikte

Entscheidungs- und Zielkonflikte: Sie liegen vor, wenn sich mehrere Alternativen, die als Entscheidungsmöglichkeiten oder als Ziele vorliegen, widersprechen.

Rollenkonflikte

Rollenkonflikte: Sie ergeben sich, wenn beispielsweise ein Lehrling zu Beruf und Freizeit widersprüchliche Einstellungen hat bzw. von ihm jeweils andere Verhaltensweisen erwartet werden. Er ist dann gezwungen, sich immer wieder neu anzupassen und seine Leistungskraft sowie seine Interessen entsprechend darauf abzustimmen.

Generationskonflikte

Generationskonflikte: Die Auffassungen von Eltern oder Ausbilder und Lehrling weichen aufgrund von altersbedingten Erfahrungen und Einstellungen voneinander ab. Solche Generationskonflikte werden von der Jugend stets neu erlebt und es hat sie zu allen Zeiten gegeben. Sie werden heute durch die intensiven Einwirkungen der Umwelt und sonstige Reizeinflüsse noch verstärkt.

Latente Konflikte

Nicht alle Konflikte treten auch tatsächlich offen zu Tage und werden entsprechend ausgetragen. Viele Konflikte sind nur latent, also unterschwellig vorhanden. Sie beeinflussen zwar das Verhalten, werden aber nicht ausgetragen und auch nicht gelöst.

6.3.4 Konfliktbewertung

Konflikte sind nicht von vornherein negativ zu beurteilen. Vielmehr ist festzustellen, dass Konflikte alltäglich sind, ja zum Leben gehören. Überall, wo Menschen zusammenleben und ihre unterschiedlichen Interessen aufeinander prallen, entstehen Gegensätze, mithin auch Konflikte.

Negative Auswirkungen

Zu den negativen Auswirkungen von Konflikten können unter anderem gehören:
- Reibungsverluste
  und
- Beeinträchtigung des zwischenmenschlichen Verhältnisses.

Positive Auswirkungen

Auf der anderen Seite dagegen sind Konflikte ein wichtiger Steuerungsfaktor für Lernprozesse jedes Einzelnen für sich, aber auch in der Gruppe und in der gesamten Gesellschaft.

Konflikte sind hier ein bedeutender Motor für die Fortentwicklung. Viele für das Überleben einer Gesellschaft elementare Verhaltensweisen werden erst durch Konflikte und deren (gewaltfreie) Bewältigung erlernt.
Die Auseinandersetzung mit dem Konfliktstoff fördert ferner die Selbstsicherheit und ist letztlich unerlässlich für die Herausbildung der eigenen Persönlichkeit.

Gruppenidentität

In der Gruppe steigert sie den Zusammenhalt und ermöglicht außerdem leichter die Abgrenzung zu anderen Gruppen. Man nennt diesen Prozess auch Herausbildung einer Gruppenidentität.

Lösungskompetenz

Jeder sachbezogene Konflikt fördert die Auseinandersetzung mit dem jeweiligen Problem wie auch die Lösungskompetenz und regt neue Entwicklungen und neue Verfahren an.

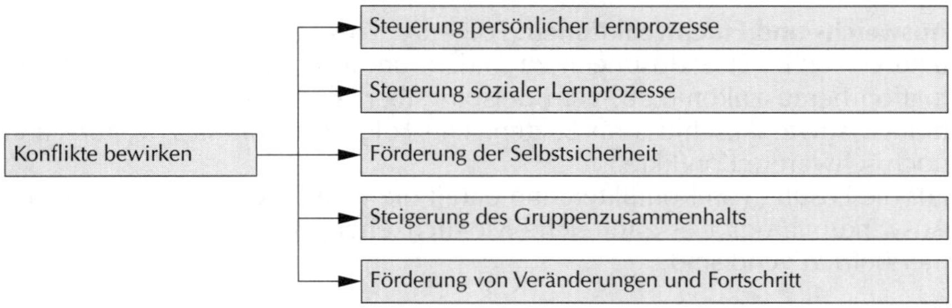

Abbildung 159

6.3.5 Möglichkeiten der Konfliktlösung

Um überhaupt die positiven Auswirkungen von Konflikten zu ermöglichen, ist die erfolgreiche Konfliktlösung und Konfliktbewältigung Voraussetzung. Nicht bewältigte Konflikte führen in der Regel zu Frustration und den damit verbundenen negativen Auswirkungen.

Frustration

Unter Frustration versteht man das Erleben einer Enttäuschung und Spannung, die dadurch auftritt, dass jemand ganz oder teilweise daran gehindert wird, ein gesetztes Ziel zu erreichen.

Zu derartigen Behinderungen, die tatsächlich oder aber auch nur vermutet sein können, gehören unter anderem

Anlässe

- das Erlebnis wirklicher oder vermeintlicher Benachteiligung bzw. Zurücksetzung
- enttäuschte Erwartungen
- erlittene Ungerechtigkeit.

Jede Frustration kann sich durch verschiedene Verhaltensformen äußern:
Aggressionen: Darunter versteht man ein feindliches Verhalten gegen andere Menschen oder gegen sich selbst. Die Aggression kann sich in Worten (Beschimpfung) oder Intrigen und Verleumdung bis hin zu tätlichen Angriffen und Zerstörung äußern.

Verdrängung: Dabei werden Erlebnisse und Einstellungen aus dem Bewusstsein ins Unbewusste verdrängt. Sie können aber dennoch weiterhin das Verhalten in Form von Fehlhandlungen, Fehlanpassungen oder die Entwicklung von Neurosen beeinflussen. Neurosen bezeichnen einen durch unverarbeitete seelische Konflikte mit der Umwelt entstandenen krankhaften Zustand ohne erkennbare organische Ursachen.

Resignation: Der Betroffene ergibt sich sozusagen in sein Schicksal, gibt entmutigt auf und handelt nur noch zwanghaft, starr und sinnlos.

Regression: Damit bezeichnet man ein Verhalten, bei dem der Betreffende auf ein früheres Stadium der Entwicklung zurückfällt. Dies macht sich dann auch in kindlichem Verhalten und den entsprechenden Einstellungen und Ausdrucksweisen bemerkbar.

Ausweich- und Fluchtreaktionen: Folge der Frustration sind hier verzweifelte Versuche, Ersatzlösungen zu finden, um aus einer bedrängenden Situation herauszukommen; zum Beispiel über Alkohol- oder Drogenmissbrauch sowie Anschluss an Sekten. Die Folge sind oftmals weitere und noch schwerere Konflikte.

Konfliktlösungsmöglichkeiten

Für die Lösung von Konflikten und damit die Vermeidung dieser negativen Auswirkungen gibt es zahlreiche Möglichkeiten, die allerdings nicht immer befriedigend sind.

Konfliktlösung ist insbesondere möglich durch

- Versuch der konsequenten Konfliktvermeidung
- Ausschaltung widersprüchlicher Meinungen
- Unterdrückung widersprüchlicher Meinungen
- Übernahme der Meinung der Mehrzahl oder der Mächtigeren bzw. Stärkeren
- Einschaltung einer neutralen Person (Schlichter)
- Schließung eines Kompromisses
- Einigung auf eine Meinung durch Überzeugungsarbeit (Konsens).

6.3.6 Strategien zur Bewältigung von Konfliktsituationen

Am erfolgversprechendsten bei der Bewältigung von Konflikten sind sicherlich Strategien, bei denen es zu einer Zusammenführung der widersprüchlichen Auffassungen kommt; das heißt, alle Beteiligten suchen gemeinsam eine Lösung, die jeder mittragen kann.

Dafür empfiehlt sich ein mehrstufiges Vorgehen.

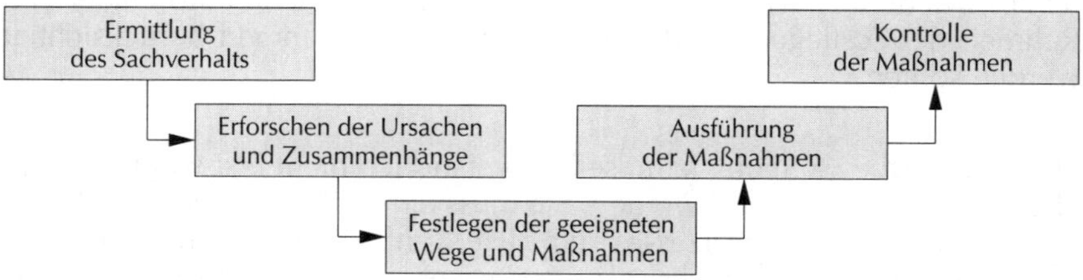

Abbildung 160

Ermittlung des Sachverhalts: Es sollte genau festgestellt werden, was wirklich die Ursache eines Konflikts ist. Dabei darf man sich nicht mit Vermutungen begnügen, sondern muss versuchen, die bedeutsamen Tatsachen zu erfassen. Dazu sollte man mit allen Beteiligten ausreichend sprechen. Im Rahmen der Berufsausbildung sind dies vor allem Ausbilder, Lehrling, Eltern, Kollegen und Berufsschullehrer. Auch die Berater der Handwerkskammern können hinzugezogen werden. Sachverhalt
Es muss in Abhängigkeit vom jeweiligen Konfliktgegenstand und von den beteiligten Personen entschieden werden, ob diese Gespräche als Einzelgespräche oder als Gruppengespräche geführt werden.

Erforschung der Ursachen und Zusammenhänge: Bei diesem Schritt muss man sich zunächst auf die Frage konzentrieren, wie es überhaupt zu dem Konflikt gekommen ist. Der Ausbilder darf dabei nicht außer Acht lassen, dass auch er selbst dazu beigetragen haben kann. Außerbetriebliche Verhältnisse und Vorgänge müssen ebenfalls mit einbezogen werden. In den Fällen, in denen einzelne Beteiligte nur ungern oder nicht offen über die Konfliktursachen sprechen, haben sich auch Rollenspiele bewährt, die bei entsprechender Auswertung in der Regel zuverlässige Rückschlüsse zulassen. Ursachen

Festlegung der Wege und Maßnahmen zur Behebung des Konflikts: Ausgangspunkt ist das Ziel, das man erreichen will, wobei alle bekannten Fakten sowie mögliche Ursachen und Folgen in die Überlegungen einzubeziehen sind. Anschließend muss geprüft werden, welche Wege zur Erreichung des Zieles geeignet sind und welche Handlungsalternativen es gibt. Dabei spielt auch die Frage eine Rolle, wie die beabsichtigten Maßnahmen auf die Beteiligten, aber auch auf Außenstehende wirken werden. Maßnahmen

Ausführung der Maßnahmen: Dafür ist wichtig, dass geklärt ist, **wer** von den Beteiligten **wie** zu handeln hat. Entscheidend ist ferner, dass zur rechten Zeit gehandelt wird. Ausführung

Kontrolle der Maßnahmen: Jede Maßnahme zur Konfliktlösung muss auf ihren Erfolg hin kontrolliert werden. Dabei gilt es zu berücksichtigen, dass Kontrolle

vielfach ein Erfolg erst nach einer gewissen Zeitspanne möglich ist. Von besonderer Bedeutung ist die Entscheidung darüber,

- durch wen
- wann
- wie
- wie oft

kontrolliert werden soll.

Dabei sollte ferner beobachtet werden, ob günstige oder ungünstige Auswirkungen auch bei anderen auftreten. Die Ergebnisse der Kontrolle liefern wiederum wichtige Erkenntnisse, die bei neuen Konflikten im Rahmen der Festlegung und Ausführung von Maßnahmen berücksichtigt werden sollten.

Konflikt-bewältigung

Die Konfliktbewältigung kann selbstverständlich nicht erst während der Berufsausbildung erlernt werden. Sie muss ein wichtiger Bestandteil des gesamten Erziehungsprozesses sein. Die Konfliktbewältigung steht ferner in engem Zusammenhang mit dem betrieblichen Führungsstil. Sie wird bei partnerschaftlichem Führungsstil wesentlich erfolgreicher gelingen als bei autoritärer Führung.

Da den jungen Menschen in der Regel die Lebenserfahrung fehlt, sollte gerade die mittlere und ältere Generation zur Lösung von Konflikten beitragen. Dies gilt insbesondere beim so genannten Generationskonflikt.

6.3.7 Mitwirkung von Beratern der Handwerkskammer oder des Lehrlingswarts

Bei Konflikten rund um die Ausbildung können sich sowohl Ausbildender und Ausbilder wie auch Lehrling an die Beratung der zuständigen Handwerkskammer und/oder an den Lehrlingswart der Innung wenden.

6.3.8 Ablauf von Konflikt- und Schlichtungsgesprächen

Konfliktgespräche zwischen den im Streit befindlichen Parteien sollten grundsätzlich vor folgendem Hintergrund stattfinden:

- gemeinsames Interesse am Fortbestehen eines guten zwischenmenschlichen Klimas
- sachlich-inhaltliches Austragen der gegenseitigen Standpunkte
- Suche nach Lösungen, die beiden Seiten gerecht werden, also Konfliktregelung ohne Niederlagen.

Rahmen-bedingungen

Ähnlich dem bereits dargestellten mehrstufigen Vorgehen zur Lösung von Konflikten sollten Konflikt- und Schlichtungsgespräche folgende Stufen enthalten:

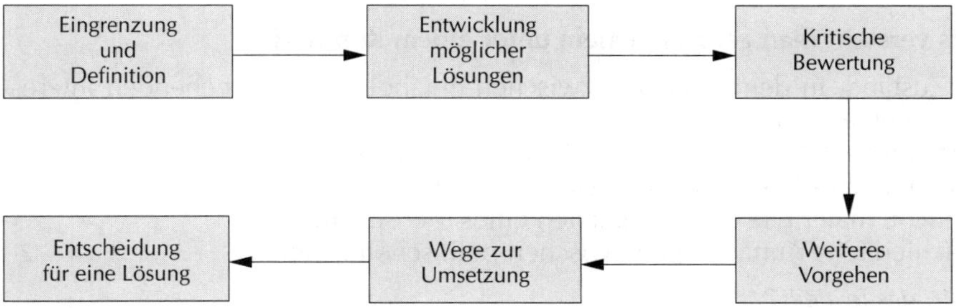

Abbildung 161

Das Konfliktgespräch setzt voraus, dass die Teilnehmer auch offen ihre Wünsche und Bedürfnisse äußern.

Handlungsorientierte, fallbezogene Aufgaben

1. Probleme gibt es in allen Bereichen menschlichen Zusammenlebens, so auch in Betrieben. Daraus können sich Konflikte entwickeln.

Aufgabe: Was versteht man ganz allgemein unter einem Konflikt?

☐ a) Einen Zustand, in dem man sich zwischen einander widersprechenden Interessen entscheiden muss.
☐ b) Den Ablauf eines Streitgesprächs zwischen zwei Personen.
☐ c) Den Ablauf eines Streitgesprächs zwischen mehreren Personen.
☐ d) Persönliche materielle Schwierigkeiten eines Menschen.
☐ e) Unterschiedliche Auffassungen zwischen politischen Parteien.

„Siehe Seite 315 des Textteils!"

2. Sie sind Inhaber eines Betriebes, der laufend Lehrlinge ausbildet; und zwar sowohl Jugendliche wie auch bereits Volljährige. Im Betrieb kommt es immer wieder zu Konflikten zwischen den Lehrlingen, aber auch gegenüber erwachsenen Mitarbeitern und mit Ihnen als Ausbilder. Deshalb wollen Sie ein Konzept entwickeln, das die Ursachen für Konflikte besser erforschen lässt und systematische Möglichkeiten der Konfliktlösung aufzeigt.

Aufgabe:

a) Stellen Sie dar, wo in Ihrem Betrieb Ursachen und Anlässe für Konflikte liegen können!
b) Erläutern Sie sieben Möglichkeiten zur Konfliktlösung!
c) Erklären Sie, wie Sie ein Gespräch zum Abbau und zur Lösung von Konflikten aufbauen!

„Siehe Seiten 315 ff. des Textteils!"

7 Handlungsfeld: Abschluss der Ausbildung

7.1 Handlungssituation: Auf Prüfungen vorbereiten

Kompetenzen:
- Anforderungen und grundlegenden Ablauf der Zwischen- und der Gesellen-/Abschlussprüfung sowie von Wiederholungsprüfungen kennen und bei der Planung und Durchführung von Maßnahmen zur Prüfungsvorbereitung berücksichtigen

7.1.1 Funktion und Rechtsgrundlagen für die Prüfungen

7.1.1.1 Rechtsgrundlagen für die Zwischenprüfung

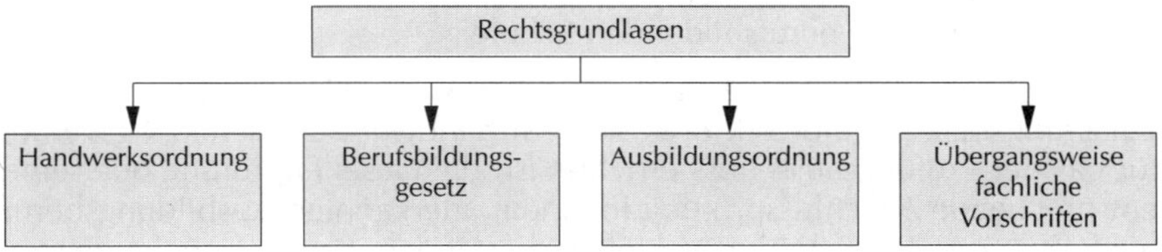

Abbildung 162

Ziel der Zwischenprüfung

Eine Zwischenprüfung

Während der Berufsausbildung ist zur Ermittlung des Ausbildungsstandes eine Zwischenprüfung entsprechend der Ausbildungsordnung durchzuführen. Die Ablegung der vorgeschriebenen Zwischenprüfung ist Voraussetzung für die Zulassung zur Gesellenprüfung. Sofern die Ausbildungsordnung vorsieht, dass die Gesellenprüfung in zwei zeitlich auseinander fallenden Teilen durchgeführt wird, entfällt die Zwischenprüfung. An ihre Stelle tritt der erste Teil der Gesellenprüfung.

Im Rahmen der Erprobung einer neuen Ausbildungsform und Prüfungsform für die Berufsausbildung in einem Ausbildungsberuf können übergangsweise die Leistungen der Zwischenprüfung als Teil 1 der Gesellenprüfung bzw. Abschlussprüfung bewertet und in ein Gesamtergebnis der Prüfung einbezogen werden. Voraussetzung hierfür ist eine entsprechende Verordnung (Erprobungsverordnung) des Bundesministers für Wirtschaft und Arbeit. Das Ergebnis der Prüfungsleistungen in Teil 1 der Gesellenprüfung bzw. Abschlussprüfung wird dem Prüfling schriftlich mitgeteilt.

Zwischenprüfungsausschuss

Der Zwischenprüfungsausschuss wird bei der Handwerkskammer oder bei der Innung errichtet.

Mindestzusammensetzung des Zwischenprüfungsausschusses für zulassungspflichtige Handwerke:
- 1 Arbeitgeber oder Betriebsleiter
- 1 Arbeitnehmer
- 1 Lehrer einer berufsbildenden Schule

Die Arbeitgeber müssen in dem zulassungspflichtigen Handwerk, für das der Prüfungsausschuss errichtet ist, die Meisterprüfung abgelegt haben oder zum Ausbilden berechtigt sein. Die Arbeitnehmer und die Beauftragten der Arbeitnehmer müssen die Gesellenprüfung in dem zulassungspflichtigen Handwerk, für das der Prüfungsausschuss errichtet ist, oder eine entsprechende Abschlussprüfung in einem anerkannten Ausbildungsberuf nach § 4 des Berufsbildungsgesetzes bestanden haben und in diesem Handwerk tätig sein.

Mindestzusammensetzung des Zwischenprüfungsausschusses für zulassungsfreie Handwerke oder handwerksähnliche Gewerbe:
- 1 Beauftragter der Arbeitgeber
- 1 Beauftragter der Arbeitnehmer
- 1 Lehrer an einer berufsbildenden Schule

Die Arbeitnehmer und die Beauftragten der Arbeitnehmer müssen in dem zulassungsfreien Handwerk oder in dem handwerksähnlichen Gewerbe, für das der Prüfungsausschuss errichtet ist, die Gesellenprüfung oder eine entsprechende Abschlussprüfung in einem anerkannten Ausbildungsberuf nach § 4 des Berufsbildungsgesetzes bestanden haben und in diesem Handwerk oder in diesem Gewerbe tätig sein.

Die Arbeitgeber oder die Beauftragten der Arbeitgeber müssen in dem zulassungsfreien Handwerk oder in dem handwerksähnlichen Gewerbe, für das der Prüfungsausschuss errichtet ist, die Gesellenprüfung oder eine entsprechende Abschlussprüfung in einem anerkannten Ausbildungsberuf nach § 4 des Berufsbildungsgesetzes bestanden haben und in diesem Handwerk oder in diesem Gewerbe tätig sein.

Vorsitzender

Der Prüfungsausschuss wählt aus seiner Mitte einen Vorsitzenden und einen Stellvertreter.

Prüfungsgegenstand

Praxis und Theorie

Die Zwischenprüfung erstreckt sich auf die beruflichen Fertigkeiten, Kenntnisse und Fähigkeiten (berufliche Handlungsfähigkeit) sowie auf den im Berufsschulunterricht entsprechend den Rahmenlehrplänen zu vermittelnden Lehrstoff, soweit dieser für die Berufsausbildung wesentlich ist.

Prüfungsgebühr

Für die Abnahme der Zwischenprüfungen können Gebühren erhoben werden. Die Höhe der Gebühr richtet sich nach der Gebührenordnung der Handwerkskammer oder nach der Beschlussfassung durch die Innungsversammlung, die jedoch durch die Handwerkskammer zu genehmigen ist.

Gebührenschuldner

Gebührenschuldner ist der Ausbildende. Der Lehrling darf nicht mit den Kosten der Zwischenprüfung belastet werden.

Dem Ausbildenden werden auf dessen Verlangen die Ergebnisse der Zwischenprüfung der Lehrlinge übermittelt.

7.1.1.2 Rechtsgrundlagen für die Gesellenprüfung

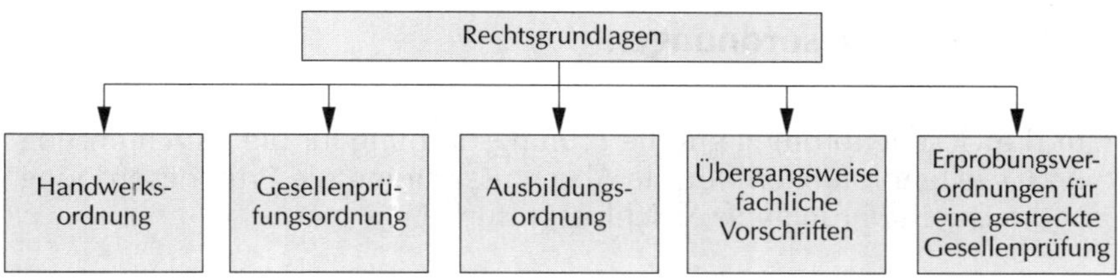

Abbildung 163

Jede ordnungsgemäße Berufsausbildung sollte ihren Abschluss durch die Gesellenprüfung bzw. Abschlussprüfung finden. Gesellenprüfungen werden in anerkannten Ausbildungsberufen der Gewerbe der Anlagen A und B der Handwerksordnung durchgeführt. Für anerkannte nichthandwerkliche Berufe gibt es die Abschlussprüfung nach dem Berufsbildungsgesetz.
Ein Zwang zur Ablegung der Gesellenprüfung besteht nicht. Die Ablegung der Gesellenprüfung ist unbedingt zu empfehlen, weil deren Nachweis bei Stellenbewerbungen von ausschlaggebender Bedeutung ist. Die Gesellenprüfung oder Abschlussprüfung ist außerdem eine wichtige Voraussetzung für die Zulassung zur Meisterprüfung und für die Ausbildungsberechtigung in zulassungsfreien Handwerken und handwerksähnlichen Gewerben.

Prüfungsgegenstand

Berufliche Handlungsfähigkeit

Durch die Gesellenprüfung ist festzustellen, ob der Prüfling die berufliche Handlungsfähigkeit im Sinne des Berufsbildungsgesetzes erworben hat.
In der Gesellenprüfung soll der Prüfling nachweisen:

- dass er die erforderlichen beruflichen Fertigkeiten beherrscht
- die notwendigen beruflichen Kenntnisse und Fähigkeiten besitzt
- mit dem im Berufsschulunterricht zu vermittelnden, für die Berufsausbildung wesentlichen Lehrstoff vertraut ist.

Die Ausbildungsordnung des jeweiligen Ausbildungsberufes ist zugrunde zu legen.

7.1.1.3 Rechtsgrundlagen für die Abschlussprüfung

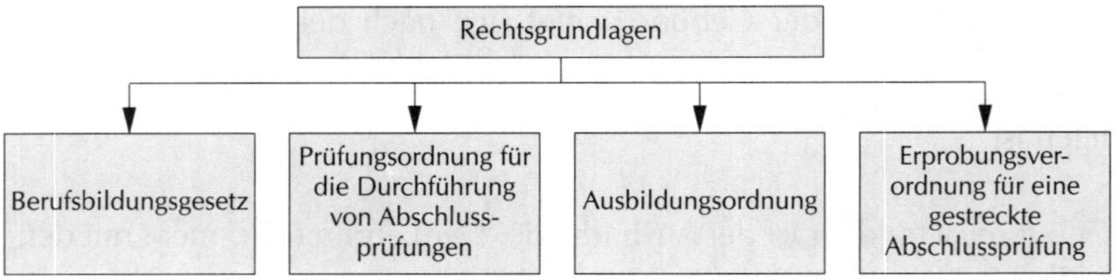

Abbildung 164

Prüfungsgegenstand

Hier gilt das unter 7.1.1.2 „Rechtsgrundlagen für die Gesellenprüfung – Prüfungsgegenstand" Dargestellte entsprechend.

7.1.2 Prüfungsordnungen

Für die Gesellenprüfung gilt die Prüfungsordnung für die Durchführung von Gesellenprüfungen, für die Abschlussprüfung die Prüfungsordnung für die Durchführung von Abschlussprüfungen.

Die Prüfungsordnungen werden von der Handwerkskammer erlassen und können bei dieser beschafft werden.

Regelungsbereiche

Sie regeln im Wesentlichen folgende Bereiche:
- Prüfungsausschüsse
- Vorbereitung der Prüfung
- Prüfungszulassung
- Durchführung der Prüfung (Gliederung)
- Bewertungsmaßstäbe, Feststellung und Beurkundung des Prüfungsergebnisses, Zeugnis
- Folgen von Verstößen gegen die Prüfungsordnung
- Wiederholungsprüfung
- Rechtsmittel, Prüfungsunterlagen, Kosten und Gebühren.

Jeder Ausbildungsbetrieb muss sich die Prüfungsordnungen und die Ausbildungsordnungen für den jeweiligen Ausbildungsberuf, in dem ausgebildet wird, beschaffen.

7.1.3 Prüfungsanforderungen, Prüfungsaufbau, Prüfungsinhalte, Prüfungsfächer

7.1.3.1 Prüfungsanforderungen

Die näheren Einzelheiten der Prüfungsanforderungen und des Prüfungsverfahrens richten sich nach der Handwerksordnung, der Gesellenprüfungsordnung und der Abschlussprüfungsordnung der zuständigen Handwerkskammer sowie nach der Ausbildungsordnung des jeweiligen Ausbildungsberufs.

Die bei Inkrafttreten des Berufsbildungsreformgesetzes am 1. April 2005 (Artikel 2, Änderung der Handwerksordnung) für einzelne Handwerke oder handwerksähnliche Gewerbe geltenden Gesellen- und Abschlussprüfungsvorschriften (in den Ausbildungsordnungen und in den Prüfungsordnungen der Handwerkskammern) sind bis zum Erlass neuer Prüfungsvorschriften und Ausbildungsordnungen weiter anzuwenden, soweit sie nicht mit der geänderten Handwerksordnung in Widerspruch stehen.

7.1.3.2 Prüfungsaufbau, Prüfungsfächer, Qualifikationsnachweise nach Handlungsfeldern

Die Gliederung der Prüfung richtet sich nach der Ausbildungsordnung.

Aufbau der Gesellenprüfung

Soweit die Ausbildungsordnung oder übergangsweise fachliche Vorschriften nichts anderes bestimmen, ist die Gesellenprüfung wie folgt aufgebaut bzw. gegliedert.

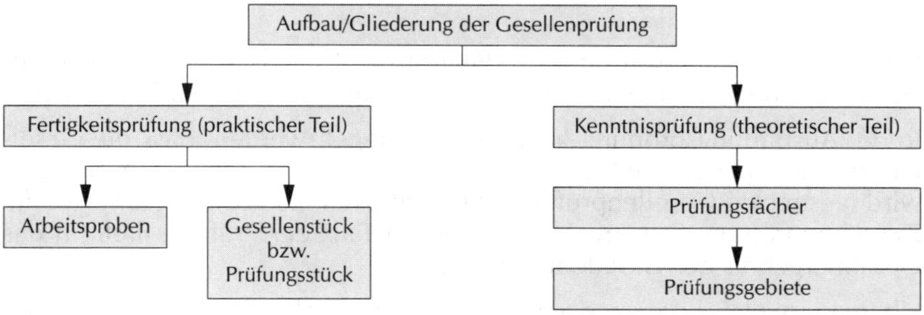

Abbildung 165

Sowohl der praktische Teil (Fertigkeitsprüfung) als auch der theoretische Teil (Kenntnisprüfung) können gemäß der jeweiligen Ausbildungsordnung aus einzelnen, in sich abgeschlossenen Prüfungsleistungen bestehen. Der theoretische Teil ist schriftlich durchzuführen. Der theoretische Teil ist durch eine mündliche Prüfung zu ergänzen, sofern die Ausbildungsordnung dies vorschreibt.

Handlungsfelder

Die Ausbildungsordnung kann abweichend von der obigen Darstellung auch eine Prüfungsgliederung nach Qualifikationsnachweisen in Handlungsfeldern regeln, um die berufliche Handlungskompetenz der Prüfungsteilnehmer im Sinne von selbstständigem Planen, Durchführen und Kontrollieren zu erfassen.

Die neueren Ausbildungsordnungen gehen zum überwiegenden Teil von nachstehender Grundstruktur für den Aufbau und die Gliederung der Gesellenprüfung/Abschlussprüfung aus:

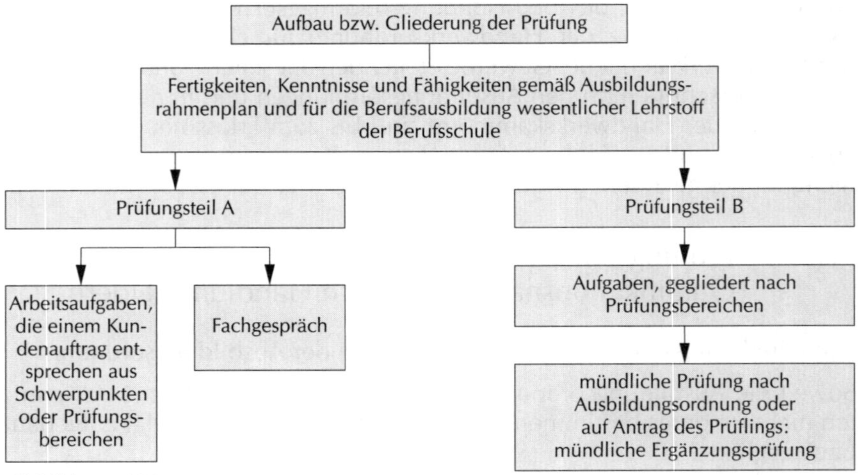

Abbildung 166

Einzelne Ausbildungsordnungen gliedern nicht nach den zwei oben dargestellten Prüfungsteilen A und B, sondern nur nach Prüfungsbereichen.

Gestreckte Gesellenprüfung

In der Ausbildungsordnung kann ferner geregelt werden, dass die Gesellenprüfung in zwei zeitlich auseinander fallenden Teilen durchgeführt wird (gestreckte Gesellenprüfung). Der erste Teil ersetzt in diesem Fall die Zwischenprüfung. Das Ergebnis des ersten Teils der Prüfung fließt in das Gesamtergebnis der Gesellenprüfung ein.

Übergangsweise können auch ohne ausdrückliche Regelung in der jeweiligen Ausbildungsordnung, zur Erprobung neuer Ausbildungs- und Prüfungsformen die Leistungen der Zwischenprüfung als Teil 1 der Gesellen- oder Abschlussprüfung bewertet und in das Gesamtergebnis der Gesellenprüfung einbezogen werden. In diesem Falle gilt der Inhalt der Gesellenprüfung als Teil 2 der Gesamtprüfung. Voraussetzung hierfür ist eine entsprechende Verordnung des Bundesministers für Wirtschaft und Arbeit über die Erprobung einer neuen Ausbildungs- und Prüfungsform für einen bestimmten Ausbildungsberuf.

Ein Widerspruch gegen die gestreckte Gesellen- oder Abschlussprüfung ist erst nach Erhalt des Bescheides über das Bestehen oder Nichtbestehen der gesamten Prüfung möglich.

Prüfung von Zusatzqualifikationen

Werden während der Berufsausbildung zusätzliche, über das Ausbildungsberufsbild des Ausbildungsberufs hinausgehende Fertigkeiten, Kenntnisse und Fähigkeiten (Zusatzqualifikationen) vermittelt, müssen diese als Zusatzqualifikationen gesondert geprüft und bescheinigt werden.

Die Prüfung dieser Zusatzqualifikationen kann organisatorisch gesehen im Zusammenhang mit der Gesellenprüfung von diesem Prüfungsausschuss durchgeführt werden (siehe auch 7.2.2.2 „Zulassungsvoraussetzungen" und 7.4.1.1 „Gesellenprüfungszeugnis").

Aufbau der Abschlussprüfung

Der Aufbau der Abschlussprüfung gliedert sich grundsätzlich in analoger Weise wie die Gesellenprüfung, soweit die Ausbildungsordnung nichts anderes bestimmt.

7.1.3.3 Prüfungsergebnis

Der Prüfungsausschuss stellt durch Beschluss die Ergebnisse der einzelnen Prüfungsleistungen und Prüfungsteile sowie der Prüfung insgesamt und das Bestehen oder Nichtbestehen der Prüfung fest.

Beschluss

Zur Vorbereitung der Beschlussfassung kann der Vorsitzende des Prüfungsausschusses mindestens zwei Prüfungsausschussmitglieder mit der Bewertung (Vorbewertung) einzelner, nicht mündlich zu erbringender Prüfungsleistungen beauftragen (Berichterstatterprinzip).

Vorbewertung

Die Beauftragten müssen die wesentlichen Abläufe der Prüfung dokumentieren und die für die Bewertung erheblichen Tatsachen festhalten. Der Prüfungsausschuss bleibt aber für die endgültige Bewertungsentscheidung verantwortlich.

Der Prüfungsausschuss kann ferner zur Bewertung einzelner, nicht mündlich zu erbringender Prüfungsleistungen gutachterliche Stellungnahmen Dritter, insbesondere berufsbildender Schulen, einholen. Dadurch wird die Möglichkeit eröffnet, berufsschulische Leistungen des Lehrlings in die Bewertung der Gesellenprüfung einfließen zu lassen.

Gutachterliche Stellungnahmen

Die Gutachter müssen wesentliche Abläufe der Prüfung und für die Bewertung erhebliche Tatsachen dokumentieren. Für die Bewertung bleibt aber allein der Prüfungsausschuss, ohne Bindung an die Ergebnisse der Gutachter, verantwortlich.

7.1.4 Übungsprüfungsaufgaben

Grundsätzlich sollte sich die Prüfungsvorbereitung mit Übungsaufgaben darauf konzentrieren, dass sich Lehrlinge möglichst mit prüfungsorientierten Inhalten befassen und Aufgaben unter prüfungsähnlichen Bedingungen bearbeiten.

Prüfungsähnliche Bedingungen

Alle Übungsprüfungsaufgaben haben sich am Profil der Prüfungsanforderungen und am Inhalt der Prüfung nach der Ausbildungsordnung des jeweiligen Berufes zu orientieren.

Sofern Lehrlinge im 3. Ausbildungsjahr an überbetrieblichen Kursen teilnehmen, kann damit auch eine übende Prüfungsvorbereitung erreicht werden, sofern der Ausbildungsplan des Lehrgangs zumindest teilweise darauf ausgerichtet ist.

In manchen Ausbildungsberufen (z. B. Bürokaufmann) werden auch besondere Lehrgänge zur Vorbereitung auf die Gesellen- bzw. Abschlussprüfung angeboten.

Vorbereitungskurse

Handlungsorientierte, fallbezogene Aufgaben

1. Sie beschäftigen als Ausbildender mehrere Lehrlinge. Zwei Lehrlinge erhalten eine Einladung zur Zwischenprüfung. Sie bitten Sie als Ausbildenden um Erläuterung der Rechtsgrundlagen und des Zieles der Zwischenprüfung sowie um die Information, wer die Gebühr für die Zwischenprüfung zu zahlen hat!

<u>Aufgabe:</u> Geben Sie den beiden Lehrlingen die gewünschten Informationen!

1.1 Erläutern Sie den beiden Lehrlingen die Rechtsgrundlagen!

1.2 Stellen Sie den beiden Lehrlingen das Ziel der Zwischenprüfung dar! Welche Aussage ist richtig?
Ziel der Zwischenprüfung ist,

- ☐ a) zu ermitteln, ob der vorgesehene Ausbildungsstand erreicht wurde, sofern die Ausbildungsordnung einzelner Berufe nichts anderes vorsieht,
- ☐ b) dass man in erster Linie den Lernfortschritt in der Berufsschule feststellen kann,
- ☐ c) dass man ausschließlich die Ausbildungsarbeit des Meisters immer wieder überprüfen kann,
- ☐ d) dass der Lehrling in der Gesellenprüfung nur noch über den Lehrstoff der Berufsschule geprüft wird,
- ☐ e) dass man in erster Linie das Lernergebnis der überbetrieblichen Ausbildung feststellen kann.

1.3 Geben Sie an, wer die Gebühr zu zahlen hat! Welche Auswahlantwort ist richtig?

- ☐ a) Der Auszubildende
- ☐ b) Der gesetzliche Vertreter des Auszubildenden
- ☒ c) Der Ausbildende
- ☐ d) Ausbildender und Auszubildender je zur Hälfte
- ☐ e) Die Agentur für Arbeit.

„Siehe Seite 323, 325 des Textteils!"

2. Sie bilden in Ihrem Betrieb zwei Lehrlinge aus, die sich im dritten Ausbildungsjahr befinden. Da die Gesellenprüfung in ca. sechs Monaten abzulegen ist, halten Sie es für notwendig, den Lehrlingen grundsätzliche Informationen über die Gesellenprüfung zu geben.

<u>Aufgabe:</u> Erläutern Sie Ihren beiden Auszubildenden die Rechtsgrundlagen, den Prüfungsgegenstand, den Aufbau, die Gliederung und den Regelablauf der Prüfung sowie die Prüfungsanforderungen!

„Siehe Seiten 325 bis 326 des Textteils!"

3. Zwei Ihrer Auszubildenden befinden sich im letzten Halbjahr ihrer Ausbildungszeit. Aus den bisherigen Erfahrungen mit der Ausbildung von Lehrlingen wissen Sie, dass gründliche Prüfungsvorbereitungsmaßnahmen sowohl seitens der Auszubildenden selbst als auch durch Sie als Ausbilder die Prüfungschancen erhöhen und zu besseren Prüfungsergebnissen führen.

<u>Aufgabe:</u> Erläutern Sie den beiden Auszubildenden, welche Vorbereitung sie selbst durchführen sollten und welche Vorbereitungsmaßnahmen im Ausbildungsbetrieb noch vorgesehen sind!

„Siehe Seite 329 des Textteils!"

7.2 Handlungssituation: Zu Prüfungen anmelden

Kompetenzen:

– Vorgaben für die Anmeldung zur Zwischen- und Gesellen-/Abschlussprüfung sowie zu Wiederholungsprüfungen beachten

7.2.1 Zuständigkeit der Innung oder der Handwerkskammer

Gesellenprüfung

Die Gesellenprüfung wird durch Gesellenprüfungsausschüsse abgenommen. Sie werden von der Handwerkskammer für die einzelnen Handwerke errichtet. Die Handwerkskammer kann Innungen ermächtigen, Gesellenprüfungsausschüsse zu errichten, wenn die Leistungsfähigkeit der Handwerksinnung die ordnungsgemäße Durchführung der Prüfung sicherstellt. In den meisten Handwerkskammerbezirken wird der überwiegende Teil der Prüfungen von den ermächtigten Gesellenprüfungsausschüssen der Innungen abgenommen.

Abschlussprüfung

Die Abschlussprüfungen nach dem Berufsbildungsgesetz werden für den Bereich der Handwerksbetriebe und der handwerksähnlichen Betriebe ausschließlich von der Handwerkskammer, also nicht von einer Innung, abgenommen.

7.2.2 Unterlagen für die Anmeldung zur Prüfung, Antrag auf Zulassung, Zulassungsvoraussetzungen, Prüfungsgebühr

7.2.2.1 Unterlagen zum Antrag auf Zulassung

Der Antrag auf Zulassung zur Prüfung ist schriftlich an die zuständige Stelle zu richten, wobei die Anmeldungs- und Prüfungstermine zu beachten sind.

Der Anmeldung zur Prüfung sind im Regelfalle verschiedene Unterlagen beizufügen.

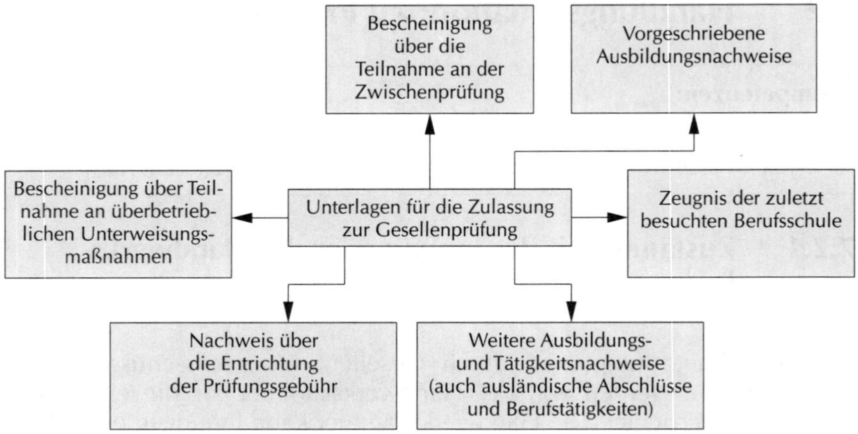

Abbildung 167

Bei der Zulassung in besonderen Fällen (siehe unten) sind zusätzlich Zeugnisse oder glaubhafte Nachweise über den Erwerb von Fertigkeiten, Kenntnissen und Fähigkeiten oder über den Besuch einer anerkannten berufsbildenden Schule vorzulegen.

7.2.2.2 Zulassungsvoraussetzungen

Regelfall

Zur Gesellenprüfung ist zuzulassen, wer die Zulassungsvoraussetzungen erfüllt.

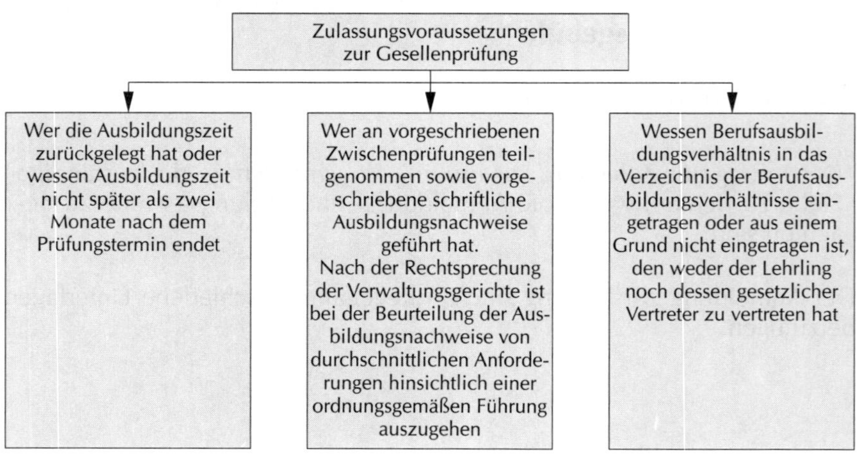

Abbildung 168

Schulischer Bildungsgang

Ferner ist zur Gesellenprüfung zuzulassen, wer in einer berufsbildenden Schule oder einer sonstigen Berufsbildungseinrichtung ausgebildet worden ist, wenn dieser Bildungsgang der Berufsausbildung in einem anerkannten Ausbildungsberuf der Handwerksordnung entspricht.
Ein Bildungsgang entspricht der Berufsausbildung in einem anerkannten Ausbildungsberuf, wenn er

- nach Inhalt, Anforderung und zeitlichem Umfang der jeweiligen Ausbildungsordnung gleichwertig ist,
- systematisch, insbesondere im Rahmen einer sachlichen und zeitlichen Gliederung durchgeführt wird und
- durch Lernortkooperation einen angemessenen Anteil an fachpraktischer Ausbildung gewährleistet.

Die Landesregierungen können im Benehmen mit dem Landesausschuss für Berufsbildung durch Rechtsverordnung bestimmen, welche Bildungsgänge die obigen Voraussetzungen erfüllen. Diese Regelung ist bis zum 1.8.2011 befristet. Wenn keine Rechtsverordnung erlassen wurde, hat die Handwerkskammer über entsprechende Anträge nach eigenem Ermessen zu entscheiden.

Gesellenprüfung in gestreckter Form

Wenn die Gesellenprüfung in gestreckter Form, also in zwei zeitlich auseinander fallenden Teilen, durchgeführt wird, ist über die Zulassung jeweils gesondert zu entscheiden (zwei separate Zulassungsverfahren).

Zum ersten Teil der Gesellenprüfung ist zuzulassen:

- wer die in der Ausbildungsordnung bis zu diesem Zeitpunkt vorgeschriebene erforderliche Ausbildungszeit zurückgelegt hat und
- wer den vorgeschriebenen schriftlichen Ausbildungsnachweis geführt hat und
- wessen Berufsausbildungsverhältnis in die Lehrlingsrolle eingetragen ist oder aus einem Grund nicht eingetragen ist, den weder der Lehrling noch dessen gesetzlicher Vertreter zu vertreten hat.

Zum zweiten Teil der Gesellenprüfung muss zugelassen werden, wer über die obigen Voraussetzungen hinaus am ersten Teil der Gesellenprüfung teilgenommen hat. Dabei muss der erste Teil der Gesellenprüfung nicht bestanden sein, um zum zweiten Teil zugelassen zu werden. Vielmehr ist lediglich die Teilnahme am ersten Teil der Gesellenprüfung erforderlich. Eine Zulassung zum zweiten Teil ist ferner möglich, wenn der Lehrling ohne Verschulden nicht am ersten Teil der Gesellenprüfung teilgenommen hat. In diesem Fall sind die beiden Teile zeitlich zusammengefasst abzulegen.

Weitere Zulassungsmöglichkeiten

Weitere Zulassungsmöglichkeiten zur Gesellenprüfung bestehen in folgenden Fällen:

- Der Lehrling kann nach Anhören des Ausbildenden und der Berufsschule vor Ablauf seiner Ausbildungszeit zur Gesellenprüfung zugelassen werden, wenn seine Leistungen dies rechtfertigen. Nach der Rechtsprechung müssen sowohl in den betrieblichen als auch den schulischen (Berufsschule) berufsbezogenen Ausbildungsbereichen wesentlich über dem Durchschnitt liegende Leistungen nachgewiesen werden. Eine wesentlich über dem Durchschnitt liegende Leistung ist nur gegeben, wenn mindestens die Note „gut" erreicht wird. Die Rechtsprechung unterstreicht den engen Ausnahmecharakter der vorzeitigen Zulassung zur Gesellenprüfung.
- Zur Gesellenprüfung ist auch zuzulassen, wer nachweist, dass er mindestens das Eineinhalbfache der Zeit, die als Ausbildungszeit vorgeschrieben ist, in dem Beruf tätig gewesen ist, in dem er die Prüfung ablegen

will. Als Zeiten der Berufstätigkeit gelten auch Ausbildungszeiten in einem anderen artverwandten einschlägigen Ausbildungsberuf.
Vom Nachweis der Mindestzeit kann ganz oder teilweise abgesehen werden, wenn durch Vorlage von Zeugnissen oder auf andere Weise glaubhaft gemacht wird, dass der Bewerber die berufliche Handlungsfähigkeit erworben hat, die die Zulassung zur Prüfung rechtfertigt. Der Prüfungsbewerber muss in diesem Falle also nachweisen, dass er auf andere Weise einen der „Normalausbildung“ entsprechenden vergleichbaren Ausbildungsstand erreicht hat. Ausländische Bildungsabschlüsse und Zeiten der Berufstätigkeit im Ausland sind dabei zu berücksichtigen.

- Soldaten auf Zeit und ehemalige Soldaten sind zur Gesellenprüfung zuzulassen, wenn das Bundesministerium der Verteidigung oder die von ihm bestimmte Stelle bescheinigt, dass der Bewerber berufliche Fertigkeiten, Kenntnisse und Fähigkeiten erworben hat, welche die Zulassung zur Prüfung rechtfertigen.

Entscheidung über Zulassung

Über die Zulassung zur Gesellenprüfung entscheidet der Vorsitzende des Prüfungsausschusses. Hält er die Zulassungsvoraussetzungen nicht für gegeben, so entscheidet der Prüfungsausschuss.
Auszubildenden, die Elternzeit in Anspruch genommen haben, darf bei der Entscheidung über die Zulassung hieraus kein Nachteil erwachsen.
Die Anmeldung und Zulassung zur Prüfung von Zusatzqualifikationen ist an sich ein eigenständiger Arbeitsvorgang. Bei entsprechender sinnvoller Prüfungsorganisation sollte in der Praxis die Anmeldung zur Prüfung von Zusatzqualifikationen zusammen mit der Anmeldung zur Gesellen- oder Abschlussprüfung erfolgen können.

7.2.2.3 Prüfungsgebühr

Die Gesellenprüfungsgebühr hat der Ausbildende für die Lehrlinge zu zahlen. Die Prüfung von Zusatzqualifikationen ist für Lehrlinge ebenfalls gebührenfrei. Bei Sonderzulassungen gelten abweichende Regelungen. Die Gebühr ist mit dem Antrag auf Zulassung zur Gesellenprüfung zu entrichten.

Hinsichtlich der Mitwirkung von Ausbildenden und Ausbildern bei Gesellen- und Abschlussprüfungen siehe Abschnitt 1.5.3.2 „Mitwirkung bei Gesellen- und Abschlussprüfungen“.

Handlungsorientierte, fallbezogene Aufgaben

1. Sie bilden als Inhaber eines Handwerksbetriebes zwei Lehrlinge aus, die sich im dritten Ausbildungsjahr befinden. Die von der Handwerkskammer zur Abnahme der Gesellenprüfung ermächtigte, für Sie zuständige Innung hat die Anmeldungs- und Prüfungstermine im Rahmen der Vorgaben der Handwerkskammer für die nächste Prüfung bekannt gegeben.

Aufgabe: Besprechen Sie mit Ihren Lehrlingen die Formalitäten für die Anmeldung und den Antrag auf Zulassung zur Prüfung, informieren Sie über die Termine und stellen Sie die Unterlagen zusammen, die den Anträgen auf Zulassung beizufügen sind.

„Siehe Seiten 331 bis 332 des Textteils!"

2. Sie beschäftigen in Ihrem Betrieb einen Auszubildenden, dessen Berufsausbildungsverhältnis in den nächsten zwei Monaten endet. Nach der Ausbildungsordnung des Ausbildungsberufes wird die Gesellenprüfung in zwei zeitlich auseinander fallenden Teilen durchgeführt. Am ersten Teil der Prüfung hat der Lehrling ordnungsgemäß teilgenommen. Nun steht in einem weiteren gesonderten Zulassungsverfahren die Zulassung zum zweiten Teil der Gesellenprüfung an.

Aufgabe: Der Lehrling wird zu diesem Teil der Prüfung zugelassen,

☐ a) wenn er die allgemeinen in der Handwerksordnung vorgesehenen Zulassungsvoraussetzungen erfüllt und am ersten Teil der Gesellenprüfung teilgenommen hat.
☐ b) wenn er die allgemeinen in der Handwerksordnung vorgesehenen Zulassungsvoraussetzungen erfüllt und den ersten Teil der Gesellenprüfung bestanden hat.
☐ c) wenn er vom Ausbildungsbetrieb als prüfungsreif beurteilt wurde.
☐ d) wenn er von der Berufsschule als prüfungsreif beurteilt wurde.
☐ e) wenn er während der gesamten Ausbildungszeit nicht mehr als dreißig Tage im Ausbildungsbetrieb gefehlt hatte.

„Siehe Seite 333 des Textteils!"

7.3 Handlungssituation: Ausbildungsverhältnis beenden, verlängern, Übernahme in ein Arbeitsverhältnis

Kompetenzen:

- Die rechtlichen Möglichkeiten der Beendigung und Verlängerung der Ausbildungszeit kennen und berücksichtigen

7.3.1 Beendigung der Ausbildungszeit

Neben den Kündigungsmöglichkeiten des Berufsausbildungsverhältnisses oder einer Aufhebungsvereinbarung (siehe Abschnitt 3.2.12 „Rechtliche Bestimmungen über die Kündigung des Berufsausbildungsverhältnisses und Aufhebungsvertrag“) gibt es folgende zwei Möglichkeiten zur Beendigung eines Ausbildungsverhältnisses:

Ablauf der Ausbildungszeit

Ablauf

Das Berufsausbildungsverhältnis endet grundsätzlich mit Ablauf der Ausbildungszeit nach dem Berufsausbildungsvertrag. Der Gesetzgeber geht von dem Normalfall aus, dass sich die Dauer des Berufsausbildungsverhältnisses nach der Dauer der Ausbildungszeit gemäß Ausbildungsordnung oder der Vereinbarung der Parteien des Berufsausbildungsvertrages zu richten hat.

Vorzeitiges Ablegen der Gesellenprüfung

Vorzeitiges Bestehen der Gesellenprüfung

Besteht der Lehrling vor Ablauf der Ausbildungszeit die Gesellenprüfung, so endet das Berufsausbildungsverhältnis mit Bekanntgabe des Ergebnisses durch den Prüfungsausschuss. Auf Grund des Bestehens der Prüfung, auch vor Ablauf der Ausbildungszeit, ist der Zweck der Ausbildung erreicht.

Beendigung bei Stufenausbildung

Bei Stufenausbildung

Das Berufsausbildungsverhältnis in Form der Stufenausbildung endet mit Ablauf der letzten Stufe der Ausbildung, da die Vertragspartner der Stufenausbildung gezwungen sind, einen Berufsausbildungsvertrag über die gesamt Ausbildungszeit abzuschließen. Sofern der Auszubildende seine Berufsausbildung nach Erreichen einzelner Stufen aufgeben will, kann er das Ausbildungsverhältnis nach § 22, Abs. 2, Nr. 2 des Berufsbildungsgesetzes kündigen. (Siehe auch Abschnitt 3.2.12.1 „Kündigung“.)

7.3.2 Übernahme in ein Beschäftigungsverhältnis

Werden Lehrlinge im Anschluss an das Berufsausbildungsverhältnis beschäftigt, ohne dass hierüber ausdrücklich etwas vereinbart worden ist, gilt ein Arbeitsverhältnis auf unbestimmte Zeit als begründet.

Hat der Prüfling seine Gesellen- oder Abschlussprüfung bestanden und wollen beide Vertragspartner im Anschluss an die Ausbildung ein Arbeitsverhältnis eingehen, bestehen zwei Möglichkeiten:

- die Vereinbarung eines befristeten Arbeitsverhältnisses
- die Einigung auf ein unbefristetes Arbeitsverhältnis.

Befristetes und unbefristetes Arbeitsverhältnis

Bereits innerhalb der letzten sechs Monate des Berufsausbildungsverhältnisses kann sich der Lehrling verpflichten, nach dessen Beendigung mit dem Ausbildenden ein Arbeitsverhältnis einzugehen.
In der Regel wird nach Beendigung der Ausbildung ein Arbeitsvertrag auf unbestimmte Zeit abgeschlossen, der erst mit der Kündigung durch einen der beiden Vertragspartner endet.
Im Anschluss an ein Berufsausbildungsverhältnis kann auch ohne besonderen Grund ein befristetes Arbeitsverhältnis bis zur Dauer von zwei Jahren vereinbart werden. In den ersten vier Jahren nach der Gründung eines Unternehmens ist die kalendermäßige Befristung eines Arbeitsvertrages ohne Vorliegen eines sachlichen Grundes bis zur Dauer von vier Jahren zulässig.
Im Übrigen siehe auch Abschnitte 1.3.4.2 „Kündigungsschutzrecht" und 1.3.4.6 „Sozialversicherungsrecht – Meldeverfahren".

7.3.3 Verlängerung bei nichtbestandener Prüfung

Bei Nichtbestehen der Gesellen- oder Abschlussprüfung verlängert sich das Berufsausbildungsverhältnis auf Verlangen des Lehrlings bis zur nächstmöglichen Wiederholungsprüfung, höchstens jedoch um ein Jahr.

Bei Versagen des Auszubildenden in der Wiederholungsprüfung kann dieser nach der Rechtsprechung eine nochmalige Verlängerung des Ausbildungsverhältnisses bis zur zweiten Wiederholungsprüfung verlangen, aber insgesamt nicht über ein Jahr hinaus.

Handlungsorientierte, fallbezogene Aufgaben

1. Sie bilden als selbstständiger Handwerksmeister einen Lehrling aus, dessen Berufsausbildungsvertrag am 31. Juli endet. Alle Prüfungsmaßnahmen werden bereits im Monat Juni durchgeführt. Der Lehrling besteht in allen Prüfungsanforderungen die Prüfung.

Aufgabe: Zu welchem Zeitpunkt endet das Berufsausbildungsverhältnis im vorliegenden Fall? Welche Aussage ist richtig?

☐ a) Nur mit Aushändigung des Prüfungszeugnisses.
☐ b) Mit dem Ablauf der Woche, in der die Prüfung bestanden wurde.
☐ c) Mit dem Ende der vereinbarten Ausbildungszeit.
☐ d) Mit Bekanntgabe des Prüfungsergebnisses durch den Prüfungsausschuss.
☐ e) Mit Ablauf des Monats, in dem der Auszubildende die Prüfung bestanden hat.

„Siehe Seite 336 des Textteils!"

2. Ein in Ihrem Handwerksbetrieb ausgebildeter Lehrling hat die Gesellenprüfung bestanden. Sowohl Sie als Betriebsinhaber als auch der junge Handwerker wollen im Anschluss an die Ausbildung ein Arbeitsverhältnis eingehen.

Aufgabe: Beschreiben Sie die Gestaltungsmöglichkeiten für das geplante Arbeitsverhältnis im vorliegenden Fall!

„Siehe Seite 337 des Textteils!"

7.4 Handlungssituation: Zeugnisse ausstellen

Kompetenzen:

- Die arbeitsrechtliche Bedeutung eines Zeugnisses für den Lehrling beurteilen und ein Ausbildungszeugnis ausstellen

7.4.1 Gesellenprüfungs- bzw. Abschlussprüfungszeugnis, Berufsschulzeugnis

7.4.1.1 Gesellenprüfungszeugnis

Über die bestandene Prüfung erhält der Prüfungsteilnehmer ein Zeugnis. Dem Ausbildenden werden auf dessen Verlangen die Ergebnisse der Gesellenprüfung des Lehrlings mitgeteilt.

Sofern die Gesellenprüfung in gestreckter Form, also in zwei auseinander fallenden Teilen, durchgeführt wird, erhält der Prüfling das Ergebnis der Prüfungsleistung im ersten Teil der Gesellenprüfung schriftlich mitgeteilt (Bescheinigung). Dem Ausbildenden werden auf dessen Verlangen auch die Ergebnisse von Teil 1 einer gestreckten Prüfung übermittelt.
Auf Antrag des Lehrlings muss der Prüfungsträger (Innung oder Handwerkskammer) eine englischsprachige und eine französischsprachige Übersetzung des Gesellenprüfungszeugnisses kostenfrei ausfertigen. Ferner kann auf Antrag des Lehrlings das Ergebnis berufsschulischer Leistungsfeststellungen auf dem Gesellenprüfungszeugnis ausgewiesen werden.

Übersetzung
Noten der Berufsschule

Wurde die Gesellenprüfung vor einem Prüfungsausschuss der Handwerkskammer abgelegt, stellt diese das Zeugnis aus. Bei Ablegung der Prüfung vor dem Prüfungsausschuss der Innung erhält der Prüfling das Zeugnis von der Innung.

Wiederholung der Prüfung

Eine Gesellenprüfung kann im Falle des Nichtbestehens zweimal wiederholt werden. Eine Wiederholung zur Notenverbesserung ist nicht vorgesehen.

Sofern die Gesellenprüfung in zwei zeitlich auseinander fallenden Teilen durchgeführt wird, ist der erste Teil der Gesellenprüfung nicht eigenständig wiederholbar. Eine Wiederholung dieses nichtbestandenen ersten Teils der Prüfung kann lediglich im Rahmen der Wiederholung der gesamten Prüfung erfolgen. Dabei kann sich der Inhalt der Wiederholungsprüfung unter Umständen auf den ersten Teil der Gesellenprüfung beschränken.
Werden in einem Ausbildungsgang entsprechend der Ausbildungsordnung über den Mindestinhalt der Berufsausbildung (Ausbildungsberufsbild) hinaus zusätzliche berufliche Fertigkeiten, Kenntnisse und Fähigkeiten vermittelt, die die berufliche Handlungsfähigkeit ergänzen oder erweitern (z. B. Wahlbausteine der Ausbildungsordnung, Zusatzqualifikationen), sind diese gesondert zu prüfen und zu bescheinigen. Sie dürfen das Ergebnis der Gesellenprüfung nicht berühren, d. h. keinen Einfluss auf das Bestehen oder Nichtbestehen der eigentlichen Gesellenprüfung haben.

Prüfung von Zusatzqualifikationen

7.4.1.2 Abschlussprüfungszeugnis

Über die bestandene Abschlussprüfung erhält der Prüfungsteilnehmer von der Handwerkskammer ein Zeugnis. Die unter 7.4.1.1 „Gesellenprüfungszeugnis" erfolgten Ausführungen gelten für die Abschlussprüfung entsprechend.

7.4.1.3 Berufsschulzeugnis

Die Berufsschule stellt bei Beendigung des Schulbesuchs ein Zeugnis aus, das die Leistungen in der Berufsschule ausweist.

7.4.1.4 Betriebliches Ausbildungszeugnis

Der Ausbildende hat dem Lehrling bei Beendigung des Berufsausbildungsverhältnisses ein Zeugnis schriftlich auszustellen.

Die elektronische Form ist nicht zulässig.

Zwei Arten

Man unterscheidet zwei Arten von Ausbildungszeugnissen.

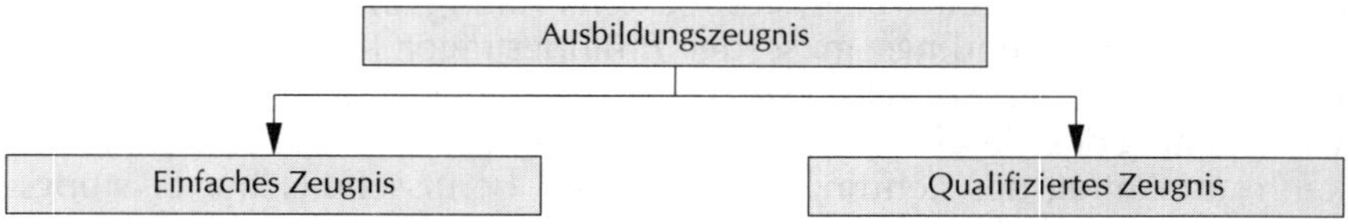

Abbildung 169

Das Zeugnis muss Angaben über Art, Dauer und Ziel der Berufsausbildung sowie über die erworbenen beruflichen Fertigkeiten, Kenntnisse und Fähigkeiten des Auszubildenden enthalten (einfaches Zeugnis). Auf Verlangen des Auszubildenden sind auch Angaben über Verhalten und Leistung aufzunehmen (qualifiziertes Zeugnis). Hiernach können neben Verhaltensangaben etwa auch besonderes Geschick bei der Arbeit oder den Ausbildungsstandard übertreffendes Fachwissen bescheinigt werden.

Mindestinhalte

Die beiden nachstehend aufgeführten Muster enthalten die gesetzlichen Mindestinhalte der beiden Zeugnisarten.

Muster eines einfachen Ausbildungszeugnisses

Zeugnis

Herr/Frau ______________________________________

(Name des Lehrlings)

geb. am ________________ in ______________________________

wurde vom ______________ bis ______________________________

im ____

(Ausbildungsberuf)

in meinem/unserem Betrieb ausgebildet.

Der/Die Auszubildende hat an den vorgeschriebenen überbetrieblichen Maßnahmen teilgenommen und die Berufsschule regelmäßig besucht.

Ihm/Ihr wurden alle beruflichen Fertigkeiten, Kenntnisse und Fähigkeiten nach der Ausbildungsordnung für

____

(Ausbildungsberuf)

vermittelt, so dass er/sie das Ausbildungsziel erreicht hat.

____

Ort, Datum

____

Unterschrift des Ausbildenden
(Betrieb)

Muster eines qualifizierten Zeugnisses

Zeugnis

Herr/Frau ______________________________________
(Name des Lehrlings)

geb. am ________________ in ____________________________

wurde vom _____________ bis ____________________________

im ____
(Ausbildungsberuf)

in meinem/unserem Betrieb ausgebildet. Der/Die Auszubildende hat regelmäßig die Berufsschule besucht und an den vorgeschriebenen überbetrieblichen Maßnahmen teilgenommen.

Ihm/Ihr wurden alle beruflichen Fertigkeiten, Kenntnisse und Fähigkeiten nach der Ausbildungsordnung für

____
(Ausbildungsberuf)

vermittelt, so dass er/sie das Ausbildungsziel erreicht hat.
Sein/Ihr persönliches Verhalten war während der gesamten Ausbildungszeit stets tadellos.

Den Vorgesetzten und Kollegen gegenüber verhielt er/sie sich loyal, korrekt und kollegial.

Er/Sie hat die ihm/ihr im Rahmen der Berufsausbildung übertragenen Aufgaben stets zu unserer vollen Zufriedenheit erledigt.

Besondere fachliche Fähigkeiten zeigte er/sie:

____

____

____
Ort, Datum

____
Unterschrift des Ausbildenden
(Betrieb)

Unterschriften

Hat der Ausbildende die Berufsausbildung nicht selbst durchgeführt, so soll auch der Ausbilder oder die Ausbilderin das Zeugnis unterschreiben.

Handlungsorientierte, fallbezogene Aufgaben

1. Zwei in einem Handwerksbetrieb ausgebildete Lehrlinge haben die Gesellenprüfung abgelegt und ihr Zeugnis erhalten. Der Ausbildende verlangt vom Prüfungsträger, dass ihm die Ergebnisse der Gesellenprüfung der Lehrlinge mitgeteilt werden.

Aufgabe: Kann er dies verlangen?

☐ a) Nein, weil die Ergebnisse grundsätzlich dem Prüfungsgeheimnis unterliegen, das auch im Verhältnis zum Ausbildenden gilt.
☐ b) Nein, weil die beiden Lehrlinge verpflichtet sind, diese dem Ausbildenden mitzuteilen.
☐ c) Nein, weil der Prüfungsträger nur im Falle des Nichtbestehens der Prüfungen dazu verpflichtet ist.
☐ d) Ja, weil dies in der Gewerbeordnung und im Berufsschulgesetz so geregelt ist.
☐ e) Ja, weil dies im Berufsbildungsgesetz und in der Handwerksordnung so geregelt ist.

„Siehe Seite 339 des Textteils!"

2. Ein in einem Handwerksbetrieb ausgebildeter Lehrling hat die Gesellenprüfung bestanden. Da er später einmal, zumindest auf Zeit, im Ausland arbeiten will, beantragt er beim Prüfungsträger (Innung oder Handwerkskammer) seinem Gesellenprüfungszeugnis eine englischsprachige und eine französischsprachige Übersetzung beizufügen.

Aufgabe: Kann der Lehrling dies vom Prüfungsträger verlangen?

☐ a) Nein, weil solche Übersetzungen nur den einschlägigen staatlichen Übersetzungsbüros vorbehalten sind.
☐ b) Nein, weil dafür die Agentur für Arbeit zuständig ist.
☐ c) Ja, weil dies im Berufsbildungsgesetz und in der Handwerksordnung so geregelt ist.
☐ d) Ja, weil dies in der Gewerbeordnung so geregelt ist.
☐ e) Ja, weil dies im Sozialgesetzbuch III (Arbeitsförderung) so geregelt ist.

„Siehe Seite 339 des Textteils!"

3. Ein in einem Handwerksbetrieb ausgebildeter Lehrling hat die Gesellenprüfung bestanden. In der Berufsschulabschlussprüfung hat er ordentliche Leistungen erbracht, die er deshalb auch im Gesellenprüfungszeugnis ausgewiesen haben will.

Aufgabe: Kann der Lehrling dies vom Prüfungsträger (Innung oder Handwerkskammer) verlangen?

☐ a) Ja, wenn die berufsschulischen Leistungsfeststellungen der Note „sehr gut" entsprechen.
☐ b) Ja, wenn die Leistungsfeststellungen der Berufsschule der Note „gut" entsprechen.
☐ c) Ja, wenn die Leistungsfeststellungen der Berufsschule der Note „befriedigend" entsprechen.
☐ d) Ja, weil er darauf nach dem Berufsbildungsgesetz und der Handwerksordnung einen Anspruch hat.
☐ e) Nein, weil die Leistungsfeststellungen der Gesellenprüfung und die der Berufsschule nur in jeweils getrennten Zeugnissen ausgewiesen werden dürfen.

„Siehe Seite 339 des Textteils!"

4. Ein in Ihrem Betrieb ausgebildeter Lehrling hat seine Ausbildungszeit beendet. Er bittet Sie um ein Ausbildungszeugnis, das auch Angaben über Verhalten, Leistung und besondere fachliche Fähigkeiten enthält.

Aufgabe: Erstellen Sie für den in Ihrem Betrieb ausgebildeten Lehrling ein Zeugnis, das sowohl seinen geäußerten Wünschen als auch den gesetzlichen Anforderungen entspricht!

„Siehe Seite 342 des Textteils!"

7.5 Handlungssituation: Fortbildungs- und Förderungsmöglichkeiten kennen und mitteilen

Kompetenzen:

- Möglichkeiten der berufsspezifischen und berufsübergreifenden Weiterbildung kennen und im Rahmen einer Karriereberatung erläutern
- Über Fördermöglichkeiten informieren

7.5.1 Bedeutung der Fortbildung für die persönliche, berufliche und wirtschaftliche Weiterentwicklung

Gründe für Fortbildung

Zusatzqualifikationen

Das Wissen von heute genügt nicht mehr für den Erfolg von morgen. Die rasch fortschreitende technische Entwicklung allgemein und insbesondere bei den Informations- und Kommunikationstechnologien und das Innovationstempo sowie die neuen sich ständig wandelnden Qualifikationsanforderungen an das Handwerk und sich verändernde Märkte zwingen zu ständiger, lebenslanger Fort- und Weiterbildung. In vielen Bereichen werden Zusatzqualifikationen erforderlich, die zunehmend durch modulare Weiterbildungskonzepte (in sich abgeschlossene Qualifikationsbausteine) vermittelt werden. Sie erfolgen im Handwerk unterhalb und oberhalb der Meisterebene.

Hinzu kommt, dass die Bewältigung des technischen Wandels auch von Erwerbstätigen mittleren und höheren Alters geleistet werden muss, deren Ausbildung darauf noch nicht ausgerichtet war.

Auswirkungen der Fortbildung

Berufliche Fortbildung kommt nicht nur den Betrieben, sondern auch jedem Einzelnen zugute. Deshalb sollte ein Teil der wachsenden Freizeit auch als Bildungszeit genutzt und außerdem überlegt werden, wie auch im Handwerk Weiterbildungszeiten im Rahmen der Flexibilisierung von Arbeitsorganisation und Arbeitszeiten erreicht werden können.

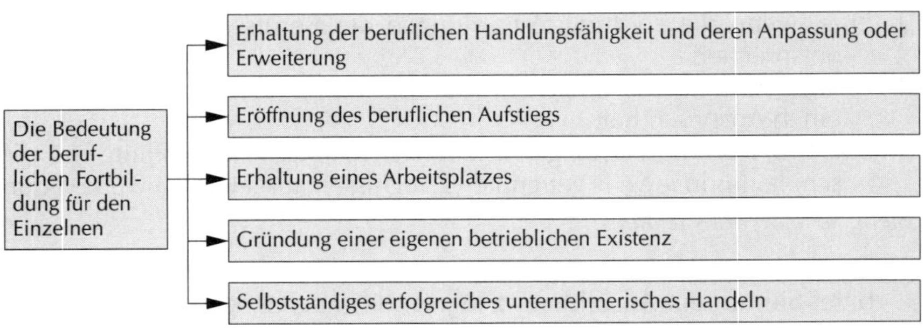

Abbildung 170

7.5.2 Ziele der Fortbildung, Fortbildungsmöglichkeiten

Die berufliche Fortbildung soll es jedem ermöglichen, die berufliche Handlungsfähigkeit zu erhalten und anzupassen oder zu erweitern und beruflich aufzusteigen. Strukturell gesehen unterscheidet man also zwischen Anpassungsfortbildung und Aufstiegsfortbildung.

Die Anpassungsfortbildung soll die berufliche Handlungsfähigkeit erhalten und an gewandelte Erfordernisse der Berufs- und Arbeitswelt anpassen. Anpassungsfortbildung

Die Aufstiegsfortbildung soll im Sinne des lebenslangen Lernens die berufliche Handlungsfähigkeit auf qualitativ höherwertige Berufstätigkeiten erweitern und beruflichen Aufstieg ermöglichen. Aufstiegsfortbildung

Die Fortbildungsmaßnahmen erfolgen teilweise in Schulen, schwerpunktmäßig aber in folgenden Einrichtungen des Handwerks: Fortbildungsträger

- Berufsbildungs- und Technologiezentren, Kompetenzzentren
- Gewerbeförderungsanstalten
- Akademien.

Schulische Einrichtungen stehen dem fortbildungswilligen Handwerker unter jeweils gegebenen persönlichen Zulassungsvoraussetzungen für die Fort- und Weiterbildung offen.

Die Fortbildung wird also von einer Vielfalt von Bildungseinrichtungen durchgeführt. Für jeden Handwerker ist die Fortbildung auf hohem Qualitätsniveau gewährleistet.

Was die Vermittlungswege angeht, werden zunehmend Kurse und Lehrgänge per Internet angeboten, die bei Vorliegen entsprechender technischer Voraussetzungen genutzt werden können. Internet

Die Bildungsmaßnahmen werden auch in Kombination aus Präsenzausbildung und Onlinelearning zu Hause oder in einer Mischung mehrerer Unterrichtsmethoden durchgeführt. Telelearning, „E-Learning" oder „Blended Learning" und Onlinekurse bieten die Möglichkeit für den Teilnehmer, nach eigenem Lernrhythmus, eigener Lernzeit und Lerndauer zu Hause, auch an entlegenen Orten, zu lernen (siehe auch Abschnitt 4.1.3.7 „Computerunterstütztes Lernen"). Onlinekurse

Die wichtigsten Fortbildungsmöglichkeiten im Überblick:

Abbildung 171

Information

Über die Fortbildungsmöglichkeiten informieren die Handwerkskammern und die anderen Handwerksorganisationen. Es bestehen zahlreiche Programmhefte und elektronische Weiterbildungsinformationssysteme.

Weiterbildungsberater

Auskünfte erteilen auch die Weiterbildungsberater der Handwerkskammern und anderer Handwerksorganisationen.

Der Mensch ist der wichtigste Produktions- und Leistungsfaktor im Handwerksbetrieb. Von der Bereitschaft zur Fortbildung wird daher die Zukunft einer Reihe von Handwerkszweigen abhängen. Deshalb müssen die Betriebsinhaber den eigenen Weiterbildungsbedarf und den der Mitarbeiter rechtzeitig erkennen (Bildungsbedarfsanalyse) und entsprechende Maßnahmebeteiligungen sicherstellen. Die durch Weiterbildung zu erreichenden Kompetenzen sind auf die strategischen Ziele des Betriebs auszurichten.

Somit ist es zweckmäßig
- eine systematische betriebliche Planung und
- eine persönliche Planung des Einzelnen für die jeweiligen Fortbildungsaktivitäten vorzunehmen.

Fortbildungsplanung

7.5.3 Fortbildungsprüfungen

Für eine Reihe von Fortbildungsmaßnahmen besteht die Möglichkeit, anschließend eine Fortbildungsprüfung abzulegen.

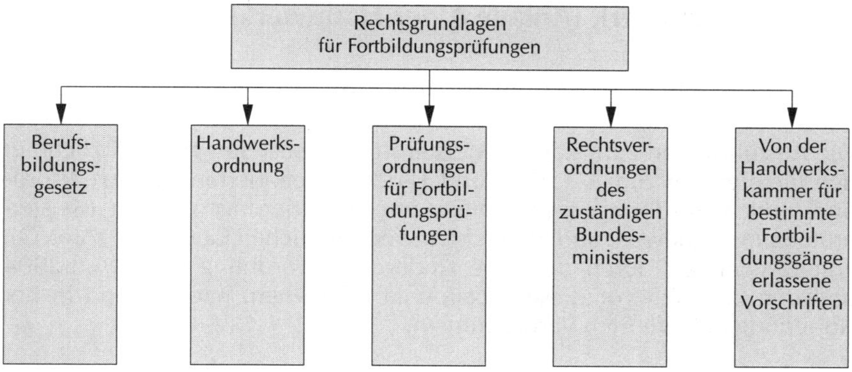

Abbildung 172

Als Grundlage für eine einheitliche berufliche Fortbildung kann das Bundesministerium für Bildung und Forschung im Einvernehmen mit dem Bundesministerium für Wirtschaft und Arbeit Fortbildungsabschlüsse anerkennen und hierfür Prüfungsregelungen erlassen.

Fortbildungsordnungen

Diese Fortbildungsordnungen legen fest:
- die Bezeichnung des Fortbildungsabschlusses
- das Ziel, den Inhalt und die Anforderungen der Prüfung
- die Zulassungsvoraussetzungen und
- das Prüfungsverfahren.

Prüfungsregelungen

Soweit solche Rechtsverordnungen nicht seitens des Bundesministeriums erlassen sind, kann die Handwerkskammer Fortbildungsprüfungsregelungen entsprechenden Inhalts erlassen.

Ausländische Bildungsabschlüsse und Zeiten der Berufstätigkeit im Ausland sind bei den Zulassungsvoraussetzungen zu berücksichtigen.

Prüfungsausschüsse

Für die Durchführung von Fortbildungsprüfungen sind bei der Handwerkskammer Prüfungsausschüsse errichtet.

Der Prüfling ist auf Antrag von der Ablegung einzelner Prüfungsteile zu befreien, wenn er eine andere vergleichbare Prüfung vor einer öffentlichen oder staatlich anerkannten Bildungseinrichtung oder einem Prüfungsausschuss erfolgreich abgelegt hat und die Anmeldung zur Fortbildungsprüfung innerhalb von fünf Jahren nach Bekanntgabe des Bestehens der anderen Prüfung erfolgt.

Der Antrag ist an die Handwerkskammer zu richten, die darüber entscheidet.
Gliederung und Inhalt der Fortbildungsprüfung richten sich nach der jeweiligen Einzelvorschrift.

Zeugnis

Über das Bestehen der Prüfung wird ein Zeugnis ausgestellt.
Auf Antrag des Prüflings erhält dieser vom Prüfungsträger eine englischsprachige und eine französischsprachige Übersetzung des Prüfungszeugnisses.
Über nähere Einzelheiten erteilt die Handwerkskammer Auskunft.

7.5.4 Meisterprüfung in einem zulassungspflichtigen Handwerk (Anlage A der Handwerksordnung)

7.5.4.1 Rechtsgrundlagen für die Meisterprüfung

Handwerksordnung

Die Ausführungen zum Kapitel Meisterprüfung basieren grundsätzlich auf den Inhalten der zum 1.1.2004 und 1.4.2005 geänderten Handwerksordnung, der Verordnung über gemeinsame Anforderungen in der Meisterprüfung im Handwerk und in den handwerksähnlichen Gewerben (AMVO), zuletzt geändert durch die Erste Änderungsverordnung vom 16.8.2004 und den zum Teil vor diesem Zeitpunkt erlassenen, nachstehend in der Abbildung aufgeführten Verordnungen.

Meisterprüfungsvorschriften

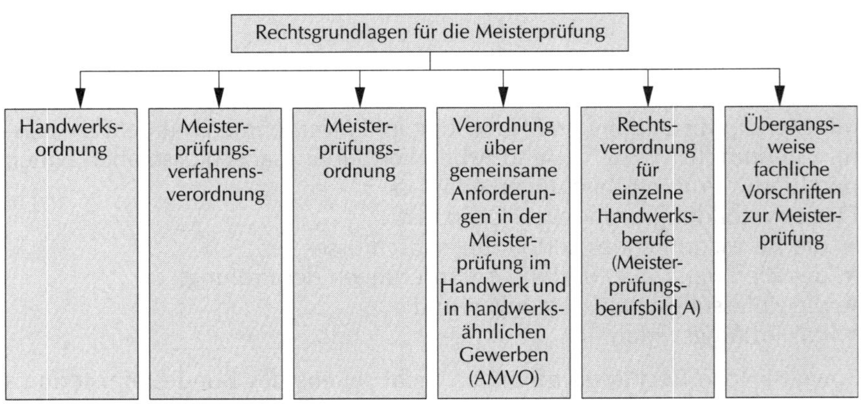

Abbildung 173

Die in der obigen Abbildung dargestellten nicht gesetzlichen Meisterprüfungsvorschriften sind bis zum Erlass neuer Vorschriften nach der zum 1.1.2004 und 1.4.2005 geänderten Handwerksordnung weiter anzuwenden, soweit sie nicht mit den neuen gesetzlichen Vorschriften in Widerspruch stehen.

7.5.4.2 Ziel der Meisterprüfung

Durch die Meisterprüfung ist festzustellen, ob der Prüfling befähigt ist, ein zulassungspflichtiges Handwerk meisterhaft auszuüben und selbstständig zu führen sowie Lehrlinge ordnungsgemäß auszubilden.

7.5.4.3 Meisterprüfungsausschüsse

Die Meisterprüfung wird durch Meisterprüfungsausschüsse abgenommen. Die Meisterprüfungsausschüsse sind für die einzelnen Handwerke am Sitz der Handwerkskammer errichtet. Die Meisterprüfungsausschüsse sind staatliche Prüfungsbehörden.

Staatliche Prüfungsbehörden

Die Meisterprüfungsausschüsse werden von der höheren Verwaltungsbehörde, das ist in der Regel die zuständige Bezirksregierung bzw. das Regierungspräsidium, errichtet. Die höhere Verwaltungsbehörde ernennt die Ausschussmitglieder aufgrund der Vorschläge der Handwerkskammer für längstens fünf Jahre. Die Geschäftsführung der Meisterprüfungsausschüsse liegt bei der Handwerkskammer.

Errichtung

Der Meisterprüfungsausschuss besteht aus fünf Mitgliedern.

Abbildung 174

Die Mitglieder sollen das 24. Lebensjahr vollendet haben. Die Mitglieder des Meisterprüfungsausschusses können aus wichtigem Grund abberufen werden.

7.5.4.4 Zuständigkeit und Prüfungszulassung

Für die Abnahme jedes Teils der Meisterprüfung ist der Meisterprüfungsausschuss zuständig, in dessen örtlichem Zuständigkeitsbereich der Prüfling

- seinen ersten Wohnsitz hat oder
- in einem Arbeitsverhältnis steht oder
- eine Maßnahme zur Vorbereitung auf die Meisterprüfung besucht oder
- ein Handwerk oder ein sonstiges Gewerbe selbstständig betreibt.

Örtlicher Zuständigkeitsbereich

Fachlicher Zuständigkeitsbereich

Für die Abnahme der Teile I und II der Meisterprüfung muss außerdem die fachliche (berufliche) Zuständigkeit des Meisterprüfungsausschusses gegeben sein.

Die Entscheidung über die Zuständigkeit obliegt dem Vorsitzenden des Meisterprüfungsausschusses. Soweit er die Voraussetzungen für die Zuständigkeit nicht für gegeben hält, entscheidet der Meisterprüfungsausschuss.

Der zuständige Meisterprüfungsausschuss kann auf Antrag des Prüflings in begründeten Fällen die Genehmigung zur Ablegung einzelner Teile der Meisterprüfung vor einem örtlich nicht zuständigen Meisterprüfungsausschuss erteilen, wenn dieser zustimmt. Dies gilt auch für Wiederholungsprüfungen.

Schriftlicher Antrag

Der Antrag auf Zulassung zur Meisterprüfung ist schriftlich zu stellen. Darin ist anzugeben, für welches Handwerk die Zulassung beantragt wird.

Dem Antrag sind je nach gegebenen Sachverhalten folgende Nachweise beizufügen:

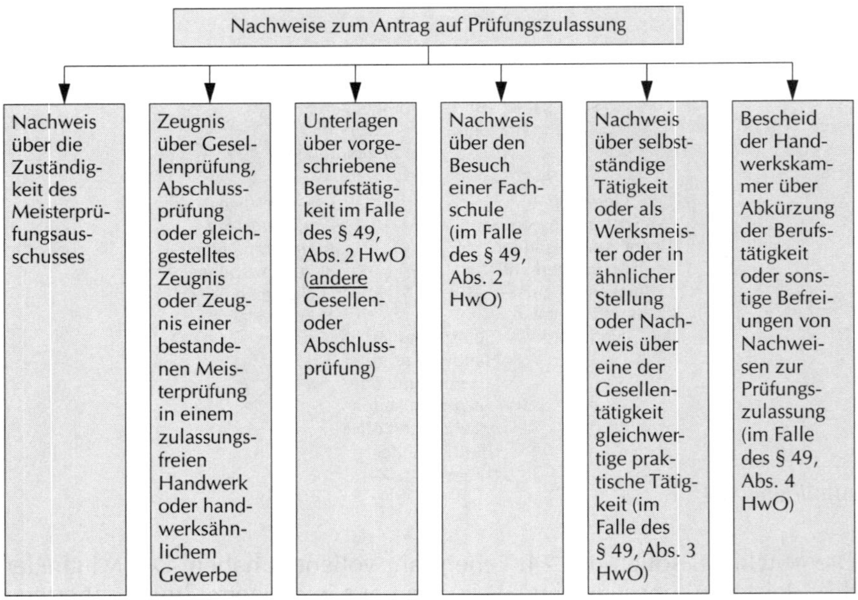

Abbildung 175

Zulassungsvoraussetzungen zur Meisterprüfung

Prüfungen

- Zur Meisterprüfung ist zuzulassen, wer eine Gesellenprüfung in dem zulassungspflichtigen Handwerk, in dem er die Meisterprüfung ablegen will, oder in einem damit verwandten zulassungspflichtigen Handwerk oder eine entsprechende Abschlussprüfung in einem anerkannten Ausbildungsberuf oder eine Meisterprüfung in einem anderen zulassungspflichtigen oder zulassungsfreien Handwerk oder in einem handwerksähnlichen Gewerbe bestanden hat.
- Zur Meisterprüfung ist auch zuzulassen, wer eine andere Gesellenprüfung oder eine andere Abschlussprüfung in einem anerkannten Ausbildungsberuf bestanden hat und in dem zulassungspflichtigen Handwerk, in dem er die Meisterprüfung ablegen will, eine mehrjährige Berufstätigkeit ausgeübt hat. Für die Zeit der Berufstätigkeit dürfen nicht mehr als

Berufstätigkeit

drei Jahre gefordert werden. Ferner ist der erfolgreiche Abschluss einer Fachschule bei einjährigen Fachschulen mit einem Jahr, bei mehrjährigen Fachschulen mit zwei Jahren auf die Berufstätigkeit anzurechnen. Fachschule

Ist der Prüfling in dem zulassungspflichtigen Handwerk, in dem er die Meisterprüfung ablegen will, als selbstständiger Handwerker, als Werkmeister oder in ähnlicher Stellung tätig gewesen oder weist er eine der Gesellentätigkeit gleichwertige praktische Tätigkeit nach, so ist die Zeit dieser Tätigkeit anzurechnen. Anrechnung

Die Handwerkskammer kann auf Antrag eine auf drei Jahre festgesetzte Dauer der Berufstätigkeit unter besonderer Berücksichtigung der in der Gesellen- oder Abschlussprüfung und während der Zeit der Berufstätigkeit nachgewiesenen beruflichen Befähigung abkürzen. Sie kann ferner auf Antrag von den oben aufgeführten Zulassungsvoraussetzungen ganz oder teilweise befreien. Die Handwerkskammer kann auch auf Antrag unter Berücksichtigung ausländischer Bildungsabschlüsse und Zeiten der Berufstätigkeit im Ausland von den Zulassungsvoraussetzungen ganz oder teilweise befreien. Befreiungen

Bei diesen Befreiungen kann die Handwerkskammer eine Stellungnahme des Meisterprüfungsausschusses einholen.

Die Zulassung obliegt dem Vorsitzenden des Meisterprüfungsausschusses. Hält dieser die Zulassungsvoraussetzungen nicht für gegeben, entscheidet der Prüfungsausschuss. Zulassung

7.5.4.5 Prüfungsgebühr

Zur Deckung der Kosten ist eine Prüfungsgebühr an die Handwerkskammer zu entrichten.

7.5.4.6 Gliederung und Inhalt der Prüfung

Als Grundlage für ein geordnetes und einheitliches Meisterprüfungswesen für zulassungspflichtige Handwerke kann das Bundesministerium für Wirtschaft und Arbeit im Einvernehmen mit dem Bundesministerium für Bildung und Forschung durch Rechtsverordnung, die nicht der Zustimmung des Bundesrates bedarf, bestimmen, Grundsatzregelung

- welche Fertigkeiten und Kenntnisse in den einzelnen zulassungspflichtigen Handwerken zum Zwecke der Meisterprüfung zu berücksichtigen (Meisterprüfungsberufsbild A) und
- welche Anforderungen in der Meisterprüfung zu stellen sind.

Die Meisterprüfung in zulassungspflichtigen Handwerken der Anlage A zur Handwerksordnung umfasst folgende selbstständige Prüfungsteile: Prüfungsteile

- die Prüfung der meisterhaften Verrichtung der im jeweiligen Handwerk <u>wesentlichen</u> Tätigkeiten (Teil I),
- die Prüfung der <u>erforderlichen</u> fachtheoretischen Kenntnisse im jeweiligen Handwerk (Teil II),
- die Prüfung der <u>erforderlichen</u> betriebswirtschaftlichen, kaufmännischen und rechtlichen Kenntnisse (Teil III) und
- die Prüfung der <u>erforderlichen</u> berufs- und arbeitspädagogischen Kenntnisse (Teil IV).

Prüfungsanforderungen

Die Prüfungsanforderungen in den Teilen I und II bestimmen sich nach den für die einzelnen Gewerbe der Anlage A erlassenen Rechtsverordnungen oder nach noch übergangsweise geltenden, früher erlassenen Vorschriften (§ 119, Abs. 5 und § 122 der Handwerksordnung).

Bei der Prüfung in Teil I können Schwerpunkte gebildet werden. In dem schwerpunktspezifischen Bereich hat der Prüfling nachzuweisen, dass er wesentliche Tätigkeiten in dem von ihm gewählten Schwerpunkt meisterhaft verrichten kann. Für den schwerpunktübergreifenden Bereich sind die Grundfertigkeiten und Grundkenntnisse nachzuweisen, die die fachgerechte Ausübung auch dieser Tätigkeiten ermöglichen.
Für die Prüfungsanforderungen in den Teilen III und IV gelten die in der Verordnung über gemeinsame Anforderungen in der Meisterprüfung im Handwerk und in den handwerksähnlichen Gewerben (AMVO) geregelten Vorgaben.

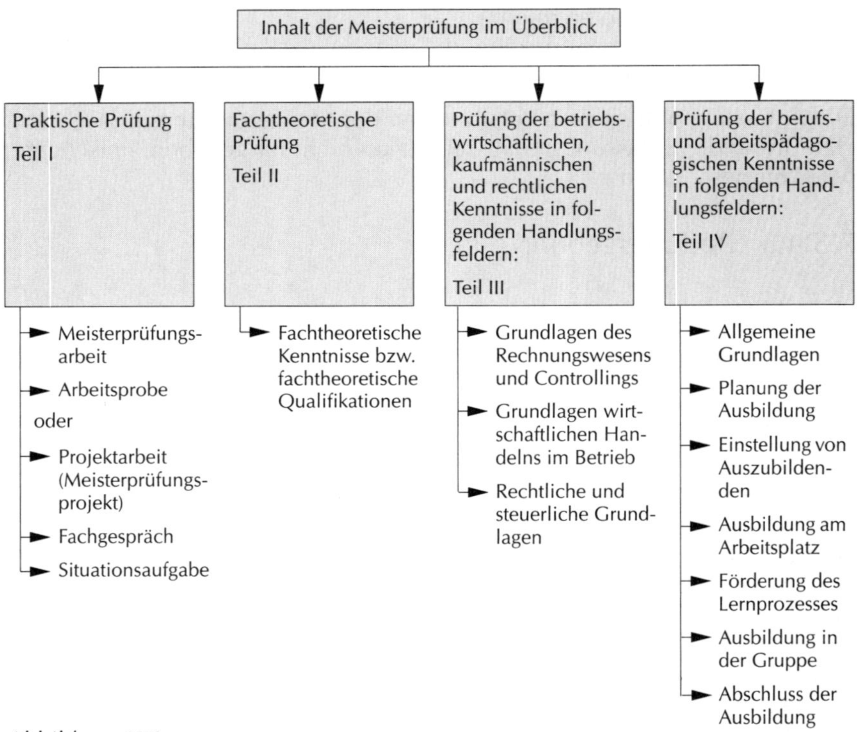

Abbildung 176

Prüfungsteil I

Nach den Strukturvorgaben für neue Meisterprüfungsverordnungen besteht Prüfungsteil I in der Regel aus drei verschiedenen Prüfungsbereichen, nämlich

- aus Projektarbeit und
- darauf bezogenem Fachgespräch und
- aus einer oder mehreren Situationsaufgaben.

Für eine Reihe von Handwerken wurden solche Meisterprüfungsverordnungen bereits verabschiedet und umgesetzt.

Prüfungsteil II

Für Prüfungsteil II sehen die neuen Meisterprüfungsverordnungen weiterhin eine schriftliche Prüfung in verschiedenen Prüfungsfächern im Sinne von fachtheoretischen Qualifikationen vor.

Prüfungsteil III

Im Prüfungsteil III sind innerhalb der drei Handlungsfelder die betriebswirtschaftlichen, kaufmännischen und rechtlichen Kenntnisse auf folgenden Gebieten nachzuweisen:

- Handlungsfeld: Grundlagen des Rechnungswesens und Controllings:
  - Buchführung
  - Jahresabschluss und Grundzüge der Auswertung
  - Kosten- und Leistungsrechnung, Controlling.
- Handlungsfeld: Grundlagen wirtschaftlichen Handelns im Betrieb
  - Handwerk in Wirtschaft und Gesellschaft
  - Marketing
  - Organisation
  - Personalwesen und Mitarbeiterführung
  - Finanzierung
  - Planung
  - Gründung.
- Handlungsfeld: Rechtliche und steuerliche Grundlagen
  - Bürgerliches Recht, Mahn- und Klageverfahren, Zwangsvollstreckung, Insolvenzverfahren
  - Handwerks- und Gewerberecht, Handels- und Gesellschaftsrecht, Wettbewerbsrecht
  - Arbeitsrecht
  - Sozial- und Privatversicherungen
  - Steuern.

Die Prüfung ist im Prüfungsteil III schriftlich durchzuführen. Die schriftliche Prüfung ist in einem der oben genannten Handlungsfelder auf Antrag des Prüflings oder nach Ermessen des Prüfungsausschusses durch eine mündliche Prüfung zu ergänzen (Ergänzungsprüfung), wenn diese das Bestehen des Teils der Meisterprüfung ermöglicht.

Prüfungsteil IV

Im Prüfungsteil IV sind innerhalb der sieben Handlungsfelder die erforderlichen Kenntnisse auf folgenden Gebieten nachzuweisen:

- Handlungsfeld: Allgemeine Grundlagen
  - Bedeutung und Stellung der Berufsbildung,
  - Bedeutung des dualen Systems der Berufsausbildung,
  - rechtliche Rahmenbedingungen der Ausbildung,
  - Aufgaben, Stellung und Funktion des Ausbilders,
  - Aufgaben der Handwerksorganisationen in der Berufsbildung sowie Möglichkeiten der Mitwirkung.
- Handlungsfeld: Planung der Ausbildung
  - Ausbildungsberufe und Ausbildungsplatzentscheidungen,
  - Ziele und Struktur der Ausbildungsordnung,
  - Eignung des Ausbildungsbetriebes,
  - betrieblicher Ausbildungsplan,
  - Ausbildung und Führungsstil,
  - Partner im dualen System.
- Handlungsfeld: Einstellung von Auszubildenden
  - Einstellverfahren,
  - Ausbildungsvertrag,

  - Eintragung und Anmeldung,
  - Einführung und Probezeit.
- Handlungsfeld: Ausbildung am Arbeitsplatz
  - Ausbildungsmethoden,
  - Lernen am Arbeitsplatz,
  - Lernhilfen/Medien,
  - Lernerfolgskontrollen und Leistungsbeurteilung, insbesondere Beurteilungsgespräche und Auswerten von Prüfungen.
- Handlungsfeld: Förderung des Lernprozesses
  - Lernvoraussetzungen, insbesondere Berücksichtigung kultureller Unterschiede bei der Ausbildung,
  - Anleiten zu Lern- und Arbeitstechniken, Fördern der Lernmotivation,
  - Sichern von Lernerfolgen,
  - Umgang mit Lernschwierigkeiten und Verhaltensauffälligkeiten,
  - Kooperation mit externen Beratungsstellen,
  - Förderung der Leistungsstärken.
- Handlungsfeld: Ausbildung in der Gruppe
  - Teambildung,
  - gruppenspezifische Ausbildungsmethoden, insbesondere Kurzvorträge und Moderation,
  - Lernen und Arbeiten im Team,
  - Konflikte und Konfliktlösung.
- Handlungsfeld: Abschluss der Ausbildung
  - Vorbereitung auf Prüfungen,
  - Anmeldung zu Prüfungen,
  - Erstellen von Zeugnissen,
  - Fortbildungs- und Förderungsmöglichkeiten.

Die Prüfung im Prüfungsteil IV besteht aus einem schriftlichen und einem praktischen Teil. Im schriftlichen Teil sind Aufgaben aus mehreren Handlungsfeldern zu bearbeiten.

Schriftliche Prüfung

Der schriftliche Teil der Prüfung ist in einem der oben genannten Handlungsfelder auf Antrag des Prüflings oder nach Ermessen des Meisterprüfungsausschusses durch eine mündliche Prüfung zu ergänzen (Ergänzungsprüfung), wenn diese das Bestehen des Teils der Meisterprüfung ermöglicht.

Praktische Prüfung

Der praktische Teil der Prüfung besteht aus der Präsentation oder praktischen Durchführung einer vom Prüfling auszuwählenden Ausbildungseinheit und aus einem Prüfungsgespräch. In diesem hat der Prüfling seine Kriterien für die Auswahl und Gestaltung der Ausbildungseinheit zu begründen.

Der Prüfungsausschuss entscheidet, ob eine **praktische Durchführung** einer Ausbildungseinheit oder eine **Präsentation** stattfindet. Die Entscheidung hängt u. a. vom Ausbildungsberuf, in dem geprüft wird, aber auch von den für die Durchführung der Prüfung gegebenen organisatorischen Voraussetzungen ab. Der Prüfling hat bei beiden Arten der Prüfung einen schriftlichen Entwurf der Ausbildungseinheit anzufertigen. In der Prüfungspraxis erhält der Prüfling in der Regel vom Prüfungsausschuss nähere Angaben für den formalen Rahmen des Entwurfs der Ausbildungseinheit.

Die nachstehenden Ausführungen sind allgemeine und grundsätzliche Rahmenvorgaben für die mögliche Gestaltung der Ausbildungseinheit, deren Inhalt und Art der Durchführung, deren Bewertung und für den Aufbau sowie die Bewertung des Prüfungsgesprächs. Den Ausführungen liegen einschlägige wissenschaftliche und praktische Grundsatzarbeiten sowie Erfahrungen vieler sachkundiger Personen aus der Fortbildungs- und Prüfungspraxis der Kammern sowie der Autoren zugrunde. Rahmenvorgaben

Grundsätzliches zu Form und Inhalt der Ausbildungseinheit

- Prüfungsgegenstand ist lt. AMVO + AEVO eine Ausbildungseinheit. Sie ist in den genannten Verordnungen begrifflich nicht festgelegt oder erklärt. Nach der Auslegung und Handhabung in der Praxis versteht man darunter einen thematisch abgegrenzten Teil einer für Lernzwecke aufbereiteten Ausbildungsmaßnahme, einen Kenntnisbereich oder auch einen Handlungsablauf mit klarer Zielfestsetzung und den Einsatz einer geeigneten Vermittlungsmethode. Ausbildungseinheit
- Das Thema der Ausbildungseinheit entnimmt der Prüfungsteilnehmer im Regelfall dem Handwerk, in dem er die Meisterprüfung ablegt. Thema
- Die Wahl des Themas für die Ausbildungseinheit erfolgt als Übernahme oder Ableitung aus dem Rahmenstoffplan des Ausbildungsberufes.
- Die Zeitvorgabe für die Durchführung oder Präsentation der Ausbildungseinheit ist zweckmäßigerweise auf ca. 15 Minuten festzulegen. Eine weitere zeitliche Untergliederung auf Teilvorgänge erscheint in Stufen von 2 bis 3 Minuten sinnvoll.
- Die Ausbildungseinheit ist vom Prüfling in schriftlicher Form auszufertigen, wobei der Umfang ca. 6 Schreibmaschinenseiten nicht übersteigen sollte. Die Zahl der vorzulegenden Exemplare bestimmt der Prüfungsausschuss. Form
- Der Prüfling hat schriftlich zu erklären, dass er die Ausbildungseinheit selbstständig ausgewählt und ausgearbeitet hat.

Gliederung einer Ausbildungseinheit bei praktischer Durchführung

> Bei der **praktischen** Durchführung einer Ausbildungseinheit in der Form der Unterweisungsprobe hat der Prüfling die Ausbildungseinheit als Unterweisungsentwurf anzufertigen und die Unterweisung selbst durchzuführen.

Entwurf

Auf dem Deckblatt des Entwurfs werden in der Regel zunächst folgende Rahmendaten dargestellt:

- Prüfungstag
- Prüfungsort bzw. Unterweisungsort
- Name und Vorname des Prüflings, Prüfungsnummer
- Name des Auszubildenden
- Ausbildungsberuf
- Thema der Unterweisung mit Angabe des Bezugs auf den Rahmenstoffplan
- ausgewählte Unterweisungsmethode.

Inhalt

Der weitere Inhalt des Unterweisungsentwurfs kann in Bezug auf Planung und Durchführung der Unterweisung wie folgt gegliedert werden:

Planung

- Planung der Ausbildungseinheit (schriftlicher Entwurf)
  - Struktur des gewählten Unterweisungsthemas und deren Einordnung im Ausbildungsrahmenplan festlegen.
  - Erläuterung der Lernvoraussetzungen des Auszubildenden (Alter, Ausbildungsjahr, Ausbildungsstand, Vorkenntnisse usw.) vornehmen und Motivationshilfen vorsehen.
  - Formulierung des Qualifikationsziels der Ausbildungseinheit und deren Teilziele – Fertigkeiten, Kenntnisse, Fähigkeiten, Handlungskompetenz (Persönlichkeits-, Fach- und Sozialkompetenz) –, die durch die Unterweisung erreicht werden sollen.
  - Wahl und Festlegung der Unterweisungsmethode (z. B. Vier-Stufen-Methode) bezogen auf Thema, Ziele, methodisches Vorgehen und Ablaufgestaltung.
  - Gliederung des Unterweisungsstoffes in logisch aufeinander folgenden Lernabschnitten und Teilvorgängen auf der Grundlage einer Arbeitszergliederung mit Herausstellung der Kernpunkte und Begründungen.
  - Zeitrahmen und Zeitverteilung für die einzelnen Unterweisungsschritte.
  - Festlegung des Einsatzes von erforderlichen Ausbildungsmitteln (Maschinen, Werkzeuge, Materialien und weitere Medien).
  - Hinweise auf Unfallverhütungsvorschriften.
  - Einplanung der Kontrolle des Unterweisungserfolges.
  - Maßnahmen zur Erfolgssicherung (Üben, Anwenden, Transfer).

Durchführung

- **Durchführung der Ausbildungseinheit**

  1. Stufe:
  - Vorbereitung des Auszubildenden:
    - Befangenheit nehmen.
    - Kontakt herstellen.
    - Interesse wecken.
    - Motivation vermitteln.
  - Vorbereitung des Unterweisungsplatzes.
  - Heranführen des Lehrlings an die Unterweisungsaufgabe und deren Erläuterung.
  - Ermitteln der Vorkenntnisse und Anknüpfungspunkte daran erklären.
  - Richtige Aufstellung am Ausbildungsplatz.

  2. Stufe:
  - Vorführung der Unterweisungsaufgabe seitens des Unterweisers durch Zeigen und Erklären.
  - Vorgehensweise begründen.
  - Lernschritte und Teilvorgänge auf der Basis der Arbeitszergliederung erläutern, Kernpunkte herausstellen und begründen.
  - Auf zweckmäßigen Einsatz der Ausbildungsmittel achten.
  - Auf Unfallverhütungs- und Arbeitssicherheitsaspekte hinweisen.

  3. Stufe:
  - Eigene Ausführung durch den Auszubildenden veranlassen und den Unterweisungsvorgang in Lernschritten erklären und begründen lassen, dabei Verständnis- und Kontrollfragen stellen.
  - Dem Lehrling bei Unsicherheit helfen bzw. Fehler verbessern.

– Kontrolle des Lernerfolges vornehmen, bei guter Leistung des Lehrlings Anerkennung und Lob aussprechen, sachliche Kritik, wenn erforderlich.

4. Stufe:

– Üben und Festigen des Gelernten beim Lehrling veranlassen, um den Ausbildungserfolg abzusichern.
– Zusammenfassung aller wesentlichen Punkte.
– Den Bezug der gelernten Ausbildungseinheit zur Berufspraxis herstellen und auf die Notwendigkeit der Vertiefung und Übertragung auf andere Berufsarbeiten hinweisen.

Der hier dargestellten Gliederung einer Ausbildungseinheit bei praktischer Durchführung liegt die im Handwerk am meisten praktizierte Vier-Stufen-Methode zur Unterweisung zugrunde.
Bei der Beurteilung und Bewertung des Entwurfs der Ausbildungseinheit und der praktischen Durchführung orientieren sich die Prüfungsausschüsse in der Regel im Wesentlichen an den obigen Gliederungspunkten und an nachstehenden zusätzlichen, das Gesamtverhalten des Unterweisenden betreffenden Bewertungskriterien:

Vier-Stufen-Methode

Bewertungskriterien

- Einhaltung des festgelegten zeitlichen Rahmens
- Reagieren des Prüflings auf Probleme, die während der Unterweisung auftreten
- Umgangsformen des Unterweisers mit dem Auszubildenden
- klare und deutliche Sprache
- Stilelemente des Unterweisungsgesprächs wie Stimme, Wortwahl, Blickkontakt
- Fragetechnik
- Auftreten des Unterweisers (Körperhaltung, Gestik, Mimik, selbstsicher, kontaktfreudig, partnerschaftlich)
- Übereinstimmung des Entwurfs der Ausbildungseinheit mit der praktischen Durchführung.

Gliederung einer Ausbildungseinheit als Präsentation

Erfolgt die Prüfung der Ausbildungseinheit in Form der Präsentation, stellt der Prüfling dar, wie er die Ausbildungseinheit lehren bzw. wie er bei der Planung, Durchführung und Kontrolle der Ausbildungseinheit vorgehen würde.
Er hat in der Regel einen schriftlichen Entwurf der Planung der Präsentation selbstständig anzufertigen und dann die Präsentation der Ausbildungseinheit auszuführen.

Schriftlicher Enwurf

Es ist zweckmäßig, auf dem Deckblatt des Entwurfs folgende Rahmendaten anzugeben:

- Prüfungstag
- Prüfungsort (Ort der Präsentation)
- Name des Prüflings, Prüfungsnummer
- Ausbildungsberuf
- Thema der Präsentation mit Hinweis auf den Ausbildungsrahmenplan und das Lernziel.

Inhalt

Der Inhalt des schriftlichen Präsentationsentwurfs kann wie folgt gegliedert werden:

Planung

- **Planung der Präsentation der Ausbildungseinheit (schriftlicher Entwurf)**
  - Thema der Ausbildungseinheit präzise formulieren.
  - Präsentationsziel darstellen.
  - Zeitlichen Rahmen festlegen.
  - Ausgangsvoraussetzungen in Bezug auf die Zielgruppe erfassen.
  - Gliederung des Aufbaus der Präsentation in:
    - Einleitung (Eröffnung, Einführung)
    - Darstellung der Ausbildungseinheit (Hauptteil)
    - Abschluss, Zusammenfassung
  - Erläuterung der Vorbereitung und Umsetzung der Ausbildungseinheit mit Beschreibung der Voraussetzungen der Zielgruppe, des Ablaufs, des Methodeneinsatzes, der Kontrolle des Ausbildungserfolgs und der Erfolgssicherung.
  - Festlegung des Medieneinsatzes für die Präsentation.

Durchführung

- **Durchführung der Präsentation der Ausbildungseinheit**
  - **Eröffnung und Einführung in die Präsentation:**
    - Begrüßung und Vorstellung des Präsentierenden.
    - Hinführung zum Thema und Erläuterung des Präsentationszieles.
    - Vermittlung eines Überblicks über Inhalte und Ablauf.
    - Ermittlung der Vorkenntnisse und der Anknüpfungspunkte.
    - Wecken des Interesses bei den Zuhörern, Schaffung einer positiven Stimmung.
  - **Darstellung der Ausbildungseinheit: (Hauptteil)**
    - Logischer Aufbau der Darstellung entsprechend dem Entwurf vornehmen.
    - Genaue und überzeugende Darbietung der Vorbereitung und Gestaltung der Ausbildungseinheit vornehmen und dabei auf Wahl der Methode und Methodeneinsatz, Ablaufgestaltung, Ausbildungserfolgskontrolle und Erfolgssicherung eingehen.
  - **Abschluss und Zusammenfassung der Präsentation**
    - Kernaussagen zusammenfassen.
    - Prüfen, ob das geplante Ausbildungsziel erreicht und gesichert wurde.
    - Anregungen zum Nachdenken, Diskutieren und Handeln sowie Ausblick auf weitere Arbeitsaufgaben geben.

Medieneinsatz

  - **Medieneinsatz bei der Präsentation**
    Themenbezogen und zielorientiert Medien gestalten und einsetzen; zum gesprochenen Wort passend, gut lesbar und, wenn geeignet, mit Farben und Bildern im sinnvollen Mix zum Thema und zur Situation einsetzen; auf freien Blick zu den Medien achten.

Rhetorische Umsetzung

  - **Rhetorische Umsetzung (wirkungsvolle Gestaltung der Rede)**
    - Situationsgemäßes Sprachniveau wählen und einsetzen.
    - Auf Lautstärke, Stimmlage, Wortwahl (Sprachtempo), Verständlichkeit und Wirkung der Sprache achten.
    - Körpersprache, Blickkontakt, Haltung, Gestik, Mimik, wo sinnvoll, unterstützend einsetzen.
    - Auf sicheres Auftreten achten.

Die Bewertung der Präsentation der Ausbildungseinheit (Entwurf und Durchführung) erfolgt in der Prüfungspraxis im Wesentlichen nach den bereits dargestellten Gliederungspunkten und den nachstehenden zusätzlichen Bewertungskriterien.

Bewertungskriterien

- Einhaltung des zeitlichen Rahmens
- Übereinstimmung des schriftlichen Präsentationsentwurfs mit der Durchführung der Präsentation der Ausbildungseinheit.

Inhaltliche Schwerpunkte des Prüfungsgesprächs

Prüfungsgespräch

Das Prüfungsgespräch wird vom Prüfungsausschuss mit dem Prüfling geführt. Es ist Bestandteil des praktischen Prüfungsteils. Im Prüfungsgespräch hat der Prüfling seine Kriterien für die **Auswahl** und **Gestaltung** der Ausbildungseinheit zu **begründen.** Dabei besteht grundsätzlich kein Unterschied, ob die Ausbildungseinheit praktisch durchgeführt oder als Präsentation dargestellt wurde.

Der zeitliche Umfang wird vom Prüfungsausschuss festgelegt. In der Praxis hat sich eine Gesprächsdauer von ca. 15 Minuten als zweckmäßig erwiesen. Rechnet man für die praktische Durchführung oder die Präsentation der Ausbildungseinheit ebenfalls mit einem Zeitabschnitt von ca. 15 Minuten, dann wird die Gesamtprüfungszeit für den praktischen Prüfungsteil von Teil IV der Meisterprüfung von insgesamt 30 Minuten eingehalten.

Verhaltensregeln

Als allgemeine Verhaltensregeln werden dem Prüfling für das Prüfungsgespräch u. a. empfohlen:

- Treten Sie sicher und mit ausgewogenem Selbstbewusstsein und ordentlicher Haltung auf, ohne überheblich zu wirken!
- Achten Sie darauf, dass von Anfang an Blickkontakt mit dem Fragen stellenden Prüfer besteht und dieser, auch während Sie als Prüfling reden, weiterbesteht!
- Denken Sie daran, dass Sie beim Reden Lautstärke, Stimmlage, Wortwahl, Sprechtempo, Verständlichkeit, Deutlichkeit und Wirkung der Sprache beachten!
- Ordnen Sie Ihre Gedanken zur Beantwortung der Fragen, bevor Sie sprechen!

Begründung der Kriterien zur Auswahl und Gestaltung der Ausbildungseinheit im Rahmen des Prüfungsgesprächs

Begründung der Kriterien

Das Prüfungsgespräch hat sich ausschließlich auf die Begründung der Kriterien zur Auswahl und Gestaltung der Ausbildungseinheit zu beziehen.

Kernbereiche

Wichtige Kernbereiche, in denen der Prüfling die Kriterien für die Auswahl und Gestaltung der Ausbildungseinheit begründen sollte, sind:

- Wahl des Themas der Ausbildungseinheit (z. B.: Warum wurde dieses Thema ausgewählt? Welche Auswahlmerkmale gelten grundsätzlich?).

- Ausbildungsabschnitt (z. B.: Warum wurde dieser Ausbildungsabschnitt ausgewählt? Welchen Stellenwert hat er im betrieblichen Ausbildungsplan oder im Rahmenstoffplan des Berufes?).
- Qualifikationsziel und deren Teilziele (z. B. Fertigkeiten, Kenntnisse und Fähigkeiten).
- Untersuchung der Lernvoraussetzungen des Lehrlings (z. B.: Warum sind diese so wichtig? Welche Voraussetzungen sollten immer in die Analyse einbezogen werden? Wurden die allgemein üblichen Voraussetzungen vom Prüfling auch angemessen berücksichtigt?).
- Aufbau der Ausbildungseinheit (z. B.: Warum wurde die sachlich-fachliche Strukturierung so vorgenommen?).
- Auswahl und Festlegung der Ausbildungsmethode (z. B.: Warum wurde diese Methode ausgewählt? Welche anderen Methoden hätten außerdem zum Einsatz kommen können?).
- Ablaufgestaltung der Ausbildungseinheit (z. B.: Warum wurde die Arbeitszergliederung so vorgenommen? Was waren die zentralen Überlegungen des Prüflings für die Ablaufgestaltung? Warum wurde die zeitliche Gliederung so gestaltet? Warum ist die Herausstellung von Kernpunkten so wichtig?).
- Auswahl und Gestaltung der Ausbildungsmittel und Medien (z. B.: Warum wurden diese Ausbildungsmedien eingesetzt? Welche anderen Ausbildungsmittel wären außerdem denkbar und sachgerecht gewesen?).
- Ausbildungserfolgskontrolle und Erfolgssicherung (z. B.: Warum ist die Erfolgskontrolle so wichtig? Warum hat der Prüfling gerade diese Formen der Ausbildungserfolgskontrolle gewählt? Warum hat er sich nicht für andere Formen entschieden? Wie kann man die Erfolgssicherung erreichen?).

Bewertungskriterien

Für die Bewertung der Ergebnisse des Prüfungsgesprächs gelten u. a. folgende Gesichtspunkte:

- Sachliche Richtigkeit und Qualität der Begründungen für die oben angesprochenen Kernbereiche der Kriterien zur Auswahl und Gestaltung der Ausbildungseinheit. Kompetente Antworten auf die gestellten Fragen.
- Berufs- und arbeitspädagogische Kompetenz in der Gesamtbeurteilung.
- Auftreten, Ausdrucksfähigkeit, Argumentationsfähigkeit sowie Problemlösungsverhalten des Prüflings.

7.5.4.7 Befreiungen von Prüfungsteilen, Prüfungsbereichen, Prüfungsfächern oder Handlungsfeldern

Gesetzliche Befreiungen

Es gibt gesetzliche und antragsgebundene Befreiungen.

1. Der Prüfling ist von der Ablegung einzelner Teile der Meisterprüfung befreit, wenn er eine dem jeweiligen Teil der Meisterprüfung vergleichbare Prüfung aufgrund einer nach § 42 oder § 51a Abs. 1 in Verbindung mit Abs. 2 der Handwerksordnung oder § 53 des Berufsbildungsgesetzes erlassenen Rechtsverordnung abgelegt hat.

Das Gleiche gilt, wenn der Prüfling eine andere vergleichbare Prüfung vor einer öffentlichen oder staatlich anerkannten Bildungseinrichtung oder vor einem staatlichen Prüfungsausschuss erfolgreich abgelegt hat. Unter diese beiden genannten Bereiche fallen u. a. Fortbildungsabschlüsse, die Meisterprüfungen in zulassungsfreien Handwerken oder handwerksähnlichen Gewerben, die Meisterprüfungen in der Landwirtschaft und der Hauswirtschaft. Weitere vergleichbare Prüfungen sind z. B. die Ausbildereignungsprüfung oder Abschlüsse eines betriebswirtschaftlichen Studiums.

2. Der Prüfling ist von der Ablegung der Prüfungsteile III und IV befreit, wenn er die Meisterprüfung in einem anderen zulassungspflichtigen oder zulassungsfreien Handwerk oder in einem handwerksähnlichen Gewerbe bestanden hat. Die Befreiung von den Prüfungsteilen III und IV ist deshalb ausdrücklich geregelt, weil die Prüfungen in diesen Teilen für alle zulassungspflichtigen und zulassungsfreien Handwerke und handwerksähnlichen Gewerbe nach den gleichen Vorschriften der AMVO abgehalten werden.
3. Prüflinge, die andere deutsche staatliche oder staatlich anerkannte Prüfungen mit Erfolg abgelegt haben, sind auf Antrag durch den Meisterprüfungsausschuss von einzelnen Teilen der Meisterprüfung zu befreien, wenn bei diesen Prüfungen mindestens die gleichen Anforderungen gestellt werden wie in der Meisterprüfung. Der Abschlussprüfung an einer deutschen Hochschule gleichgestellt sind Diplome, die in einem anderen Mitgliedstaat der Europäischen Union oder einem anderen Vertragsstaat des Abkommens über den Europäischen Wirtschaftsraum erworben wurden und entsprechend der Richtlinie 89/48/EWG des Rates vom 21. Dezember 1988 (ABl. EG 1989 Nr. L 19 S. 16) in der jeweils geltenden Fassung anzuerkennen sind.

   Befreiungen auf Antrag
4. Der Prüfling ist auf Antrag von der Ablegung der Prüfung in gleichartigen Prüfungsbereichen, Prüfungsfächern oder Handlungsfeldern durch den Meisterprüfungsausschuss zu befreien, wenn er die Meisterprüfung in einem anderen zulassungspflichtigen oder zulassungsfreien Handwerk oder handwerksähnlichen Gewerbe bestanden hat oder eine andere vergleichbare Prüfung vor einer öffentlichen oder staatlich anerkannten Bildungseinrichtung oder vor einem staatlichen Prüfungsausschuss erfolgreich abgelegt hat.
5. Der Meisterprüfungsausschuss entscheidet auf Antrag des Prüflings auch über Befreiungen aufgrund ausländischer Bildungsabschlüsse.

Anträge auf Befreiungen sind schriftlich beim zuständigen Meisterprüfungsausschuss zu stellen. Die Nachweise über die Befreiungsgründe sind beizufügen.

7.5.4.8 Prüfungsergebnis, Prüfungszeugnis

Prüfungsergebnis

Durch die rechtliche Selbstständigkeit der vier Prüfungsteile muss das Prüfungsergebnis für jeden Prüfungsteil getrennt festgestellt werden. Nach jedem Prüfungsteil ist dem Prüfling über das Ergebnis der Prüfung unverzüglich ein schriftlicher Bescheid mit Rechtsbehelfsbelehrung zu erteilen, aus dem die jeweilige Note hervorgehen muss. Die Meisterprüfung ist insgesamt bestanden, wenn jeder der vier Teile der Meisterprüfung bestanden worden ist. Hierfür sind in jedem Prüfungsteil insgesamt ausreichende Leistungen zu erbringen sowie die sonstigen in den Meisterprüfungsverordnungen vorgeschriebenen Mindestvoraussetzungen zu erfüllen. Die Befreiung von einem Teil der Meisterprüfung steht dem Bestehen dieses Teils gleich. Über das Bestehen der Meisterprüfung insgesamt ist vom zuletzt tätig gewordenen, fachlich zuständigen Meisterprüfungsausschuss ein Zeugnis auszustellen. Aus diesem Zeugnis müssen die in den Prüfungsteilen erzielten Noten sowie Befreiungen unter Angabe der Rechtsgrundlage hervorgehen.

Das Zeugnis ist vom Vorsitzenden des Meisterprüfungsausschusses zu unterschreiben und von der Handwerkskammer zu beglaubigen.

7.5.4.9 Wiederholung der Meisterprüfung

Wiederholungsprüfungen

Die einzelnen nicht bestandenen Teile der Meisterprüfung können dreimal wiederholt werden.

7.5.4.10 Meistertitel, Meisterbrief

Meistertitel

Die Ausbildungsbezeichnung Meister/Meisterin in Verbindung mit einem zulassungspflichtigen Handwerk oder in Verbindung mit einer anderen Ausbildungsbezeichnung, die auf eine Tätigkeit in einem oder mehreren zulassungspflichtigen Handwerken hinweist, darf nur führen, wer für dieses zulassungspflichtige Handwerk oder für diese zulassungspflichtigen Handwerke die Meisterprüfung bestanden hat.

Der Meistertitel ist gesetzlich geschützt.

Der Meistertitel
- stärkt das Ansehen des Handwerkers in der Öffentlichkeit
- ist eine gute Voraussetzung für die Sicherung eines qualifizierten Berufsnachwuchses
- ist Motivation für die Gründung von selbstständigen Existenzen und Erfolgsmodell für modernes, kreatives und flexibles unternehmerisches Denken und Handeln in unserer Gesellschaft
- ist Garant für die Qualität und Innovation von Produkten und Dienstleistungen des Handwerks
- schafft durch Fachwissen und Problemlösungskompetenz Vertrauen beim Verbraucher
- ist Leitbild für ein modernes, leistungs- und anpassungsfähiges sowie kundenorientiertes Handwerk.

- ist Grundlage für die Image- und Werbekampagne „Meister wissen wie's geht".

Auf Antrag kann die Handwerkskammer gegen Entrichtung einer Gebühr einen Meisterbrief ausstellen. Der Meisterbrief wird meist in Schmuckblattform grafisch gestaltet und beurkundet das Prüfungsergebnis, jedoch ohne Angabe der Prüfungsnoten. Manche Handwerkskammern erstellen den Meisterbrief in Schmuckblattform ohne besonderen Antrag automatisch und verteilen die Meisterbriefe während einer Meisterfeier.

Meisterbrief

7.5.4.11 Aufsicht

Die höhere Verwaltungsbehörde führt die Aufsicht über die Meisterprüfungsausschüsse.

7.5.5 Meisterprüfung in einem zulassungsfreien Handwerk oder in einem handwerksähnlichen Gewerbe (Anlage B zur Handwerksordnung)

Meisterprüfungen können nur in solchen zulassungsfreien Handwerken oder handwerksähnlichen Gewerben abgelegt werden, für die eine Ausbildungsordnung erlassen wurde.

7.5.5.1 Rechtsgrundlagen

Die gesetzlichen Vorschriften zur Ablegung der freiwilligen Meisterprüfung basieren hier auf den Inhalten der zum 1.1.2004 und 1.4.2005 geänderten Handwerksordnung und auf der Verordnung über gemeinsame Anforderungen in der Meisterprüfung im Handwerk und in den handwerksähnlichen Gewerben (AMVO), zuletzt geändert durch die Erste Änderungsverordnung vom 16. August 2004.

Handwerksordnung, AMVO

Die im Gesetz vorgesehenen ergänzenden neuen Einzelregelungen wie z. B. Verordnungen über ein gesondertes und einheitliches Meisterprüfungswesen für einzelne Handwerke oder handwerksähnliche Gewerbe, Prüfungsverfahren usw. werden nach und nach erfolgen.

Die für die einzelnen Handwerke oder handwerksähnlichen Gewerbe bisher geltenden Berufsbilder, Meisterprüfungsverordnungen, fachlichen Vorschriften und Meisterprüfungsordnungen sowie die geltende Meisterprüfungsverfahrensverordnung sind aber in der Übergangszeit bis zum Inkrafttreten neuer Rechtsverordnungen weiter anzuwenden, soweit sie nicht mit den neuen Bestimmungen der Handwerksordnung in Widerspruch stehen.

Übergangsvorschriften

7.5.5.2 Ziel der Meisterprüfung

Durch die Meisterprüfung ist festzustellen, ob der Prüfling eine besondere Befähigung in einem zulassungsfreien Handwerk oder in einem handwerksähnlichen Gewerbe erworben hat und Lehrlinge ordnungsgemäß ausbilden kann.

7.5.5.3 Zuständigkeit, Meisterprüfungsausschüsse

Handwerkskammer

Die Handwerkskammer führt Prüfungen durch und errichtet zu diesem Zweck Prüfungsausschüsse. Die Regelung über die Zusammensetzung der Meisterprüfungsausschüsse für zulassungsfreie Handwerke oder handwerksähnliche Gewerbe entspricht inhaltlich den Regelungen zur Besetzung der Meisterprüfungsausschüsse in den zulassungspflichtigen Handwerken.

Der Meisterprüfungsausschuss besteht aus fünf Mitgliedern, für die Stellvertreter zu berufen sind. Sie werden längstens für fünf Jahre ernannt.

Zusammensetzung des Meisterprüfungsausschusses

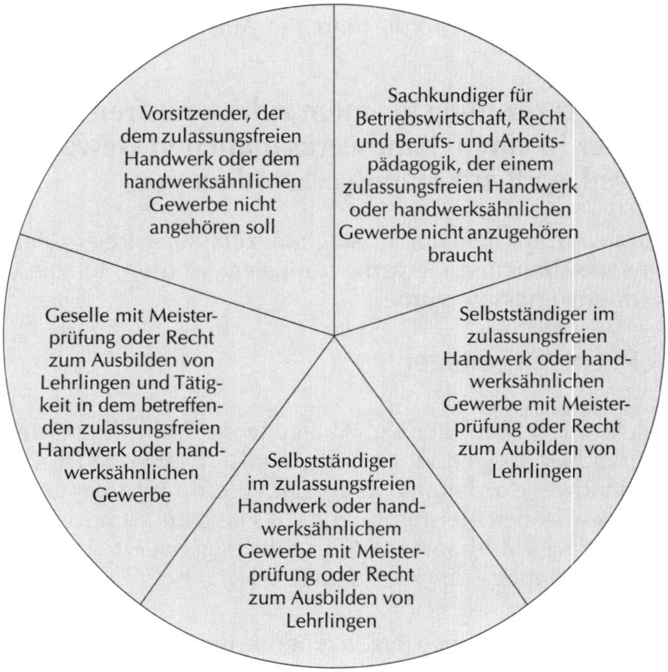

Abbildung 177

Die Mitglieder des Meisterprüfungsausschusses können aus wichtigem Grund abberufen werden.

7.5.5.4 Zulassung zur Prüfung

Zur Prüfung ist zuzulassen, wer eine Gesellenprüfung oder eine Abschlussprüfung in einem anerkannten Ausbildungsberuf bestanden hat. Die Handwerkskammer kann auf Antrag in Ausnahmefällen von der Zulassungsvoraussetzung befreien. Für die Ablegung des Teils III der Meisterprüfung entfällt die Zulassungsvoraussetzung.

7.5.5.5 Gliederung und Inhalt der Prüfung

Grundsatzregelung

Als Grundlage für ein geordnetes und einheitliches Meisterprüfungswesen für zulassungsfreie Handwerke oder handwerksähnliche Gewerbe kann das Bundesministerium für Wirtschaft und Arbeit im Einvernehmen mit dem Bundesministerium für Bildung und Forschung durch Rechtsverordnung, die nicht der Zustimmung des Bundesrates bedarf, bestimmen,

- welche Fertigkeiten und Kenntnisse in den einzelnen zulassungsfreien Handwerken oder handwerksähnlichen Gewerben zum Zwecke der Meisterprüfung zu berücksichtigen sind (Meisterprüfungsberufsbild B),
- welche Anforderungen in der Meisterprüfung zu stellen sind.

Eine solche Regelung erfolgt nur für zulassungsfreie Handwerke oder handwerksähnliche Gewerbe, für die eine Ausbildungsordnung nach der Handwerksordnung oder nach dem Berufsbildungsgesetz erlassen worden ist. Dies stellt sicher, dass die Fortbildung, die zum Meister führt, mit einer angemessenen Erstausbildung verknüpft ist.

Gliederung

Die Meisterprüfung in zulassungsfreien Handwerken und handwerksähnlichen Gewerben der Anlage B zur Handwerksordnung umfasst folgende selbstständige Prüfungsteile:

- die Prüfung der meisterhaften Verrichtung der Tätigkeiten im jeweiligen Handwerk oder im jeweiligen handwerksähnlichen Gewerbe (Teil I),
- die Prüfung besonderer fachtheoretischer Kenntnisse im jeweiligen Handwerk oder im jeweiligen handwerksähnlichen Gewerbe (Teil II),
- die Prüfung besonderer betriebswirtschaftlicher, kaufmännischer und rechtlicher Kenntnisse (Teil III) und
- die Prüfung der erforderlichen berufs- und arbeitspädagogischen Kenntnisse (Teil IV).

Prüfungsanforderungen

Die Prüfungsanforderungen in den Teilen I und II bestimmen sich nach den für die einzelnen Gewerbe der Anlage B zur Handwerksordnung erlassenen Rechtsverordnungen oder nach übergangsweise geltenden, früher erlassenen Vorschriften (§ 119, Abs. 5 und § 122 der Handwerksordnung).

Für die Prüfungsanforderungen in den Teilen III und IV gelten die in der Verordnung über gemeinsame Anforderungen in der Meisterprüfung im Handwerk und in den handwerksähnlichen Gewerben (AMVO) geregelten Vorgaben. (Siehe auch Abschnitt 7.5.4.6 „Gliederung und Inhalt der Prüfung" bei der Meisterprüfung in einem zulassungpflichtigen Handwerk).

Die Grundstruktur und die grundsätzlichen Prüfungsanforderungen entsprechen in wesentlichen Punkten den Regelungen für Meisterprüfungen in den zulassungspflichtigen Handwerken.

Die Meisterprüfung in einem zulassungsfreien Handwerk oder in einem handwerksähnlichen Gewerbe ist aber anders als bei den zulassungspflichtigen Handwerken nicht Zugangsvoraussetzung zur selbstständigen Berufsausübung. Vielmehr ist dieser Meisterabschluss ein Gütesiegel und als Ausweis einer gegenüber anderen Selbstständigen in einem zulas-

Herausgehobene Qualifikation

sungsfreien Handwerk oder handwerksähnlichen Gewerbe herausgehobenen Qualifikation ausgestaltet. Damit ist jedoch kein Niveauunterschied und keine qualitativ unterschiedliche Wertigkeit zwischen den beiden Meisterprüfungsabschlüssen der Anlagen A und B der Handwerksordnung verbunden.

Das gegenüber anderen Selbstständigen herausgehobene Niveau des Meisters ergibt sich aus der Anforderung, Tätigkeiten in dem betreffenden zulassungsfreien Handwerk oder handwerksähnlichen Gewerbe meisterhaft verrichten zu können und höherwertige, „besondere“ fachtheoretische sowie betriebswirtschaftliche/kaufmännische und rechtliche Kenntnisse nachweisen zu müssen. Außerdem müssen die berufs- und arbeitspädagogischen Kenntnisse wie bei den Meistern der zulassungspflichtigen Handwerke nachgewiesen werden. Auch dies hebt den Meister in einem zulassungsfreien Handwerk oder in einem handwerksähnlichen Gewerbe gegenüber anderen Selbstständigen in diesen Bereichen ab.

7.5.5.6 Befreiungen

Für Befreiungen gelten hier die Befreiungsregelungen für die Meisterprüfung in einem zulassungspflichtigen Handwerk entsprechend (siehe Abschnitt 7.5.4.7 „Befreiungen von Prüfungsteilen, Prüfungsbereichen, Prüfungsfächern oder Handlungsfeldern“).

7.5.5.7 Prüfungsverfahren

Um eine bundesweite Einheitlichkeit zu erreichen, kann das Bundesministerium für Wirtschaft und Arbeit eine Rechtsverordnung über das Prüfungsverfahren erlassen. So lange diese noch nicht vorliegt, ist die bisher gültige Meisterprüfungsverfahrensverordnung auch auf die Meisterprüfungen in Gewerben der Anlage B zur Handwerksordnung anzuwenden (siehe auch 7.5.5.1 „Rechtsgrundlagen“).

7.5.5.8 Prüfungsergebnis, Prüfungszeugnis, Wiederholung der Meisterprüfung

Diesbezüglich gelten die gleichen Vorschriften wie bei der Meisterprüfung in einem zulassungspflichtigen Handwerk (siehe 7.5.4.8 „Prüfungsergebnis, Prüfungszeugnis“ und 7.5.4.9 „Wiederholung der Meisterprüfung“).

7.5.5.9 Ausbildungsbezeichnung Meister/Meisterin

Meistertitel

Die Ausbildungsbezeichnung Meister/Meisterin in Verbindung mit einem zulassungsfreien Handwerk oder handwerksähnlichen Gewerbe darf nur führen, wer die Meisterprüfung in diesem Handwerk oder Gewerbe bestanden hat.

Meisterbrief

Der Meistertitel ist somit auch für diesen Bereich gesetzlich geschützt. Ein Meisterbrief wird von der Handwerkskammer ausgestellt.

7.5.6 Ausbildereignungsprüfung

Wofür die Ausbildereignungsprüfung abzulegen ist, wurde unter Abschnitt 1.3.6.2 „Fachliche Eignung für die Ausbildung" dargestellt.

Rechtsgrundlagen

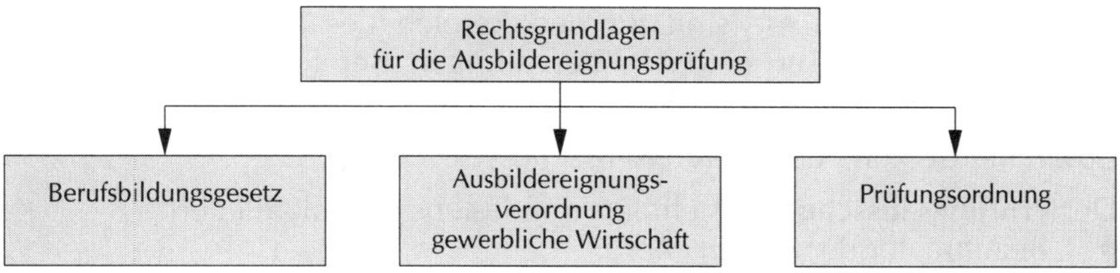

Abbildung 178

Handlungsfelder

Ziel der Ausbildereignungsprüfung ist der Nachweis der berufs- und arbeitspädagogischen Qualifikation zum selbstständigen Planen, Durchführen und Kontrollieren in folgenden sieben Handlungsfeldern:

1. Allgemeine Grundlagen
2. Planung der Ausbildung
3. Mitwirkung bei der Einstellung von Auszubildenden
4. Ausbildung am Arbeitsplatz
5. Förderung des Lernprozesses
6. Ausbildung in der Gruppe
7. Abschluss der Ausbildung.

Prüfungsteile

Die Prüfung besteht aus einem schriftlichen und einem praktischen Teil.

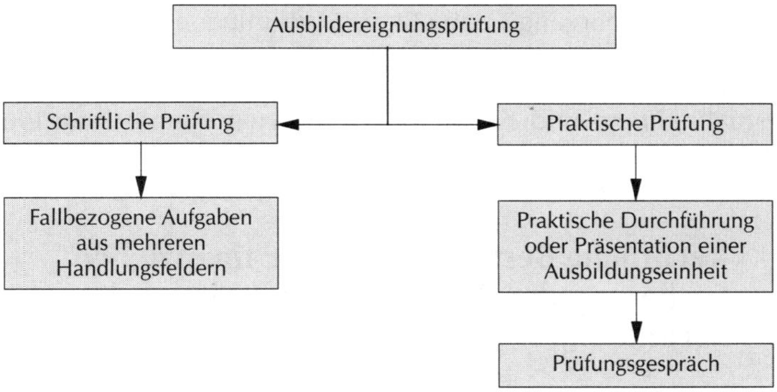

Abbildung 179

Im schriftlichen Teil soll der Prüfungsteilnehmer aus mehreren Handlungsfeldern fallbezogene Aufgaben unter Aufsicht bearbeiten.
Der praktische Teil besteht aus der Präsentation oder praktischen Durchführung einer vom Prüfungsteilnehmer auszuwählenden Ausbildungseinheit und einem Prüfungsgespräch, in dem der Prüfungsteilnehmer Kriterien für die Auswahl und Gestaltung der Ausbildungseinheit zu begründen hat.

Die Ausführungen in Abschnitt 7.5.4.6 „Gliederung und Inhalt der Prüfung" gelten, soweit sie **die praktische Prüfung** von **Teil IV** der Meisterprüfung betreffen (Grundsätzliches zur Ausbildungseinheit, deren Gliederung bei praktischer Durchführung oder Präsentation sowie inhaltliche Schwerpunkte und Kriterien des Prüfungsgesprächs), entsprechend.
Die Prüfungsausschüsse sind für den Bereich des Handwerks bei der Handwerkskammer errichtet. In den übrigen Bereichen bestehen Prüfungsausschüsse bei den für die Berufsbildung zuständigen Stellen.

Zusammensetzung des Prüfungsausschusses:

Prüfungsausschuss

Der **Prüfungsausschuss** besteht aus mindestens drei Mitgliedern:
- 1 Beauftragter der Arbeitgeber
- 1 Beauftragter der Arbeitnehmer
- 1 Lehrer an einer berufsbildenden Schule.

Zeugnis

Über die bestandene Prüfung ist dem Prüfungsteilnehmer ein Zeugnis auszustellen, aus dem hervorgeht, dass er die berufs- und arbeitspädagogische Qualifikation nach der Ausbildereignungsverordnung durch seine Prüfungsleistungen nachgewiesen hat.

Der Prüfungsteilnehmer hat eine Prüfungsgebühr zu entrichten.

Eine nichtbestandene Prüfung kann zweimal wiederholt werden.

Zeitbegrenzte Nachweisbefreiung

Durch die befristete Rechtsänderung der Ausbildereignungsverordnung (siehe auch Abschnitt 1.3.6.2 „Fachliche Eignung für die Ausbildung"), nach der Ausbilder für Ausbildungsverhältnisse, die in der Zeit vom 1.8.2003 bis 31.7.2008 bestehen oder begründet werden, von der Pflicht zum **Nachweis** von berufs- und arbeitspädagogischen Kenntnissen **nach der Ausbildereignungsprüfung** befreit sind, wird diese Verordnung im Übrigen nicht aufgehoben und somit die Ausbildereignungsprüfung nicht abgeschafft. Die zuständigen Handwerkskammern und Industrie- und Handelskammern können und sollen nach wie vor Weiterbildungswilligen Vorbereitungslehrgänge anbieten und Prüfungen als Nachweis einer besonderen persönlichen Qualifikation auf berufs- und arbeitspädagogischem Gebiet abnehmen. Bei zahlreichen anderen freiwilligen Fortbildungsmaßnahmen und Fortbildungsprüfungen gehören die Qualifikationsinhalte der Ausbildereignung nach der Ausbilder-Eignungsverordnung auch weiter zum üblichen Qualifikationsprofil.

7.5.7 Rechtliche Bestimmungen zur finanziellen Förderung der Berufsbildung, insbesondere der Fortbildung

Die wichtigsten Gesetze zur finanziellen Förderung der Berufsbildung sind:

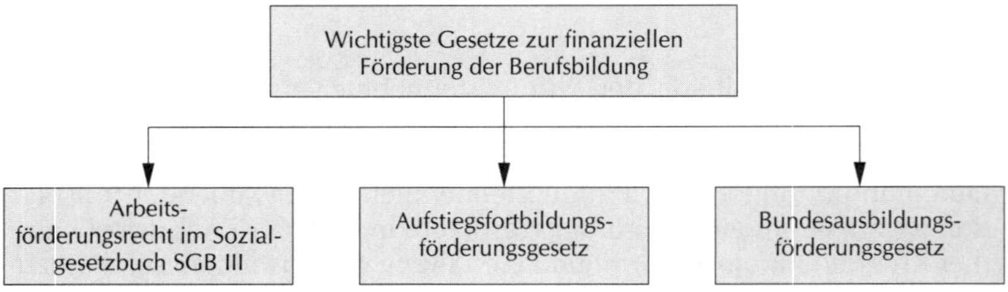

Abbildung 180

Das Arbeitsförderungsrecht

Das Arbeitsförderungsrecht ist ein Instrument der Arbeitsmarktpolitik. Das Gesetz enthält aber auch Regelungen zur finanziellen Förderung der Berufsausbildung und der beruflichen Weiterbildung.

Das Aufstiegsfortbildungsförderungsgesetz

Das Aufstiegsfortbildungsförderungsgesetz (AFBG) regelt die individuelle finanzielle Förderung der beruflichen Aufstiegsfortbildung. AFBG

Das Bundesausbildungsförderungsgesetz

Das Bundesausbildungsförderungsgesetz (BAföG) regelt im Wesentlichen die finanzielle Förderung beim Besuch von Schulen, auch von berufsbildenden Schulen. BAföG

Es gibt Fördermittel für:

- die institutionelle Förderung bzw. Projektförderung durch finanzielle Zuwendungen (Zuschüsse und Darlehen) an Fortbildungsträger im investiven Bereich (zum Beispiel Berufsbildungs- und Technologiezentren der Handwerkskammer) und im Maßnahmenbereich (zum Beispiel bestimmte Lehrgänge) Fortbildungsträger
- finanzielle Zuwendungen an die Teilnehmer an Fort- und Weiterbildungsmaßnahmen unter bestimmten Voraussetzungen. Fortbildungsteilnehmer

Die drei wichtigsten Hauptzuwendungsgeber sind:

- Bund
- Länder
- Bundesagentur für Arbeit.

Über die wichtigsten Förderungsgesetze **und** Förderungsprogramme gibt die folgende Abbildung einen Überblick.

Abbildung 181

7.5.7.1 Förderung nach dem Arbeitsförderungsrecht im Sozialgesetzbuch (SGB III)

Förderungs-voraussetzungen

Die Agentur für Arbeit kann (Kannförderung) Arbeitnehmer bei Teilnahme an Maßnahmen der beruflichen Weiterbildung durch Übernahme der Weiterbildungskosten und Leistung von Unterhaltsgeld grundsätzlich fördern, wenn folgende allgemeine Voraussetzungen erfüllt sind:
- Die Weiterbildung ist notwendig, um Arbeitnehmer bei Arbeitslosigkeit beruflich einzugliedern, eine drohende Arbeitslosigkeit abzuwenden oder bei Ausübung einer Teilzeitbeschäftigung eine Vollbeschäftigung zu erlangen.
- Die Weiterbildung ist erforderlich wegen Fehlens eines Berufsabschlusses und deshalb ist deren Notwendigkeit anerkannt.
- Die Vorbeschäftigungszeit (z. B. Versicherungspflichtverhältnis oder Anspruch auf Arbeitslosengeld oder Arbeitslosengeld II) ist erfüllt.
- Die Agentur für Arbeit hat den Arbeitnehmer vor Beginn der Teilnahme an der Weiterbildungsmaßnahme beraten.
- Die Maßnahme und der Träger der Maßnahme sind für die Förderung zugelassen.

Bildungs-gutschein

Dem Arbeitnehmer wird das Vorliegen der Voraussetzungen für eine Förderung bescheinigt (Bildungsgutschein). Der Bildungsgutschein kann zeitlich befristet sowie regional und auf bestimmte Bildungsziele beschränkt werden. Der vom Arbeitnehmer ausgewählte Träger hat der Agentur für Arbeit den Bildungsgutschein vor Beginn der Maßnahme vorzulegen.

Förderfähige Kosten

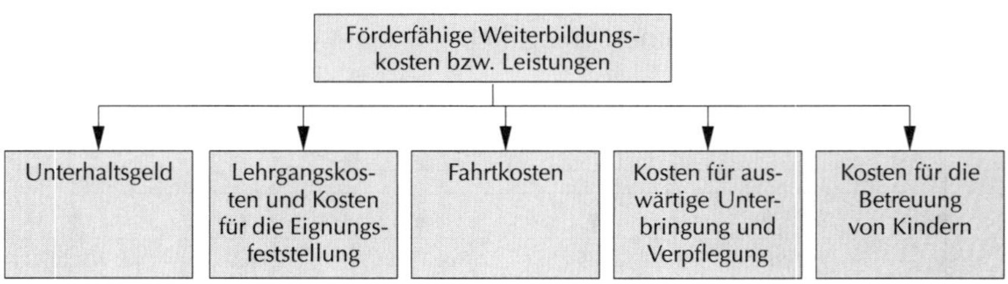

Abbildung 182

Lehrgangskosten

Als Lehrgangskosten können übernommen werden:
- Lehrgangsgebühren einschließlich Kosten für erforderliche Lernmittel
- Arbeitskleidung
- Prüfungsstücke und Prüfungsgebühren
- Kosten für eine notwendige Eignungsfeststellung.

Fahrtkosten

Als Fahrtkosten können gefördert werden:
- Pendelfahrten zwischen Wohnung und Bildungsstätte
- Bei erforderlicher auswärtiger Unterbringung An- und Abreisekosten und eine monatliche Familienheimfahrt oder anstelle der Familienheimfahrt für eine monatliche Fahrt eines Angehörigen zum Aufenthaltsort des Arbeitnehmers.

Als Kosten für auswärtige Unterbringung und Verpflegung können Übernachtungs- und Verpflegungsgelder je Tag nach einschlägigen Vorschriften gewährt werden.

Für die Betreuung aufsichtsbedürftiger Kinder des Teilnehmers können Kosten in begrenzter Höhe monatlich je Kind übernommen werden.

Die dargestellten Leistungen werden nur gewährt, wenn

Leistungsvoraussetzungen

- die gesetzlichen Anforderungen an die **Träger** der Weiterbildungsmaßnahmen gegeben sind
- die gesetzlichen Anforderungen an die **Weiterbildungsmaßnahmen** erfüllt sind
- die **Dauer** der Maßnahme angemessen ist
- das im Gesetz vorgeschriebene **Ziel** der Maßnahme gegeben ist.

Zulassung

Zugelassen werden kann eine Maßnahme nur, wenn sie das Ziel hat,

- berufliche Kenntnisse, Fertigkeiten und Fähigkeiten festzustellen, zu erhalten, zu erweitern, der technischen Entwicklung anzupassen oder einen beruflichen Aufstieg zu ermöglichen,
- einen beruflichen Abschluss zu vermitteln oder
- zu einer anderen beruflichen Tätigkeit zu befähigen.

Qualitätsprüfung

Die Agentur für Arbeit hat durch geeignete Maßnahmen die Durchführung der Maßnahme zu überwachen sowie den Erfolg zu beobachten (Qualitätsprüfung).

Weitere Einzelheiten zur Weiterbildungsförderung nach dem Arbeitsförderungsrecht ergeben sich aus dem Gesetz und den Anordnungen der Bundesagentur für Arbeit.

Antragstellung

Für Anträge auf Förderung ist die Agentur für Arbeit zuständig. Eine eingehende Beratung ist notwendig.

Unter bestimmten Voraussetzungen können auch Arbeitgeber mit Zuschüssen zum Arbeitsentgelt der an Fortbildungsmaßnahmen teilnehmenden Arbeitnehmer gefördert werden. Zuständig ist auch hier die Agentur für Arbeit.

7.5.7.2 Förderung nach dem Bundesausbildungsförderungsgesetz

Gefördert wird unter bestimmten Voraussetzungen der Besuch von bestimmten Schulen und Hochschulen durch Zuwendungen an die Teilnehmer.

Für die Beratung und Antragstellung ist das Amt für Ausbildungsförderung bei der Gemeinde, Stadt oder beim Landkreis zuständig.

7.5.7.3 Ausbildungsförderungsgesetze der Länder

Nach den Ausbildungsförderungsgesetzen bzw. den Ausbildungsförderungsprogrammen der Länder werden unter bestimmten Voraussetzungen Zuwendungen an Besucher berufsbildender Schulen gewährt.

7.5.7.4 Begabtenförderung „Berufliche Bildung" des Bundesministers für Bildung und Forschung

Nach diesem Programm können junge Handwerker bei Teilnahme an Maßnahmen zur fachbezogenen und fachübergreifenden beruflichen Weiterbildung gefördert werden (Maßnahmekosten wie Kursgebühren sowie Fahrt- und Aufenthaltskosten, aber keine Lebenshaltungskosten). Die Zuwendungen betragen in der Regel bis zu 1.800,00 EUR jährlich. Die Förderdauer beträgt drei Jahre. Die Förderung wird unabhängig von der Höhe des Einkommens und Vermögens geleistet.

Fördervoraussetzungen

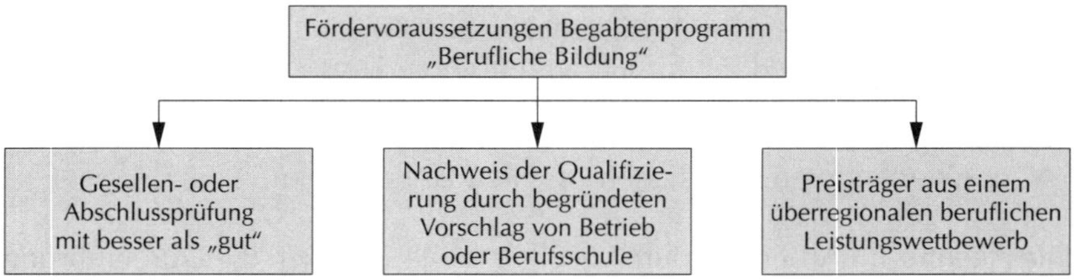

Abbildung 183

Antragstellung

Information, Beratung, Auswahl der Stipendiatinnen und Stipendiaten (finanziell Geförderten), Berechnung der förderfähigen Maßnahmekosten und Auszahlung des Förderbetrags erfolgen durch die zuständige Handwerkskammer, wo auch der Förderungsantrag zu stellen ist.
Die „Stiftung Begabtenförderungswerk Berufliche Bildung (SBB)" unterstützt das zuständige Bundesministerium und die Handwerkskammern bei der Durchführung des Begabtenförderungsprogrammes.

7.5.7.5 Förderung nach dem Aufstiegsfortbildungsförderungsgesetz (AFBG)

Förderfähige Fortbildungsmaßnahmen

Vorbereitung auf Fortbildungsprüfungen

Förderfähig nach dem AFBG ist die Teilnahme an Fortbildungsmaßnahmen, die auf Fortbildungsprüfungen nach dem Berufsbildungsgesetz, der Handwerksordnung oder auf vergleichbare Abschlüsse nach Bundes- oder Landesrecht oder Regelungen der zuständigen Stellen (z. B. Handwerkskammern) vorbereiten.

Berufsabschluss

Die Teilnahme an einer Fortbildungsmaßnahme muss einen Abschluss in einem nach dem Berufsbildungsgesetz oder der Handwerksordnung anerkannten Beruf bzw. einem vergleichbaren bundes- oder landesrechtlich geregelten Berufsabschluss oder einen sonstigen Nachweis über eine entsprechende berufliche Qualifikation voraussetzen. Die Fortbildungsmaßnahmen können aus mehreren in sich selbstständigen Abschnitten (Maßnahmeabschnitte) bestehen.
Nicht förderungsfähig ist der Besuch von Hochschulen oder Fachhochschulen, da es sich hierbei nicht um eine berufliche Fortbildung im Sinne des AFBG handelt.
In Deutschland lebende Ausländer werden unter bestimmten Voraussetzungen gefördert.

Förderung von Vollzeit- und Teilzeitmaßnahmen

Nach dem Gesetz ist eine Förderung der Teilnahme an Vollzeit- und Teilzeitmaßnahmen der beruflichen Aufstiegsfortbildung möglich. Auch die Kombination von Vollzeit- und Teilzeitkursen ist grundsätzlich förderungsfähig.
Die Fortbildungsmaßnahmen sind förderungsfähig, wenn sie

Vollzeit-maßnahmen

- **in Vollzeitform**
  - mindestens 400 Unterrichtsstunden umfassen,
  - innerhalb von 36 Kalendermonaten abschließen und wenn
  - in der Regel in jeder Woche an 4 Werktagen Lehrveranstaltungen mit einer Dauer von mindestens 25 Unterrichtsstunden stattfinden.

Teilzeit-maßnahmen

- **in Teilzeitform**
  - mindestens 400 Unterrichtsstunden umfassen,
  - wenn sie innerhalb von 48 Kalendermonaten abschließen und wenn
  - in der Regel innerhalb von 8 Monaten mit mindestens 150 Unterrichtsstunden Lehrveranstaltungen stattfinden.

Unter bestimmten Voraussetzungen werden auch Fortbildungsmaßnahmen gefördert, die in neuen Lernformen (z.B. Selbstlernprogramme in Kombination mit Nahunterricht oder entsprechender mediengestützter Kommunikation) durchgeführt werden. Dabei müssen regelmäßige Erfolgskontrollen stattfinden.

Förderfähige Kosten und Art der Förderung

Vollzeit-maßnahmen

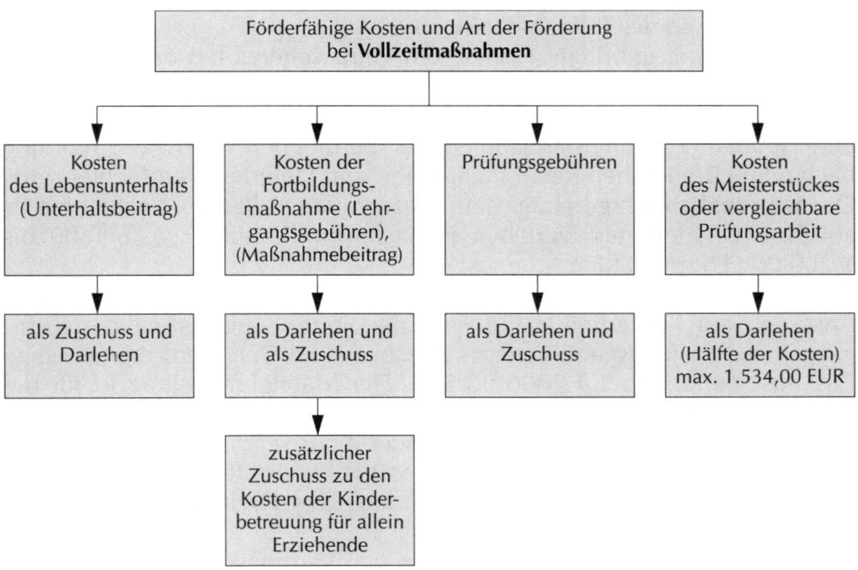

Abbildung 184

Teilzeit-maßnahmen

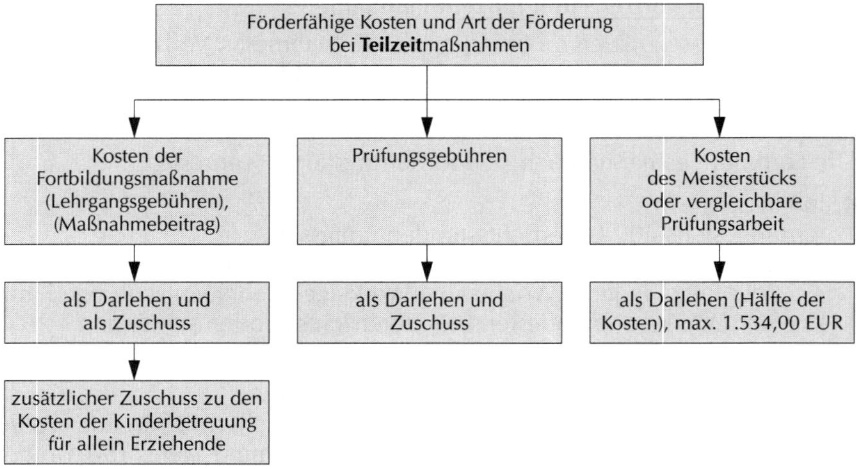

Abbildung 185

Höhe der Förderungsbeiträge

Lebensunterhalt

Die Höhe der Förderungsbeiträge zum Lebensunterhalt ist abhängig vom Einkommen und Vermögen des Fortbildungsteilnehmers und ggf. seines nicht dauernd getrennt lebenden Ehegatten.
Vom Vermögen bleiben anrechnungsfrei:

- für den Teilnehmer selbst 35.791,00 EUR
- für den Ehegatten 1.790,00 EUR
- für jedes Kind des Teilnehmers 1.790,00 EUR.

Zur Vermeidung unbilliger Härten kann ein weiterer Teil des Vermögens anrechnungsfrei bleiben. Von der Berücksichtigung des Einkommens und des Vermögens der Eltern wird abgesehen, weil diese in der Regel gegenüber Teilnehmern an Maßnahmen der beruflichen Aufstiegsfortbildung nach dem bürgerlichen Recht nicht mehr zum Unterhalt verpflichtet sind.
Der **Unterhaltsbeitrag** beträgt beim Besuch von Vollzeitmaßnahmen teils als Zuschuss, teils als Darlehen je nach Familienstand ca. 600,00 bis 1.200,00 EUR monatlich.

Lehrgangs-gebühren

Meisterstück

Sowohl für Vollzeitmaßnahmen als auch für Teilzeitmaßnahmen besteht Anspruch auf Förderung der Kosten der Fortbildungsmaßnahme (Lehrgangs- und Prüfungsgebühren) als Zuschuss und Darlehen. Der anteilige Zuschuss beträgt ab 1.1.2006 30,5 %. Der Maßnahmebeitrag ist für die Lehrgangs- und Prüfungsgebühren auf höchstens 10.226,00 EUR begrenzt. Die Kosten des Meisterstücks oder einer vergleichbaren Prüfungsarbeit werden in Form eines Darlehens bis zur Hälfte der notwendigen Kosten, maximal 1.534,00 EUR, gefördert. Das Darlehen wird von der KfW-Bankengruppe gewährt.
Hinzu kommt ggf. ein vom Einkommen und Vermögen unabhängiger Zuschuss für Kinderbetreuungskosten für allein Erziehende.

Verzinsung und Rückzahlung des Darlehens nach dem AFBG

Für die Dauer der Fortbildungsmaßnahme und eine anschließende Karenzzeit von 2 Jahren besteht für das Darlehen keine Zins- und Tilgungspflicht (längstens für einen Zeitraum von 6 Jahren ab Beginn der Maßnahme). Das Darlehen ist später bei Beginn der Verzinsungspflicht je nach

Wahl mit einem festen oder variablen Zinssatz zu verzinsen. Ferner ist das Darlehen nach Ablauf der genannten Karenzzeit von höchstens 6 Jahren innerhalb von 10 Jahren in monatlichen Raten zurückzuzahlen. Die näheren Einzelheiten richten sich nach dem Inhalt des Darlehensvertrages. Das Darlehen kann auch in Teilbeträgen von vollen 500,– EUR vorzeitig zurückgezahlt werden.

Rückzahlungsmodalitäten

Unter bestimmten Voraussetzungen kann das Darlehen ganz oder teilweise auch gestundet werden.

Teilerlass des Darlehens bei Betriebsgründung

Gründet oder übernimmt ein Darlehensnehmer nach Beendigung der Maßnahme innerhalb einer Karenzzeit von 3 Jahren ein Unternehmen und trägt er dafür überwiegend die unternehmerische Verantwortung, dann werden ihm auf Antrag ab 1.1.2006 66 % des auf die Lehrgangs- und Prüfungsgebühren entfallenden Restdarlehens erlassen. Voraussetzung ist allerdings, dass er die Abschlussprüfung bestanden hat und dass er das von ihm gegründete Unternehmen mindestens ein Jahr führt und spätestens am Ende des dritten Jahres nach der Existenzgründung mindestens zwei Personen zum Zeitpunkt der Antragsstellung für die Dauer von mindestens vier Monaten sozialversicherungspflichtig beschäftigt hat, von denen zumindest eine Person nicht nur geringfügig beschäftigt (400-EUR-Basis) sein darf. Die Beschäftigungsverhältnisse müssen bei Beantragung des Darlehensteilerlasses noch bestehen. Nicht einbezogen in den Darlehenserlass ist das Darlehen, das für die Förderung des Meisterstücks gewährt wurde. In den ersten drei Jahren nach der Existenzgründung fällige Rückzahlungsraten werden auf Verlangen des Darlehensnehmers bis zu dem Betrag, der erlassen werden kann, gestundet.

Antragsverfahren

Zuständige Behörde

Der Antrag auf Gewährung von Förderleistungen nach dem Aufstiegsfortbildungsförderungsgesetz ist bei der zuständigen Behörde schriftlich zu stellen. Welche Behörde hierfür zuständig ist, haben die einzelnen Bundesländer im Vollzug des AFBG unterschiedlich geregelt. Jeder Antragsteller sollte sich rechtzeitig bei der zuständigen Handwerkskammer diesbezüglich informieren. Ferner ist es empfehlenswert, sich **vor** Beginn der Maßnahme über die Förderkonditionen im Einzelnen zu erkundigen und sich entsprechend beraten zu lassen.

Förderausschluss – Förderbeschränkung

Die Teilnahme an einer Maßnahme wird nach dem Aufstiegsfortbildungsförderungsgesetz **nicht** gefördert, wenn sie nach dem Bundesausbildungsförderungsgesetz und nach dem Sozialgesetzbuch (SGB III; Unterhaltsgeld oder Arbeitslosengeld) oder nach bestimmten Förderungsmaßnahmen zur Rehabilitation schon gefördert wird. Der Anspruch auf Förderung nach dem AFBG ist auf die Leistungen zum **Lebensunterhalt** beschränkt, wenn die **Kosten der Maßnahme** nach dem Dritten Buch (Sozialgesetzbuch) für Personen ohne Vorbeschäftigungszeit übernommen werden.

7.5.7.6 Fortbildungsförderung durch die Länder

Förder-programme

In einzelnen Ländern gibt es finanzielle Förderprogramme zu beruflichen Fortbildungsmaßnahmen. Auskünfte dazu sollten bei der zuständigen Handwerkskammer eingeholt werden.

Wichtiger Hinweis

Beratung vor Teilnahme

Bei allen finanziellen Förderungsmöglichkeiten der Aus- und Fortbildung ist es empfehlenswert, sich vor Teilnahme an der einzelnen Maßnahme bei den jeweils genannten zuständigen Stellen gründlich beraten zu lassen. Nur so kann erreicht werden, dass für den einzelnen Teilnehmer, je nach seinen persönlichen Voraussetzungen, die bestmögliche Förderung nach den jeweils aktuellen Förderbeiträgen erzielt wird. Die dargestellten finanziellen Förderungsmaßnahmen stehen unter dem absoluten Vorbehalt, dass ständig Änderungen der Förderbedingungen eintreten können.

7.5.8 Praktischer Leistungswettbewerb der Handwerksjugend

Der Praktische Leistungswettbewerb der Handwerksjugend findet jährlich auf Innungs-, Handwerkskammer-, Landes-, Bundes- und internationaler Ebene statt.

Ziele

Er hat folgende Ziele:

- Lehrlinge zu erhöhter Leistung anzuspornen
- den Ausbildenden in seiner Arbeit zu unterstützen
- begabte Lehrlinge, die als Preisträger hervorgehen, in ihrer beruflichen Entwicklung zu fördern
- die Berufsausbildungsleistungen des Handwerks in der Öffentlichkeit zu dokumentieren
- die Berufsnachwuchswerbung des Handwerks zu unterstützen.

Teilnahme

Jeder Ausbildende bzw. Ausbilder ist aufgerufen, Lehrlinge mit überdurchschnittlichen Leistungen in der Gesellenprüfung zur Teilnahme an diesem Wettbewerb zu bewegen.

Handlungsorientierte, fallbezogene Aufgaben

1. In Ihrem Betrieb haben zwei Lehrlinge ihre Berufsausbildung mit erfolgreich abgelegter Gesellenprüfung beendet. Bei einem abschließenden Gespräch im Betrieb wollen Sie die jungen Gesellen noch über die grundsätzliche Bedeutung und Notwendigkeit der berufsspezifischen und berufsübergreifenden Fortbildung für die Wirtschaft und ihre persönliche berufliche Weiterentwicklung und die damit verbundenen Chancen informieren.

Aufgabe:

a) **Erklären Sie Ihren beiden jungen Gesellen, warum die berufliche Fortbildung für die Weiterentwicklung der Wirtschaft so wichtig ist!**
b) **Stellen Sie dar, welche große Bedeutung die berufliche Fortbildung für jeden der beiden jungen Gesellen persönlich hat!**

„Siehe Seite 344 des Textteils!"

2. Am Ende seiner Berufsausbildungszeit kommt zu Ihnen ein in Ihrem Betrieb ausgebildeter Lehrling, der seine berufliche Zukunft durch ständiges Weiterlernen möglichst erfolgreich gestalten will, und bittet um Informationen über die wichtigsten Fortbildungseinrichtungen des Handwerks, die grundsätzlichen Fortbildungsmöglichkeiten sowie Fortbildungsprüfungen für Handwerker.

Aufgabe:

a) **Fertigen Sie dem Lehrling eine Aufstellung über die wichtigsten Fortbildungseinrichtungen des Handwerks an!**
b) **Stellen Sie dem Lehrling die wichtigsten Fortbildungsmöglichkeiten, die für ihn in Frage kommen können, zusammen!**
c) **Erläutern Sie ihm mögliche Prüfungen auf diesen Gebieten!**
d) **Geben Sie ihm die einschlägigen weiteren Informationsstellen und Informationssysteme an!**

„Siehe Seiten 345 bis 348 des Textteils!"

3. Sie haben als Ausbildender zwei Lehrlinge ausgebildet, die die Gesellenprüfung mit gutem Erfolg bestanden haben. Die jungen Handwerker wollen möglichst umfassend über die wichtigsten Rechtsgrundlagen, Zulassungsvoraussetzungen, Prüfungsinhalte, Meistertitel sowie Vorteile und Nutzen der Meisterprüfung von Ihnen informiert werden, da sie die Absicht haben, bald die Meisterprüfung in dem von ihnen erlernten zulassungspflichtigen Handwerk abzulegen.

Aufgabe: Informieren Sie die beiden jungen Gesellen umfassend und gehen Sie dabei auf folgende Punkte ein:

a) **Geben Sie an, wer die Prüfung abnimmt und erklären Sie die wichtigsten Rechtsgrundlagen!**
b) **Stellen Sie die Regelzulassungsvoraussetzungen dar!**
c) **Erläutern Sie die Prüfungsteile und Prüfungsinhalte!**
d) **Beschreiben Sie die Rechte, die mit der bestandenen Meisterprüfung verbunden sind!**
e) **Stellen Sie dar, welche Vorteile und welchen Nutzen der Meistertitel für den eigenen Betrieb und das gesamte Handwerk als Teilbereich unserer Gesamtwirtschaft bringt!**

„Siehe Seiten 348 bis 363 des Textteils!"

4. Der Prüfungsausschuss hat im Rahmen der Ablegung der Meisterprüfung im Prüfungsteil IV, praktische Prüfung, festgelegt, dass die Ausbildungseinheit in Form der Präsentation geprüft wird. Sie werden als Prüfling aufgefordert, einen schriftlichen Entwurf vorzulegen, der alle wesentlichen Inhalte zur Planung und Durchführung der Präsentation enthält.

Aufgabe: Erstellen Sie den im vorliegenden Fall geforderten Präsentationsentwurf für die von Ihnen ausgewählte Ausbildungseinheit!

„Siehe Seiten 357/358 des Textteils!"

5. Seit mehreren Jahren beschäftigen Sie in Ihrem Betrieb eine Bürokauffrau. Sie kommt zu Ihnen und teilt mit, dass sie gerne die Ausbildereignungsprüfung ablegen möchte, und bittet Sie um entsprechende Informationen.

Aufgabe: Erläutern Sie Ihrer Mitarbeiterin die Ziele, Rechtsgrundlagen und Prüfungsinhalte dieser Prüfung!

„Siehe Seiten 367 bis 368 des Textteils!"

6. Sie haben in Ihrem Betrieb zwei Lehrlinge ausgebildet und sie nach bestandener Gesellenprüfung weiter als Arbeitnehmer beschäftigt. Da es sich um besonders fortbildungswillige junge Kollegen handelt, wollen sie sich bald fortbilden. Von älteren Kollegen haben sie erfahren, dass es bei Teilnahme an bestimmten Fortbildungsmaßnahmen finanzielle Zuwendungen auf der Basis von Förderungsgesetzen bzw. Förderungsprogrammen gibt. Die Mitarbeiter kommen zu Ihnen mit der Bitte, sie über wichtige finanzielle Förderungsmöglichkeiten zu informieren. Da Sie für Ihre Mitarbeiter eine systematische Fortbildungsplanung betreiben wollen und alle einschlägigen Fortbildungsaktivitäten unterstützen, kommen Sie dem Wunsch auf Information dieser Mitarbeiter mit einem Informationsvortrag gerne nach.

Aufgabe: Informieren Sie Ihre beiden Mitarbeiter über die einschlägigen Möglichkeiten zur finanziellen Förderung! Dabei orientieren Sie sich bei Ihrem Informationsvortrag zweckmäßigerweise an folgenden zentralen Fragen bzw. Inhalten:

6.1 Stellen Sie dar, wer für die Mitarbeiter als Zuwendungsgeber in Frage kommen kann!

6.2 Erklären Sie Fördergesetze und Förderprogramme, die für Ihre Mitarbeiter wichtig sind!

6.3 Geben Sie an, wer für die finanzielle Förderung der beruflichen Weiterbildung nach dem Sozialgesetzbuch (Arbeitsförderungsrecht) zuständig ist! Was ist zutreffend?

- ☐ a) Die Handwerkskammer
- ☐ b) Das Gewerbeamt
- ☐ c) Die Agentur für Arbeit
- ☐ d) Die zuständige Stadt- oder Gemeindeverwaltung
- ☐ e) Das Sozialhilfeamt.

6.4 Stellen Sie fest, was durch das Bundesausbildungsförderungsgesetz insbesondere gefördert wird: Was ist richtig?

- ☐ a) Der Besuch von bestimmten Schulen und Hochschulen
- ☐ b) Der Besuch von Abendkursen, die der beruflichen Fortbildung dienen
- ☐ c) Der Besuch von Ganztageskursen, sofern sie nicht mehr als sechs Wochen dauern
- ☐ d) Der Besuch von Ganztageskursen, sofern sie nicht mehr als vier Wochen dauern
- ☐ e) Der Besuch von Kursen, sofern sie mindestens drei Monate dauern.

6.5 Informieren Sie die Mitarbeiter, wer für die finanzielle Förderung nach dem Bundesausbildungsförderungsgesetz zuständig ist! Was trifft zu?

- ☐ a) Die Berufsberatung der Agentur für Arbeit
- ☐ b) Das Amt für Ausbildungsförderung
- ☐ c) Die Handwerkskammer
- ☐ d) Das Amt für Fortbildung
- ☐ e) Der Berufsausbildungsausschuss der Handwerkskammer.

6.6 Erläutern Sie Ihren im Fall beschriebenen Mitarbeitern, wer Zuwendungen nach den Ausbildungsförderungsgesetzen bzw. den Ausbildungsförderungsprogrammen der Länder erhalten kann!

6.7 Stellen Sie fest, welche Förderungsvoraussetzungen Ihre Mitarbeiter erfüllen müssten, damit sie nach dem Begabtenförderungsprogramm „Berufliche Bildung" des Bundesministers für Bildung und Forschung gefördert werden könnten!

6.8 Informieren Sie Ihre beiden Mitarbeiter, welche Maßnahmen durch das Aufstiegsfortbildungsförderungsgesetz gefördert werden können! Welche Aussage ist zutreffend?

- ☐ a) Vollzeit- und Teilzeitmaßnahmen der beruflichen Aufstiegsfortbildung
- ☐ b) Nur Vollzeitmaßnahmen der beruflichen Aufstiegsfortbildung
- ☐ c) Nur Teilzeitmaßnahmen der beruflichen Aufstiegsfortbildung
- ☐ d) Nur die Teilnahme an Lehrgängen zur Vorbereitung auf eine Handwerksmeisterprüfung
- ☐ e) Der Besuch von Fachhochschulen und Hochschulen.

6.9 Erklären Sie den beiden jungen Berufskollegen, welche Kosten nach dem Aufstiegsfortbildungsförderungsgesetz förderfähig sind und welche Art der Förderung in Frage kommen kann!

6.10 Stellen Sie dar, wie hoch die Förderungsbeiträge bei Maßnahmen zur Aufstiegsfortbildung nach dem Aufstiegsfortbildungsförderungsgesetz sein können!

6.11 Erklären Sie Ihren beiden Mitarbeitern, unter welchen Voraussetzungen ein nach dem Aufstiegsfortbildungsförderungsgesetz gewährtes Darlehen teilweise erlassen werden kann, wenn sie nach Beendigung der Fortbildung einen Betrieb gründen!

6.12 Weisen Sie darauf hin, wo der Antrag auf Gewährung von Förderleistungen nach dem Aufstiegsfortbildungsförderungsgesetz zu stellen ist!

„Siehe Seiten 368 bis 376 des Textteils!"

7. Ein in Ihrem Betrieb ausgebildeter Lehrling hat in der Gesellenprüfung als Bester abgeschnitten. Sie wollen, dass er am Praktischen Leistungswettbewerb der Handwerksjugend teilnimmt. Um ihn für die Teilnahme entsprechend zu motivieren, ist es zweckmäßig, ihn über Ziele und Teilnahmebedingungen sowie die einzelnen Wettbewerbsebenen zu informieren.

Aufgabe: Erläutern Sie Ihrem jungen und tüchtigen Mitarbeiter Ziele, Ebenen, Teilnahmebedingungen und Vorteile des Wettbewerbs!

„Siehe Seite 376 des Textteils!"

Lösungen

zu den handlungsorientierten, fallbezogenen Aufgaben mit programmierten Auswahllösungen

1 Handlungsfeld: Allgemeine Grundlagen

1.2 Handlungssituation: Bedeutung des dualen Systems der Berufsausbildung beurteilen

2.1 c) 2.2 e)

1.3 Handlungssituation: Rechtliche Rahmenbedingungen der Ausbildung kennen und berücksichtigen

2. e) 6. c)
4. a)

1.5 Handlungssituation: Mit Partnern im dualen System zusammenarbeiten; die Handwerksorganisationen und ihre Aufgaben in der Berufsbildung kennen sowie Möglichkeiten der eigenen Mitwirkung in der Organisation abwägen und begründen

3. e) 5.1 e) 9.1 b) 9.3 a)
4. c) 5.2 d) 9.2 a)

2 Handlungsfeld: Planung der Ausbildung

2.1 Handlungssituation: Ausbildungsberufe auswählen und Ausbildungsplatzentscheidungen treffen, Berufsausbildung als Teil der Personalplanung und Personalentwicklung

3. a)

2.5 Handlungssituation: Die Ausbildung in das betriebliche Führungssystem integrieren

2. b)

3 Handlungsfeld: Einstellung von Auszubildenden

3.1 Handlungssituation: Einstellverfahren für Lehrlinge planen und durchführen sowie dabei die Einflüsse auf Berufswahlentscheidungen beachten

1. c)

3.2 Handlungssituation: Ausbildungsvertrag abschließen

4. b) 8. c) 16. b) 18. e)
5. a) 15. d) 17. e)

3.3 Handlungssituation: Eintragung und Anmeldungen vornehmen

1.1 c) 1.2 e) 2. d)

4 Handlungsfeld: Ausbildung am Arbeitsplatz

4.1 Handlungssituation: Didaktische Prinzipien und betriebliche Ausbildungsmethoden anwenden

2. c)

4.2 Handlungssituation: Lernen am Arbeitsplatz organisieren und unterstützen

3. e)

5 Handlungsfeld: Förderung des Lernprozesses

5.1 Handlungssituation: Lebenssituationen und Entwicklungsstand als Lernvoraussetzung von Lehrlingen erkennen und berücksichtigen

1. c)

5.2 Handlungssituation: Lern- und Arbeitstechniken vermitteln

1. d)

6 Handlungsfeld: Ausbildung in der Gruppe

6.3 Handlungssituation: Zwischenmenschliche Konflikte erkennen und lösen

1. a)

7 Handlungsfeld: Abschluss der Ausbildung

7.1 Handlungssituation: Auf Prüfungen vorbereiten

1.2 a) 1.3 c)

7.2 Handlungssituation: Zu Prüfungen anmelden

2. a)

7.3 Handlungssituation: Ausbildungsverhältnis beenden, verlängern, Übernahme in ein Arbeitsverhältnis

1. d)

7.4 Handlungssituation: Zeugnisse ausstellen

1. e) 2. c) 3. d)

7.5 Handlungssituation: Fortbildungs- und Förderungsmöglichkeiten kennen und mitteilen

6.3 c) 6.4 a) 6.5 b) 6.8 a)

A

B

H

I

J

K

L